启幕

中国当代文学与文人

汪兆骞 著

中国出版集团　现代出版社

图书在版编目（CIP）数据

启幕：中国当代文学与文人 / 汪兆骞著 . —北京：现代出版社，2021.1

ISBN 978-7-5143-8970-8

Ⅰ . ①启⋯ Ⅱ . ①汪⋯ Ⅲ . ①作家—生平事迹—中国—现代

Ⅳ . ① K825.6

中国版本图书馆 CIP 数据核字 (2020) 第 250206 号

启幕：中国当代文学与文人

作　　者：汪兆骞

责任编辑：张霆　姚冬霞

出版发行：现代出版社

通信地址：北京市安定门外安华里 504 号

邮政编码：100011

电　　话：010-64267325　64245264（传真）

网　　址：www.1980xd.com

电子邮箱：xiandai@vip.sina.com

印　　刷：三河市宏盛印务有限公司

字　　数：400 千字

开　　本：710mm×1000mm　1/16　　印　　张：30

版　　次：2021 年 1 月第 1 版　　印　　次：2021 年 1 月第 1 次印刷

书　　号：ISBN 978-7-5143-8970-8

定　　价：68.00元

目　录

客散酒醒黄昏后，更持红烛赏残花。

——李商隐《花下醉》

白日放歌须纵酒，青春作伴好还乡。

——杜甫《闻官军收河南河北》

世上功名兼将相，人间声价是文章。

——刘禹锡《同乐天送令狐相公赴东都留守》

毁誉从来不可听，是非终究自分明。

——冯梦龙《警世通言》

此情可待成追忆，只是当时已惘然。

——李商隐《锦瑟》

而我不容今世路，此情惭愧又何辞。

——黄宗羲《山居杂咏》

过时自合飘零去，耻向东君更乞怜。

——陆游《落梅》

腹中贮书一万卷，不肯低头在草莽。

——李颀《送陈章甫》

引　子

安排客居香港的文人墨客回燕京古城

故园柳色催南客，
春水桃花待北归。

——刘长卿《时平后春日思归》

1947年岁尾，解放战争全面展开，为保护国统区爱国民主人士，为茅盾、胡风等人及家属的安全考虑，我党决定将他们护送到香港保护起来，在那里由郭沫若主持中国学术工作者协会和中华全国文艺界协会香港分会工作。后应中共中央新政治协商会议的邀请，1948年11月23日夜晚，在中央安排下，郭沫若、茅盾等在港爱国民主人士三十余人，分批乘船驶向解放区，然后又从东北各地前往早已解放的北平。不久，新中国诞生，中国文学开始了新的纪元。

　　1948年11月23日，在中共的安排下，郭沫若、茅盾等三十余名爱国民主人士，分批乘豪华海轮，由香港起航，驶向解放区沈阳。他们是李济深、沈钧儒、马叙伦、章伯钧、谭平山、于立群等。他们一路谈笑风生，欣赏途中风光，触景生情，便吟诗作赋。这些革命文艺工作者和民主人士，是我党从解放战争开始，陆续从白色恐怖的国统区转移到香港保护起来的。如郭沫若，便是1947年由叶以群陪同，从上海转至香港，住进九龙公寓的，在此主持中国学术工作者和中华全国文艺界协会香港分会工作。不久，其夫人于立群及五个孩子也被接到香港，与陆续到港的茅盾、胡风诸人会合。

　　革命的作家到安逸繁华的香港，当然不只是为了躲避国民党的政治迫害，在香港享受舒适生活。实际上，我党早就在香港建立了党领导的革命组织，使其成为党活动的桥头堡，也是革命文艺的重要阵地。

　　1948年1月，国民党改组派首领孙科，在国民党节节败退的形势下，想与共产党接头，就派其友人韩侍桁到香港找潘汉年。韩侍桁与潘汉年早在20世纪30年代，就在上海见过面。韩侍桁通过冯雪峰见到冯乃超，然后与潘汉年见了面。经中共中央批准，潘汉年与孙科的代表钟天心会谈，但条件分歧太大，会谈并无结果。

　　不久，韩侍桁到了上海，将会谈情况告知冯雪峰。为了后续工作，2月，冯雪峰赴香港，见潘汉年、邵荃麟，又会见夏衍、冯乃超、叶以群、周而复等人，一周后返回上海。

　　是年3月，由内地转到香港的革命作家，在那里出版了《大众文艺从刊》，对胡风的"主观论"文艺观进行第二次批判，从世界观与创作方法的关系上，从作家与人民的关系上，批判胡风背离《在延安文艺座谈会上的讲话》精神。胡风自己讲，香港发动对他的批评，对他是很不公平的，使他"感到迷惑"。是年9月，胡风写《论现实主义的路》，回敬夏衍、冯乃超等人对他的批评。这种争论，一直持续到1955年，胡风和他持相同文艺观的一大群作家、诗人，被打成"胡风反革命集团"。胡风事件已经平反，"但无论对于生命个体，还是社会群体，无论对于血肉之躯还是灵魂，胡风'集团'案所造成的创伤都是极其深巨、难以愈合的"（谢泳《思想的时代》）。

新中国的诞生，让作家们完全沉浸在欢乐和憧憬中，根本想不到政治与文学、权力与文学、宗派与文学、作家群落与精神气候等产生的矛盾，离他们并不遥远。

如今，他们乘风破浪，前往解放区，大有"春风伴我返故乡"的慨叹。中共中央特派原陕甘宁边区政府主席林伯渠，专程从中共中央的中枢地区西柏坡到沈阳，隆重迎迓这批各界名流，足见中央对他们的重视程度。

1949年2月18日，又一艘豪华外籍客轮"华中轮"，在浓浓的晨雾中，从香港起航。二十七位社会贤达和进步作家，由乔冠华具体安排指挥，悄悄乘船，驶向渤海。他们是柳亚子、叶圣陶、郑振铎、马寅初、赵超构、陈叔通等人。曹禺和方瑞于2月刚由中共地下党组织安排，秘密抵达香港。这次也一同回内地。

此次航行，比两个月前郭沫若等人归国那次，要紧张多了。就在三天前，国民党海军最大的巡洋舰"重庆"号，刚刚在吴淞口宣布倒戈，即被国民党派轰炸机击沉。国民党对海域加强了封锁。"华中轮"在行驶途中，有国民党军的舰只监视尾随。但归人的兴奋没有被敌人的威胁压倒，南社诗魁柳亚子凭栏远眺，抚髯即兴歌曰："六十三龄万里程，前途真喜向光明！"

为避开敌舰的尾随，乔冠华指挥"华中轮"改道，舍沈阳而驶向韩国，然后掉头至烟台抛锚，时间是3月5日。

次日，华东局秘书长郭子化、宣传部副部长匡亚明，从山东青州匆匆赶来，为贵宾举行了盛大的欢迎会，安排了精彩的京剧演出。他们至莱州，又应军政之邀，参加了热闹的三八妇女节联欢晚会。是夜，在革命口号和评剧、花鼓戏欢快悠扬的唱腔里，来宾感受到解放区的新生活是多么幸福和充满活力生机。

到了济南，当地驻军领导许世友，还有从北平赶到这里，专程欢迎贵宾的邓颖超，为他们举行了隆重的欢迎大会，让贵宾感受到归家般温暖，他们热泪盈眶，无比激动。

然后，主宾同乘火车，一路欢快交谈，一路放声高歌，开进红旗招展的北平，下榻北京饭店。

并不是所有受北平方面邀请参加第一次文代会的作家都可享受来自北方的温暖。左联时代形成的文学队伍壁垒，非但没有消弭，反而越来越厚。

同在香港的诗人戴望舒，就不像郭沫若、冯乃超、夏衍等人那么幸运，能在中央的安排下，分期分批乘豪华邮轮，像游子归家般回到解放区。

戴望舒于1938年至1947年，流亡到香港。1946年，他把这一时期创作的二十五首诗，编在第四个诗集《灾难的岁月》里。施蛰存曾这样评价戴望舒这段岁月里的表现，"望舒在香港，在一个文化人的岗位上，做了不少反帝、反法西斯、反侵略的文化工作"（《戴望舒诗校读记·引言》）。

戴望舒翻译了西班牙诗人的抗战谣曲、法国诗人抵抗运动的诗歌。他自己也走出象牙塔，不再总是回忆自己的幽情韵事，发些伶仃孤寂的感慨，做着种种幻想的长梦。他被敌人逮捕，投入牢狱之后，创作的作品唱出了民族的气节、人民的情绪。

日本投降后，老舍、茅盾曾嘱托他尽快在港复办文协香港分会，戴望舒便于1945年11月15日召开"文协香港会员通讯处"第一次会议，恢复战前出版的《文协周刊》等。正当他努力工作之时，有人不满，以莫须有的"与敌伪往来"罪名诋毁戴望舒。何家槐等人致信重庆总会，要求撤销已成立的通讯处，另组香港分会。这让戴望舒大感困惑。为了谋求自辩，也为了生活，次年，戴望舒偕妻女回到上海。

戴望舒到上海后，其自辩书得到总会的支持，他自己获得了清白。1948年，他又因参加暨南大学"教授联谊会"组织，受到国民党政府通缉，不得不再到香港避难。到港后，工作难寻，诗稿不好发，让他心力交瘁。他只能住到好友叶灵凤家里。生活困苦，婚姻也不如意，他决心回内地，"就是死，也要死得光荣一点"。

1949年3月11日，患上严重哮喘病的戴望舒终于登上北上的三一公司货轮"基玛"号，在七天后到天津，次日抵达北京。他找到文协旧友，得到准许参加中华全国文学艺术工作者代表大会。在这里，他与同是代表的何家槐相视一笑。

1948年12月13日，清华园解放。

一天，几位头戴狗皮帽子的解放军干部，乘坐一辆吉普车，来到清华园梁思成、林徽因的住所前。林徽因将他们迎进客厅。他们很客气地表示，是向梁、林二位请教，一旦解放军被迫攻城时，有哪些文物必须设法保护，并请二位把古城里最重要的文物古迹——标注在他们带来的军用地图上……

解放军干部走后，梁、林非常激动："这样的党，这样的军队，值得依赖，值得拥护！"

不久，不少文坛的朋友聚到北平。从萧乾等人嘴里，林徽因得知新中国要召开第一次文代会。林徽因从未以文学为业，但在20世纪30年代"新月诗派"的影响下，她以出色的才华，活跃在文坛。她的诗文玲珑剔透，感觉细腻精妙，风格清莹婉丽。其诗《你是人间的四月天》、小说《九十九度中》、散文《窗子以外》，曾引起文坛的广泛关注。她所经营的"太太的客厅"，成为古城进步文化人的文艺沙龙，联络了不少作家，如沈从文、萧乾、金岳霖等文化名人。她渴望参加文代会，但是，桃花红了、谢了，槐花白了、落了，她失望了。

历史给予她更光荣的使命，文代会闭幕后的9月，林徽因和清华大学建筑的十位教师一起，接受设计共和国国徽的任务。次年6月23日，在政协大会上，在毛泽东、周恩来等领导的提议下，全体起立，鼓掌通过了国徽图案设计稿。列席的林徽因激动得落了泪。

施蛰存也未被邀请参加文代会。

施蛰存，作家、学者，20世纪30年代已成名。其小说以秀丽诗意的笔触描写故乡松江的风土人物，流泻着感念往昔的情怀，当中人物的刻画细腻动人。后来，他受弗洛伊德学说的影响，把心理分析、意识流、蒙太奇等艺术手法，纳入自己的小说实践，使中国小说多了一种境界，也使他在现代小说史上具有一定的地位。

施蛰存早年与丁玲、沈从文结识并成为朋友，从未随波逐流，投向黑暗势力。抗战期间，他到昆明任云南大学教师。1938年，"全国文艺界抗敌协会"在汉口成立，施蛰存被选为理事。抗战胜利后，施蛰存回沪任暨南大学教授，与戴望舒是同事。

1949年，得知戴望舒等朋友到北平参会，一种失落感啃噬着施蛰存的心灵。

沈从文也未获得这次文代会的邀请。

1949年6月初,第一次全国文代会筹备组组长沙可夫派甘露到沈阳,专门请丁玲。6月8日,他们到达北平。丁玲在11日写给陈明的信中说:"今天准备上香山,明天回来。昨天去看了表哥和沈从文。"丁玲提到老朋友沈从文,惜墨如金,意味深长。

1949年3月28日,沈从文自杀,被及时抢救,保住了性命。关于自杀,人们都说是沈从文"精神失常"所致。读沈从文自杀前在清华园金岳霖的屋子里写就的《一点记录——给几个熟人》《一个人的自白》和《关于西南漆器及其他·一章自传·一点幻想的发展》三篇文章的手稿,可见其上皆是笔画细而端稳的蝇头小楷,工工整整,一行接着一行,一页连着一页,赏心悦目。而文中清晰、流畅、冷静、理性的表述,充满灵性,没有显示出一点点纷乱、纠结的精神状况。认真研究沈从文当时的思想状态不难发现,是求生的挣扎和求死的绝望,导致其消极的自杀。沈从文在《一个人的自白》中这样冷静地自白:"将来如和我的全部作品同置,或可见出一个'人'的本来。"

沈从文在《最后检查》中写道,"我始终不加入过什么进步或反动文学集团,永远是个'单干户'",只是"顽固主张'争取写作自由','作家不介入分合不定的政治'"。

身在解放区的作家们,雄赳赳地陆续向北平进发,那将是会师的地方。

是年1月9日,丁玲随以蔡畅为团长的中国妇女代表团,赴匈牙利参加世界民主妇联代表大会并访问莫斯科。丁玲见到了苏联作协负责人法捷耶夫,之后回到哈尔滨,不久又赶到沈阳。丁玲与林伯渠系临澧老乡,林老在保安、西安都曾给予她许多支持和帮助。丁玲去大和旅馆拜望了林伯渠。林老见到丁玲,就告诉她,江青对他说,《太阳照在桑干河上》这本书很好，是周扬压住不印（丁玲2月23日《致陈明》）。

3月下旬，中国派出阵容强大的代表团，参加在巴黎举行的"保卫世界和平大会"。团长是郭沫若，副团长是马寅初，团员有张奚若、许德珩、洪深、田汉、萧三、曹禺、曹靖华、戈宝权、裴文中、邓初民、翦伯赞、古元、程砚秋，还有妇女代表李德全、许广平、丁玲、戴爱莲、吴青、龚普生、陆璀等。

"保卫世界和平大会"，是由世界文化工作者国际联络委员、国际民主妇女联合会及十七个国家的著名人士于1949年2月，联名发出倡议召开的。大会的宗旨是要求裁军，争取国际安全，民族独立，禁止原子武器，保卫世界和平。但到4月中旬，代表团抵达莫斯科时，因"当时我们尚未正式建立全国性的政府"，法国政府不承认中国解放区的合法地位，拒绝签证。几经协调，"保卫世界和平大会"决定在捷克斯洛伐克首都布拉格设立第二会场。据林利《往事琐记》记载，"两个会场同时开会，两边的发言互相传声转播"。

1949年5月14日，中国和平代表团返回开满杏花的哈尔滨，不久又到沈阳，丁玲等即接到中央东北局宣传部副部长刘芝明通知，速赴北平，参加第一次全国文代会的筹备工作。

丁玲由专程到沈阳的甘露接回，于6月8日回到阔别多年的北平，住进东总布胡同二十二号，与主要来自解放区的部分文艺骨干会合。

1949年4月21日，解放军举行渡江战役，百万雄师相继克南京、武汉等百座城市。5月12日，淞沪战役打响。

冯雪峰不畏艰险，组织上海中共地下党和革命群众，赶制红旗、刷写标语、组织工人护厂，以迎解放军入城。上海解放前夜，冯雪峰特意穿上瞿秋白送给他的长衫，站到阳台上，面向徐家汇方向，眺望闪闪的枪炮火

光，听沉闷的隆隆炮声，默默地站了两个小时，沉思……（《一件不寻常的长衫》）

5月25日，春风拂面，冯雪峰站到欢腾的群众中间，欢迎雄师开进上海。6月25日，经陈毅市长提名，冯雪峰作为上海文艺代表团团长，率队赴北平参加7月召开的全国文代会，巴金等同时受邀前往，9月又作为中国人民政治协商会议第一届会议代表参会。

1948年底，《华北文艺》副主编陈企霞接到通知离开《华北文艺》，告别康濯、秦兆阳等编辑，先到良乡，随解放大军进北平城。开始陈企霞在北平军管会属下的文化教育接管委员会工作，任文管会主任钱俊瑞的秘书，同事有荣高棠、尹达、艾青等人。陈企霞负责内勤，荣高棠负责对外联络。为了组织群众欢迎解放大军，举行入城仪式，他们带人登上荒芜的天安门，连夜清理多年遗存堆集的垃圾。

沙可夫到北平后，陈企霞又调到沙可夫任秘书长的中华全国文学艺术工作者代表大会筹备处工作。当务之急，是为机关找房子。他们通过军管会的帮助，在东单东总布胡同接收了一座日伪时为日本将军修建的，日本投降后又被国民党一权贵据为己有的深宅大院，门牌是二十二号。文代会的筹备处就设在这里。作为沙可夫的助手，陈企霞任副秘书长兼秘书处主任，主要负责大会的会务组织工作。为了更好地工作，陈企霞曾向周恩来副主席要一名打字员。周副主席笑道："偌大的北平，这类人才有的是，你到华文学校去找吧。"果然在那里找到帮了他大忙的打字员于静贞。

大会胜利召开之后，1949年9月25日，《文艺报》作为全国文联的机关刊物正式创刊，由丁玲任主编，陈企霞任副主编。

第一章

丁玲的命运悖论

春风自恨无情水，
吹得东流竟日西。

——苏轼《往年宿瓜步梦中得小诗录示民师》

丁玲是左联时星光熠熠的作家，以《梦珂》和《莎菲女士的日记》登上文坛。丁玲在揭示人物内心世界方面，显示了艺术才华。莎菲女士是中国现代文学历史长廊中的一个典型形象，"是'五四'以后解放的青年女子在性爱上的矛盾心理的代表者"（茅盾《女作家丁玲》）。

20世纪30年代，丁玲在创作上有了新的进展，创作了长篇小说《韦护》和《母亲》，中篇小说《水》《田家冲》。

丁玲到陕北参加革命实际工作，毛泽东赋词《临江仙》曰"纤笔一枝谁与似？三千毛瑟精兵。阵图开向陇山东。昨日文小姐，今日武将军"，赞美她思想和创作的进步。丁玲创作视野开阔了，对生活描写更真实了，她将作品收入《一颗未出膛的枪弹》和《我在霞村的时候》两个小说集。这是为工农群众和革命战士树碑立传的作品。

丁玲坚持现实主义的创作原则，一直关注个性解放、妇女解放等，揭示了实际工作中存在的一些问题。

20世纪40年代后期，丁玲参加土地改革运动，创作了以此为背景的长篇小说《太阳照在桑干河上》，这是解放区长篇小说中成就最高、影响最大的作品。1952年，《太阳照在桑干河上》获得斯大林文学奖二等奖。

中华人民共和国成立前，丁玲到北京参加第一届中华文艺工作者代表大会，被选为中国作协党组书记、全国人大代表等。

在创作方面，丁玲又有长篇小说《在严寒的日子里》等问世。

1954年夏，"众所周知的原因，她被迫停笔"，"1975年，七十一岁的丁玲从监狱中放出来"(《中华文学通史》)。

1984年8月1日，中央组织部文件〔中组发〔1984〕9号〕《关于为丁玲同志恢复名誉的通知》指出：

> 1955年、1957年确定丁玲同志为"丁、陈反党集团""右派分子"都属于错划错定，不能成立。一切不实之词，应予推倒，消除影响……

丁玲（1904—1986），原名蒋玮，出生于湖南临澧，家道中落。中学时，丁玲就读长沙周南中学。1922年，丁玲到上海，先后就读共产党人创办的平民女子学校及上海大学中文系。两年后，丁玲到北京大学旁听，选修文学、绘画等，与胡也频、沈从文等人相识。受"五四"新思潮影响，丁玲接触各种思想，阅读大量中外文学经典，为日后创作打下了基础。丁玲二十三岁开始创作小说，其《梦珂》《莎菲女士的日记》等在《小说月报》陆续发表，后结集《在黑暗中》出版。《莎菲女士的日记》是日记体小说，刻画了一个倔强自傲而又苦闷沉郁的青年女性形象，真实反映了当时一些年轻人勇敢挣脱封建束缚，追求个性解放又充满矛盾的精神状态。莎菲成为现代文学长廊中的一个典型形象。丁玲成名后，于1931年加入左联，主编《北斗》。此时，她又出版了《一个人的诞生》（与胡也频合集）、《水》《母亲》等作品，成为左联主力之一。1936年，丁玲被国民党政府逮捕入狱，三年后出狱，赴延安参加革命工作。她曾赴前线，毛泽东为她填《临江仙》词一首赞扬她。她撰写了富有战斗气息的报告文学，出版了《一颗未出膛的枪弹》《我在霞村的时候》等小说集，后在延安主编《解放日报》副刊。她参加了毛泽东主持的延安文艺座谈会，于1948年发表长篇小说《太阳照在桑干河上》，后又创作续篇《在严寒的日子里》。

1954年，已成为中国作家协会重要领导人的丁玲，受到不公平待遇，被打成"反革命集团"首要人物，流放到东北劳动改造。1975年，七十一岁的丁玲出狱，被安置在山西长治农村，继续写《在严寒的日子里》这部具有史诗规模、富有时代特色和历史深度的长篇小说。

20世纪80年代初，丁玲得到平反。在文坛消失二十多年的丁玲，重返文坛，其作品风格依旧朴素凝重，但深刻雄健的现实主义精神已不再。

1949年，丁玲重返北平，有点儿衣锦还乡的味道，她购买了在王府井北大街多福巷的宅第。

1949年6月8日，在沈阳的丁玲被沙可夫派甘露接到北平，作为拟将召开的文代会的重要成员之一，住进文代会筹备组所在地东总布胡同二十二号。

11日，丁玲致信还在沈阳的丈夫陈明说：

> 我八号下午到的北平，住东总布胡同二十二号。这里有甘露、企霞，生活一切自然很好，你可想象得出。工作还无头绪。昨天见到周扬，不得要领。此地筹备工作很差，头绪多，思想计划不够，因此我还不能给刘芝明报告，要等周扬再来时谈。他现在是宣传部副部长。见到一些人，但我不能四处拜访人，因此还有些人未见到。今天准备上香山，明天回来。昨天看了表哥和沈从文。（《致陈明》）

信中两处提到周扬，一句"不得要领"，内涵丰富。提到过去的老朋友沈从文时，冷淡如冰。沈从文自杀一事，一字不提，在丁玲心中，她与沈从文已形同陌路。

"准备上香山"，对丁玲来说，是一件大事。她要去看望老朋友毛泽东主席。毛泽东知丁玲到了北平，要接见她。1949年3月15日，党中央从西柏坡迁到北平时，毛泽东主席不愿到城里，执意要住在香山的双清别墅，那里风景如画、清静幽雅。直到中国人民政治协商会议第一届全体会议召开前夕，毛泽东主席才搬进中南海菊香书屋。

1950年，丁玲担任中国文协党组书记、常务副主席，主持文协日常工作。这之前她考虑到，从解放区到京的作家，有丰富的革命经历和生活基础，但文化水平不高，写出的作品大多质量不高，应该设法创造条件，让他们系统读书，提高创作成绩。她受到访问苏联时参观高尔基文学院的启发，也想在新中国创办一座培养作家的文学学校。丁玲将这一想法写出来，提交中国文协党组讨论。英雄所见略同，她立刻得到一致支持，党组以中国文协名义，在共和国成立后第二十三天向中央人民政府文化部呈报《关于创办文学研究院的建议书》。天遂人愿，此建议很快获得文化部批准。更让丁玲欣喜的是，建中央文学研究所一事，竟受到日理万机的毛泽东主席的重视，主席派秘书到丁玲家商议建研究所诸事。

丁玲进北平后，于1949年底，找到中央人民政府秘书长林伯渠，请他写一封介绍信，由陈明去湖南将她的老母接到北平同住。不久，丁玲搬出东总布胡同二十二号，为母亲买了在北平热闹的王府井北大街多福巷十六号小院。三十岁就守寡的母亲，一直一个人苦苦支撑，将女儿送到北京读书，后又为丁玲抚养她与蒋光慈生下的蒋祖林兄妹到1938年，才托人将兄妹安全地送到延安，又孤身一人在乡间，遇上天灾兵祸，备受熬煎。如今母女重逢，自是泪洒衣襟。

丁玲在多福巷新家向毛泽东主席派来的秘书汇报筹建文学研究院事宜，双喜临门，令她欢欣雀跃，泪花闪闪。她说，文研院筹备组她任组长，田间任副组长，康濯、马烽、邢野等参与具体工作。她与田间、康濯等负责建院经费，马烽等负责找校舍、跑设备。秘书微笑着详细记录后，回中南海去汇报了。丁玲送走秘书，站在门楼前，向西望去，秋日的晚霞正浓。这是"丁玲最精彩的一段时光"（李向东、王增如《丁陈反党集团冤案始末》）。丁玲在多福巷住了五年。它见证了女主人进城几年的无限风光。一家人在此其乐融融地享受天伦之乐，这里社会名流出出入入，文研所学员如同归家般到这里谈文学、谈人生。

丁玲他们看中了鼓楼东大街一〇三号一个宅院，主人是开当铺的。经过商议，按当时的交易方式，文研所以二百匹布加上几石小米，买下了这座大院。经过整修，又采购了五万多册旧图书，中央文学研究所于1950年1月8日，正式在这里挂牌暨首届开学典礼。

郭沫若、茅盾、周扬、叶圣陶等一干嘉宾领导都来祝贺，人数不多，却极为隆重。周扬代表政务院文化部宣读任命书：丁玲任所长，张天翼任副所长，田间任秘书长，康濯和马烽分任第一、第二副秘书长。

中央文学研究所直属中央人民政府文化部领导，由全国文协协办。为了建立文研所，政府从紧张的预算中拨付一千八百匹布，在当时，这是一笔不小的支出。因丁玲的人脉关系，文研所的老师力量颇为雄厚。当时中国最有影响的作家、学者，几乎都担任过文研所的教职。郑振铎、俞平伯、叶圣陶等学者教古典文学，郭沫若、茅盾、老舍、艾青、田汉等作家教现代文学及社团，蔡仪、李何林、曹靖华、张天翼等教新文学。

文研所坚持丁玲的教学理念"自学为主，教学为辅，联系生活，组合创作"，文研所培养了一大批后来的作家、诗人、文学理论家、编辑家及文艺界领导人。以第一、第二期为例，文研所走出了邓友梅、马烽、玛拉沁夫、徐光耀、唐达成、陈登科、胡正、白刃、西戎、苗得雨、刘真、李纳、王景山、张凤珠、张志民等在文坛熠熠生辉的人物。

文研所取得的成就，不能都归功于丁玲，但她为文研所建设所提出的十六字教学方针，以及为之付出的劳动和心血，是功不可没的。特别是她那春雨细无声式对学员的谆谆教诲，让他们受益一生。时光如水，近半个世纪后，第二届学员苗得雨于1998年8月21日，在《今晚报》上发表《记丁玲在文讲所第二期的辅导谈话》一文。文中把丁玲这次"辅导谈话"视为"不亚于一份宝贵的出土文物"，想当初，这谈话曾令自己"喜出望外又喜出望外"。

苗得雨这篇回忆文章，被他的老同学邓友梅读到，邓友梅感慨万千，作为回应，也写了一篇《难忘丁玲谈读书——邓友梅致苗得雨》，发表在9月18日的《人民日报》上。文章惊呼，四十多年，白驹过隙，世事沧桑，物是人非，苗得雨"居然保留住这珍贵的记录，文坛何幸，学界何幸"。邓友梅感慨地写道：

> 丁玲那次讲话对我们那批人有很大影响，你的记录对当代文学史研究极有价值……经过四十多年风刀霜剑，同学们有的离开人世，有的退出文坛，我等的笔记文稿又麻烦红卫兵、造反派的多次查抄烧抢，早已消失殆尽。

其实令苗得雨称"不亚于一份宝贵的出土文物"，让邓友梅惊呼"文坛何幸，学界何幸"的丁玲谈话，并非什么宝典秘籍。邓友梅在文中引证了丁玲的这次谈话：

> 有人读书，读了后就明白了这书的主题、构思、人物、场面。我这人不同，我不同意这种读书方法。看书要滚到生活里去，书里的感情，与自己的感情贯穿在一起。太清楚的人，太"理论"的人，往往没意思……

> 我们读书是教条的，按着几条去读，几条读出来了，证据是有了，但里边动人的地方倒忘了！
> 读书是一种享受。读着有一种味道，很高的，可以忘掉一切的味

道。享受很久了，在脑子里形成一种愉快的东西，有一天碰到一种思想，构成了一个主题，这些享受都活了……

邓友梅接着写道："坦白地说，这些观点和言论，在那个时代是'另唱一个调子'，用现在的话说有点新潮、前卫。"但是，那时的文艺功能观，始终不能离开革命策略整体，当文艺游离了为政治服务的路线，哪怕出现一点不和谐的音符，只是对教条主义有所批评，也必然受到惩戒或放逐。邓友梅在文中肯定老师对文学坚守的文化人格："我们看到的是思想解放，求真务实、热情坦直、快人快语的丁玲，我们看着她为此付出了过重的代价。"

除了苗得雨、邓友梅重新评价丁玲的那次谈话，2000年，徐光耀撰文《读书问题及其他》发表于《长城》，其中也保存了丁玲的此次谈话记录，证明苗、邓关于丁玲谈话的真实性。

丁玲到文研所任所长之后，其多福巷寓所成了学员聚会的场所。丁玲甚至把学员请到宽敞的四合院开座谈会。伴着年轻学员的欢笑之声，丁玲度过了几年快乐的时光。这两年，经胡乔木三次谈话，兼着《文艺报》主编的丁玲，不得不去中央宣传部文艺处当处长。丁玲自己说："在那里'混'了两年多，没有做什么，我在那里连一张办公桌都没有嘛！"（《讲一点心里话》）

1952年春，丁玲离开《文艺报》，又奉调《人民文学》任主编。2月，她率中国文艺界代表团赴苏，参加果戈理逝世一百周年纪念活动，并作了《果戈理——进步人类所珍贵的文化巨人》的演讲。3月在苏，其《太阳照在桑干河上》获斯大林文学奖二等奖。同获二等奖的还有贺敬之、丁毅的歌剧《白毛女》，周立波的《暴风骤雨》。

这"意外的光荣"，让丁玲感到莫大的惊喜。她在接受苏联广播电台采访时说，"我从来连做梦也不敢想到斯大林的名字能和'丁玲'这两个字连在一起"，"我欢喜，却又带着巨大的不安"。她反复强调，这"光荣是给中国所有作家和中国人民的，归于中国人民的伟大领袖毛泽东"。

6月18日，全国文艺界为荣获斯大林文学奖的四位作家举行了庆祝会。会上，丁玲把五万卢布奖金全部捐给全国妇联儿童福利委员会。

享受如此殊荣的丁玲，直到离开这个世界，也不知道《太阳照在桑干河上》获斯大林文学奖完全是苏联方面决定的。国内根本就没有将《太阳照在桑干河上》推荐给苏联参评。直到丁玲去了再无纷扰的天国多年，当年给任弼时当秘书的朱子奇，在《永不消失的春天——悼丁玲》一文中，道出了此事的真相：

> 1950年春，我在莫斯科时，一位苏共中央负责人问过我对《太阳照在桑干河上》的看法，他们听说，中国有权威人士发表了否定性评论，如这部作品获得斯大林文学奖，会产生什么影响。我将他的意见转告了在莫斯科的任弼时同志。任弼时同志说，他很少看小说，但《太阳照在桑干河上》他却看了，认为是部好作品，反映了"土改"斗争的实情，写得生动有味道，也符合政策，至于有同志指出缺点、不足，是次要的，把次要点讲过了，我看，是不可取的，如同看一个干部，他主要方面是好的，就是好干部，就应大胆用。没有十全十美的干部。是否有十全十美的小说呢？大概也没有吧！我把弼时同志这段话的大意，讲给那位苏联同志听，他表示很高兴，也很赞同。后来，《太阳照在桑干河上》列入了斯大林文学奖获奖名单，并在苏联报刊上广为介绍和评价。

很多资料证明，朱子奇关于《太阳照在桑干河上》获斯大林文学奖的回忆，是真实可信的。据严家炎先生的《〈太阳照在桑干河上〉与丁玲的创作个性》一文提供资料看，学者严家炎一直以为《太阳照在桑干河上》获斯大林文学奖二等奖，"是中共中央宣传部推荐的结果"，但在1962年秋，在中央党校举行的唐弢主编的《中国现代文学史》提纲讨论会中间休息的时候，他向参会的周扬"提了一个问题：当初中共中央宣传部是怎样向苏联推荐《桑干河上》获1951年度斯大林文学奖的"。周扬的回答，让严家炎"感到非常意外"，又"恍然大悟"：

> 我们中宣部从来没有推荐过《桑干河上》去获斯大林文学奖。我们当初推荐的是赵树理。但苏联人和我们的看法不一样，他们说赵树理的小说太简单了，不合适。于是，苏联方面提出：丁玲的《太阳照在桑干河上》可不可以候选？我们只能同意。但我们又补推荐了几个作品。经过几个来回，双方才取得比较一致的意见。（《北京大学学报·哲学社会科学版》2008年第2期）

关于怎样评价《太阳照在桑干河上》这部小说，笔者已在"民国清流系列"之《告别与新生》一书中有详细论述。该小说与《暴风骤雨》一样，都是叙述土改革命的。以当时流行思想观念把握乡土，其乡土已退去自身丰饶的意义，越来越失去其地域风姿而变成千篇一律的"革命的土地"。

虽然《太阳照在桑干河上》获斯大林文学奖颇有曲折，但不管是周扬拒绝推荐，还是苏联执意给奖，其实质并非取决于小说的文学性，而是意识形态运作的必然结果。

丁玲命运的转折，始于1955年酷热的夏天。

那年 2 月，丁玲夫妇住在鱼米之乡且风光秀丽的无锡，继续创作《太阳照在桑干河上》姊妹篇《在严寒的日子里》。6 月初，作协通知丁玲、陈明二人到上海，听作协党组书记邵荃麟通报"胡风反革命集团"案情，同时看相关材料。早在 5 月初，丁玲从《人民日报》上读了《关于胡风反党集团的一些材料》后，十分震惊并已有不祥预感。不几日，丁玲回京参加第一届全国人大二次会议。令她没想到的是，厄运竟然来得这样快。人大会议结束后，她便被留下来。8 月 3 日至 9 月 6 日，在作协召开的党组扩大会上，她和陈企霞被莫名地当作"反动小集团"遭到一个月的轮番批判，之后，一份《关于丁玲、陈企霞等进行反党小集团活动及对他们的处理意见的报告》，既未经过中国作协党组集体讨论，也不向当事者和相关人员进行调查核实，就上报中央宣传部，转呈中央。

据陈企霞之子陈恭怀所著《悲怆人生——陈企霞传》（作家出版社 2008 年版）一书介绍，陈企霞远没有丁玲被"请"到作协党组扩大会的礼遇，他是从家里被人持逮捕证逮捕后，押到会场上接受批判的。书中写道：

> 据当时在中宣部负责"丁陈"一案，后来又受"丁陈"一案牵连的黎辛同志说，作协党组在周扬的主持下，搞了一个《关于丁玲、陈企霞等进行反党小集团活动及对他们处理意见的报告》上报中央，并要求对陈进行逮捕。但当时主管中宣部的常务副部长张际春同志看了报告后，认为逮捕的理由不足，不同意上报。周扬违反组织程序，利用自己是十人小组成员的便利条件……弄到了逮捕证。

关于"丁陈反党小集团"案，原本是一政治迫害事件，其过程却跌宕起伏，惊心动魄，富有闹剧、喜剧、悲剧的色彩。

这里引郭小川写于 1967 年交代的相关材料，或可更多地看到造成"丁陈"事件深层的原因：

> 那时，文化部不大听周扬的，管事的副部长钱俊瑞是闹独立性的。周扬后来利用五八年钱俊瑞不适当的工作方式，抓住了这件事。副部长刘芝明也看不起周扬，两人并不见有原则分歧。
>
> 原来文化方面由胡乔木管，后来由陆定一主管，拉来了周扬。周扬有文艺的实权是从五四年或者说五五年初开始的。当时周扬手上只有作协，当初只有作协归中宣部管。
>
> 周扬要从作协打开缺口，掌握文艺界。五五年底，康濯写了一个揭发丁玲的材料，说丁自由主义，攻击周扬。原来没准备搞丁陈的。刘白羽来作协后鬼得很，野心勃勃，对丁陈斗争是刘搞的。他一来作协就感到作协有一派势力，要搞作协，必须把丁玲这一派打下去。
>
> 因为反周扬的人很多，打丁是杀鸡吓猴，把作协的阵地抓到自己的手上来，搞了丁玲，就要搞创作，搞出成绩来给中央看……（《悲怆人生——陈企霞传》）

郭小川与周扬、丁玲等共事过，为人也厚道，他的话应该实事求是的，而且当事人之一刘白羽在1994年出版的《心灵历程》中，回顾这段往事并做了忏悔，也可做旁证：

> 在一次暴风雨的运动中，我辜负了我与丁玲一道共患过难，而又一道承受喜悦而建立的友谊，在那闪着欢笑，流着泪水的可爱深夜，我们何曾想到后来的命运会做出那样无情的安排……对于这一切，我作为当时中国作家协会党组负责人之一，应当承担我的历史责任……我到丁玲那里去了，我说："丁玲，我向你请罪来了！"

其实，丁玲、陈企霞等人的落难，是举国批判"胡风反革命集团"运动的深化和延伸，文艺失去正常的文艺批评和思想斗争，所有在理论上的不同见解和创作上的不同现象，一概被斥为资产阶级、唯心主义和个人主义的表现，被粗暴地冠以"反党反社会主义"的帽子，不少人被视为政治异端，被大加挞伐与组织处理。

即便是受害者，如丁玲、陈企霞，在这种"左"倾思潮的影响下，也干过类似的事情。想当年，丁玲和陈企霞主编《文艺报》时，曾对碧野描写解放太原战役的长篇小说《我们的力量是无敌的》等作品及王亚平的创作猛烈批评。特别是对萧也牧发表在《人民文学》上，后被多家报刊转载的《我们夫妇之间》，以"背离工农兵"方向的艺术异端，在全国范围内展开声势浩大的批判，以至这位编辑了《红旗谱》《红岩》《白洋淀纪事》的作家，在反右派斗争中被打成右派，一生坎坷。《我们夫妇之间》讲述了一对从解放区进入城市工作的年轻夫妇，因出身、思想观念的差异，感情发生矛盾，经过学习反省，重归于好的故事。小说表现来自农村的干部应该接受城市文明的意识，难能可贵，但被扣上了"丑化"工农干部的帽子。

1990年2月，人民文学出版社出版的《在严寒的日子里》，有一篇陈明写的序，曰：

现在出版的《在严寒的日子里》，是丁玲苦心思索、几经磨难，经营了三十多年而终于未能完成的一部长篇小说。早在50年代初，丁玲就准备写这部长篇小说，为此她几次到桑干河两岸寻亲访友。1954年6月在黄山开笔，但出于众所周知的原因，她被迫停笔了。1956年10月《人民文学》发表了前八章。1975年，七十一岁的丁玲从监狱出

来，被安置在山西长治农村。1976年3月她在山西农村拿起笔重新写
这部长篇。

此序说明了丁玲写《在严寒的日子里》的不平凡的经过，折射出中年
后丁玲命运的坎坷悲凉。

根据丁玲1948年6月15日为《太阳照在桑干河上》写的序言可知，《太
阳照在桑干河上》原计划分三部分写，即斗争、分地、参军。可是小说只
写了土改斗争，而分地、参军并没有表现。进北京后，1953年10月，丁
玲偶然从《人民画报》上看到宋学广拍摄的一组反映她曾经参加过土改的
温泉屯变化的照片，怦然心动。联系起写《太阳照在桑干河上》时，"得
到一些沦陷后桑干河一带护地队斗争的材料，很生动的材料"（《丁玲全
集》），丁玲便萌生写《太阳照在桑干河上》续篇的决定。

还有一件事，令丁玲难忘。1947年春，刘少奇率领中央工委到阜平。
丁玲见到刘少奇时，曾向他谈起过护地队，并且汇报说，想把护地队写进
她正在创作的《太阳照在桑干河上》。刘少奇听后表示赞同，并且说，失
败为什么不能写？就是要写这个失败（《丁陈反党集团冤案始末》）。因《太
阳照在桑干河上》只写了土改的胜利，护地队材料就没有用。如今要写
《在严寒的日子里》，护地队斗争的故事，正好可以派上用场。

于是，丁玲"重回温泉屯，重访桑干河……回到北京之后，她又到河
北涿鹿县的温泉屯等几个村子去采访，继续搜集解放战争时期护地队斗
争的材料……丁玲感到她心中的那部作品已经雏形渐现，她准备动笔了"
（李向东、王增如《丁陈反党集团冤案始末》）。

到了已知天命之年的丁玲，于1951年7月，踌躇满志地登上安徽黄山，
一边疗养，一边开笔写《在严寒的日子里》。但是，文艺斗争的硝烟不断
袭扰着在风景如画的黄山埋头写作的丁玲。10月，《文艺报》因批判俞平

伯《红楼梦辨》等资产阶级文艺观不得力，受到严厉的指责。1955年2月至5月，特别是《人民日报》发表《关于胡风反党集团的一些材料》后，文艺界已阴云密布。2月5日至7日，丁玲参加决定对胡风文艺理论展开批判的中国作协主席团第十三次扩大会议后，已感受到政治斗争的风暴逐渐迫近。看看这一时期丁玲的日记，其创作状态已见消沉，一种惆怅不安的心绪游荡其间。但是，丁玲还是书生气十足，为了逃避没完没了地"参加开会，把文章又耽误下去了"，甚至未等到在医院治病的女儿蒋祖慧病愈出院，便匆匆到无锡太湖疗养院，继续写《在严寒的日子里》。

到了3月，丁玲尽力排除各种影响，全神贯注地创作，几经调整，小说已写出两万字。这与预期进度有较大差距，"但总之，我要克服它，我希望到夏天能搞出十五万字来"（《丁玲全传》）。不幸的是，8月3日至9月6日，丁玲在中国作协召开的党组扩大会议上，毫无前兆地被打成"丁玲、陈企霞反党小集团"，突然飞来的横祸令她难以接受，她不得不向中宣部申诉。在"丁、陈反党小集团"由立案到被推翻，再到定案过山车式的过程中，她竟然还在坚持创作《在严寒的日子里》。

1956年10月，《人民文学》令人意外地刊登了《在严寒的日子里》前八章，放在小说类第二篇。在小说前，有一个编者按：

> "在严寒的日子里"是一部长篇小说，尚未定稿，这里发表的是开头八节……小说的作者丁玲同志希望读者们将读后的意见提供给她，使她能够参照这些意见对小说进行修改和续写。

此时丁玲的小说，尚能亮相在当时最重要的文学期刊《人民文学》，不能不引起文学界的关注。关注的焦点是丁玲的命运。人们从丁玲作品在《人民文学》发表之举，揣测她是否风光依旧。

王增如在《丁玲办〈中国〉》一文中，有一段文字写了丁玲的心态：

　　1956年10月号《人民文学》上那五万字的《在严寒的日子里》，对于她来说，实在是一个非常之举……丁玲自己也从那些话（编者按——引者）里看到了"上头"对于她的态度。她期待着能早日完成这一长篇，实现许久的夙愿。她的心情好起来，身体也就随之好起来……她又有了写作时的兴趣和欲望。

关心丁玲的人包括丁玲自己，都没有预料到，她在《人民文学》亮相后，跌入了深渊。

正是"春风自恨无情水，吹得东流竟日西"（苏轼《往年宿瓜步梦中得小诗录示民师》）。

第二章

荣膺"人民艺术家"称号的老舍

时来天地皆同力，
远去英雄不自由。

——罗隐《筹笔驿》

满族作家老舍留下了丰厚的文化遗产。小说有《四世同堂》《骆驼祥子》《离婚》《正红旗下》等经典鸿篇，话剧《茶馆》更是其戏剧力作。

　　作为地道的老北京人，老舍出身低微，在穷困的四合院长大，熟稔燕京底层社会群体如车夫、小商贩、戏子、妓女等人物的悲苦生活，其作品对他们表现出博大的悲悯情怀，人道主义是其作品的底色。他又是一位伟大的爱国主义者，在民族危急存亡时刻，将个人命运与祖国捆在一起，抛妻舍子，团结爱国文化人士，不畏艰险地战斗在民族解放的前沿阵地。他以文艺武器参与斗争，鞠躬尽瘁，以命赴国忧。

　　1946年，老舍赴美讲学的同时，创作了百万字表现北京人民的苦难和不屈不挠的抗敌斗争之《四世同堂》。中华人民共和国成立之初，老舍从美归国，历任全国人大代表、中国政协常委、全国文联副主席、中国作协副主席、国务院文教委员会委员。他除了创作反映志愿军英雄事迹的小说《无名高地有了名》和《正红旗下》等外，主要从事戏剧创作。最优秀的是《茶馆》，其他多为"赶任务"的"遵命"之作，"终年是在拼命的写"（《毛主席给了我新的文艺生命》）。他由此获得"人民艺术家"称号，周扬称他为"文艺队伍里一个劳动模范"（《建设社会主义文学的任务》）。

　　老舍四十年创作生涯，有七十多部作品收录在十五卷本《老舍文集》中。作为满族后代，老舍与他的同族祖先曹雪芹（《红楼梦》）、李汝珍（《镜花缘》）、文康（《儿女英雄传》）都是被写进中国文学史的文学大师。他们都对中国文学做出了巨大的贡献，其作品都是中华文化的瑰宝。

老舍（1899—1966），原名舒庆春，字舍予，北京人，出身一个贫寒的旗人之家。其服役皇城护军的父亲，死于庚子事变八国联军的炮火，从此一家人靠寡母给人洗衣缝补为生。童年老舍得到慈善家接济，入学校读书。生活贫困艰难，身处社会底层，老舍从小滋生平民意识，靠勤奋与自励开辟生活之路。为减轻母亲的勤劳困苦，他偷偷考上师范学校，十九岁毕业，先后任过小学校长和中学教员。

五四运动爆发，给"醉心新文艺"的老舍"一个新的心灵"，从此，他走上了文学之新路。写过短篇小说《小铃儿》之后，他于1924年去英国伦敦大学东方学院教中文，客居异乡寂寞之时，追忆过往生活，以文学形式表达，就有了第一部长篇小说《老张的哲学》。小说以北洋军阀统治下的北京为背景，反映古城动荡不安的社会生活，恶棍为非作歹，拆散两个相爱的年轻人，逼迫其或逃或死，演出一出悲剧。接着，他又创作了长篇小说《赵子曰》和《二马》。在《小说月报》发表之后，其嬉笑怒骂的笔墨后的正义感和温暖的心，以及对于祖国的挚爱，受到读者的喜欢和文坛的关注。

1930年，老舍回国途中，在新加坡逗留半年，创作童话《小坡的生日》，表达对殖民地被压迫民族的同情。回国后，他先后在济南、青岛大学教书，撰写《文学概论讲义》，颇具学术价值。不久，他创作了以日本在济南挑起"五三惨案"为背景的《大明湖》，以及影射国民党统治下的黑暗中国的《猫城记》，后者为我国最早的科幻小说。

1934年，老舍又创作了《离婚》，该作通过一群政府官员灰色无聊的生活图景，写出官僚机构的腐败。

老舍在写长篇的同时，还写了大量优秀的短篇小说，于1936年前结集出版了《赶集》《樱海集》和《蛤藻集》三个集子。《月牙儿》更是被视为优秀作品，写善良的母女被社会逼迫为娼的悲剧，特别是天真无邪的女儿的沉沦毁灭，更具悲剧意味。

《骆驼祥子》写于1936年，描绘故都北平一个人力车夫的悲剧命运，有力地揭露了旧社会把人变成鬼的罪行。车夫祥子成为现代文学史上最具光彩的典型之一。

1937年，老舍丢妻舍子，到武汉参加抗日救国活动，次年被选为中华全国文艺界抗敌协会实际负责人，组织文艺家积极抗战，到前线慰劳抗战将士，到延安参观抗日民主根据地，开阔政治视野。同时，老舍为宣传抗战，"对文艺的各种形式都愿试一试"，创作鼓词、旧剧、民歌、话剧、新诗等，鼓舞军民斗志，宣传民族抗战，对新文艺民族化、群众化起到积极作用。

1946年，老舍应邀去美讲学，在那里完成《四世同堂》的第三部《饥荒》，还写了一部长篇《鼓书艺人》。

1949年初，老舍自旧金山起程，回到上海，再赴北京。他以热烈的情感、旺盛的精力，写出话剧《龙须沟》《茶馆》等优秀作品，获"人民艺术家"荣誉。

1966年，在"文化大革命"中，老舍身心遭到严重摧残，为捍卫自己的尊严，于8月24日投湖自尽，终年六十七岁。

1949年11月28日，从美国旧金山归来的老舍，在香港登上一艘英国邮轮，于12月1日抵达天津港时，已是万家灯火。在船上，老舍与老朋友叶君健相遇，他们早在1938年便于武汉相识，当时叶君健在国民党军事委员会政治部第三厅做对外宣传工作，其顶头上司是郭沫若。老舍此时已任全国文协实际领导人，因工作关系，老舍与叶君健成为朋友，后叶君健去了英国发展。下船前，老舍望着舷外的苍茫夜色，有些心神不宁。叶君健告诉老舍，在起程前他已与新的人民政府联系过，天津交际处会派人到码头迎接他，老舍可搭顺风车。

果然，他们刚要下舷梯，便有一位身着军装的年轻人来接叶君健。听过叶君健的介绍，知晓老舍大名的年轻人十分惊喜。他们一行人乘专车到交际处，那里已有一屋人在迎候叶君健。热腾腾的饭菜已摆好，叶君健、老舍被请上桌。

老舍意外出现，交际处立刻向北京做了汇报，北京方面安排老舍第二天乘火车赴京。不久，天津报纸刊登了一则消息，"著名作家老舍和叶君健从海外回国，他们将参加祖国的建设事业，受到天津市政府的热烈欢迎"。

当夜，老舍与叶君健交谈时，交际处的那位年轻人，又将在天津工作的叶君健夫人苑茵送到其夫婿面前。老舍目睹离别经年的夫妻意外重逢那种悲喜交加的一幕，勾起了对自己家人的深深思念。（苑茵《往事重温》）

据叶君健讲，老舍抵达前门老火车站时，是当时的政务院总理周恩来亲自接站的。但是，至今没有证据，老舍本人也从未讲过。据阳翰笙在《我所认识的老舍》一文中说："他（老舍）到达北京的第二天，就由我陪着会见了周恩来同志，老朋友相见，畅谈了很久。"这足以证明，周恩来根本就没去前门车站接过老舍。如若接过，何须第二天由阳翰笙"陪着"？又为什么有"老朋友相见"之语？

究竟是谁邀请老舍从美国回到新中国的，说法也多有矛盾。

第一种说法，曹禺在《怀念老舍先生》一文中说："周总理对我说，你写信请老舍回来吧，新中国有许多新事可以写。我遵照总理的指示写了信，老舍立即整装返回祖国。"

第二种说法，曹禺写的这封给老舍的信，不是以他个人名义发表的，

"事实表明，有包括郭沫若、周扬、茅盾、丁玲、阳翰笙这些中国文艺界的重量级人物在内的三十多位作家签名，代表的是共产党大陆的整个文艺界"（《严文井谈老舍〈访谈〉》）。

第三种说法，胡絜青《巨人的风格》中说："1949年6月开第一次文代会时，总理面对解放区和国统区两股文艺大军在北京（平——引者）会合的大好形势，提出'现在就差老舍了，请他快回来吧'。根据他的旨意由郭沫若、茅盾……三十多人签名写了一封邀请信。经过秘密渠道递到了远在纽约的舍予手中。"

第四种说法，臧克家在《老舍永在》一文中陈述，周恩来总理在第一次文代会中说："打倒了国民党反动统治，铲除了障碍，今天我们南北两路文艺队伍，大会师了。就是缺少了我们的老朋友老舍，已经打电报邀他回来了。"

前四种说法皆无证据。事实是老舍经由香港转至天津码头，并无北京派人专程来接老舍，这是《老舍评传》和与老舍同舟归国的叶君健之《归途中遇老舍》提供的完全一致的佐证。

老舍之归国，石垣绫子写的《老舍——在美国生活的时期》一文，或间接提供了真相。1949年4月，老舍住进了纽约的巴瑟埃斯乐医院，接受外科手术，"（老舍）斜躺在病床上，断断续续地叨述着他生病的痛苦，对中国的未来的不安、战争中的体验以及对现在中国的状态的忧虑等等。病卧异乡，忧念祖国，他的苦涩之情连我们也为之心动"。

对故国、亲人魂牵梦绕，年过五十的老舍，到美国原本就是游学，并无移民之愿，如今倦鸟恋起旧巢，他要落叶归根了。还是石垣绫子所叙述，在老舍宴请其一家吃中国饭菜时，平时沉默寡言的老舍说："'中国不久将获得新生'，'上海这个城市过去是一个集犯罪、间谍、通货膨胀等毒瘤于一身的地方，如今上海解放了，病巢正被一扫而空。就由此可知，共产党完全可以掌控好、治理好全中国'。"而且，新闻业发达的美国已披露，

1948年深秋，经周恩来的安排，中国文艺界之精英社会界之贤达，包括刚从美回国的曹禺，皆集结于香港，然后分批次乘外轮，送到东北解放区。

1949年初，老舍在给友人的信中，曾诉说客居美国"对我，并不舒服"的苦恼。他说"《四世同堂》已草完，正在译。这就是为什么还未回国的原因……若不等《四世（同堂）》译完，我早说回国了"（《作家书简》，载香港《华商报》副刊《茶亭》）。

应该说，老舍之归国，完全是一个爱国知识分子的自觉选择。老舍的老友梁实秋早就说过，老舍是个自由主义作家。他在美国时曾有诗赠老友吴组缃：

> 自南自北自西东，
>
> 大地山河火狱中。
>
> 各祷神明屠手足，
>
> 齐抛肝脑决雌雄。
>
> 晴雷一瞬青天死，
>
> 弹雨经宵碧草空。
>
> 若许桃源今尚在，
>
> 也应铁马踏秋风。

此首诗表达的是在内战中天下苍生受苦受难。那时，作为民主主义者的老舍，当然不可能真正认识国共两党内战的性质是两个阶级的决战，因此一直反对内战。

老舍是从纽约千里迢迢赶到西海岸的旧金山，准备从此乘舟回国。在旧金山的老友得知老舍到来，纷纷为他洗尘和饯行。老友乔志高在当地最好的中餐馆远东楼请他吃饭。席间，老舍流露出回国的矛盾心态，据乔志高在《老舍在美国》一文中披露："老舍一开始就对我说，他的太太和儿女已从重庆回到北京，他回国的主要原因是与家人团聚。其次他又郑重地声明：他回国后要实行'三不主义'，就是一不谈政治，二不开会，三不演讲。"这不奇怪，说明老舍对共产主义和共产党知之不多，他在抗战期间因工作与共产党有过接触，有不少共产党朋友，但没有深交，甚至有些误会，对某些共产党成员的宗派主义有些不满。

比如，在1938年，老舍抛妻别子，毅然赶到武汉，投入抗日救亡运动。正逢各界要求建立"文协"，组织爱国作家以文艺为武器，动员宣传抗战。

中共长江局原本就有安排"胡风在'中国文协'中担纲的构想，不料胡风落败于王平陵，于是转而与冯玉祥协商，敦请老舍挂帅。当年4月，'中华文协'以不记名方式投票选举理事，老舍深孚众望，得票居首，胡风却再次落败于王平陵，得票第十六位。老舍尽管当选，却目睹了抗战初期，各派人士为争夺'中华文协'领导权，而进行的斗争，在小说《一块猪肝》中，对某些自以为思想'前进'，'天然的应当负起救亡图存的责任'的人物进行了讽刺"（吴永平《胡风对老舍的阶段性评价》）。中共安排胡风到"中华文协"之举措，自然在讽刺之列。次年5月，老舍致信陶亢德称："我个人所以不愿入衙门者，只是因为才薄学浅，担不起重任而已。"此信暗含对胡风在1938年3月在"国民党中央宣传部国际宣传处"任职，每月拿百元大洋的讽刺。因此，当时老舍在中共心目中，只是尚可"团结"的"中间派"。在文学创作方面，胡风对老舍的评价也不高。1944年，在重庆召开的"老舍创作二十年纪念会"上，胡风称老舍战前的创作是"旧风流"，即"腐朽事物——旧风格"，对抗战时老舍的创作，说成是"大众生活的亲切的同情者和大众语言的丰富拥有者"。此乃共产党权威文学批评家从政治主场上对老舍的文学创作的最低限度的肯定。很明显，此时胡风的文艺观也受到毛泽东"延安讲话"的影响却不得要领。

胡风倒霉的1954年，在“关于胡风集团的第三批材料”中，摘引了1950年6月15日路翎给胡风的信，毛泽东在按语中写道：“原来他们（胡风集团——引者）对鲁迅、闻一多、郭沫若、茅盾、巴金、黄药眠、曹禺、老舍这许多革命者和民主人士都是一概加以轻蔑、谩骂和反对的。”直到老舍回国三年多，毛泽东依然把老舍定性为“民主人士”。

老舍在新政权建立不久，从美国归国，投奔光明之举真是给社会和文坛带来了一个意外的惊喜。而带给老舍的，则是更大的惊喜。

老舍在1949年之前，在文学场中占据显赫位置。老舍被选为“中华文协”的负责人，来自文学场对他文学创作的肯定。

在新建立的政治—文学一体化的文学场中，文学家的占位具有鲜明的“血统论”。但是，新中国文学场对老舍自愿归国的积极态度，也表现出积极态度。现代文学史上重要的作者老舍径直投入新中国的怀抱，真的让红色政权意外惊喜。老舍归国不久，1950年2月7日，中华全国文学艺术界联合会即召开第四次扩大常委会，提补老舍为全国委员会委员。三个月后，北京市文学艺术工作者联合会举行发起人大会，老舍被推举为筹备委员会主席，后在正式会议上，老舍又被推举为理事，接着被选为常务理事、主席。老舍之子舒乙在《老舍的1950年》一文中称，“周总理经过认真思考，建议成立北京文联，由老舍领衔”。此说与事实相悖，不足采信。

1950年1月，老舍尚未归国之时，北京市文联的筹备工作便开始了。负责人是杨尚昆夫人，北京市委书记李伯钊。查其5月17日的日记，上有“今日为北京市文联发起人大会，选出筹委二十五人，老舍为主席”。这里没提老舍当选是由周恩来特意指派，但根据当时文学场的实际情况看，老舍当选，肯定是被“指派”的。原因很简单，老舍作为真正的党外作家身份，以及其对共产党所保持的距离，都使其具有党内作家所不具备的符号生产力。这一点，阳翰笙在《我所认识的老舍先生》中说得很透彻：“由于老舍无党无派的身份和在文艺界的声望，他能出面讲党所不便讲的话，做党在当时不便公开的事，发挥了其他人难以发挥的作用。"

老舍在旧文学场中所拥有的声望在新的文学场合法性转移的过程中，具有其他同列作家所不具备的意识形态生产力，使老舍幸运地迅速在新文学场风起云涌，地位显赫。当然，老舍为此付出的代价也着实沉重，既背叛了自己的"三不主义"，又未真正走进权力核心，且离文学的本质越来越远。当然这不是老舍一个人的悲剧，而是那个时代所有作家的宿命。

老舍在从美归国之前，就有了回到北京后创作以老北京为背景的三部长篇历史小说的具体计划。他在给老友编辑家赵家璧的信中说："这三部长篇，可以放在全集的最后部分陆续出版。那将是第二个十卷中的压轴之作，将和第一个十卷中的第一部分《四世同堂》成为《老舍全集》的首尾两套重点著作"（《文坛故旧录编辑忆旧续集》）。但在回国后，面对那时的文学场，老舍选择顺应时代的立场，重新规划了自己的创作计划，并迅速在新文学场站住了脚跟，说明他对新政权的拥戴。

1950年5月，几乎当选北京文联主席同月，老舍就开始创作话剧《方珍珠》，该剧通过老北京旧艺人解放前后生活及命运的变迁，表现了穷困劳苦大众过上好日子的喜悦，歌颂了新的社会风貌和新的人际关系。

《方珍珠》完成的6月14日，青年剧院就取走了，由演员"朗诵"剧本。当时，路翎的剧本《人民万岁》已在青年剧院，两相比较，青年剧院院长廖承志决定将《方珍珠》排练公演。这使路翎颇为不满，他在给胡风的信中说："老作家（老舍）的剧本就要开排，角色已定，因为统战，改都不改。"后又致信胡风说："我不满意老舍的剧本。我说，以我看，它在观众面前不会有什么成功的。"

1951年元旦，《方珍珠》在东单青年剧院首演，观众爆满，反响很好，称老舍和自己只是"面子上的朋友"之胡风，"去老舍家表示祝贺，并与剧组主要演员一起用餐,交谈甚欢"(《胡风对老舍的阶段性评价》)。《方珍珠》1月刚刚公演,2月老舍的《龙须沟》又由北京人民艺术剧院在北京剧场公演。实际上,《方珍珠》与《龙须沟》都是动笔于1950年5月,老舍在同时创作两剧。这两出话剧延续了老舍文学关注国计民生、体恤黎民黔首困厄的博大的忧患意识。老舍的剧作,同样具有老舍注重人物塑造、采用北京口语的文学特点,而支撑他的小说、戏剧的骨架和血肉的,是他对北京生活的熟悉与痴迷。让老舍始料不及的是,这两部戏剧竟产生恁大的反响,会给他带来恁大的荣耀。

就在当年春天,《龙须沟》被请进春花烂漫的中南海,到怀仁堂演出,毛泽东、周恩来等中央领导人悉数出席观看。周扬、胡乔木、陆定一这些主管文艺的大员也去观看,他们大概在为过去一直轻慢老舍,而感到一种无形的压力。

是年初冬,北京市委书记彭真代表北京市政府,在隆重的大会上,授予老舍"人民艺术家"的荣誉奖状,这是共和国授予作家唯一最高的褒奖,后少有人沾此雨露。直到七十年后王蒙再获此殊荣。其颁奖倒也无过于虚美之嫌:

奖　状

老舍先生的名著《龙须沟》,生动地表现了市政建设为全体人民,特别是劳动人民服务的方针和对劳动人民实际生活的深刻关系;对教育广大人民和政府干部,有光辉的贡献。特授予老舍先生以人民艺术家的荣誉奖状。

市长彭真(签字)

副市长张友渔(签字)

吴晗(签字)

(北京市人民政府印)

一九五一年十二月二十一日

老舍被授予"人民艺术家"的崇高荣誉，首先让来自解放区的作家、理论家及周扬等人不服气，也不理解：老舍从未参加过革命斗争，充其量是个统战对象而已；原属于国统区的作家，更有不屑，言其戏剧一味歌功颂德。读胡风1952年10月25日给梅志的信，便可见大理论家心态的失衡，"我不做孤注一掷的豪客，但也决不做站在历史以外的得意郎君或失心的政治家"，"但老舍的得意，我又要它做什么"。

老舍从不谈政治，到高高兴兴当了官家人，其各项职务纷至沓来——全国文联副主席、中国作协副主席、全国人大代表、全国政协常委、国务院文教委员、北京市人民政府委员、中朝友好协会副会长、中印友好协会副会长、《北京文艺》主编等。此等礼遇，唯老舍一人所独享。来自解放区的革命作家、国统区的进步作家，连同从香港接回的那些文化名人，大多都要进入"革命大学"之类的机构学习，经过甄别、思想改造后，才能走上工作岗位。比如曹禺、沈从文，都是按照这一程序才参加各自的工作。特别是沈从文，自解放军进北平之后，他便在求生的挣扎和求死的绝望间，经过在"革命大学"学习、改造、劳动后，才在北京大学继续教书，后遭遇大字报风波，在无所适从、进退失据之中，只好选择封笔退隐文学江湖，只能在文物古器中找寻一点生命和存在的感觉。他最终在新领域开拓出一片新的疆土，那是上苍对他的补偿。唯老舍到北京，就成了官家人，而且身兼重要职务，难怪令各方人士羡慕甚至嫉妒。

老舍到北平之初，住在北京饭店。他没有像曹禺那样，活跃在文界，今天在会上发言自我批判，明天写文章谈思想改造心得，把太多的心思用在铺政治之路上。比曹禺见过世面，经过人生风雨的老舍，坐定书桌前，伏案疾书，他懂得，只有拿出适应当时文学场的作品才是生存之道。仅仅在1950年，老舍就在这里，以每天三千字的速度创作了五幕话剧《方珍珠》、三幕话剧《龙须沟》，以及散文、诗歌、评论等，还有以太平歌词、大鼓词、相声等各种曲艺形式写的反映北京新生活的作品，算起来足有上百万字。这让那些不服气者，不好意思再说怪话。

老舍写《方珍珠》《龙须沟》等，在那个特定年代、特定的意识形态下，自然属于配合政治宣传的所谓 "赶任务" 的作品。对此，老舍没有回避，而是实话实说，他在《剧本习作的一些经验》（载《人民戏剧》）一文中承认："我也'赶任务'。我没有'能掐会算'的本事，怎么能知道北京市人民政府要修建龙须沟呢？龙须沟动了工，我才赶上前去。这还不是赶任务吗？" 但是老舍与曹禺不同，曹禺在接受周总理让他写知识分子新生活的任务后，匆匆到协和医学院蹲点体验生活，然后他口述，让女秘书记录，按 "主题先行" 的路数设计剧情和人物。老舍也是领命创作。北京人民艺术剧院院长李伯钊，给老舍讲了龙须沟相关的故事，请他为人艺创作一部话剧。他到龙须沟工地现场看过之后，被旧社会留下的这条让穷苦百姓吃尽苦难的臭水沟震撼了。深入当地生活，让老舍对人民政府决心让老百姓过上好生活的爱民之举感动了，他说："感激政府的岂止是龙须沟的人民呢？有人心的都应当在内呵！我受了感动，我要把这件事写出来，不管写得好与不好，我的感激政府的热诚使我敢去冒险。"（《〈龙须沟〉的写作经过》）

老舍的《龙须沟》与曹禺的《明朗的天》的不同，在于老舍被龙须沟居民的真实生活和命运感动了。老舍调动多年生活在老北京从而储存在脑子里的大量生活和人物形象的信息，创造了众多典型的人物形象，因此《龙须沟》成功了。曹禺是主题先行，到医学院生活，并未了解当时语境下的知识分子，也不去塑造知识分子的典型形象，而是编造了一个抓阶级敌人的故事。结果可想而知。

关于《龙须沟》，有个插曲不得不提，《龙须沟》在北京剧场公演之后，场场爆满，盛况空前，一直演到年底。《龙须沟》之前，首都剧场原本上演根据苏联小说《钢铁是怎样炼成的》改编的话剧《保尔·柯察金》，正好配合抗美援朝形势。撤下《保尔·柯察金》，上演反映市民生活的《龙须沟》，让许多人不理解，周恩来站出来，认为该剧歌颂人民政府关心民生，对确立新政权的威望具有现实意义，坚决支持《龙须沟》上演。不久，又因《龙须沟》，老舍荣获"人民艺术家"称号，来自解放区的作家"采取不承认态度"（葛翠琳《魂系何处——老舍的悲剧》）。

周扬善解人意，善于揣摩领导意图，他遂在《龙须沟》上演不久写了一篇评论《从〈龙须沟〉学习什么？》，从文学角度支持周恩来总理对该剧的评价。文中说，"《龙须沟》并没有什么特别的事，老舍先生不过忠实地记录了修龙须沟的事件，但也没有做新闻报道式的记录，也没有写真人真事，他创造了几个真正活生生的有性格的人物，他使这些人物都和龙须沟联系起来……锐利地观察到了革命的影响所引起的各种人物心理变化"。

周恩来的支持、周扬肯定的评论，可以让不和谐之声有所收敛，但老舍自己一直很清醒。《龙须沟》本是为配合政治而生的，只不过自己以艺术性多少弥补了这种遵命文艺的致命弱点而已，不可能解决政治和艺术的不和谐。比如，剧中解放前的戏丰满，而解放后的戏干瘪，极不对称便是。

在艺术上，尽管这种听命作品难避败笔，甚至有不堪读的东西，老舍却总是坚持己见。比如《龙须沟》，其导演焦菊隐认为老舍的戏剧语言阅读起来很好，但在舞台上就欠饱满。于是，焦菊隐就尝试着动手充实了一下，为此写信给老舍，请求理解。老舍一直不表态，在彩排、演出之后的一次文艺界的座谈会上，作为回应，老舍发言了："这本戏写起来很快，我差不多是一口气写完了三幕的。这可就难免这里那里有些漏洞；经焦先生费心东安一个锔子，西补一点油灰，它才成了完整的器皿。"似乎他在肯定并感谢导演焦菊隐，但话锋一转，说："不过我还是用原稿去印单行本，为的是保存原来面貌，我希望人民艺术剧院把焦先生的舞台剧本也印出来，两相参证，也许能给研究戏剧的人一点研究资料。"（于是之《老舍先生和他的两出戏》）。于是之认为，这是老舍虚怀若谷的一段佳话。若细细揣摩老舍这段意味深长的话，不难发现，老舍明明是表明了"家有敝帚，享之千金"那种自信和自恋。再往深里说，作为中国根深蒂固的传统文化塑造出来的知识分子，老舍放弃了"独立之精神、自由之思想"后，内心的苦痛可想而知，他是以坚持艺术上的自我安慰自己的灵魂。但可惜，在高度政治化的语境里，老舍像其他知识分子一样，早已丢掉孤高自赏，为了生存不可能不蹚浑水。林斤澜在《〈茶馆〉前后》说："人说老舍不论大小运动，都积极配合。"他又在《时来天地皆同力，运去英雄不自由》（《现代学人谜案》）中说："仅在五十年代，老舍就几乎身临其境地参加了文艺界所有的政治斗争：从批判俞平伯的学术错误开始，到批判胡适的资产阶级唯心主义思想，再到批判胡风'反革命集团'，批判'丁、陈反党集团'，批判章伯钧、罗隆基、徐燕荪、吴祖光、赵少侯、刘绍棠、邓友梅、从维熙等人的右派言论。"其批判文章在大会上读，在各大报刊发表。不妨引用他写的《看穿了胡风的心》（1955年5月20日《光明日报》）一文中的话：

> 我认识胡风已快二十年，应该说是老朋友了。二十年来，我总以为他的毛病不过是心地褊狭、目空一切而已。看了舒芜先生发表的"胡风信札"，我才知道原来胡风并不只是心地褊狭，而是别具心胸。原来他把他的小集团以外的人，特别是共产党，都看成敌人啊……他要用"抽筋及鞭"每打党内的作家和进步的作家们，杀人不见血！这是什么心肠呢？我猜不透！我只能说，除了受过美蒋特务训练的人，谁会这么想一想呢？看了那些信札以后，我才知道原来胡风并不只是

目空一切，而是要镇压革命，去作文坛的暴君。

读罢此文，我们可以断言，此乃老舍不得已为之的站队和表态，仅仅是为了自保、苟且偷生而已，并无落井下石，加害于胡风的险毒意图。这不过是上纲上线、毫无实质的东西。这一点，林斤澜看得很透。程绍国写的《林斤澜说》一文中，引证林斤澜的话说，老舍在当年确有"两面人"的分裂性格，即"他是一个有心机、智慧过人、知人论世的人"，"他八面玲珑、以'外场'和'交游'闻名，是一个充满矛盾的两面人"，"这个人绝不可恶，但有时却非常可怕"。

或因为老舍有"非常可怕"的一面，周作人在其日记中将老舍称为"四大无耻文人"之一。

20世纪50年代，在复杂多变的历史背景下，中国社会发生重大的变化，毛泽东在《五四运动》一文中说，"在中国的民主革命运动中，知识分子是首先觉悟的成分"，但当他们面对高度政治化的语境，为了生存，知识分子不得不放弃独立之精神、自由之思想的文化人格，修炼出"外圆内方"的"两面人"性格，那是时代的悲剧，我们无权在此说三道四、臧否褒贬。

晚唐诗人罗隐在《筹笔驿》诗中有"时来天地皆同力，远去英雄不自由"句，在强大的政治作用下，谁都无法自己安排命运，老舍岂能独善其身？

第三章

"遵命文学"让曹禺难有佳作

癫狂柳絮随风舞，

轻薄桃花逐水流。

——杜甫《绝句漫兴九首》

中华人民共和国成立后，中国戏剧的政治色彩和政治倾向在文艺领域表现得十分鲜明和强烈，可以说自此中国戏剧的命运与中国当代政治的关系血肉相连，十分密切。在政治运动的波澜起伏中，戏剧也荣衰沉浮。

　　曹禺走进新社会后的戏剧创作，便是怀着极大政治热情，为政治服务的典范。这位曾以《雷雨》《日出》《原野》等经典剧作震惊戏剧舞台的剧作家，一直受到党的关注，1949年2月，在地下党的安排下，曹禺秘密抵达香港，后又在乔冠华具体组织下，与柳亚子、叶圣陶等爱国知识分子一起乘客轮回北平，参加拟议中的中华文艺工作者代表大会和中国人民政治协商会议。后曹禺当选为文代会常务委员，从此积极参加各项政治活动。他于1954年创作新中国知识分子思想改造的剧本《明朗的天》；1961年发表与于是之、梅阡合作的历史剧《胆剑篇》，反映春秋吴越之战，重在表现越王勾践知耻后勇、自强不息的精神；后又遵命创作了各民族团结的历史剧《王昭君》。

　　比起早期《雷雨》《日出》《原野》等作品，曹禺解放后的作品之现实主义深度和艺术感染力逊色太多了。

曹禺（1910—1996），原名万家宝，生于天津。其家为没落望族，其父曾任清直隶卫队的标统，后任北洋陆军中将、宣化府镇守使等职。其父颇有文才，喜吟诗作文。曹禺从小接受严格的家庭教育，阅读大量中外名著，进入文学世界。受继母影响，曹禺对戏剧巨大的艺术魅力情有独钟。

1922年，曹禺进入天津南开中学读书，毕业后又保送南开大学，并在那里参加戏剧演出活动，走向戏剧道路。1933年，曹禺在清华大学读书时，完成第一部剧作《雷雨》。《雷雨》通过两个家庭成员间的感情纠葛，反映了不合理的关系造成的悲剧。该剧被巴金发现，刊在《文学季刊》，大学生曹禺一举成名。

1935年，曹禺创作《日出》，翌年，《日出》连载于《文季月刊》。《日出》表现日出前各种腐朽势力在黑暗中的活动，戏剧结束时，东方已露出晨曦，丑类已濒临末日。

抗战前夕，曹禺的视野由都市转向农村，创作了《原野》，以个人复仇的方式反抗不公道的世界。作者在复仇者仇虎身上，着意表现出原始的生命力和"奇异"的复仇方式，使该剧的风格变得诡秘、奇谲、暴戾。

抗日战争爆发，曹禺与宋之的合著了《黑字二十八》，斥责民族败类，歌颂抗日英雄。后来，曹禺又写出四幕剧《蜕变》，写出医院的腐败混乱，意在表现民族在战火中"蜕"旧"变"新。这是一部优点和弱点互相交织的作品。

1941年，曹禺写了《北京人》，继《蜕变》之后再次对民族固有的坚韧、自我牺牲精神进行了探索。剧本在日常家庭生活、家务琐事的闲谈中，表现人们之间钩心斗角、唇枪舌剑的尖锐冲突，"具有一种平淡而又深刻、忧郁而又明朗的叙事风格"，以及"内在的扣人心弦的艺术力量"（《中华文学通史》）。

中华人民共和国成立后，曹禺创作了知识分子思想改造的剧本《明朗的天》，与梅阡、于是之合作撰写了历史剧《胆剑篇》，编写了历史剧《王昭君》等。

比起老舍、赵树理等人，戏剧家曹禺在中华人民共和国成立之初，并没创作出什么作品。1954年，他怀着极大的政治热情，拿出了中华人民共和国成立后第一个以现实生活中知识分子思想改造为题材的话剧《明朗的天》（发表在《剧本》1954年9月、10月合刊号），但是，这部作品因急功近利的创作动机及时代的局限、明显直奔主题的理念色彩，远远不如之前的作品那般具有现实主义深度和感人的艺术魅力。善于写悲剧的曹禺，遭遇了自己创作的悲剧。

和其他作家一样，曹禺在思想改造方面花了太多的精力和心思，这是那个时代的知识分子的宿命。天才戏剧家曹禺变成集多重身份、人格于一身的人。

1949年1月10日，淮海战役以解放军的胜利告终，身在上海，与方瑞同居的曹禺，接到中共上海地下党的秘密通知，他将被安排到解放区去。不久，在地下党组织的安排下，曹禺与方瑞秘密到达香港。早在那里秘密工作的中共香港工委，特派胡绳的夫人负责接待。后来曹禺才得知，国统区大部分文化界名人都先后被安排集中到香港，是中共最高领导层的决定，拟邀请他们去北平，参加在那里召开的中华全国文艺工作者代表大会和中国人民政治协商会议。因此，这些在文化界颇有声望的人氏，一到香港，便受到中共香港工委热情周到的接待，住进了豪华的酒店。

中共香港工委早就在香港秘密工作，中共的一些文艺工作者，曾在这里多次发动针对国统区乃至解放区的文艺思潮的批判斗争。乔冠华等人就发表过充满"左"倾思想的文艺批评。

本书前面提到，2月28日，由乔冠华率队，柳亚子、郑振铎、叶圣陶、马寅初、王芸生、陈叔通等文艺界泰斗级人物及曹禺、方瑞等二十七人，被告知不得带片纸只字，轻装简行，登上外国豪华"华中轮"，踏浪出行。甫一出港，果然有国民党炮舰尾随，迫使"华中轮"驶向韩国，再转烟台。尽管旅途有风险，但大家精神饱满。

众人到烟台后，受到当地军民热情接待，观看了花鼓、戏剧。众人乘汽车向北而行，中途住宿莱阳。正逢三八妇女节，晚会很热闹，曹禺等个个喜笑颜开。他们由潍坊改乘火车，过济南时，战将许世友和专程从北平赶到烟台迎迓的邓颖超，设宴招待，后又陪一行人同往北平。如此高规格的待遇，让一行人激动不已，曹禺更是心情大好。这大好的心情，曹禺一直保持到1958年。他在《迎春集·后记》中说："日子过得快极了，像坐了神仙的飞车一样。"这比柳亚子在"华中轮"上吟的诗，更有诗意。只是，当年"华中轮"上的二十七人，在经历了政治斗争的风风雨雨后，已有不少人岁月蹉跎。

3月18日，一行人抵京，马上被请到北京饭店下榻。

3月22日，曹禺参加了华北文委和文协的会议，这是解放区与国统区文艺家的第二次聚会，比起毛泽东到重庆谈判期间的第一次聚会，其规模要盛大得多，也隆重得多。就在这次大会上，已成为新中国文艺界旗手的郭沫若，提出要召开第一次全国文学艺术工作者大会的倡议。

值得注意的是，逐渐政治化的文艺斗争，已经在刚解放的北平初见端倪。曹禺早已看得清楚。就在 3 月 24 日，"五四"以来党内重要的文学理论家胡风，以文代会报告委员会委员的身份参加了会议，但拒绝参与起草关于国统区文艺工作的报告。不久，茅盾以大会主席团副主席身份，在大会上所作的《在反动派压迫下斗争和发展的革命文艺》报告中，有专门一节批判胡风及相关人士的文艺思想。其中说，"我们必须警惕到……如果我们由于长期生活在国民党反动派统治之下，因而习惯于一套适合于旧社会关系的看法，到现在却仍旧继续用这种看法来对待新的社会关系以及文艺工作在新社会中的地位与作用等等，那么，我们势必落后于时代，乃至为时代所唾弃"。这番话在当时无疑具有警示意义。

听罢茅盾批判胡风的发言，曹禺心情复杂。他心里清楚，来自国统区的自己，其实早已被来自解放区的革命作家视为另类。他怎么能忘记，早在 1947 年 2 月，老朋友何其芳不念旧情，写《关于人家》一文，对自己改编的巴金的《家》进行无产阶级圣战式的批判：鉴于"封建社会的基本矛盾（农民与地主的矛盾）之必须解决已提到当前的日程上来，地主家庭子女的婚姻问题就成了枝节问题"，断定《家》的改编"重心不在新生一代的奋斗、反抗，而偏到恋爱婚姻的不幸上去了"，不具备任何社会价值或政治价值。两年前，何其芳对曹禺改编的《家》的全盘否定，一直折磨着他，如今又闻胡风挨批判，曹禺心里有了些许寒意。

两天后，中华全国文艺工作者代表大会筹备委员会成立，曹禺等四十二人被推举为筹委会委员。

过了几天，曹禺又得通知，拟 29 日去法国巴黎，出席在那里举办的巴黎世界和平大会。4 月 21 日，由于法国政府只给八个人签证，原定由郭沫若为团长的四十人代表团的大部分人受阻，曹禺、洪深等人被迫到布拉格分会开会。世界和平大会结束后，中国代表团又到苏联的列宁格勒（今圣彼得堡）等地参观访问。苏联在十月革命后，各方面都有所发展，十多年前，胡适到英国开会，途经苏联，见其繁荣景象，急忙写信给国人，表达他的好感。从美国返国不久的曹禺，见到苏联的社会景象，倒没有胡适那么惊喜。但此行发生了一桩小事，值得一提。他们来到高度政治化、有根深蒂固等级观念的苏联，苏联给中国代表团团长安排了一个豪华大套间，曹禺、洪深等团员只能两人合住一小间房。已五十五岁，与欧阳予倩齐名的戏剧家洪深见状，对社会主义国家还要人分九等甚感失望。回望自己早在1922年写的"不趋时"的话剧《赵阎王》，如今面对不平，憨直而又倔强的洪老夫子发起了火，扬言要跳楼以示抗议人分九等的苏方，以及不自重的郭沫若。经人劝阻，事态没有恶化。等到代表团乘坐的火车开进中国一边，神经紧张的郭沫若才放下心来，才敢不无讥诮地冲洪老夫子说："洪公，你现在可以跳下去了。"洪深余怒未消，带有几分挑衅地说："老夫不想跳了，你奈我何！"

曹禺一行，于5月20日经哈尔滨返回北平，刚踏进北京饭店，方瑞即告诉他一个好消息，5月4日在北平举行的中华全国青年第一次代表大会上，曹禺当选为中华全国民主青年委员会候补委员。稍作休息，6月15日至19日，曹禺参加了新政治协商会议筹备会。十天后，曹禺又出席6月30日举行的第一次文代会预备会，并当选为百人大会主席团、大会提案整理委员会委员。

7月2日，中华全国文学艺术工作者第一次代表大会在中南海怀仁堂开幕，作为南方代表第一团的代表，曹禺与八百四十二人参加了大会，并在第一天的大会上，作了题为"我对大会的一点意见"的发言。当大，《人民日报》发表了此文。看《中华全国文学艺术工作者代表大会纪念文集》上刊载的曹禺此次发言时的照片，可见三十九岁的曹禺英气勃发：满头浓发，脸庞白净而英俊，绽放着微笑，眼镜后的目光炯炯。后来赵树理告诉笔者，他在文代会初见曹禺时，"他就是个白面书生嘛"。

曹禺的发言，曾让参会者印象深刻，他们参会期间，叶圣陶、巴金、郑振铎、梅兰芳、赵树理等人都发言了，只有曹禺提到"从思想上改造自己"这样新鲜的口号。知识分子的"改造"，曹禺在后来的命运中，自然有了刻骨铭心的体会。

现在可知当时曹禺提出知识分子"从思想上改造自己"的真实动机。来自国统区的他，并不真正了解毛泽东在延安文艺座谈会上的讲话精神。谈思想改造，是为了让党放心，他献出了自己的思想和灵魂，脱胎换骨跟党走。

知识分子，是一个民族中创造精神财富并传播文化、专司思考的最具理性的那部分人，被视为民族的道义、良知和灵魂。中国的知识分子，是由士、农、工、商"四民"演化过来的，"士"原本就是劳动者。马克思主义从来没有关于知识分子思想改造的论述。但是，解放之后，知识分子成了改造对象，沦为与"地、富、反、坏"同类的"臭老九"，一直被改造、被整肃，直到"文化大革命"结束。中国进入了改革开放新时期，邓小平指出，科技是生产力，知识分子与工农一样都是劳动者。知识分子才逃出苦海，改造知识分子的谬论也就此作古。

跨进新时代的曹禺是幸运的，他对革命的那番忠诚，赢得了党的信赖，并得到厚爱。一个并非来自解放区的文艺工作者，被选为中华全国文艺界联合会的全国常务委员会委员，成为全国文联编辑部负责人之一。9月，曹禺作为全国青联代表，又参加中国人民政治协商会议，并负责政协对外文化工作。10月，曹禺又被任命担任新成立的中央戏剧学院的副院长。

曹禺热情高涨地投入新生活，与师生到工厂、农村去锻炼，到安徽参加土改运动，到治理淮河的工地劳动，体验劳动人民勤劳朴实的思想品德。

来自国统区的知识分子，多半都有一些自卑，为了自我救赎，不得不反省自我,"向真理投降",曹禺就是最早自我批判的作家。他于1950年10月,在《文艺报》发表的《我对今后创作的初步认识》便是例证。他在文中把自己过去的创作基本上否定了,文中说,"作为一个作家,只有通过创作思想上的检查,才能开始进步,而多将自己的作品在文艺为工农兵的方向的X光线中照一照,才可以使我逐渐明了我的创作思想上的疮脓是从什么地方溃发的","《雷雨》据说有些反封建的作用,老实讲,我对反封建的意义实在不甚了解。我的个人好恶主观的臆断对现实下注解,做解释的工作,这充分显示作者的无知和粗心","没有历史唯物论的基础,不明了祖国的革命动力,不分析社会的阶级性,而贸然以所谓'正义感'当作自己的思想支柱,这自然是非常幼稚、非常荒谬的"。接着,他对《雷雨》的宿命观,《日出》的没有表现人民斗争,都做了自我批判,而且运用阶级分析的方法,解剖自己完全站在"小资产阶级"立场表现生活和革命斗争,"结果必定不伦不类",自己"便成了挂着羊头卖狗肉的作家",出路只有"来一次脱胎换骨的改造,使自己转到为工农兵服务的方向上来"。

诸君读过曹禺这篇文章,不会说曹禺对自我的检查、忏悔和批判不真诚,不刺刀见红。其赎罪的心情、严肃的自责,甚至让人感动。但是,我们同时发现,曹禺对自己痛心疾首的批判,虽主观上表现出真诚,但缺乏马克思主义历史的具体分析,用政治的估量取代了艺术的批评,以简单化的阶级分析代替文学艺术的现实主义要求。曹禺看似在真心真意地自责和赎罪,但他对自己的创作采取全盘否定的态度,本身并不是马克思主义文艺批评的辩证精神。

1921年,巴黎出版了一个俄国白匪军写的恶毒攻击红军的小说集《插到革命背上的十二把刀子》。列宁写了《一本很有才气的书》一文进行文学批评。列宁说,这本书对革命怀有"切齿的仇恨","有的地方写得非常糟",但"有的地方写得非常好","精彩到惊人的程度","真是妙透了",

"很有才气"。我们不指望曹禺有列宁这样辩证地看待文学的识力和气度，但起码应该对自己的作品采取实事求是的态度。老实说，曹禺是以自我否定，掩盖骨子里深层次的思想矛盾。曹禺是个复杂的、内心深不可测的人。

早在天津南开中学读书时，曹禺就写过《杂感》一文，其中即有"向真理投降"，以求新生的表达："改正观念似乎洋车夫还可教些，因为教授的博士帽是'仰之弥高，钻之弥坚'，很自以为教人者，非可随随便便为人教也。"他现在身份由学子转化成作家，由批判者转化成被批判者。

从解放军开进北平城始，天下变了，像曹禺一样的知名学者、作家，纷纷"向真理投降"。朱光潜于1949年底，略晚于曹禺，在《人民日报》发表《自我检讨》，接着是费孝通、冯友兰等社会贤达也写文章自我否定。这种姿态，是顺应潮流，表现出知识分子积极投身新生活的进步要求。但这些大知识分子万万没想到，这只是全国范围内即将开展大规模整风运动的序幕。1950年4月，中共中央正式发布《关于报纸刊物上展开批评和自我批评的决定》，来自解放区，被视为体现《在延安文艺座谈会上的讲话》精神的卓有成就的作家赵树理，一样受到批评。他主编的全国发行量最高的《说说唱唱》被整编，他由主编降为副主编。

就在《关于报纸刊物上展开批评和自我批评的决定》发表不久，正赶上1951年，开明书店要给曹禺编辑剧作选集。得此良机，在没做充分准备、没有正确文艺思想指导的前提下，曹禺仓促上阵，改写自己的旧作。曹禺对他的成名作《雷雨》《日出》和《北京人》进行修改，用他的话说："改得很费事，所用精神仅次另写一个剧本。"他改《雷雨》时，每个人物都有了明确的阶级身份，然后让他们都说本阶级的话和做出本阶级的举止。如鲁侍萍再度与周朴园见面，就骂周是个"杀人不偿命的强盗"，侍萍不再是忍辱负重的宿命者了，而变成一个具有斗争精神的妇女形象。又在周朴园的背后，新加了一个听命于"英国顾问"的省参议员乔松生，于是周朴园以乔松生为后台，成了集官商与买办为一身的资本家。同时，曹禺又把周萍写成一个玩弄女性的纨绔子弟，与繁漪私通，继而诱骗玩弄四凤，后又要与繁漪私奔。鲁大海变成工人运动的领袖，当场揭发周朴园的反动面目。其结尾也做了大修改。周萍没有自杀，周冲也未触电身亡，四凤没有寻短见。而是让周朴园听到"工潮扩大，开枪也弹压不下去"的报告之后，"颓然"气绝倒下。《日出》也改成以革命者大获全胜收尾。《北京人》完成了"只有劳动的人才能改造生活"的皆大欢喜的结局。这三部作品，以面目全非的模样，被开明书店收入《新文学选集》之《曹禺选集》。

曹禺在《曹禺选集·后记》中说，"这次重印，我就借机会在剧本上做了一些改动"，"要依原来的模样加以增删，使之合情合理，这都有些棘手"。结果，"可能又露出一些补缀痕迹，但比原来接近真实"。

任何优秀的文学作品，都是作家以当时的思想和艺术感受，写出的反映那个特别年代的艺术作品。《雷雨》恰恰是曹禺以其自由意识，写出的既有独特时代精神特征，又交融作者灵魂的杰作。正如周恩来在《对在京的话剧、歌剧、儿童剧作家的讲话》所说，《雷雨》等之所以"站得住脚"，就是因为"作品反映的生活合乎那个时代"，也"合乎那个时代进步作家的认识水平"。周恩来早在抗战时期的重庆，就对曹禺说过，"我欣赏你的，就是你的剧本合乎你的思想水平"。

作家修改早期作品，文学史上几乎没有成功例证。作家创作和修改，要在严格意义上坚持现实主义艺术原则，既需要良好的客观条件，更需要良好的主观条件。曹禺将刚刚获得的一些尚未消化的思想和艺术观念，生硬地、概念地加入旧作之中，恰恰破坏了原作整体的艺术构思，破坏了原有的思想和艺术的和谐统一，让原生风貌的艺术魅力大打折扣。

曹禺这次孟浪修改《雷雨》之举，带有悲剧色彩。更意味深长的是，曹禺竟然按照主政文学艺术的周扬发表于1937年的《论〈雷雨〉和〈日出〉》一文的精神修改旧作。20世纪30年代末，被鲁迅斥为"四条汉子"的周扬，在文学理论方面尚未摆脱"左"倾机械论的牵制。那时他写的《现实主义试论》《典型与个性》等文，认为典型即是某些阶级共性和某些性格的相加，虽注意到典型个性的独特问题，却将作家在创造典型过程最重要的独特发现和审美选择排除在外。周扬是一个半拉子的批评家。比如，他认为《雷雨》一剧，"由于这个现实主义的不彻底、不充分，所以他的宿命论的倾向没有能被击碎，如果说反封建制度是这个剧本的主题，那么宿命论就成了它的Sub-Text（潜在主题）"。他认为鲁大海写得"完全失败"，写成了"一个非真实的，僵冷的形象"，"他和周朴园的矛盾应当在社会层的冲突上去发展"，而不应"把兴味完全集中在奇妙的亲子关系上。这里应该是两种社会势力的相搏，而不是血统上的纠缠"。

周扬之论《雷雨》，原本就充斥着机械论色彩，当时受西方人性论和人道主义文学论影响，心高气盛的曹禺，大概对此只轻蔑一笑，懒得理论。此后十多年间，也未见曹禺有修改旧作的雅兴。

曹禺要修改《雷雨》等旧作，只能解释为他要让周扬们看看，自己是努力按照革命的方向前进，主动自我否定的。1950年3月14日，周扬在文化部大礼堂向京津文艺干部做报告，谈到作家队伍小资产阶级作家有"小集团"抬头的倾向时，指着台上的四把椅子，态度激愤地说："有你小资产阶级的一把坐着，你好好坐着就是了。如果你不满意，如果乱说乱动，就要打，狠狠地打！"（胡风《关于解放以来的文艺实践情况的报告》）接着是围绕对电影《武训传》的批判而开展的思想、文艺的整风，每个作家特别是来自国统区的作家，不得不做自我批判。知识分子都已感到滚滚向前的历史车轮裹挟的某种寒气了，但曹禺决不掉队。

仅仅过了两年，曹禺又推倒新版的《雷雨》《日出》和《北京人》，于1954年初由人民文学出版社出版《曹禺剧作选》，采用的是未经修改的原著。6 月，曹禺任院长的北京人艺，上演的《雷雨》也是老版。《雷雨》公演五十场，场场爆满。当然，旧版能重新出笼，不是曹禺能做主的。严重违背文学自身规律的修改，反而弄巧成拙。

看上去，身兼数职，每天都生龙活虎地参加各种社会活动的曹禺，心情是舒畅愉悦的，其实他一直为自己的婚姻纠结。曹禺早已与方瑞同居，他与发妻郑秀的婚姻名存实亡，迟迟没有妥善解决。

1936 年暑期，父亲为南京要员的郑秀，从清华大学法律系毕业，到南京政府审计部当了科员。两个月后，她冲破家庭羁绊，与苦苦追求她的曹禺在南京平仓巷德瑞奥同学会上举行了订婚仪式。

那天，曹禺的母亲从天津赶来，好友巴金、靳以带着一个会说话的洋娃娃，专程乘飞机到场。田汉到场，送一幅中堂贺喜。场面热烈而隆重。1939 年，李健吾在《时当二三月》一文中，风趣地写曹禺对郑秀的痴情。

二人结婚后，出于性格原因，婚姻并不和谐，蕴藏着危机。1940 年，曹禺爱上演员方琯德之妹方瑞（又名邓译生），他把方瑞清秀的容貌和温厚的举止投射在《北京人》中的愫方和《家》中的瑞珏身上。不久，二人同居。

曹禺在美国留学期间，曾给一直坚守婚姻的郑秀写信提出离婚，遭拒。从美国回国后，曹禺与方瑞住在南京，他又提出离婚，仍被郑秀拒绝。1950 年，郑秀从福州奉调到北京，在中国人民银行工作。曹禺再次提出离婚。据《思想的时代》（吉林文史出版社出版）一书中的《政治风浪中的曹禺其人》一文所述，"由于郑秀要曹禺拿出五百元的补偿金才答应离婚，而曹禺又实在没有这一笔钱，离婚之事再一次陷入僵局。当周恩来了解到这件事后，当即帮助曹禺解决了这笔款项"，曹禺终于在 1950 年底与郑秀办理了离婚手续。不久，曹禺与方瑞结婚，结束了十年的同居生活。

新婚之后的曹禺，在毛泽东关于"思想改造、首先是各种知识分子的思想改造，是我国在各方面彻底实现民主改革和逐步实行工业化的重要条件之一。因此，我们预祝这个自我教育和自我改造运动能够在稳步前进中获得更大成就"（1951年10月23日《在全国政协一届三次会议上的讲话》）和十一月二十四日胡乔木所做的《文艺工作者为什么要改造思想》报告精神的指导下，再次以实际行动向党贡献灵魂和忠诚。他和方瑞到安徽参加土改后，回到北京即在1952年5月24日的《人民日报》上，汇报土改中思想改造体会的文章《永远向前——一个改造中的文艺工作者的话》。文中还深刻地批判了半官僚军阀家庭对自己的影响。曹禺在"各种知识分子思想改造"的大气候大局面中，无疑是表现最积极的一位。不仅是"稳步前进"，而是一路小跑。

曹禺的表现收获了信任。半个月后，原北京人艺话剧团与中央戏剧学院话剧团合并，组建成北京人民艺术剧院专业话剧院——北京人艺，曹禺被任命为院长，焦菊隐、欧阳山尊、赵起扬副之。

曹禺很快组织全体演艺人员分别到工厂、农村深入生活劳动锻炼，创作了一些反映工农生活的时事短剧。

到了1953年9月24日至10月6日，中国文学艺术工作者第二次代表大会在京召开。周扬作了《为创造更多的优秀的文学艺术作品而奋斗》的报告，旨在适应"大规模的、有计划的经济建设"的需要。而曹禺却老调重弹作了《要深入生活》的检讨发言，检讨自己在土改、文艺整风、三反五反、抗美援朝的运动中，"还没有写出一点东西。应该说，我是一个没有完成任务的人"，最后归结"我的政治学习太差"，"痛切感到我还是脱离了政治"。于是他利用三个半月，在相对宽松，发展经济的政治环境中，创作了中华人民共和国成立后第一部话剧《明朗的天》。

《雷雨》，前后经过了五年的构思酝酿，五易其稿，艺术地再现了两个家庭三十年错综复杂的矛盾纠葛，揭示出那种不合理的社会关系所造成的罪恶和悲剧。早年,周扬以"左"倾机械论的眼光,自然没有认识到《雷雨》的深刻。周家与鲁家的矛盾冲突,造成死的死、逃的逃,有的变成疯子的强烈的悲剧性,不仅深刻地暴露了资产阶级的罪恶和他们卑劣的精神面貌,在某种程度上引导观众不能不思考造成这种悲剧的社会原因。《雷雨》是五年磨一剑的成果。

周恩来听到曹禺要写反映新生活的话剧很高兴,因曹禺对知识分子比较熟悉,建议他不妨写知识分子的新生活。同时还谈了关于中国知识分子的特点,及他们的发展道路,鼓励曹禺大胆地去写。

有周恩来的关照,北京市委为曹禺的创作,也做出了周到的安排。让他到协和医学院这个知识分子集中的地方去深入生活。协和医学院是美国石油巨头洛克菲勒出资创办,一直由美国人主持的学院,具有现代最先进的医疗设备、医术和专家。在这样美式文化的环境中,这里的中国高级知识分子受到西方文明的影响。中华人民共和国成立后,大多数人有了较大的进步,但仍有些人思想落后。

曹禺到协和医学院蹲点,与师生打成一片,认真调查访问,光记录就记了二十多本。素材准备差不多之后,曹禺开始写作,其方式是他口授女秘书吴世良记录,每天上午9时至深夜11时,连星期天都不休息。据吴世良说,口述时,曹禺往往很激动,完全沉浸在剧中人物的感情之中。这种一人口述一人记录的创作方式已不同寻常,曹禺还一边口述,一边让北京人民艺术剧院排演。曹禺之所以这么做,是因为写作之前,他"就明确了自己写作的思想意图,明确地认识到知识分子必须在党的教育下进行思想改造。在这样一个总的意图下,对他作品中的每一个人物的情节都加以仔细的思考和推敲,尝试着用马克思主义的观点去分析它们,以达到用社会主义精神教育读者的目的"(蔚明《从〈雷雨〉到〈明朗的天〉》)。由此可证,《明朗的天》之题材是先定的,主题是先定的,然后根据既定的创作意图去选择相关人物，之后再去设计情节，一言以蔽之，《明朗的天》是"主题先行"的路数。

《明朗的天》中的主角凌士湘，是一个耿直，具有爱国心，对医学事业富于献身精神的知识分子，因不过问政治付出沉重代价：他的科研成果不但没有造福人民，反而被"帝国主义分子"用来制造杀人的武器。残酷的事实教育下，在工人、志愿军的帮助下，凌士湘幡然醒悟。这个主题先行，编造的故事，虽然在艺术上保持了曹禺剧作个性，有鲜明的情节链、复杂纠结的戏剧冲突和"三一律"的结构形式，看似戏剧冲突既庄严、深沉又光明，但掩盖不了急功近利以及明显的理念色彩，假、大、空的致命弱点。连曹禺都不得不承认：《明朗的天》"是硬着头皮去写的，但现在看来，是相当被动的，我那时也说不清是怎样一种味道。总之，是没有琢磨出道道来，对这个戏没有都琢磨很透"（曹禺1982年与田本相谈话记录）。

鉴于政治需要，《明朗的天》在北京人艺公演时，"天天客满，受到群众的热烈欢迎"，在第一届全国话剧观摩演出中，还获得剧本创作奖。解放区来的众多评论家，也高度评价了《明朗的天》。张光年在《曹禺的创作生活的新进展》一文中说，"曹禺的创作生活中有着重要意义的新进展"，认为《明朗的天》"以喜悦的心情描写资产阶级知识分子经过曲折的、痛苦的道路而走到人民的立场上来"，"作者通过形形色色的剧中人物的创造，体现了现实主义的党性和爱憎分明的精神"。他指出，"《明朗的天》的现实主义，就显然有别于批判现实主义，而是属于社会主义现实主义的范畴"。吕荧在《译〈明朗的天〉》一文中，也指出"这个剧的主题思想和革命立场明确"，"力求真实地生动具体地描写人物的性格、思想、情感"，"具有现实主义素质的特色"。

请注意，两位评论家都认定《明朗的天》具有现实主义特色。可惜的是，评论家和曹禺并没有搞清现实主义的自身规律。他们把马克思主义代替了现实主义，重视加强作品政治思想的倾向性，而忽略生动的艺术形象的塑造和对生活的诗艺发现，其主题在某种意义上，还停留在马克思主义的一般结论或者党的政策观念上。马克思主义能够帮助作家观察生活和研究生活，却根本不能代替艺术的创造。《明朗的天》与其说是一次艺术创作，不如说是"领导出思想，群众出生活，作家出技巧"的一次操练，它不是现实主义的，而是一部没有艺术生命力的作品。

1982年11月30日，曹禺与田本相谈话时，说了真话，"（《明朗的天》）我写别的知识分子怎么改造好了，实在是捉摸不透彻"（引自田本相《曹禺传》）。

《明朗的天》让曹禺作为改造好的知识分子代表，风光无限地于1954年9月成为全国人民代表大会代表，参加第一届全国人民代表大会第一次会议。次年5月，曹禺在全国人民代表大会常务委员会第十六次会议上，宣布逮捕左联时就成名的共产党文艺理论家，后又成为全国人民代表大会代表的胡风。早在2月21日，曹禺就向胡风射出批判的箭镝《胡风在说谎》（同日《人民日报》），不断改造的曹禺又率先投入了政治战斗。时年四十五岁的曹禺有饱满的政治激情和战斗精神。

正是"癫狂柳絮随风舞，轻薄桃花逐水流"（杜甫《绝句漫兴九首》）。

第四章

心 "有一个熟悉农村的包袱" 之赵树理

荷尽已无擎雨盖，
菊残犹有傲霜枝。

——苏轼《赠刘景文》

第一届中华文艺工作者代表大会，来自解放区的作家占了绝大多数，他们对新中国文学的建设有重要意义。赵树理就是直接在解放区斗争生活中成长的，其作品曾产生过广泛影响的作家。赵树理是解放区作家中，实践毛泽东工农兵文艺方向最有成就的代表作家之一，在第一届文代会上出尽了风头。他担任大会主席团成员、全国委员会委员、常务委员会成员、文学协会常务委员会委员。

　　留在北京后，赵树理主持大众文艺研究工作，任《说说唱唱》主编、曲艺协会主席。工作之余，他经常到家乡山西"蹲点"深入生活，并根据自己在生活工作中发现的问题，进行艺术构思，写成作品，自称其作品是"问题小说"。他创作短篇小说《登记》（1950）、长篇小说《三里湾》（1955）、长篇评书《灵泉洞》（上部，1958）、小说《锻炼锻炼》（1958）、小说《套不住的手》（1960），还有人物传记《实干家潘永福》（1965），剧本《十里店》（1965）等大量文艺作品。其内容批判封建意识，讴歌社会变革中涌现出来的新人新事，他不从概念出发，而是在相当深刻的程度上，揭示当时中国农村的复杂矛盾和农民丰富的心理，活生生地表现出农民在特定历史条件下躁动不安的灵魂。虽然遭到批评，但他笔下那些鲜活的富有认识价值和审美价值的艺术形象，还是为老百姓所喜闻乐见。

赵树理（1906—1970），山西沁水人，出身贫寒，自幼参加生产劳动，帮助父亲种地、放牛、捡粪、做小买卖，体验到劳动者生活的艰难辛酸。孩童时，他深受民间艺术熏陶，喜好民歌戏曲，学会上党梆子和鼓板。他十一岁入乡村私塾，三年后入离家三十里的高级小学，毕业后做了乡村小学和私塾教师。

1925年，他考进省立师范学校，受新文化运动影响，参加进步学生发动的驱逐保守校长的学潮。各地抓捕进步青年时，他逃离学校，漂泊流浪，以行医谋生。两年后，他以优秀成绩，被沁水小学录为教师，不久被捕，押至太原，后无 "罪证" 释放，再次过流浪生活，或帮人抄写，或替人讲课。

1930年始，他写作投稿，次年在北平《晨报·北晨艺圃》发表七言《打卦歌》。《打卦歌》通过一个问卜者的诉说表现穷苦人在军阀混战时的痛苦生活。后他又在山西各地报刊发表长诗《歌生》、中篇小说《铁牛的复职》、短篇小说《有个人》《金字》等约三十万字。作品皆为他熟悉的农村的人和事。1936年，他写作短篇小说《打倒汉奸》，反映农村群众身上蕴藏着的强烈的抗日思想情绪。其创作表现出他与新文学作家不同的文学道路。

1937年至1938年，赵树理参加革命，入长治 "牺盟会"，后任区长、县公道团团长、烽火剧团团长等职。1939年，他调《黄河日报》编副刊，次年又到《新华日报》任校对。《中国人》报创刊，他又任副刊编辑。这期间，他创作了剧本《韩玉娘》、小说《喜子》《变了》等，多为群众喜闻乐见的通俗化、大众化的语言形式描写人物的小型作品。

1943年，赵树理被派中共中央华北党校学习。延安整风和文艺座谈会精神已传到太行山区，他将自己创作的戏剧《神仙世界》，改写成小说《小二黑结婚》，小说传遍解放区，甚至在国统区和香港流传。作品通过恋爱问题，反映中国农村社会的变革。不久，他又调到华北新华书店工作，兼任《新大众报》编辑。他创作了中篇小说《李有才板话》，小说通过阎家山改选村政权和实行减租减息的曲折过程，深刻地反映了抗战时期农村复杂的社会矛盾。接着，他又创作了长篇小说《李家庄的变迁》，写的是军阀混战到抗日战争胜利的动荡年代，太行山区一个小村庄的巨大变化。茅盾说，这部小说"不但是表现解放区生活的一部成功的小说，并且也是'整风'以后文艺作品所达到的高度水准之一的例证"（《论赵树理小说》）。另外，赵树理还写了《孟祥英翻身》《传家宝》《邪不压正》《田寡妇看瓜》等小说，从不同侧面，或歌颂农村新人物，或鞭挞农村旧势力，更可贵的是，敢于批评农村工作中的失识，透露出冷峻的现实主义风格。

1949年至1965年，赵树理参加第一次文代会，调到北京工作，其间创作了长篇小说《三里湾》，此乃当代文学中最早反映农业合作化运动的长篇小说，但因具有过浓的政治色彩，将复杂的农村生活二元对立化，失去了生活和艺术真实。

1966年，赵树理在"文化大革命"中被折磨致死。

1949年1月22日，傅作义率部起义。1月31日，解放军浩浩荡荡开进北平。

3月5日，中共第七届中央委员会第二次全体会议，在河北平山县西柏坡举行。3月25日，中共中央、中国人民解放军总部，在毛泽东、刘少奇、朱德、周恩来等率领下，也到达北平。

3月15日，正是"二月春风似剪刀"的时节，性急的山花纷纷拱出地皮儿，山坡上下，一片暖色。设在平山县的新大众报社，奉命迁往北平，更名 "大众日报"。作为该报编辑的赵树理，与同人一路高歌地走进古城北平。

《新大众报》是晋冀鲁豫边区发行量最大的报纸。1948年4月，赵树理回到平山县新华书店，担任该报编辑。那时，晋冀鲁豫和晋察冀两个边区连成一片后，两区文联合并，成立了华北文艺界协会，赵树理与周扬、阳翰笙一起被选为理事。这年10月，《人民日报》开始连载赵树理的三万多字的小说《邪不压正》。小说从一个侧面鞭挞农村旧势力，批评农村工作中的某些失误，但主调还是歌颂农村中的新人物、新的道德风貌。小说发表之后，读者的反应好坏对立，评论界的调子也不和谐，争论了一年有余。12月21日，《人民日报》同时发表两篇针锋相对的读后感。说好的曰，"它把解放区近三四年来的农民翻身运动绘出了一幅极生动的图画"（韩北生《读〈邪不压正〉后的感想和建议》）。批评者则云，小说 "把党在农村各方面的变革中所起的决定性作用忽略了"（党自强《〈邪不压正〉读后感》）。此后，《人民日报》又刊登过四篇争论文章，而报社似只做看客，并不表态。多年后，经历过 "文化大革命" 的苦难，赵树理死于非命，逃过劫难的周扬才在《赵树理文集·序》中，为《邪不压正》说了一句公道话："记得当时就有人说过，赵树理在作品（《邪不压正》——引者）中描写了农村基层党组织的严重不纯，描绘了有些基层干部是混入党内的坏分子，是化装的地主恶霸。这是赵树理同志深入生活的发现，表现了一个作家的卓见和勇敢。"

赵树理《邪不压正》引出的这场历时弥久的争论，让我们看到毛泽东同志在延安文艺座谈会上的讲话精神，对文学批评产生的巨大影响。

《邪不压正》的争论，丝毫没有影响赵树理作为实践毛泽东在延安文艺座谈会讲话精神最为出色作家的荣耀，也没影响他被革命胜利激发出的大好心情。他与同人兴奋地从有点残破的西直门走进燕京古城。不过他没有按组织安排，像郭沫若、周扬、茅盾、曹禺等作家那样，下榻北平条件最好的北京饭店，而是饶有兴味地在东单牌楼四周逛了逛，然后走进东单三条二十四号，住到最简陋的大众日报社宿舍。

全国文代会于7月2日在北平隆重开幕，赵树理作为由九十九人组成的大会主席团成员之一，出席盛会。7月5日，由李伯钊任主席并主持的大会上，周扬做了关于解放区文艺运动的《新的人民的文艺》重要报告，比起前两天郭沫若和茅盾所做的报告，周扬的报告全面体现了中共中央和毛泽东关于文学艺术和方针政策。在报告的"新的主题、新的人物、新的语言、新的形式"部分，周扬对赵树理予以很高的评价，说"赵树理的《小二黑结婚》"等，"是以封建社会中受压迫最深的妇女为主人公，展开了农村反封建斗争的惨烈场面，同时描绘了解放后农村男女新生活的愉快光景"。谈到解放区文艺，"就是和自己民族的，特别是民间的文艺传统保持密切的血肉关系"时，指出"小说方面，《李有才板话》"，做了有益的探索。在"推陈出新"方面，"没人会说《李有才板话》"是旧形式。可以说，赵树理是文代会脍炙人口的人物。

7月10日，周扬任主席并主持的大会上，赵树理做了《我的水平和宏愿》的发言。他以农民的质朴和乡贤的智慧幽默地说："我的'文化水'是落后的，'文学水'稍好一点儿，但还需要提高。'社会水'呢？我是家庭农业大学毕业，不过对乡村还不能说太熟悉，进到城市以后对工人更是生疏……"

其实进城之后，赵树理对城市生活和工人并不生疏。读过其作品和知其大名的北平人，对一直身着黑布衣衫，整个一个农民形象的赵树理感到陌生。特别是经常在天桥市场见到赵树理的人。赵树理总挤在曾经"酒旗戏鼓天桥市，多少游人不忆家"的闹市，穿行于小剧场、说书摊、摔跤场、相声篷间，笑眯眯地驻足欣赏，有时还摇头晃脑跟着哼唱。中午时分，人们还见他坐到一个小吃摊前，先要半碗老白干，一仰脖搁进嘴里，接着端起一碗炸酱面，发着响声扒进肚子，然后一抹嘴，交了钱，就扯着山西口音与周围人拉起家常。20世纪50年代初，我家所在的遂安伯胡同与赵树理住的东总布胡同，隔南小街相对。早晨，我常陪母亲到开在南小街的一家早点铺买早点，每每与着农民黑衣裤，头戴一顶鸭舌帽的赵树理，在这家店铺支的早点摊谋面。常见他买一碗豆腐脑、两根油条、两个烧饼，和蹬三轮的、拉排子车的、挑担卖菜的挤在一条长凳上，一边吃，一边与人闲聊，高兴时还会唱两句上党梆子。后来人们得知，这个十足的老农民模样的人，竟然是大作家赵树理，大为惊愕，极为崇敬。当然，关于他的传说，也带着善意不胫而走，有的说赵树理出身贫苦的吹鼓手世家，有的说他曾在旧戏班子里艰苦谋生。这些传闻，让赵树理的好友王春感到十分可笑，不得不写文章为其正名，不久，《人民日报》发表了他的《赵树理是怎样成为作家的》，让北平真正全面、准确地了解赵树理的生平、为人及文学贡献。

6月26日，文代会召开前一周，赵树理又应《人民日报》之邀，发表了《也算经验》一文。文中谦虚地说："一个并非专门写作的人，写了几个小册子，即便有点经验，也不过是些生活和其他工作中的经历，作为'写作经验'来谈，我总觉得不好意思。"接着，他仅就"取得材料""决定主题""语言及其他"几方面，谈了些个人的体会，最后说这些"都是普通不值得一谈的，因而就不多谈了"。

赵树理说的都是大实话，毫无故作谦逊之状，用周扬的话说，"他懂世故，但又像农民一样质朴，他憨直而又机智诙谐；他有独到之见，也有偏激之词，他的才华不外露，而是像藏在深处的珠宝一样不时闪烁出耀眼的光芒"（《赵树理文集·序》）。这样的性格，让长期生活在国统区的作家觉得新鲜和亲切。茅盾在文代会第一次见赵树理，竟先夸他的"大作"写得好，很受教益。而赵树理早为与心仪的大文豪谋面，激动得手足无措，只能"嘿嘿"傻笑。

应该说，北平解放之初，北平的文学并不景气，来自国统区的作家正在观望，而来自解放区的作家，由农村到城市，还不适应。倒是没什么包袱和顾虑，自称"并非专门写作的人"的赵树理，却常常拿出新作，给北平的文学界带来春天的盎然生机。继《邪不压正》之后，其《传家宝》《小经理》《田寡妇看瓜》等小说，先后在《人民日报》和《大众日报》上发表。

《传家宝》，可视为赵树理继《孟祥英翻身》之后，表现解放区农村社会关系变革的小说。《孟祥英翻身》写了一个一直受压迫、剥削的年轻媳妇"变成英雄"的故事。而《传家宝》通过婆婆李成娘与媳妇金桂的婆媳矛盾，反映了解放区政权稳固之后，农村经济上的发展带来的宗族、家庭中的长幼关系、理家方式的变化。

其《田寡妇看瓜》，则通过写一块瓜地解放前后的变化，深刻表现翻身后农民精神的巨大变化。解放前，农民田寡妇使尽办法，看守瓜田，生怕饿得难耐的贫民秋生到瓜地偷瓜充饥。解放后，秋生分得土地，所种的瓜田喜获丰收，于是他就请田寡妇到瓜地里随意取用。从此，田寡妇再不到自家瓜地去细心守护。小说表现农民精神变化，别开生面。

赵树理这两篇小说中的人物，不像丁玲《莎菲女士日记》中的莎菲、沈从文《边城》中的翠翠、老舍《骆驼祥子》中的祥子、茅盾《子夜》中的吴荪甫等，是高度集中的典型。但赵树理笔下真实生动、性格多样化的新人物形象，带着泥土的芳香，矗立在读者面前，让人过目不忘。

如同他以前的《小二黑结婚》《李有才板话》《李家庄变迁》，这两篇小说要表现的都是农民生活和斗争中带有普遍性的问题，正如他在《也算经验》一文中所说："我在做群众工作的过程中，遇到了非解决不可而又不是轻易能解决了的问题，往往就变成所要写的主题。"比如他创作《李有才板话》，是因为"那时我们的工作有些不深入，特别是对于狡猾地主还发现不够，章工作员式的人多，老杨式的人物少，应该提倡老杨式的做法，于是我就写了这篇小说"（《当前创作中的几个问题》）。同样，他写争议不休的《邪不压正》，也是为了防止土改时，群众尚未充分发动前，流氓坏分子混入干部队伍，以及少数当权干部容易变坏。如他在《关于〈邪不压正〉》中所说，目的是"使土改中的干部和群众读了知所趋避"。

老实说，赵树理的小说，一直被政治化文学批评简单化或曲解。早在1946年8月26日的《解放日报》，周扬发表《论赵树理的创作》一文中，以解放区党的理论家兼文艺领导者身份，给赵树理戴上一顶炫目的帽子，指出赵树理是作为"一个在创作、思想、生活各方面都有准备的作者，一位在成名之前已经相当成熟了的作家，一位具有新颖独创的大众风格的人民艺术家"。"他的笔是那样轻松，那样充满幽默，同时又那样严肃，那样热情。光明的、新生的东西始终是他作品中的支配一切的因素"。他所写的人物，都是"在苦难斗争中渐渐成长起来，他们渐渐学会了斗争的方法和策略，他们敢说敢干，且又富于机智和幽默，每个人都在斗争中，显示出各自的本领与才能"。

早于周扬十天，郭沫若在上海《文汇报》发表《板话及其他》一文，说赵树理的《李有才板话》，使自己"完全被陶醉了，被那新颖、健康、简朴的内容和手法；这儿有新的天地，新的人物，新的意义，新的作风，新的文化，谁读了我相信都会感兴趣的"。

在周扬、郭沫若眼里，赵树理是个为解放区新生活唱赞歌的农民歌手。他们不谈赵树理原本是一位以文学再现真实生活的小说家，他的小说并非只唱"解放区的天，是明朗的天"，还深入群众生活和斗争，勇于创作反映社会生活矛盾的"问题小说"，以揭示社会从落后专制走向现代化民主化进程中的艰巨性与斗争的复杂性。在他诙谐轻松的笔墨中，透露冷峻的现实主义风格。

如前面所说，就在北平解放前不久，他创作的《邪不压正》描写的是农村新政权的建设和旧农村社会改造等出现的多种问题，分明是农村伟大变革时代的真实写照。但发表之后，引起长时间的争论。

7月19日，第一届文代会闭幕。自称"并非专门写作的人"的赵树理，获得恁多的头衔：任全国文联常务委员、全国文协常务委员，负责创作部，任中国曲艺改进会副主任委员，还分别担任《文艺报》《小说月报》编委，工人出版社成立，他任社长。

9月21日，秋风送爽，赵树理作为代表，走进中南海怀仁堂，参加中国人民政治协商会议第一届全体会议。作为文艺界的重要代表，赵树理成了记者采访的热门人物。他表示，在毛主席延安文艺座谈会上的讲话精神的鼓舞下，在党的培养帮助下，他要为广大劳动群众，创作更好的作品。谈到激动处，他还弹起三弦，眯着眼睛，绽放着笑脸，忘情地唱起上党梆子。

不久，新成立的文化部任命赵树理为戏曲改进局曲艺处处长。上任后，他逐渐深入熟悉的天桥，进行调查研究，早去晚归，常常流连忘返。他发现普通老百姓喜欢民间艺术，所以天桥市场总是人山人海。他同时还注意到，天桥的戏剧、曲艺、杂耍内容陈旧低俗，形式简单粗糙。这里大约有几十个小戏班子，几十个大小书场和相声大棚，几千个老少艺人，从艺条件也较为恶劣。天桥市场需要整顿，从业艺人鱼龙混杂，艺术水平参差不齐，亟待提高自身艺术修养。经了解，艺人们焦急地等待政府的支持关照，宜因势利导。赵树理、老舍和有关领导研究后，与北京广大从事戏剧曲艺工作的艺人研究，他们都同意组织起来，繁荣艺术。

10月15日，在前门箭楼，一百五十多位各类艺人高高兴兴聚会在一堂，举行大众文艺研究会成立大会。赵树理主持并讲了话，指出热闹的天桥等文艺场所,"表现的却不是我们文艺界的东西。我们号称为人民文艺工作者,很惭愧,因为人民并不接受我们的东西","因此我们感到有组织大众文艺创作研究会的必要。我们想组织起这样一个会,来发动大家创作,利用或改造旧形式,来表达一些新内容也好,完全创作大众需要的新作品也好,把这些作品打入天桥去"。

脸上堆着憨憨的笑容,老农式打扮,满口有着浓重山西调的通俗话,完全不像端着架子的"官员"在作大报告,而是亲切地和大家拉家常,早已闻名遐迩的大作家赵树理以这种亲和力,博得戏剧曲艺界的极大好感。

大会之后,执委会决定筹备一个综合性的通俗文艺刊物。赵树理提出刊名"说说唱唱",请大家讨论。十一天后,赵树理被安排与丁玲等组成中国工会与文化工作者代表团,赴苏参加十月革命三十二周年纪念活动。等回国后得知这个执委会对期刊的名称冥思苦想,开过几次会也未确定下来,面对官僚衙门式的一杯茶、一张报的工作态度,好脾气的赵树理被激怒了,他拍着桌子,大发雷霆:"弄了几个月时间,你们连办这个刊物的目的都没搞清!我们办它就是要提倡说唱文学,这是中国文学的正统。小说要能说,韵文要能唱,我们叫'说说唱唱',正好体现我们的主张,这个名字有什么不好?"

大家心里不服气,但反驳又无充分的理由,由赵树理和北京市委文委书记李伯钊任联手主编的《说说唱唱》,于1950年1月20日正式公开发行。创刊号上有新当选的文艺界领导的题词。郭沫若题"说说唱唱要表现出新时代的新风格",茅盾题"民族的大众的科学的说说唱唱",周扬题"在群众中生根开花"。

赵树理亲自写了鼓词《石不烂赶车》。《赶车传》原是诗人田间的一首长诗,叙述的是性格刚烈的贫农石不烂赶车闹革命的故事。但叙述多有游离主题、削弱石不烂的刻画,显得苍白。诗为五言,格式限制诗人的自由发挥，诗句干涩生硬。赵树理修剪掉《赶车传》杂陈枝蔓的情节，增添生活细节的笔墨，深化石不烂的性格，使之成为鲜活的人物形象。

诗人萧三在《谈谈新诗》一文中说："拿赵树理的《石不烂赶车》和田间的《赶车传》相比，《石不烂赶车》对新诗可以说是一个很大的'讽刺'，也可以说是一个启发。"

作家孙犁说，赵树理写《石不烂赶车》，"令人看出，他不只对赶车生活知识丰富，对鼓词这一形式，也运用自如"。

可以说，面向大众的《说说唱唱》，甫一亮相，就讨了个好彩头。《石不烂赶车》体现了该刊物的大众艺术的高口味。

自延安文艺座谈会之后，文学被赋予了宣传政治的重要任务。《说说唱唱》当然要配合政治任务。1950年5月1日，婚姻法公布实施。《说说唱唱》要迅速配合、宣传这一关系到中国妇女切身利益的婚姻法。编辑部没有现成的稿件，主编赵树理是写这类作品的快手、高手，任务就落在他身上。当时任《说说唱唱》编委的山西作家，后来被称为"山药蛋"文学流派代表人物之马烽，后来回忆说："命题作文章，也是'赶任务'，一般说来是'赶'不出什么好作品的，可是老赵却很快出了一篇评书体短篇小说《登记》。"

《登记》写的是极端利己主义者村民事主任和文牍主义者区助理员，或假公济私，或主观武断，成为男女青年追求幸福婚姻的绊脚石。前者，只准女青年艾艾嫁给自己的外甥，不然"任你们有天大本事"，也不给艾艾开介绍信，与相爱的人结婚；后者则机械地照章办事，致使"不少假的都准了，一对真的要调查"，造成封建包办婚姻合法化，而像艾艾这样自由恋爱的情人，却被剥夺了正当权利。

《登记》可视为《小二黑结婚》的续篇。《小二黑结婚》，是1943年夏，已经调到华北新华书店工作的赵树理，根据自己创作的《神仙世界》的部分故事改写成的小说。小说描写青年男女小二黑和小芹，为冲破封建传统，争取婚姻自主，进行斗争并取得胜利的故事，揭露了金旺、兴旺等恶霸破坏婚姻自由的罪恶，也善意地批判和讽刺了小二黑父亲二诸葛及小芹母亲三仙姑的落后思想。《登记》把婚姻与新建立的政权内部的各种问题联系起来加以鞭挞，使小说具有一定的社会意义。小说后改名"罗汉钱"，改编成多种艺术形式，在中国广袤的大地上广泛流传，有力地配合婚姻法的宣传和落实。《登记》成为中华人民共和国成立后最有影响的小说之一。

《登记》广受好评，与赵树理丰富的生活积累、深厚的文学功力、独特的艺术气质和富有个性的语言有关。而太过宣传化的结尾，便是"写中心"造成的败笔。

《登记》轰动后，让配合政治任务"写中心"的提倡者兴奋不已之时，文学的有识之士却感到困惑和忧虑。看似憨憨的赵树理，心里明白"写中心"绝非文学之道，而是无奈之举。一生动笔写世事，不与意识形态较劲，在文学上下苦功夫，是赵树理大智若愚的高明之处。但当政治太离谱时，他那农民式的良知道义，又驱使他像《皇帝的新装》中的孩子，敢于说出真相。他后来几次被批判，"文化大革命"中捍卫自己的尊严，被折磨致死，便是证明。

说远了，再回到"写中心"，受到质疑的问题上来。《文汇报》记者就此采访了赵树理。赵树理说："如果本身生活与政治不脱离，就不会说临时任务妨碍了创作，因为人民长远的利益以及当时最重要的工作才是第一位的，不应该带着应差拉夫的心情去'赶'，而是把它当作中心任务去干，很严肃的、郑重其事的，看作长期的任务去完成。"把文学当成简单的政治宣传，把文学等于政治，不应该是赵树理的真心话。如果他把政治看成高于一切，就不会同意在《说说唱唱》编发孟淑池的中篇小说《金锁》，给《说说唱唱》和自己带来意想不到的麻烦。

《金锁》是大众文艺研究会会员孟淑池投给《说说唱唱》的。作品写的是流浪汉金锁给一地主家当长工，地主硬是骗了一个逃难的女人给他当媳妇，以抵欠金锁的打工钱。后来，地主企图强奸这个女人，没有得逞，就准备将金锁和这个女人整死，所幸金锁死里逃生，投奔了解放军。共产党夺得天下，已是解放军连长的金锁，回到家乡，揭发企图谋杀他的地主。真相大白，地主伏法。

编辑读后，觉得有模仿《阿Q正传》的痕迹，光明的结尾也过于生硬，拿不定主意，请主编赵树理酌定。赵树理认为，作者对旧社会农村生活有深刻的了解，生动形象地表现出来，可使读者了解旧社会农村真实的生活形态。至于借鉴《阿Q正传》，并非抄袭，也无不可，决定将《金锁》刊登在《说说唱唱》第三、第四期上。

说来也巧，这时正逢中共中央发布《关于在报纸刊物上展开批评和自我批评的决定》。这是中央开始整顿思想和文艺战线的重要信号，《文艺报》随即发表社论，积极响应，对《金锁》展开批评。年轻的作家邓友梅在《文艺报》发表《评〈金锁〉》，认为"这篇小说看不到金锁有什么反抗，对地主有什么憎恨，有的只是对地主的羡慕"，"简直是地痞，连一点骨气都没有的脓包，只是地主的狗腿"，"而作者把这当作劳动人民的正路"。有的批评者"非常愤怒"地指责《金锁》道，"让市侩的色情在其中奔驰"，并表示"要提出严重的抗议"。

《金锁》被一棍子打死，全盘否定，上纲上线，来势汹汹。这让一直踌躇满志的赵树理始料不及。但他毕竟是个有风骨担当的人，他主动承担了一切责任，主动做了检讨。但是，赵树理又是一个坚持真理而不苟且的人，面对尖锐的批评，他敢于表达自己不同的意见，"说这篇作品中的主角金锁是不真实的，是对劳动人民的侮辱，我以为这是不对的"，比起"把一切农民理想化"的某些作品，《金锁》"可是参照"。金锁"不是没有骨头的，解放军中像金锁这样出身的人也不少，经过教育之后，还不是和其他英雄一样吗"。他这番话，不仅为《金锁》，为自己，更为文学的现实主义，做了有力的辩护。

赵树理以一己之力，想矫正历来都是"矫枉过正"的政治运动，又表现出赵树理政治上的天真幼稚。果然，赵树理的抗争遭到报应，他不得不违心地再写《对〈金锁〉问题的再检讨》，为以儆效尤，此文被刊登在《人民日报》《文艺报》和《说说唱唱》上，其文明显反映赵树理的无奈和不满，他说，"大家是对的，我是错误的"，他之所以辩护，是因为"自己有一个熟悉农村的包袱"。他在文章最后，努力为作者孟淑池尽了保护之力。但是，就是因《金锁》，孟淑池在反右派斗争中，被错划为右派，令赵树理内疚不已。

要命的是，因《金锁》殃及赵树理，还殃及了《说说唱唱》及大众文艺创研会。《文艺报》有一篇坪生写的《北京大众文艺创作研究会半年来工作情况》一文，认为该会"不能更好地与当前的工作重点结合"，其作品"反映工人的不多，思想性不强，缺乏生活，挖掘不到问题的本质，写不出人物"。尤其是在组织领导上，缺乏计划性，没有"目的更明确地系统地进行工作，领导上还没有很好把握"。还有人背后造谣挑事说《说说唱唱》，是吃吃喝喝派。《说说唱唱》每月聚餐两次是有的，由老舍点饭店，边吃边研究工作，其费用皆是编委的稿费。

对这些不实事求是的批评和捕风捉影的风言风语，赵树理"思其艰以图其易"（《尚书·君牙》），泰然机智置之。他在大众文艺创研会成立一周年庆典上，微笑着对大家说，我们成立这个会的目的，是想为广大群众创作出一些好作品，回头看看这一年的成绩，确实没有违背我们的目的。他高声操着山西腔说："我们的书籍刊物，卖到大众手里了；我们的剧本，搬上舞台可以营业了；我们的鼓词评话，在游艺社唱了，在电台广播了。"

在谈到创研会时，他说会员的作品，不仅在北京，在外埠都会读到，收获很大。最后，他颇为自豪地总结道："这些都证明我们的工作没有白做，而是真正为'大众'做了点事！"

赵树理讲完话，脸上浮起慧黠的笑容，台下响起热烈的掌声。大家知道，会长理直气壮总结了研究会一年实实在在的成绩，不是表功，而是对文艺界粗暴批评的掷地有声的回击。

中南海的文艺领导，一直密切关注着中华人民共和国成立之初的文艺现状，对曾经以作品证明毛泽东在延安文艺座谈会上讲话的伟大意义的赵树理，当然特别关注。1951 年初，赵树理被调中宣部任文艺干事，便是证明。晋升为中共中央宣传部文宣干事，表示上级对他的信任。文艺界另一重要人物中宣部副部长胡乔木甚至别出心裁，他找到老朋友赵树理，对他进城后写的作品没有接触重大题材，没有写出像过去那样振奋人心的作品，有些失望。为改变现状，胡乔木命他住进中南海庆云堂，专心读"一些借鉴性作品"。他还亲自为赵树理选定俄国契诃夫、托尔斯泰的经典作品，还有列宁论文艺、毛泽东论文艺等理论著作。同时享受这种待遇的，还有后来成为笔者直接领导的严文井。

深谙文学艺术的才子胡乔木，以这种吃小灶进补的填鸭式的短期补课方式，希冀作家做时代歌手，顺应历史大变革，很快创作出大作品。这无疑违背了文学自身规律，干了一件颇为荒唐的事。很久以后，胡乔木在与严文井重提此事时，面带苦笑："老夫，把创作当成种瓜点豆了，惭愧惭愧。"

严文井曾与笔者谈过此事，说他与赵树理同时被安排到中南海庆云堂，房门对着房门而居。赵树理既无心欣赏风光秀美的原皇室禁苑，也并不热衷于读世界文学经典，而是常常跑到他的房间，争论中外文学的长短优势。谈到兴奋处，赵树理就蹲上椅子或他不习惯的床铺上，时不时还唱上两句上党梆子。

接触多了，严文井深为赵树理的中国古典文学的修养和造诣所折服，让他更惊愕的是赵树理对外国文学的广泛涉猎、熟悉程度、理解的透彻。一次，有人谈起某人的"桃色新闻"，赵树理随口便讲起契诃夫关于这方面的小说《在避暑山庄》，不仅故事完整，甚至连小说中巴维尔妻子那封恶作剧的假情书的细节，都能原文背出。严文井多次说，有人一直断定赵树理是一位农民通俗作家，其作品土里土气，下里巴人。严文井断然说："错了！中国作家，应腹中有诗书，指的文化素养；风骨，即文化人格；阅历，是人生经历复杂及对生活的熟悉和积累。从这个意义上，赵树理在中国作家里，不输于任何人。其对民间艺术的熟悉钟爱和贡献，甚至超过所有作家。"严文井讲，当时燕京大学教授林庚，放下身段，请赵树理到有浓厚外国文化氛围的洋校开设"民间文艺"课，每次去讲，礼堂甘德阁总是人山人海，盛况空前。

结束惬意的中南海读书生活，赵树理再次遭遇棒喝。是年11月20日，全国文联八次常委扩大会议，通过两项决议，似乎皆是冲着赵树理的：一是北京文艺界组织整风学习；二是调整全国性文艺期刊，其中特别强调"加强《说说唱唱》，《北京文艺》与其合并"。于是全国最受欢迎发行量最高的《说说唱唱》，改由北京市文联与北京大众文艺创作研究会联合主办，成立新的编委会，原主编赵树理降为副主编。

赵树理再次承担了责任，于次年1月在《说说唱唱》上，发表自我批评的文章《我与〈说说唱唱〉》。他承认自己所犯的错误有两条："不懂今日文艺思想一定该由无产阶级领导"；"因为求'形式通俗化'，走到了形式主义"。赵树理清算自己错误，当属很深刻了，但不久，已经撤销赵树理编委一职的《文艺报》，还是发表了一篇全面否定改组后的《说说唱唱》的文章，指出："《说说唱唱》上所发表的作品，无论是思想内容上和艺术形式上，大多数没能达到应有的水平。"

赵树理做检讨、挨批评的1951年12月21日，刚从美国回到北京就当选为北京市文联主席的老舍，在北京市人民政府委员会和各界人民代表会议协商委员会的联席会议上，又被授予"人民艺术家"这一至高无上的荣誉。

几度风光，现在黯然无光的赵树理，认真冷静地思考自己的处境和前途，对朋友们说："照毛主席的话，下决心改变一下自己的现状，回到群众中去！"

正是"不是花中偏爱菊，此花开尽再无花"（元稹《菊花》）。

第五章

中国"别林斯基"胡风的自信悲剧

游人不管春将老，
来往亭前踏落花。

——欧阳修《丰乐亭游春》

胡风在第一次中华全国文学艺术工作者代表大会上，被选为联合会全国委员会委员、中华全国文学工作者协会常务委员会委员。

自20世纪40年代形成了以《在延安文艺座谈会上的讲话》为代表的毛泽东文艺思想体系后，涌现了一批力图用马克思主义阐述文艺现象的批评家，其中最有理论和政治影响力的是周扬，最具理论个性且能自成体系的则是胡风。

周扬曾任20世纪30年代左联党团书记，1937年到延安后，主要从事文化领导工作，中华人民共和国成立后，继续负责文化领导工作，曾任中共中央宣传部副部长等要职，他的批评理论更多地表现为政治实践的形态，认为文学从属政治、代表政治，是政治关系的反映，具有鲜明的党派性和宗派主义倾向。

胡风是一位具有独立思考精神的批评家，一直力图构筑一种以重体验的现实主义为核心的文学理论体系，不遗余力地消除"革命文学"中长期存在的"左"倾机械论的影响。

20世纪50年代中期，胡风被捕入狱。二十四年后，1980年，胡风被平反。

后来，周、胡重逢，周扬对胡风说"你受苦了，我也受苦了"（《新文学史料》1996年第一期）。

胡风（1902—1986），湖北蕲春县人，原名张光人。1925年就读于北京大学预科，后入清华大学英文系，再到日本东京庆应大学英文科学习。曾加入日本共产党。

1933年，胡风回国，在上海左翼作家联盟任宣传部部长、常务书记等职。其间与鲁迅交好，同冯雪峰一起反对周扬等"四条汉子"的宗派主义。

抗日战争爆发后，胡风在上海、武汉、重庆、香港、桂林等地，从事抗战文艺活动。其间，他曾任中华全国文艺界抗敌协会常委、政治部文化工作委员会主任、复旦大学兼职教授，创办、主编《七月》《希望》等杂志，培养发展了一批同道诗人。

中华人民共和国成立后，胡风参加中华全国文学艺术工作者代表大会，任中国文联委员、中国文学工作者协会（作协）常委，当选第一届全国人大代表、第一届全国政协委员。

1953年，胡风向中共中央呈送《关于解放以来文艺实践情况的报告》，于1955年被错误定为"胡风反革命集团"，胡风及一大批与他有交往的诗人、作家被捕入狱，成为震动国内外的重大政治事件，"一个复杂时代里政治斗争、人事纠葛和思想矛盾纠结缠绕的复杂事件被简单粗暴处理的一个典型案例"（《中华文学通史》）。

1979年，"胡风反革命集团"案的胡风等人获释，于1980年、1983年两度平反昭雪。

胡风的理论批评，尽管有偏颇之处，带有一定的宗派情绪，却是一个独特而重要的存在，被视为异端邪说加以整肃，是胡风的悲剧，值得从不同角度去不断认识和深入探究。

中华人民共和国成立之后，从"民国历史情境"走进新社会的作家，其民国话语惯性和文学气质，很难迅速消失。让他们适应从延安带来的文学生态经验和"延安文艺座谈会"的文学精神，还需要时间。即便被称为"中国的别林斯基"的胡风，也如此。

胡风长期在国统区负责左翼作家联合会的领导工作，是较早觉悟到庸俗社会学和机械反映论对我国进步文艺运动的恶劣影响的文学理论家之一。

胡风是以欧阳予倩为团长，田汉、冯乃超为副团长的南方代表第一团成员身份，到北平参加中华全国文学艺术工作者代表大会的。此时离胡风1925年的夏天到北京求学，进入北京大学预科二年级，整整过去四分之一个世纪，让原本叫张光人的胡风感慨良多。

《胡风传》（梅志著）记载，"当时北大的名教授很多，但在他这班讲课的只有潘家洵——易卜生戏剧的翻译者，以译作《娜拉》而闻名"，"在北大三院（法科）听了一次冰心的关于悲剧的讲演，但没什么特殊的收获。在北大一院看了一次话剧，其中有《一只马蜂》，也觉得只不过是浅薄有趣罢了。他对这些活动都没有在南京东大附中时的那种热情了，由于对北大的要求过高，总感到不满足"。1926年8月，胡风又改换门庭，转学到清华大学英文系本科二年级。热衷于戏剧的胡风，创作了独幕剧本《虎列拉之影》。这是胡风唯一的戏剧剧本，取材于1926年暴发的远东虎列拉（霍乱）大流行现实，塑造了一个懦弱又自私自利，不顾他人死活的人物查元白。剧本还与查氏相对应地塑造了一个象征性的人物汪玉则，他连出场机会都没有，却无时不有、无处不在地笼罩剧中所有人的心头，压迫着他们不断发生矛盾冲突，而又不着痕迹。查、汪一实一虚，两影重合，相得益彰地推动着剧情的发展，构成对人性的压抑和禁锢、扭曲和泯灭。但剧情到最后，查元白拿出钱给患者黄英治病，又昭示人性的复苏和社会的希望，表达了胡风对人性的思考和发掘。

1926年秋，在北京生活了一年之后，胡风回到故乡湖北蕲春县，成了国民党县党部的成员。从他写给好朋友朱企霞的信中，可知胡风正研读爱尔兰剧作家和诗人约翰·沁孤（又译辛格）的剧作。信中说："下蕲州的时候，我正看'约翰·沁孤'的剧本，忽然听见'蕲州下'地喊起来，无论如何再也看不下去了。可是接下来，蕲州依旧，城郭依然。至多也不过证明我们'书呆子'的酸气十足而已！"

约翰·沁孤的作品是由郭沫若1926年翻译成中文的。约翰·沁孤的作品真实地反映了爱尔兰农民的生活，对胡风产生了影响。

1926年岁尾，胡风深入农民生活，创作了剧本《贫家女》。据胡风夫人梅志回忆，活报剧《贫家女》"写的是一个农民女儿被反动军阀掠去做小老婆的故事，暴露了军阀与土豪狼狈为奸的丑恶面目"。胡风亲任导演，还在剧中扮演了一个军阀的狗腿子的角色。

《贫家女》先在瓦硝坝外行宫庙前的大戏台上演出，又到各地去演，产生了轰动效应，对揭露军阀统治起到宣传作用。可惜，随着社会动荡，兵燹战乱，《贫家女》剧本未能保存下来。但是被保留下来的，是胡风20世纪20年代后期的历史。

我们不能不提1926年11月，胡风回到家乡湖北蕲春后发生的事。胡风的《我的小传》中说，"参加革命后，受过一些波折"，轻描淡写地隐去了要害，即梅志在《胡风传》里所说"一生中不光彩的事"。那时，胡风正任国民党湖北省党部宣传干事，帮助邓初民编湖北省党部刊物《武汉评论》，而在这一刊物上，"思想上混乱，政治上茫然的"张光人（即胡风本名）以笔名谷音发表的文章，"大都带有反共色彩"。比如他写的《鄂南的悲剧》，就是骂共产党的文章。《武汉评论》创刊于1927年9月15日，创刊号登的《〈武汉评论〉征文启事》，说共产党党团"侵占"领导权，破坏国共合作。征文启事说："中国国民党（总理的化身）的革命运动是中华民族求得解放的唯一道路，而且是由中华痛苦民众解放到全人类解放的唯一道路……欢迎由共产党归来的同志们的自白，欢迎被共产党压迫的同志的自述！"

《武汉评论》创刊号上还发了评论《给我力量》，与《启事》相互呼应，呼吁"我们要以人道主义的精神"，"将往日同盟者（共产党人）从污浊之渊救起"。有论者说这些文章都出于胡风之手，似缺少足够证据。

这一段时间，胡风以年轻气盛的诗人兼"革命文学"（国民党人之谓）批评家身份，写的大量反共文章，有案可稽。

这之后，胡风到上海，流浪几个月，1929年夏又到南京、武汉两次，谋求教师工作未能如愿，"惨伤""狂醉"后，买舟东渡，到日本东京庆应大学读英文科。受那里无产阶级运动影响，他曾加入日本共产党，他的文艺思想，主要受卢卡契的影响，汲取了日本特色的马克思主义唯物史观，接受了柏格森的生命哲学，特别是受日本进步学者厨川白村文艺理论的影响。这种多元文艺思想的取向，结合胡风自己对中国社会的独立研究，形成了独特的以"主观战斗精神"为内核的文艺理论体系。虽然胡风具有独特见解的文艺观抵抗了文学上的庸俗社会学倾向，但与日益广泛传播的毛泽东《在延安文艺座谈会上的讲话》的精神并不一致。

胡风的批评生涯始于20世纪30年代初，比起左联时周扬们也是从日本趸来的政治功利主义文学观，二者还是没有本质矛盾的。左联时的矛盾，乃是宗派主义作祟。

比如，1932年12月，胡风应《文学月报》主编周扬的邀请，以笔名谷非撰写了一篇檄文《粉饰、歪曲，铁一般的事实》，发表在《文学月刊》（第一卷第五、第六期）上。按胡风自称，他的批评范围是"全体二十三篇"，除掉未完成的一篇即老舍的《猫城记》。胡风该文把《现代》杂志第一卷上发表小说的魏金枝、张天翼、穆时英、施蛰存、沈从文、郁达夫、杜衡、巴金、靳以、马彦祥、沉樱、汪锡鹏、严敦易、陈彤彬等十四位作家，全部打成左翼作家的对立面"第二种人"，请看：

> 我们的作者们以为站在第三种人的中立的客观立场上，可以把握到客观的真实，殊不知他们的认识大大地受了他们的主观的限制。为了他们"艺术"的前途，我们诚恳地希望作者们"百尺竿头更进一步"，和新兴阶级的主观能够有现在较好的接近。

刚刚脱离国民党的胡风，在当时只是一位并不知名的年轻批评家，竟然对已经翘楚文坛的十四位名作家，如此肆无忌惮地"一竿子打翻一船人"。胡风在当年4月发表于日本艺术学研究会《列宁主义艺术学研究改题》第二辑上的文章《现阶段文艺批评的几个紧要问题》中说：

> 政治的正确就是艺术的正确，不能代表政治的正确的作品，是不会有完全的艺术的真实的。

文中，胡风还认为"以1927年冬天为起点，中国革命已达到最高阶段，并且已发展到直接与帝国主义发生冲突的决胜时期"。主张作家应"将文艺的任务与阶级实践相结合"，表现斗争的主题。

胡风的霸道批评，自然遭到反批评，巴金的《我的自辩》(载《现代》二卷第五期)一文，就指出胡风批评的要害，"拿出一个政治纲领的模子"米套复杂的文学创作，可谓一箭中的。

1932年8月，老舍的长篇奇幻小说《猫城记》开始在《现代》杂志连载，至次年 4 月载完。这是老舍先生创作生涯中最重要的长篇小说之一。它对当时中国"政治、军事、外交、文化和教育诸方面"都进行了文学的思考，具有批判的深度和警世的力度。胡风在批十四位作家时，所云还有"未完成的一篇"也在内，指的就是《猫城记》。老舍的回击很巧妙，他写了一篇小说《抓药》，其中有个名为"青燕"的"只放意识不正确的炮"，把作家往死路上逼，作家便借用农民二头的嘴骂青燕："揍你个狗东西！"让人莞尔。

胡风 1933 年从日本回到上海，参加上海左翼作家联盟，接替茅盾历任左联宣传部部长、常务书记等职。他认识了鲁迅、冯雪峰，成为鲁迅信任的朋友，与冯雪峰交谊很深，由此开始文学批评生涯。当时"左"倾机会主义在党内占统治地位，时任中共上海党团书记的周扬，以文艺领导人和文艺理论家双重身份出现在上海滩。周扬秉持在日本时学得的斯大林—日丹诺夫主义文艺为政治服务的文学观，与鲁迅坚持的"艺术为人生"之路，始终立足于自由个体，致力于暴露社会黑暗和社会底层民生疾苦的文艺观，必然形成矛盾冲突，这也必然给鲁迅的身心造成严重的伤害。

与鲁迅私人情感笃深的胡风，很看不惯周扬们的宗派主义和机械唯物论的文学观。胡风与周扬有所不同。胡风的文学观，是汲取了马克思主义的唯物史观，同时也受到柏格森的生命哲学、日本的厨川白村的文艺理论的影响。其文学思想融会了对中国社会和文学问题的独立思考等多元化观念，由此创造性地提出以"主体战斗精神"为内核的文学理论体系。尽管"主体战斗精神"还是把文学纳入政治斗争范畴，但毕竟没有把文学排斥在外，没有把文学与政治画上等号。当然，胡风在坚持和发展自己的"主体战斗精神"文学观时，很少甚至根本不考虑不同意见中的合理成分，只亲近与自己文学观的旨趣相投者。

胡风与周扬弄不到一起，是一个比一个"革命"，是革命内部的矛盾，而胡风与老舍之间的纠葛，则是革命者与"第三种人"间的问题。胡风一直以革命理论家自居，高高在上地以斗争而求"团结"老舍诸人。而极具个性又足智多谋的老舍常常出其不意地回敬，常常使胡风的批评武器捉襟见肘，狼狈不堪。

1939年夏，胡风要团结一下老舍，一生仅有一次主动向老舍约稿并发表在自己主持的《七月》杂志上。老舍所著为《"五四"之夜》。文章以作者之眼、耳和心灵记录了日寇轰炸重庆时，中国文协的作家罗烽、赵清阁、宋之的等瞬间的行为，表现了空袭中人们的恐惧，控诉了日寇非人道屠杀无辜百姓的罪行。李广田读后，十分赞赏该文有海明威式的短促、简洁、快节奏的神韵，认为与"情调"十分协调。但胡风晚年回忆说，老舍的《"五四"之夜》"写了一点现象，没有内在的东西，只好把开头的一段空话去掉发表了，应一应景"(《胡风全集》)。

胡风一生中仅发表了老舍这篇文章，似乎仅仅在"团结""中间派"老舍。

胡风曾在1938年7月18日写的家书中，对"老舍都被任为政治部设计委员"，每月拿车马费二百元，颇为不满。而早在这年3月，胡风在"国民党中央宣传部国际宣传处"任职，月薪百多元，则心安理得，安之若素。

早在武汉各派政治力量争夺"中华文协"领导权的斗争中，中共长江局原本力推胡风担纲，孰料胡风败在王平陵手下；后"中华文协"以不记名方式投票选理事，胡风再次落于王平陵，得票只在十六位，而老舍居首。

老舍曾有一篇小说《一块猪肝》，反映这场各派人士争夺"中华文协"领导权的斗争，对总以为自己一直思想"前进"，"天然的应当负起救亡图存的责任"的人物予以嘲讽。

到了1944年4月17日，重庆文化界召开"老舍创作二十年纪念会"。胡风做了《祝老舍先生创作二十年》(后改为《我与老舍》)的发言，把老舍的文学创作分为战前和战时两部分。对老舍战前的创作评价不高，说"以前所走的路不仅仅是'旧风流'，那里面还有着通到现在以至将来的血脉"。尽管指出老舍的创作思想有其一贯性，说得还算中肯，但其"左倾机械论"的色彩并未褪色，如以"旧风流"概括战前创作。对老舍战时的文学创作评价也欠公允，是"政治与艺术分论"的"二元论"观点：

> 到今天问题是明白了……虽然在基本态度上我们应该最大地重新强调他的为战争献身，向旧的传统分离的决心。就新文艺的任务说，"救急"的工作并不能和艺术创作的工作截然分离，真正收到"救急"效果的工作一定要通过艺术创造，真正的艺术创造也有着"救急"的作用，虽然在基本态度上我们应该重新强调艺术应该活在人民的解放要求里面的他的精神。

语言是趸来的，文学观念是趸来的，啰里啰唆地从政治上对老舍以最低的肯定，从艺术上对老舍又基本予以否定。

胡风的文学批评比起当年对萧红《生死场》时的文风，"蓝空下的血迹模糊的大地和流在那模糊的血土上的铁一样重的战斗意志"的笔触，少了"美学的评价"，多了"社会学评价"。若比起评论路翎的长篇小说《财主底儿女们》，比喻其是"一首青春底诗"，那种充满激情的语言，简直是一种倒退。

胡风是踌躇志满地，以理论权威的身份到北平参会的。会前，3月24日举行的筹委会第一次会议上，胡风作为四十二人组成的筹备委员会委员参会，没有进入常务委员会。文代会九十九人组成的大会主席团中，有胡风，但仍未成为十七人组成的委员。他在大会上与茅盾、厂民任《文艺报》编辑委员、章程及重要文件起草委员、小说组委员、诗歌组委员兼召集人。他当选为八十七人组成的中华全国文学艺术界联合会全国委员会委员，又选为中华全国文学工作者协会全国委员、常务委员，但没有实职。

不厌其烦地列出胡风在文代会上的任职，我们可看出，在文学理论批评界，仅次于茅盾的胡风，比起当年被鲁迅批为"四条汉子"的周扬、田汉、夏衍、阳翰笙等人成为文艺界各部门的封疆大吏，而身受鲁迅倚重的胡风只得些空头衔，似乎受到些委屈。

1938年10月，毛泽东在中共中央全会的报告中提到"民族形式"问题，身在重庆的胡风写了《民族形成问题》的小册子，强调"五四传统"，批判"民族形式"还原为大众化的通俗化，与毛泽东倡导的"中国老百姓所喜闻乐见的中国作风和中国气派"相悖。1945年，胡风在自己主编的《希望》创刊号上，不仅发表舒芜的《论主观》，同时发表自己写的短评，提倡"主观战斗精神"，反对客观主义和机械论，分明挑战毛泽东在延安整风中关于反对主观主义的指示，遭到中共南方局组织人力批判，直到1948年，华南局香港文委，再度发起批判。这对胡风来说，也是凶兆，但胡风的致命弱点是，总是过于自信，坚持己见，从不服输。更要命的是，胡风多年在文坛上苦心经营，以《七月》《希望》为中心，凝聚了一群颇有影响和战斗力的"七月派"诗人和文艺家。他们敢说、敢想，敢骂、敢打，实践"五四"所形成的独立之精神和自由之思想传统。

胡风进北京前，曾给毛泽东和周恩来写信，歌颂中华人民共和国成立后新社会"满天星，满地花"。但是文代会结束，发现自己没有被重用，心里自然感到非常失落，郁郁寡欢。胡风在1950年1月6日《天津日报·文艺周刊》第四十二期上，发表诗组《时间开始了》的第二乐章《光荣赞》，诗中写道：

毛泽东是我们的旗！

旗!

大旗!

光荣的大旗!

胜利的大旗!

冲破黑暗的放光的大旗!

溶化麻木的歌唱的大旗!

征服苦难的欢笑的大旗!

大旗万岁……

这是继1949年11月20日，胡风在《人民日报》副刊"人民文艺"上发表《时间开始了》第一乐章《欢乐颂》后，又一次发表《时间开始了》组诗。如此高调歌颂毛泽东的，胡风并不是最早的诗人。比如，老同事聂绀弩曾告诉笔者，他于1949年2月在香港创作的《1949年的中国》（香港求实出版社1949年2月出版）长诗中，就有"从今天／在中国的历史上／要写着毛泽东／在世界的历史上／要写着毛泽东"。但必须指出，第一个在诗歌中高呼"毛泽东万岁"者，却是胡风。诗言志，我们不能怀疑胡风对毛泽东的颂扬是虚伪的，但后来出版《胡风全集》时，把"毛泽东万岁"改成"共产党万岁"。从中，我们可以看到胡风"鲠直"之外的复杂性格。

1950年12月，一直对戏剧情有独钟的胡风，在失落情绪中，到剧院去看老舍话剧《方珍珠》第二次彩排。次年元旦，《方珍珠》首演，看完戏后胡风到老舍家去祝贺，并与剧组演员一起聚餐，席上胡风、老舍推杯换盏，交谈甚欢。但这只是胡风在演戏而已，几天之后，胡风在给夫人梅志的信中，称他与老舍只是"面子上的朋友"。

又过了几天，主管文艺的胡乔木约见了胡风，这让胡风意外惊喜，胡乔木提出"三个工作"，由他挑选。胡风书面表示"愿意听从分配"，但是胡乔木再无下文。胡风自然心中不快。

1951年2月，继《方珍珠》后，老舍创作的话剧《龙须沟》由北京人民艺术剧院在北京剧院公演。当年春，《龙须沟》到中南海怀仁堂演出，毛泽东等中央领导悉数观看，是年底老舍荣获"人民艺术家"称号，这不仅让老舍始料不及，也让胡风困惑不满。胡风给梅志写的信中，表达了这种不满，"我不做孤注一掷的豪客，但也决不做站在历史以外的得意郎君或失心的政治家"，"但老舍的得意，我又要它做什么"。

到1951年底，老朋友周恩来接见了满腹怨恨的胡风，长谈五个多小时。几天之后回到家中，胡风即在家书（1951年12月20日）中表示，将重新操起文艺批评，"扫荡"文坛，两年内要让文坛改变面貌。

从1952年5月11日给路翎的信中，我们得知，胡风又给毛泽东、周恩来写信，信中"要求结束二十年来的不安的情况"，"要求在领导下工作"，"要求直接得到指示"。

很明显，胡风是向中央要文艺思想指导地位，要比周扬更高的统领共和国文艺的大权。

笔者曾想起，老前辈也是老同事聂绀弩曾把胡风比作天神刑天，赠诗给胡风曰，"尔身虽在尔头忙，枉作刑天梦一场"，别有深意，别有滋味。

让胡风大失所望的是，他给毛泽东、周恩来写的要权的信，非但未如愿，却得到周恩来批准的，中宣部召集内部讨论会，"帮助"异想天开的胡风改造思想。林默涵的《胡风的反马克思主义文艺思想》、何其芳的《现实主义的路，还是反现实主义的路》，便是根据在批判胡风的会上的发言，整理出的评论文章，这是继抗战时期，在重庆、香港，中共理论工作者与他发生争论，对他进行帮助之后，最为严厉的一次批判。未能"扫荡"别人，却被人家"帮助"。接着，胡风在1954年夏，上"万言书"，酿成悲剧。

哲人说，性格即命运。想当年，鲁迅评价胡风和周扬的话尚响耳畔：

我倒明白了胡风的鲠直，易于招怨，是可接近的，而对于周起应（周扬之类）轻易诬人的青年，反而怀疑以至憎恶起来。

正是"游人不管春将老，来往亭前踏落花"（欧阳修《丰乐亭游春》）。

第六章

有些书生气的冯雪峰

翅在云天终不远，
力微矰缴绝须防。

——杜甫《官池春雁二首》

冯雪峰，在第一届中华全国文学艺术工作者代表大会任主席团和常务主席团成员、中华全国文艺界联合会全国委员会委员、中华全国文学工作者协会常务委员会委员。

　　1927年，在李大钊被绞杀的恐怖日子里，冯雪峰毅然参加共产党。次年，由柔石把他介绍给鲁迅，他成为中共与鲁迅的联系人。1931年，冯雪峰任左联党团书记。1933年底，冯雪峰到江西瑞金，任中共中央党校副校长，与毛泽东过从甚密。1934年，冯雪峰参加长征，次年10月到达陕北。1936年，冯雪峰被派到上海工作。行前周恩来亲自交代去上海工作的任务，冯雪峰到上海即向鲁迅传达了毛泽东提出的抗日民族统一战线政策。1936年，鲁迅逝世，冯雪峰参加主持丧事。1941年，冯雪峰被捕，在上饶集中营组织战友与敌斗争，并写诗集《灵山歌》《乡风与市风》等。

　　冯雪峰被营救出狱，到重庆，见到毛泽东时，毛泽东夸他说：好几年来，还没看到这样的好作品。

　　全国解放后，冯雪峰历任中国作协党组书记、副主席，《文艺报》主编，人民文学出版社社长兼总编辑，第一届政协委员，第一届人大代表。其作品有电影剧本《上饶集中营》和《论文集》《回忆鲁迅》《鲁迅和他少年时候的朋友》《论〈野〉》《论〈保卫延安〉》等。

　　从左联时起，冯雪峰的文学理论切实联系实际，探索和阐述马克思文艺理论，有比较超越的持平之论，显得较为珍贵。当然，在国际上某些

"左"的文学思潮影响之下，冯雪峰的文学理论，绕不过"左"的路障，理论上会有些尴尬局面，比如错误对待萧也牧的小说《我们夫妇之间》。但他不搞宗派主义和关门主义。1958年，冯雪峰被错划为右派，从此经历了艰苦的人生历程。

1979年春，在中共中央的直接关怀下，冯雪峰的冤案得到平反昭雪。

冯雪峰（1903—1976），浙江义乌人。父母都是农民，自幼放牛，干各种农活。"五四"时期，冯雪峰与朱自清、叶圣陶组成文学团体"晨光社"，年仅十九岁，后又与应修人、汪静之等结成"湖畔诗社"，合出白话诗集《湖畔》《春的歌集》。1925年到北京，他一边持潘谟华旁听证听北京大学的课，一边当家庭教师，维持生计，后从事翻译工作，译有《新俄文学曙光》，创作中篇小说《我们的一团和他》等。

1928年，革命文学大争论时，冯雪峰发表《革命与智识阶级》，回答如何确定现阶段文学的政治属性以及如何看待知识分子在革命事业中的地位与作用问题，对当时创造社、太阳社奉行的教条主义和"左"倾机械论，予以回击。其文艺批评稳健明智、政治上比较宽容，已初见马克思文艺思想"唯物辩证创作方法"之精神。当然，冯雪峰所接受和理解的马克思主义批评，还属于比较实际的层次，对许多关涉文学内部规律的理论命题还来不及充分思索，只能比较粗疏地运用马克思主义批评立场，尽管有反"左"的动机，却难于从理论上划"左"的界限。

1927年，冯雪峰加入共产党，次年由柔石介绍认识鲁迅。1929年至1933年参加中国左翼作家联盟筹备工作，并担任党团书记，后任中共江苏省省委宣传部部长。1934年参加红军长征。1936年4月，以中共特派员身份到上海主管文化和文艺工作，与鲁迅建立深厚友谊，共同抵制宗派主义。1937年在上海曾在周恩来领导下从事地下工作。1941年被国民党囚禁上饶集中营，在狱中创作诗集《真实之歌》。经营救出狱，到桂林，再到重庆从事统一战线与文化工作。著有《民主革命的文艺运动》等大量批评论文和杂文。中华人民共和国成立后，担任过中国作协副主席、人民文学出版社社长、《文艺报》总编之职，同时，从事鲁迅研究及文学评论。

1954年，冯雪峰被"胡风案"牵连，1958年被错划为右派，1976年逝世，1979年平反。

冯雪峰作为马克思主义文艺理论家、文学批评家，在文艺与政治，世界观与创作方法，作家与人民群众等当时诸多经常争论不休的问题上，有其自己的独立思考，提出过一些初具辩证的观点，如在《题外的话》一文中，他不完全赞同"政治标准第一，艺术标准第二"，将文学的政治性与艺术性割裂的观点，提出"不能从艺术的体现之外去要求社会的政治价值"，那样会形成公式化。所谓"政治决定艺术"，这"决定"并非机械的直接的，"决定"的过程之中最主要的是作家对于历史和社会的独特理解，"尤其经历着作者的自我斗争"。这在当时是惊世骇俗的文学观。

当然，因时代的局限，冯雪峰的文学观，有自身的不足，问题在于他的那些深刻精当的理论观点，在"左"倾思潮泛滥的年代，不仅未得到积极评价，反而受到一系列的不公正对待。这不仅是冯雪峰的不幸，更是革命文学运动的悲剧。

冯雪峰是经由上海市军政负责人陈毅亲自提名，以团长身份率南方代表第二团于1949年6月25日到北平参加第一届全国文代会的。

到北平后，冯雪峰早已被任命为中华全国文学艺术工作者代表大会主席团成员和常务主席团成员。主席是郭沫若，副主席是茅盾、周扬。他注意到，周扬、田汉、阳翰笙，都安排到大会主席团和常务主席团里，只有上海解放戴着红袖章随解放大军进城的夏衍没有在内。等文代会结束，新成立的中华全国文学艺术界联合会全国委员会及常委委员会中，周扬、田汉、阳翰笙、夏衍全部当选，田汉又任全国戏协主席，阳翰笙任全国影协主席。而冯雪峰只进了全国委员会和作协常委会。

触景生情，冯雪峰回忆起上海左联时期，他站在鲁迅一边，与周扬、田汉、阳翰笙、夏衍发生的种种纠葛，而如今周扬执掌文艺大权，另三位也都各据一方，在文界已成掎角之势，呼风唤雨，真是感慨万千。

9月中旬，回到上海不久的冯雪峰，作为中国人民政治协商会议第一届会议的代表，又乘火车赴北平参会。会上讨论并通过具有宪法性质的《共同纲领》，经选举产生了新的政权——中华人民共和国中央人民政府，10月1日举行开国盛典，天安门上，毛泽东向世界宣布："中央人民政府成立了!"冯雪峰参与和经历了这一历史庄严时刻，热泪盈眶，心潮澎湃。

10月19日，北京召开鲁迅逝世十三周年纪念大会，作为鲁迅的挚友，冯雪峰当选为大会主席团成员。或许人们还沉浸在共和国诞生的狂欢里，纪念鲁迅逝世十三周年大会搞得并不隆重，1995年出版的《20世纪中国全记录》对此未置一字。

1936年5月，冯雪峰到大陆新村去看病中的鲁迅，食指和中指间夹着烟正吸着的鲁迅见冯雪峰来，很高兴。谈了一会儿，鲁迅说："我想，我做一个小兵是还胜任的，用笔"（冯雪峰《回忆鲁迅》）。冯雪峰知道，这是鲁迅对红军长征到延安的一种独特的表态。冯雪峰主动买了金华火腿，连同鲁迅送给毛泽东的皮脊《海上述林》，以及送给周恩来的蓝绒面《海上述林》，由"交通"送到西安转陕北，交给了毛泽东。

10月17日夜，冯雪峰受党组织指派，要到成都同国民党一方联系一笔抗日捐款事宜，已购了飞机票。得知鲁迅病情加重，冯雪峰便退了票，到鲁宅守候在鲁迅病榻前。尽管医生动用了氧气机，每隔两个小时给病人注射一次强心剂，但冯雪峰仍不放心，经与潘汉年研究，决定第二天去找宋庆龄请更好的医生。当夜12时，冯雪峰见鲁迅病情尚稳定，安慰许广平几句，便回家了。次日，凌晨5点，鲁迅三弟周建人打来电话，告之鲁迅病危。冯雪峰马上打电话给宋庆龄，匆匆奔赴大陆新村，但鲁迅已溘然离去。

冯雪峰与各方协商，组成由蔡元培、马相伯、宋庆龄、毛泽东、茅盾等九人的治丧委员会。毛泽东入治丧委员会，是冯雪峰提的，宋庆龄也同意。但引起了争议，一部分人怕有毛泽东挂名，会为国民党公开镇压提供借口。但冯雪峰坚持，有毛泽东这面旗帜，对于团结、号召人民参加斗争，推动抗日救亡运动发展是有利的，对动员民众参加鲁迅的追悼活动是有利的。因宋庆龄的支持，冯雪峰这一有远见卓识的斗争策略被接受，鲁迅的丧仪活动举行得隆重庄严。

1949年10月底，中央人民政府委员会决定成立华东军政委员会，组织原定冯雪峰为华东文化部部长，一心想从事文学创作，研究整理鲁迅、瞿秋白、方志敏等先贤烈士著作的冯雪峰推掉了，只任委员一职。

在解放军开进上海，百废待兴之时，在周恩来和陈毅的授意下，冯雪峰与唐弢开始筹建鲁迅纪念馆，并对鲁迅故居做了些整理，拟择期开放。为恢复故居原貌，冯雪峰特致函周建人，还请示周恩来的批准，请已迁居北京的许广平来沪，指导恢复故居工作。至1950年秋，筹建鲁迅纪念馆已准备就绪，鲁迅故居也恢复了原貌。

1950年7月24日，在陈毅支持下，上海第一次文代会召开，成立了上海文联，大会选举冯雪峰为副主席，兼《华东文艺创作丛书》编委会主任，负责审阅书稿，决定是否可出版。就在这段时间，冯雪峰还创作了电影文学剧本《上饶集中营》。同时，他还写了不少文学评论，评价《高干大》《种谷记》等文学作品。

1950年10月7日，中央人民政府出版总署做出决定，在上海建立鲁迅著作编刊社，由冯雪峰为社长兼总编辑。为此，由出版总署代鲁迅家属，从各私营书局收回了版权。冯雪峰要做的，就是主持编辑、注释、校订鲁迅作品工作。

其实，冯雪峰早在赴北平第一次文代会期间，就写出《鲁迅著作编校和注释的方针和计划草案》（后刊登于《文艺报》）。故鲁迅著作编刊社一建立，胸有成竹的冯雪峰就紧张地投入工作，不到一个月，他就广揽了林辰、孙用、王士菁、杨霁云等研究鲁迅和出版专家，组建工作班子，开足马力。

据王士菁后来回忆，1951年5月，《鲁迅日记》宣纸影印本出版后，受到读者欢迎。冯雪峰又请示中宣部，拟交私人出版影印几千册方志敏的《可爱的中国》《清贫》，作为对革命先烈的纪念。中宣部曾考虑私营印制革命书刊是否合适。冯雪峰解释，私营上海出版公司，铸印工作有经验，口碑甚好，郑振铎甚为称道，《鲁迅日记》即由该出版公司印制。中央同意了，于是《可爱的中国》《清贫》影印三千七百册。

方志敏，红军长征前任北上抗日先遣军总司令，于1935年1月被俘。在被国民党杀害前，写了不少向共产党表衷心的文字，然后托国民党上士文书高家骏的未婚妻程昭全，把这些文稿转送到上海内山书店，再转到鲁迅手里，希望由鲁迅交给共产党中央。1936年，冯雪峰结束二万五千里长征，重回上海时，鲁迅将方志敏装有《可爱的中国》和《清贫》手稿的包裹亲自交给冯雪峰。也就在那时，自1934年起，鲁迅与左联领导田汉、廖沫沙之间，常常发生摩擦，他们在如左联解散等重大问题上，也不同鲁迅商量，甚至如鲁迅自己说"要将我推到'托派'去"。鲁迅已有孤独和种种猜疑。

1951年7月，南北方都进入暑热季节。冯雪峰携妻儿乘火车北上，车厢更是酷热难耐。此行是冯雪峰接到调令，前往北京就任人民文学出版社社长兼总编辑，并迁居古都。此行更是他与冤家对头再度共事。有道是"祸与福同门，利与害为邻"（《淮南子·人间训》），但周扬已大权在握，他已输了半局，助他的鲁迅早已作古，他已笃定是"殃咎必至"，命运悲惨得很。

人民文学出版社最初由沙可夫负责，是由胡乔木提名，请上海的冯雪峰来主政人民文学出版社的。该社由文化部直接领导。文化部部长茅盾只是挂个名，真正负责管事的是周扬副部长。周扬每两星期召开一次部属各单位负责人汇报会，人文社本应冯雪峰参会，但他不愿与老对手见面，总是派社经理部主任许觉民参会。而人文的"方针任务和重要决定，雪峰并不向周扬请示，而是和胡乔木相商而定"（许觉民《阅读冯雪峰》）。但有一次中央指示要精简机构，周扬宣布各单位人员的进用开始冻结。而冯雪峰正在为人文社实现规划大事而罗致人才。冯雪峰得到消息，立刻赶到会场，当着周扬声调激昂地讲了一通话，说当时人文社够格当编辑的只有一个刘辽逸，怎么弄得下去。但主管人事的干部坚持必须冻结。两方争论，冯雪峰动了火，这时周扬说话了：人民文学出版社的进人问题，照雪峰同志的意见办。冯雪峰听罢，转身即去。

在当时，周扬和冯雪峰所处的位置，周扬采取的态度是明智的。人文社的事，他从不过问，人文社与文化部同在一个大院，周扬从不到人文社走动。后冯雪峰主编《文艺报》，并任作家协会党组书记，作为中宣部副部长的周扬，恰管文艺，但对作协和《文艺报》很少过问。然而相较之下，冯雪峰书生气太重，焦躁激动，锋芒毕露，树敌过多缺乏政治智慧。

1951年10月，冯雪峰发表《鲁迅生平及其思想发展的梗概》，为鲁迅的生平、思想勾画出一个轮廓，梳理出其思想分为前后两个时期、四个阶段，并力图证明鲁迅思想发生了质的飞跃。但是鲁迅关于文学的社会作用的见解，是其文学思想的重要部分，冯雪峰关注不够；鲁迅文学思想中最引人注目的关于人性与文学关系的论述也未讲清楚；鲁迅关于如何对待传统文化遗产以及如何借鉴外国文化的重要理论等，都缺乏全面阐述，离开文学谈鲁迅思想发展，岂能谈清说透？

1952 年，冯雪峰又出版了《回忆鲁迅》一书，该书从小处入手，对鲁迅的生活习惯、音容笑貌、性格举止，以及他的文学成就、思想境界、人生道路、战斗精神，都有所涉猎，力图真实记述鲁迅由革命民主主义者向马克思主义者转化的过程。《回忆鲁迅》为研究鲁迅者提供了大量珍贵的资料。

当然，《回忆鲁迅》一书，太多叙述极富政治意义的事件，如革命文学的内部争论，关于反对国民党的反革命文化"围剿"斗争，以及鲁迅在党的领导下的政治活动，与中共领导人的关系等，呈现的是一个政治的鲁迅，而作为"中国现代文学的奠基人"之一的鲁迅，就显得过于苍白。

冯雪峰作为人民文学出版社社长，把扶持文学新人、奖掖优秀作品作为一个文学老兵义不容辞的责任。他从走上文学之路，对文坛的同类特别是后辈，就十分关切和爱护。这里仅举杜鹏程《保卫延安》一例。

杜鹏程 1938 年到延安，在延安大学等校学习，参加过整风运动和大生产运动，1947 年作为解放军随军记者，转战大西北战场。后来成为新华社第一野战分社主编。几年间，用日记的方式积累关于战争的素材有一二百万字。发表几十万字表现战争生活的消息、通讯、散文、报告和剧本。

1949 年底，他随军在新疆剿匪时，开始创作长篇小说《保卫延安》，其间几易其稿。至 1953 年，杜鹏程将《保卫延安》书稿交某丛书编辑部，后被无情退稿，他心有不甘，遂转投人民文学出版社。无巧不成书，是年 11 月下旬，当冯雪峰例行到编辑部要稿看时，编辑将《保卫延安》交给社长。于是才有了冯雪峰"扶持文学新兵，奖掖艺术杰作"的美谈。其实，早在左联时期，冯雪峰作为革命文学的开拓者和实践者之一，他在极端恶劣的历史背景下，就热心关注革命文学和文学新秀。当丁玲发表《莎菲女士的日记》后，轰动文坛，但致信给丁玲"你这个小说，是要不得的"，希望她写革命小说。不说他机械唯物论式批评的荒唐，但他关心丁玲创作的拳拳之心，令丁玲印象深刻。抗战后期他帮助诗人玉杲，将其长篇叙事长诗《大渡河支流》推荐给上海建文书店出版，并热情为之作序。

冯雪峰拿到《保卫延安》，一读即被书中人民革命战争的广阔图画吸引。他在家里秉烛夜读，在作协开会会场读，在有轨电车上读。初冬的北京，家家升起炉火，他在高烧中还在读。读到多一半了，他三天内连发两封信给杜鹏程，信中说："你的小说，我兴奋地读着。已经读了一半以上，估计很快可以读完，我因事多，否则我一定一口气读完……"在信中，冯雪峰约杜鹏程到他家吃饭叙谈。

小雪节气已过，三十岁出头的杜鹏程在傍晚时分，敲开了崇文门苏州胡同十六号的大门，开门的正是五十岁的冯雪峰。"瘦而高，身板硬朗，面孔微黑，头发苍白，一双不大的眼睛里闪着诚挚的光芒，你一眼就可看出，这是一位铁骨铮铮和具有献身精神的人。"（杜鹏程《雪峰同志和〈保卫延安〉》）他将杜鹏程领进房间，没有寒暄客套，落座后就开门见山地问："你觉得你写的作品怎么样？"杜鹏程先是一怔，沉思片刻说："我的心里很矛盾，甚至可以说是痛苦……"为了缓和年轻人的紧张，冯雪峰便问他多大年纪，然后和蔼地说道："那还是青年。不过你这样的年纪就能写出这样的作品，尤其是能写出描绘彭德怀将军形象那样的文章，真是很不容易……这是一部史诗……一部史的初稿……我和出版社同志商量，要尽快让这部作品出版。我也准备写一篇文章。"然后，他提出一些具体修改意见。冯雪峰爽直、精辟的谈话，让杜鹏程血脉偾张，浑身是汗，满脸通红。

凌晨三时，寒风中，走出冯雪峰温暖的小院，在街上灯火的照耀下，积雪闪闪发光，杜鹏程一路疾行，高声自语，冯雪峰和蔼坚毅的面容一直浮现在眼前。后来，听冯雪峰夫人说，一次冯雪峰在灯下看《保卫延安》，炉火熄灭，浑然不知，冻成感冒，全身高烧，还搓着手，来回在屋里走，问夫人："作者在哪里住？我很想跟他谈谈。"夫人告诉他现已深夜四点，你看病要紧。

第二天，冯雪峰电话告诉杜鹏程，说昨天的谈话意犹未尽，约他今晚再谈。傍晚，杜鹏程又到苏州胡同十六号。冯雪峰告诉他，他已向《人民文学》推荐《保卫延安》，建议选发一部分，也和人文社几位负责人商妥，希望杜鹏程用两周时间，修改好书稿，争取3月就付梓，与读者见面。而且冯雪峰告诉他，这部《保卫延安》也激发了他自己的创作冲动，打算写两部长篇小说，一部写自己亲历的关于长征的，一部是关于太平天国的。

杜鹏程烤着身边的炉火，望着冯雪峰那张刚毅兴奋的脸，以及他手指夹着的纸烟冒出的那股白色的袅袅轻烟，听得入了神。后来，又扯到《保卫延安》上，杜鹏程因书稿修改工作繁重，但要延误些时间，冯雪峰忙说："别把这些事放在心里，一个作家就得这样。果戈理初稿很粗糙，也是经过多次修改，一次比一次更好——这从别林斯基的评论文章中可以看出来。"

两人谈兴正浓，老诗人柯仲平来了，紧紧抱住杜鹏程，说道："好兄弟，祝贺你。昨天我在作协开会和雪峰坐在一起，他把你作品的情况仔细地向我讲了。"接下来，柯仲平朗诵了一首新诗，想听听雪峰的意见。老诗人挥动手臂激情澎湃，声震屋瓦地将诗歌朗诵完，已是满头大汗。冯雪峰听罢，肯定这首诗充满热情，但对艺术上的问题直言不讳地提出了批评。老诗人听着，有几次要跳起来与冯雪峰争辩，同坐在沙发上的冯雪峰，用手抚着老诗人的腿，继续批评。最后，柯仲平放声大笑，猛击茶几道："诤言难得，雪峰就是雪峰！"这场景令杜鹏程印象深刻："我想，战士的真诚，心地的坦率，正直而深沉的性格，多么令人神往啊！"

杜鹏程第三次走进苏州胡同十六号，也是夜间。冯雪峰正伏案疾书，见杜鹏程进屋，以手示意让他坐在书桌旁的椅子上。夫人劝他吃饭，他把夫人打发走，把一摞手稿推给杜鹏程说："这是我写的文章，你看看。"杜鹏程看到，这是《论〈保卫延安〉》。他一口气读完两万多字的长篇评论，激动得两眼模糊，热泪盈眶。评论写得高屋建瓴，见地卓越，眼光犀利。他忙对冯雪峰说："作品是我写的，但是读了你的文章，我仿佛对它看得更清楚了。你指的东西，有些我写作时并没有意识到。"

正像冯雪峰所说"文艺评论的任务之一，就是要指出形象显示出来而作家本人尚未意识到的东西"。因那时的文学评论，还是更多地指向作品的政治性、思想性，冯雪峰的文学观算是较为开放的，同样未能免俗，但他站在阶级斗争立场的总体评价指出，《保卫延安》"描写出了一幅真正动人的人民革命战争的图画"，是中肯的评价。

小说以周大勇及其连队活动为全书的结构中心，着力刻画了从普通战士到副总司令彭德怀的英雄群像，笔墨朴实遒劲地呈现了人民解放军顽强不屈、血战到底的英雄气概。但是，过于政治化、被"净化"的结果，让小说里的人物留下了某些粗疏单一（平面化）或缺乏思想深度。可以说，中华人民共和国成立之初，作家把审美的目光投向"工农兵"，就文学特质或健康的文学功利而言，其本身并无过错，但当时的文学长期无视生存在现实中的人的本相，长期徘徊在一种"净化"倾向泥淖，把本应是复杂的人的性格塑造及精神刻画简单化了、模式化了，不仅写不出新的人物形象，而且现实感被淡化，"时代精神"因脱离现实而被模糊。这是冯雪峰的评论局限、杜鹏程的小说局限，是那个时代的局限。

1954年夏，杜鹏程要离开北京，向冯雪峰告别。到秋天，杜鹏程回到北京，冯雪峰在一场关于《红楼梦》研究问题的批判中，因"压制新生力量"，不仅做过检查，还被撤去了《文艺报》主编职务。

接下来，在冯雪峰的命运前面，是一条充满艰险苦难的旅程。

第七章

"雨巷诗人"戴望舒与他享尽哀荣的葬礼

诗家清景在新春，

绿柳才黄半未匀。

——杨巨源《城东早春》

戴望舒在1928年以一首诗《雨巷》，引起文坛广泛关注，获"雨巷诗人"美名。其《欢乐鸟》被"认为这是中国'现代派'的第一首诗"（唐弢《我观新诗》）。他带动了施蛰存等人创作现代派诗歌，最终取代徐志摩等人开创的新月派，而汇成20世纪30年代诗坛风行的诗歌流派，一直影响20世纪40年代"九叶派"诗人，贯通了中国现代主义诗歌的河脉。

戴望舒曾赴法国留学，受到现代主义文学熏陶，1935年回国。抗日战争爆发后赴香港，香港沦陷，他即被日寇逮捕入狱，在狱中写下《我用残损的手掌》一诗，收入他最后的诗集《灾难的岁月》。

一介诗人戴望舒，在港十年，屡遭诬陷，被日寇抓入牢狱，却无端被告"附敌"，诬告者"其中一位邓拓先生"（《新文学史料》2008年第二期《不愿提而又不得不提的往事》）。

1949年，戴望舒受邀以南方代表第一团成员，到北平参加第一届中华全国文学艺术工作者代表大会。

1950年2月，戴望舒因病逝世，中央新闻总署、全国文联为戴望舒举行隆重盛大的追悼会，并追认为烈士。胡乔木、茅盾、老舍等北京一百多位文化名人参加了追悼会，诗人、烈士戴望舒享尽哀荣。

戴望舒以诗名天下，他又是一位研究中国古代小说颇有成就的学者，其研究成果由好友吴晓铃整理编成《小说戏曲论集》，于1958年出版。

戴望舒是1950年2月28日在北京自己的寓所里与世长辞的，当时文艺界领导人胡乔木悲痛地到戴望舒家里，吊唁这位年仅四十五岁的诗人。不久，他又在《人民日报》发表《悼望舒》，高度评价诗人的高尚人格和对中国诗歌的杰出贡献，其文真诚而悲戚。

《人民日报》发消息报道：

诗人戴望舒逝世，陆定一等亲往照料入殓。

3月5日，也就是毛泽东、周恩来访问苏联回京的第二天，中央人民政府新闻总署国际新闻局、全国文联，为去年刚在文代会上当选为作协诗歌工作者联谊会理事的诗人戴望舒举行了盛大的追悼会，到会的有胡乔木、茅盾、老舍等一百多位文化名人。政务院副总理董必武及中共中央宣传部长陆定一等送了花圈和挽联。

戴望舒还被追认为烈士。在中华人民共和国成立之初，诗人戴望舒享尽哀荣。

1933年，施蛰存创办并任主编的《现代》杂志，该刊是商业性的纯文学期刊，出刊时，开宗明义，声明不代表任何文学派别。但是该刊力推戴望舒为首的现代派诗歌和以穆时英为代表的新感觉派小说，可以看出《现代》是推崇现代精神的文学阵地。他自己对此也不讳言，说："《现代》中的诗是诗，而且是纯然的现代的诗，它们是现代人在现代生活中所感受的

111

现代的情绪，用现代的辞藻排列成现代的诗形。"在施蛰存看来，戴望舒是现代派诗歌的扛鼎之人。

戴望舒的挚友、曾将妹妹施绛年介绍给戴望舒的作家施蛰存，推动了中国现代派诗歌的潮流，成就了李金发、戴望舒等人的诗歌诗作，这是不争的事实。

戴望舒，原名戴朝宋，浙江杭州人。他在杭州宋文中学读书时，即开始写诗。1926年，十八岁时，他即发表小说《母爱》。他在震旦大学法文特别班学法语时的同班者施蛰存、杜衡、刘呐鸥等人，后来皆成文学界"现代"派名流。他们创办了《现代》《璎珞》《文学工厂》《无轨列车》《新文艺》等文学期刊，又办第一线书店、水沫书店。戴望舒是其中的重要成员。戴望舒的作品主要从这些期刊和书店走进读者，他因而获"雨巷诗人"的美名。

戴望舒从1922年至1924年，受中国传统诗歌影响，并汲取新月派营养，附以浪漫主义，写了不少半格律体的诗歌，像《雨巷》和《我底记忆》等。在戴望舒看来，《我底记忆》对他而言，比《雨巷》重要：

> 它是胆小的，它怕着人们底喧嚣，
> 但在寂寞时，它便对我来作密切的拜访。

《雨巷》古今嫁接，讲究音韵，节奏回环重复；而《我底记忆》，将记忆充分象征化，其诗节、诗句、诗韵都更自由，更散文化，更现代口语化。"象征"本身被凸现出来，标志着戴望舒新象征诗体已有雏形。

随着诗歌写作实践的丰富，他的现代象征诗风逐渐形成，个人风格也渐成熟，像《秋蝇》：

> 木叶的红色，
>
> 木叶的黄色，
>
> 木叶的土灰色；
>
> ……
>
> 身子像木叶一般地轻，
>
> 载在巨鸟的翎翮上吗？

该诗通过一个垂死苍蝇的眼，面对捉摸不定、变幻莫测的外部世界，暗示灵魂脱窍，将一种感觉上升为现代人对世界的一种经验。

如《深闭的园子》：

> 小径已铺满苔藓，
>
> 而篱门的锁也锈了——
>
> 主人却在迢遥的太阳下。
>
> 在迢遥的太阳下，
>
> 也有璀璨的园林吗？

游于废弃荒芜的园子，突然接上一个闪光璀璨的幻想，表达的情感多么精巧细致。

又如《乐园鸟》：

> 飞着，飞着，春、夏、秋、冬，
>
> 昼夜，没有什止，
>
> 华羽的乐园鸟，
>
> 这是幸福的云游呢，

还是永恒的苦役？

诗歌以如此自由又纤丽的文字写出那种永远跋涉，仍在苦苦寻觅乐园的人的感情，诗意鲜明，元气沛然。怪不得评论家唐弢读到这首诗时，不禁惊叹道："《乐园鸟》之所以使我震动，是因为我认为这是中国'现代派'的第一首诗。"（《我观新诗》）

戴望舒自己也在《诗论零札》里说到自己这时的诗歌：

> 应该有新的情绪和表现这种情绪的形式……诗的韵律不应只有肤浅的存在，它不应存在于文字的音韵抑扬这表面，而应存在于诗情的抑扬顿挫这内里。

总之，现代派的诗，并不看重格律的要求，而旨在提高诗境。到了抗战时，戴望舒的现代诗进入了成熟期，如《我用残损的手掌》：

> 无形的手掌掠过无限的江山，
> 手指沾了血和灰，手掌粘了阴暗。
> 只有那辽远的一角依然完整，
> 温暖，明朗，坚固而蓬勃生春。
> 在那上面，我用残损的手掌轻抚，
> 像恋人的柔发，婴孩手中乳。

诗情激越、饱满、细腻，通过新鲜活跃的意象流泻出来的一腔爱国情怀，这在当时诗坛，是极其优秀的诗作，几乎无诗可与之比肩。此外，还有《元旦祝福》《过旧居》《偶成》等名篇。它们都是在那全民抗敌救国的年代，通过诗人的情感经历而创作出来的，其间融入了浓郁的民族意识和爱国深情。

历来，中国传统诗歌便有豪放、婉约的风格之分。戴望舒的诗作，不属于壮阔豪迈那一类，而是天地不算宽大，多是悲戚、倦怠、寂寞的书写，但对当时诗歌的影响是很大的。可以说，他完成了李金发尝试将西方象征诗移植到中国诗歌土壤的未竟宏愿，带动施蛰存等人的现代派的诗歌，形成一股新的诗歌流派，取代了以徐志摩为代表的新月派诗风。他对中国现代诗所完成的承上启下工作，无人能敌。

1938年，诗人戴望舒携妻挈女，同诗人徐迟一家，乘"芝沙丹尼"号邮船由上海驶往香港。当时许多进步的爱国文化名人都聚在香港，后又由香港赴武汉参加抗日救亡活动。戴望舒留下来，在《星岛日报》编文艺副刊《星座》，以开展抗战救亡工作。不久，受武汉成立的由老舍主持的中华全国文艺界抗敌协会委托，戴望舒和许地山一起负责组建香港分会工作。

1939年元旦，他作《元日祝福》诗：

> 新的年岁带给我们新的希望，
>
> 祝福！我们的土地，
>
> 血染的土地，焦裂的土地，
>
> 更坚强的生命将从而滋长。
>
> 新的年岁带给我们新的力量，
>
> 祝福！我们的人民，
>
> 坚苦的人民，英雄的人民，
>
> 苦难会带来自由解放。

现在读起来，诗歌中洋溢的热爱祖国和人民的激情，抒发的抗战必胜的信心，仍让人感动。

是年3月，文协香港分会成立，为活动方便，对外称"中华全国文艺界协会留港通讯处"。成立协会时共有成员七十一人到会，选举楼适夷、许地山、戴望舒等九人为干事，并成立会报《文艺周刊》。后戴望舒与艾青又办《顶点》诗刊，与张光宇办《星岛周刊》，同年冬，又与郁风、黄苗子、丁聪等艺术界名流一起，自费出版《耕耘》杂志。小小的香港一下子涌现出这么多宣传抗战的进步报刊，香港的文化活动搞得有声有色。

1941年，困居香港的陈寅恪，读了戴望舒主编的《星岛日报》之《俗文学》周刊上刊登的吴晓铃《〈青楼集〉作者姓名考辨》一文后，主动给戴望舒写信，很是称赞了吴晓铃一番，曰：该文"论据精确，钦服至极"。曾与鲁迅同船赴日本留学的陈寅恪，因看不惯鲁迅冷嘲热讽文界名人，一生都不理睬之，却主动写信给戴望舒，是因为他很器重诗人的人品和学问。戴望舒办《俗文学》周刊，经常联络在港的一大批文化名人，像吴晓铃、陈寅恪、孙楷第、柳存仁、赵景深、冯沅君等，《俗文学》成了他们发表文章的阵地。而戴陈之交往，除因《俗文学》外，也与戴望舒是一位对中国古典小说研究功夫深厚、成就斐然、很受陈寅恪敬重有关。戴望舒对中国古典小说的研究成果，后由吴晓铃整理编成《小说戏曲论集》，在戴望舒逝世七年之后的1958年出版。研究戴望舒的学者，大都忽略了诗人的这一重要成果。笔者认为，应该在此文中提醒读者，戴望舒不仅是位诗人，还是一位研究有成的学者。

1941年，香港沦陷，次年春，戴望舒被日本人关进监狱，罪名是搞抗日活动，后被营救出狱。

抗战胜利，香港光复。杜宣奉中共南方局之命，到香港筹办印刷厂，作为地下工作站。杜宣找到老友戴望舒，于是他到印刷厂做编辑。

几乎在同时，戴望舒已写信给在重庆的茅盾，汇报他在文协香港分会的工作，并希望得到指示。很快，茅盾复信，委任他帮助组织调查在香港沦陷时曾当过汉奸的文化人。1945年9月25日，《新华日报》发表《全国文艺界抗敌协会慰劳上海文艺战士并请检举文化汉奸》一文，并附通讯："又讯，该会接到香港戴望舒来信，随即去函慰问，并托其调查附逆文化人。"由此可得到证实。作为文协负责人老舍，也嘱戴望舒尽快复办香港文协分会。

受命的戴望舒于11月15日，召开了"文协驻香港通讯处"第一次会议，并决议通讯会宣告成立，恢复出版《文协周刊》。12月17日，戴望舒假《新华日报》版面，宣告恢复香港文协通讯处主编的《文协》，其宣言：

> 本刊今后的目标，将是：促进本港新文艺的复兴以及与全国文艺界密切联系，从我们的岗位上去推进中国的复兴繁荣。

戴望舒积极工作之际，突然被卷进政治旋涡，令他始料不及。

1946年1月1日，由何家槐、周钢鸣等二十一人联名发表《留港粤文艺作家为检举戴望舒附敌向中华全国文艺协会重庆总会建议书》，表示不同意总会委任戴望舒主持"文协驻香港通讯处"的决定，并要求撤销已成立的通讯处，另组香港分会。同时附有三个文件，证实戴望舒附敌行为。

据《新华日报》发表检举文界汉奸的文章，已过去三个多月，才有何、周二十一人的检举信出笼，可证他们是经过精心准备且有背景的。文协总部立刻接受了二十一人的建议，撤销戴之工作，而另起炉灶，未免轻率。后来，组织经过调查，确认何家槐、周钢鸣等二十一人举报，皆是恶意诬陷，为戴望舒讨回了清白。

戴望舒为了自己的尊严，曾悲愤地写了《自辩书》，回击何、周之流。孰知，被迫回到上海，任教于暨南大学时，又卷入"教授联谊会"风波，被国民党通缉，他不得不再回香港，寄居在好友叶灵凤家里。

叶灵凤在1957年8月号《文艺世纪》上，写了《望舒和灾难岁月》一文，将老友的遭遇一一道来，让人不禁哀痛。

戴望舒最终也没有消沉，他在病中都向往回到新生的中国去：

一定要到北方去，就是死，也要死得光荣一点。

"问世间，情为何物"，情者，并非皆是"直教人生死相许"。其间愁绪离索、移情别恋，怎一个苦字了得。诗人戴望舒一生就为情所困，三次婚姻均无疾而终，吃尽苦头，用他翻译的诗《恋爱的风》表述就是："恋爱啊，我的冤家，我啃着你苦味的根！"

戴望舒十八岁时发表了小说《母爱》，那是1923年。是年秋，戴望舒与好友施蛰存考入上海大学文学系。两年后，戴、施自筹经费办了《璎珞》文学旬刊。戴望舒以望舒名发表诗歌《凝泪出门》，同年夏，戴、施二人加入CY（中国共产主义青年团），在上海卢家湾地区秘密宣传革命。他曾被军阀孙传芳拘留，查无实据，被放。四一二反革命政变后，戴随施避居施蛰存老家松江。1927年，戴望舒到北京，由老友丁玲介绍，结识了沈从文和冯雪峰等作家，次年春，诗人戴望舒又与冯雪峰等一起再到松江施蛰存家居住，戴、施、冯等拟办《文学工场》期刊，因内容过激，被禁止出版。

1928年春，戴望舒的诗《雨巷》《夕阳下》等六首，发表在叶圣陶代理编辑的文学名刊《小说月报》上。

《雨巷》曰：

撑着油纸伞，独自

彷徨在悠长，悠长

又寂寥的雨巷

我希望逢着

一个丁香一样地

结着愁怨的姑娘

这首诗，显然从旧体诗句"丁香空结雨中愁"翻造出来的一个梦幻惆怅小巷中的丁香姑娘。是的，连戴望舒自己也没有太过看中此诗，只想以此对诗歌所谓"音乐成分"勇敢地反叛。所以戴望舒写完一直压了一年，才拿出来发表。编辑家、小说家叶圣陶看过，大喜过望，称许此诗"替新诗的音节开了一个新的纪元"。当然这首小诗也着实地打动太多的读者，认为《雨巷》堪与徐志摩的《再别康桥》齐名。

《雨巷》风靡诗坛，为他获得了一顶"雨巷诗人"桂冠。

《雨巷》亦扮演了红娘的角色，一直住在施蛰存家的戴望舒，早就对施蛰存的妹妹施绛年心生爱慕，他曾为她写《我的恋人》一诗：

我将对你说我的恋人，

我的恋人是一个羞涩的人，

她是羞涩的、有着桃色的脸。

桃色的唇，和一颗天青色的心……

二十三岁的诗人，爱上小他五岁的亭亭玉立、已经在上海邮电部门工作的施绛年，于是苦苦追求：

给我吧，姑娘，那在衫子下的
你的火一样的，十八岁的心。
那里是盛着天青色的爱情的。
它是我的，是不给任何人的，
来做一个交换，永恒地。

　　火辣辣的情，痴痴的爱，全部倾注在狂热的爱恋里，流淌在诗行里。
但是施绛年芳心不动，不予回应。这让性格内向的诗人苦痛不已。诗人自
然是不放弃这份恋情的。1929年春，江南草长，群莺乱飞，滋长着爱的季
节，诗人出版了自编的诗集《我的记忆》。在尚散发着油墨香气的扉页上，
印有法文"A Jeanne"（给绛年）的字样，并印有两行用拉丁语写的诗句：

愿我在将来的时候最后的时间里看见你，
愿我在垂死的时候用我虚弱的手握着你。

　　戴望舒破釜沉舟地公开了恋情，表达了追求中灵魂的痛楚和绝望中的期
待。诗从心底迸发出炽烈的爱的呼唤，字里行间激荡出爱的真诚，年轻姑娘
的芳心被感动了。戴望舒适时地与绛年有了一次倾心的约谈，他用平静而执
着的话，表达了不惜殉情而获取爱情的决绝，绛年最终接受了诗人的情感。
其实诗人那些诗，让他沉睡的爱情慢慢苏醒，诗成了他们的红娘。
　　好事多磨，当戴望舒请父母到施府去提亲时，施家主人、绛年的父母
并没应允这桩瓜熟蒂落的婚姻，最后还是施家的长子蛰存，积极巧妙地从
中斡旋，老人才勉强接受了这桩婚事。
　　到了1930年夏，戴望舒翻译的伊可维支的《唯物史观的文学论》，由
水沫书店出版，鲁迅主编《马克思主义文艺论丛》时收入丛书中。接着，

他又写《诗人玛耶阔夫斯基（马雅可夫斯基）的死》，也被叶圣陶载入《小说月报》。翻译和介绍这类马克思文艺和苏共诗人马雅可夫斯基的著述，是需要革命精神和勇气的。

1931年10月，金秋时分，戴望舒与施绛年举行了订婚仪式。

原本戴望舒与施蛰存商量好，二人去上海创办文学月刊《现代》，戴也早为此刊创作了《过时》《印象》等五首诗。他还翻译了西班牙作家阿左林的散文六篇，皆刊在《现代》创刊号上。二人干得风生水起，但在1932年1月28日，淞沪战争爆发。施绛年突然提出，戴望舒必须到欧洲留学，获得学位，她才与他完婚。戴望舒不得不登上邮轮"达特安"号，在秋风中与上海和未婚妻挥手告别。在邮船上，他与熟人郭文明、刁汝钧等人不期而遇，这样到了法国巴黎后，会有李健吾接应。

戴望舒到法国后，先在里昂中法大学学习，后曾去巴黎大学听课。求学期间，写了不少关于法国作家及文艺界相关报道，如《关于文艺界的反法西斯谛的运动》等。他站在鲁迅、瞿秋白、冯雪峰一边批判"第三种人"胡秋原。1934年，他翻译的《法兰西现代短篇集》，在上海天马书店出版。次年，他又翻译梅里美的《高龙芭》（附珈尔曼）、高莱特的长篇小说《紫恋》、苏联高力里的《苏俄诗坛逸话》等，相继在上海出版。

令诗人戴望舒没想到的是，他在勤奋读书翻译收到显著成效的同时，却失去了爱情。当他在1935年获得学位，准备回国完婚之际，已隐隐约约地得到关于施绛年移情别恋的传闻。在法的朋友们早就得知施绛年在与戴订婚时，其情已有所属，只是怕用情太专又太深的戴望舒接受不了这一现实，大家都瞒着他。

诗人一直醉心于施绛年对他的感情，从未怀疑过自己的判断。比如他在离沪赴法的邮轮上写的日记，是那么深信绛年对他的真情：

今天我终于启程了。早上六点醒来，绛年十分悲伤……我几乎哽咽起来，从中华路到码头。施叔叔（施蛰存、绛年之父）、蛰存……绛年来送行……船启航之前那段时间，简直难以忍受，绛年哭着。我掷了一张纸条给她，喊着：绛，别哭。但它被风刮到水里，绛年追奔着，没有抓住它……

或许是上苍的昭示，如同那张纸条，终于没被绛年抓住一样，这桩让戴望舒苦苦等了八年的婚恋，亦没被诗人"抓住"。

1935年，三十岁的戴望舒经过几度"愁多知夜长"后，那颗多情的心，"又被流莺唤回来"。回国不久，他又爱上了好友穆时英的妹妹穆丽娟。穆时英，是文艺"新感觉派的圣手"，人称"鬼才"。是上海滩"海派"作家的骨干，曾因小说《南北极》在《小说月报》问世，而暴得大名。他把"新感觉派"艺术特征，发挥得淋漓尽致，使得城市生活成为独立的审美的对象。穆时英连同他的小说，都带有海派传奇的性质，而风靡上海滩，被文学史家视为"新感觉派"小说的执牛耳者。其后，才有张爱玲之"传奇"小说。

是年春，戴望舒找到另一好友杜衡，希望他代表到穆家说项，此次去向穆丽娟母亲说亲，没有遭遇施绛年家那样的麻烦。穆母很痛快地从杜衡手里接过诗人的礼金，让女儿丽娟去买了钻戒。一切顺利，第二年7月，戴望舒与穆丽娟就在上海北四川路的新亚酒店举行了像样的婚礼。婚后，一对新人即移居亨利路永利村新寓所，过起平常安定的日子。戴望舒写诗、翻译，与友人冯至创办《新诗》杂志，丽娟相夫教子，其乐融融。

不料，戴望舒与穆丽娟的婚姻，又生风波。两人年龄相差较大，平时各干各的，很少交流。穆丽娟七十七岁（1994年）时道出这段婚姻破裂的原委："他是他，我是我，我们谁也不管谁干什么……我们从来不吵架，很少谈话……看戴望舒看不惯，粗鲁，很不礼貌……他对我没什么感情，他的感情都给施绛年了。"

戴望舒给施绛年写了那么多情诗，或许已将爱情施舍尽了，对穆丽娟很少有温情，甚至连穆丽娟老母病重的消息都瞒着妻子。其母病故，她竟没能看上一眼，他如此冷漠，让妻子怎能不感彻骨心寒。妻子执意离婚，戴望舒以服毒自杀忏悔，倒也是一种自责。后戴望舒被抢救过来，但殉情难以挽救这桩笃定破裂的婚姻。

1943年5月，戴望舒在香港毕打街香港大酒店又与杨丽萍（杨静）举行结婚典礼，友人如云。

此桩婚姻，来得自然。戴望舒从日本监狱获救之后，与杨丽萍相识，那时她才十六岁。她父亲是宁波人，母亲是广东人。巧合的是，杨丽萍当时与戴望舒都供职隶属日本文化部门的香港大同图书印务局。考虑到该印务局属日本产业，怕杨丽萍遭遇不测，他便建议她辞去职务，到他家当助手抄写文稿，杨丽萍接受了诗人的好意。更重要的是，戴望舒是香港人人皆知的作家，被日本人逮捕入狱后，表现出民族气节、宁死不屈，杨丽萍又很喜欢读诗，认定他是可信赖之人。时间一久，会生情愫，以身相许，走进婚姻殿堂，人们并不难理解。

戴望舒有过两次不幸的婚姻，故很珍惜与妻子杨丽萍的情感。在他被人诬陷，几次失业、疾病折磨之时，妻子一直守护在身边不离不弃，诗人真正感到家庭的温暖。但情感不是契约，杨丽萍后来又爱上别人，二人在1949年2月20日签字离婚。戴望舒携两个女儿，与诗人卞之琳离开香港，回到北平参加第一届中华全国文学艺术工作者代表大会，开始了新的生活。诗人时年四十五岁。

第八章

落拓不羁的狂狷之士聂绀弩

客散酒醒黄昏后，
更持红烛赏残花。

——李商隐《花下醉》

聂绀弩作为南方代表二团成员，参加了第二届中华全国文学艺术工作者代表大会。

五四运动之后，特别是左联成立之后，在复杂的阶级斗争背景下，涌现了一批作家，用杂文这种文学形态进行"挣扎和战斗"。杂文有了很大的发展，出现了不少优秀作品。杂文作家有鲁迅、瞿秋白、徐懋庸、唐弢和年轻的聂绀弩等。聂绀弩运用杂文这一文体，对黑暗势力及其代表人物进行讽刺和鞭挞。瞿秋白在论述鲁迅杂文时，认为"谁要是想一想这将近二十年的情形，他就可以懂得这种文体发生的原因"，"杂感这种文体，将要因为鲁迅而变成文艺性的论文的代名词"。聂绀弩的杂文就是激烈的阶级斗争、民族斗争的产物。

聂绀弩曾赠笔者出版于1955年之《绀弩杂文选》（人民文学出版社出版），他在序中说，解放前"各种各样的怪现象、各种各样的谬论，层出不穷，千奇百怪，它需要讽刺或幽默的天才，需要辟易个人所向无敌的战斗者"。于是，他成了战斗者、杂文家。

如同"千奇百怪"的杂文一样，1958年，聂绀弩被错划成右派，流放到东北劳动改造，"文化大革命"中又被以"现行反革命"罪，入狱十年。1979年，他得以平反昭雪。

桑榆暮年，其诗情致恣肆，遒劲飞动，人称绀弩诗体，传颂文坛，成为中国文学史上之奇葩。有诗集《散宜生诗》存世，留下了这位狂狷之士的高洁人格。

聂绀弩（1903—1986），出身湖北省京山县一个小商贩家庭。高中毕业后，1922年，他曾在福建泉州做国民党"东路讨贼"（讨伐北洋军阀）前敌总指挥部秘书处文书，同年到马来西亚吉隆坡运怀义学（小学）任教员。次年，他在缅甸仰光《觉民日报》等报做编辑。1924年，他考入黄埔军校第二期，参加国共合作的东征，胜利后考入莫斯科中山大学学习，1927年回国，后任南京国民党中央通讯社副主任。1931年，他到上海，参加左翼作家联盟，结识鲁迅、茅盾、丁玲。1934年，他加入共产党，1938年在新四军任文化委员会委员兼秘书，编辑军部刊物《抗战》，与陈毅有深厚的友谊。1939年，他担任浙江省委刊物《文化战士》主编。1945年至1946年，他在重庆《商务日报》等副刊当编辑，任西南学院教授。

1949年6月，聂绀弩到北平参加中华全国文学艺术工作者代表大会，后历任中南区文教委员会委员、中国作家协会理事兼古典文学研究部副部长、香港《文汇报》总主笔、人民文学出版社副总编辑兼古典部主任、中国文字改革委员会委员等职。

聂绀弩出版有杂文集《绀弩杂文集》（1955）、《历史的奥秘》（1941）、《海外奇谈》（1950），长诗《山呼》（1949）等。

1958年，他被错划为右派，流放到北大荒劳动，1966年"文化大革命"中以"现行反革命罪"关押十年，由北京中级人民法院宣判为无期徒刑，1979年平反昭雪。

聂绀弩一生坎坷，几无宁日，但在苦难颠簸中，从未垂头丧气，而是砥砺前行，乐观，坦荡，旷达。桑榆暮年，其诗文情致恣肆、遒劲飞动，人称绀弩体。其晚年之《散宜生诗》，为千古绝唱，当是中国文学史上的奇葩。

北平召开第一次文代会时，聂绀弩是以南方代表第二团成员，到大会报到的。

聂绀弩在文代会召开前，一直住在香港中国劳动协会的集体宿舍里。从抗战胜利之后到香港，这位素有七步成诗之才的狂狷之士，便靠写文章为生，生活虽清苦，倒也自在。

与聂绀弩熟稔的笔者的老领导，人民文学出版社前负责人楼适夷，曾经写文，说聂绀弩"从小独自出门流浪，进黄埔学校当过军人，参加过东征战役；他上苏联吃过黑面包，他走南洋当报社编辑；也上南京国民党的'中央通讯社'当过记者；他还上日本留过学，同胡风一起组织新兴文化研究会办刊物"。

他的朋友什么人都有，甚至连蒋介石手下当特务头子的十三太保之一，他都相交。他被日本驱逐回国，投奔上海左联，与鲁迅有深厚的友谊。1934年，聂绀弩加入中国共产党，抗战期间，在桂林主编《力报副刊》，还与人办《野草》。1948年，他在香港复刊《野草》。

夏衍说他"是一个落拓不羁，不修边幅，不注意衣着，也不注意理发的人。讲真，不怕得罪人，有所为有所不为，属于古人所谓的'狂狷之士'，他不拘小节，小事马马虎虎，大事决不糊涂。他重友谊、重信义，关心旁人远远胜于关心自己。他从不计较自己的待遇和地位"（《绀弩还活着》）。

聂绀弩等人得到赴北平参加文代会通知，与一大批早就聚集在香港的"民主人士"，在中共地下组织的安排下，乘上包乘的英国太古公司"湖北"号邮轮北上。聂绀弩携着女儿和刚刚给女儿买的簇新的自行车登船，格外显眼。据楼适夷在《说绀弩》一文中写道："船到大沽口，就有自己的海关人员来接。"工作人员奉命接待远来的"民主人士",态度极为热情。一般看看行李就客气放行,但看到聂绀弩携来自行车,便拦下,申明按有关规定要给自行车纳税。聂绀弩扔下自行车不管了,就随交际处人员到宾馆下榻。交际处代付了税款,将自行车交给聂绀弩,他没任何表示,就拉着女儿去逛街了。

在宾馆住了一晚,早上要乘火车赴北平时,聂绀弩没了踪影,大家只好带着他女儿登车了,聂绀弩只能乘下班火车。

到北平后,聂绀弩被安排在前门留香饭店。文代会期间,他不是开会,就是跑到离留香饭店不远处的李铁拐斜街远东饭店,去找老友陈凤兮夫妇聊天,并常常一起去逛地摊,淘古籍、名帖、围棋。买回一副云南棋子后,他便成天与人对弈,乐不思蜀。

巧得很,在开会期间,聂绀弩在香港创作的诗集《元旦》7月由香港求实出版社出版,这给没有获得任何官职的聂绀弩带来不小声誉。全诗六百多行,分"比喻""我们"和"答谢"三章。"答谢"的第三节,题为"给毛泽东":

> 毛泽东,我们的旗帜
>
> 东方的列宁、史太林
>
> 读书人的孔子
>
> 农民的及时雨
>
> 老太婆的观世音
>
> 孤儿的慈母
>
> 绝嗣者的爱儿
>
> 罪犯的赦书
>
> 逃亡者的通行证

教徒们的释迦牟尼、耶稣、漠罕默德

地主、买办、四大家族、洋大人的活无常

旧世界的掘墓人和送葬人

新世界的创造者、领路人……

其歌颂领袖毛泽东的诗章，比胡风的组诗《时间开始了》之"毛泽东是我们的旗帜"，徐放《新中国颂歌》之"在中国的历史上/要写着毛泽东"，早了近一年。当然，第一个在诗中欢呼"毛泽东万岁"的是胡风。胡风有良苦用心，而聂绀弩全凭真实情感。

聂绀弩早就对毛泽东有感情，1938年春天，聂绀弩来到延安和毛泽东有过一段近距离的接触，后在1945年，又有机会重逢于重庆，那是毛泽东应蒋介石之邀到重庆去谈判期间。聂绀弩写了一篇《毛泽东先生与鱼肝油丸》，回忆1938年春天见到毛泽东的两个片段。一次在一千多人的会场上，他见毛泽东讲话，"身材不高，背不直，脸不长，脸上还有点虚胖，颜色也并不怎么健康，光着头，穿着一件褪了色的灰布棉军装，上面显然有些各种各样的污痕，风纪扣也不扣"，他讲话"声音不高，可是大家都听得见；一点激昂、慷慨的气都没有，一点也不像在台上讲演，一点也不像在讲着抗战的大道理；倒像和你促膝地谈着一些无关紧要的家庭琐事。话里面没有难懂的名词或深奥的理论，似乎无论什么深奥的东西，他都能用极浅乃至极陈旧的话表达出来"。再一个片段，是说毛泽东讲话后，散会时大家拥着领袖边谈边走，聂绀弩也随在人流里，丁玲从后面叫住他，把他介绍给毛泽东。他记得毛泽东与他谈话的时候，不端领袖架子，"不威胁人，不使人拘谨，不使人自己觉得渺小；他自己也不矜持、也不谦虚，没有很多应酬话，却又并不冷淡。初次见面，谈起来就像老朋友一样，似乎真把你当作一个朋友"，"他谈话的时候跟演讲的时候一样，也爱夹杂些笑话"。

当时，从黄埔军校毕业又到苏联莫斯科中山大学深造的聂绀弩，已在多家报刊当编辑记者，见过不少大人物，写过不少杂文和报道。1934年，他还接受林伯生之邀，编过汪精卫的南京《中华日报》的副刊《动向》，甚至当过国民党"中央通讯社"副社长，利用这些阵地，做与革命有利的工作，见过大世面。用夏衍的话说，当年在《申报·自由谈》上，"有两个人的杂文写得很像鲁迅，可以乱真，一位是唐弢，一位是聂绀弩；唐弢是刻意学鲁迅，绀弩是随意为之"，"鲁迅以后的杂文写得最好的，当推绀弩为第一人"。

聂绀弩这篇《毛泽东先生与鱼肝油丸》，无所顾忌，随意为之，将毛泽东的质朴、平易、诚恳、平等、深刻的领袖风范诉诸笔端，比起同类作品，可谓别开生面。诗集《元旦》对毛泽东的歌颂，其情与《毛泽东先生与鱼肝油丸》一脉相承，相映成趣，随笔写领袖气质，诗歌颂领袖的千秋功业。

开国大典前一天，陈毅同志和夫人张茜特邀老朋友陈凤兮等到前门四川饭店吃饭。在酒席上，陈毅问"聂绀弩有消息么，他也不同我联系"。陈凤兮忙将聂绀弩在北平的情况告诉陈毅夫妇。陈老总听罢，立刻派车去留香饭店接聂绀弩。老友见面，格外高兴。

其实，聂绀弩是陈毅和张茜姻缘的牵红线者。早年，聂绀弩曾在新四军中工作，仟文化委员会委员兼秘书。陈毅是聂绀弩的上级，二人都是诗人，关系处得非常好。于是，聂绀弩就当了陈张二位的"媒人"。陈毅为了求得美人张茜芳心，就给张茜写情书，第一封情书就是聂绀弩与丘东平送到张茜手里。在聂绀弩的撮合下，陈老总便与张茜终成眷属。陈毅问聂绀弩现在干什么，聂回答"下棋"，陈毅哈哈笑曰："那好耍，可惜太忙，没有工夫耍。"那时人们的灵魂都很干净，聂绀弩原本没工作，但他不求上海市长的帮助，陈毅大权在握，却不徇私情。

据楼适夷说，文代会结束后，他和聂绀弩得到通知，明天上午八点到北京饭店，一位首长要召见他们。第二天一早，他就起床，一次次到聂绀弩的房间去，催酣然高卧的聂绀弩起床："一同去见首长！"他很不耐烦地睁开眼睛："要去，你就去，我还得睡觉呢！"几次劝说无果，楼适夷只好一人独自到北京饭店见首长。谈了一个小时，是关于组织分配工作的事。楼适夷直到从北京饭店出来，也未见聂绀弩的身影。不久，聂绀弩将女儿交给夫人，一个人又"飘然独自回香港去了"（楼适夷语）。

聂绀弩到了香港，主《文汇报》笔政，发表了不少歌颂中华人民共和国成立后社会出现的改革新象，批驳反共的文章，嬉笑怒骂，纵横辟易，横扫千军。

后来，在人民文学出版社社长冯雪峰的力邀下，聂绀弩从香港回到北京，担任人民文学出版社副总编辑，主管中国古典文学的编辑业务，大材小用，他并不介意。

当时，人民文学出版社和文化部同在东四头条靠九爷府的一个大院里办公。一天，大院里进来一位潇洒平易之中隐着几分傲骨、峻嶒神气的中年人，他就是聂绀弩。他到出版社不久，就奉命去调查施耐庵的墓地和事迹。同事忙问他调查收获，他淡淡一笑："什么收获，假的！"他广征博文，实地调研，让同事钦佩。但是，他的好友、社长冯雪峰提醒大家："绀弩这个人桀骜不驯！"可正是在别人嫌聂绀弩吊儿郎当，谁都嫌弃他时，他却说："谁也不要，我要！"而聂绀弩也有自知之明，对自己这样自评："我这个人既不能令，又不受命，要我做领导工作，是不行的。"好，冯雪峰就让他把出版社古典部的工作抓起来。

不久，人们发现，独居楼后一间房的聂绀弩，早晨总是睡懒觉，大家忙得四脚朝天，他才从卧室慢慢步出来，身穿睡衣，趿着拖鞋，走到走廊下，慢悠悠刷牙，弄得满嘴白沫。若有事到他卧室，只见烟蒂满地，凌乱不堪，无法下脚。有一次，一位负责同志在机关做报告，快到大家出发时，他还睡懒觉，被弄醒后，问："谁做报告？"得知后，他道："他吗？让他听我报告还差不多！"然后，他把被子一拉倒头又睡。

聂绀弩并不总是吊儿郎当，只有文人的落拓不羁，他性格的爽直和疾恶如仇的品德，让人敬佩。遇到不公，他常常会挺身而出，抱打不平。他对别人，仗义执言，而对自己，不管受到什么委屈，从不过多申辩，哪怕关乎自己的前途命运。反右派斗争时，一位与他素不相睦的领导，给聂绀弩做出定右派的结论，他却"不慌不忙、有板有眼，用诙谐尖刻的语调说：'咳！可惜！这么好的道理，这么深刻的马列主义，你为什么不早告诉我？我要是早些听到，不就好了？就不致现在当了右派"（顾学颉《赢输原不定，对弈两三场》）。这时，他还半真半假，像开玩笑又像正经话，而那位领导听了无可奈何，只好暗生闷气，便把聂绀弩流放到北大荒。其实，聂绀弩的"右派言行"，属于"最轻量级"，仅因看过别人写的"右派言论"，本人既无"言"，又无"行"，按政策是不应划成右派的。

继续说聂绀弩，接过古典部工作以后，其工作成就有目共睹。全国解放不久，人民文学出版社刚刚成立，对古典文学怎么办，比如如何批判地继承古代文化遗产问题等，大家的认识比较模糊，对出什么书、怎样出等实际工作也心中没数。但冯雪峰和聂绀弩在工作中不断探讨摸索，想方设法罗致人才，充实古典部编辑力量，从各方调来古典文学专家，向有经验、有成就的专家学者组稿，又提出"开门办社"，局面慢慢打开。

聂绀弩积极支持冯雪峰提出的对几部中国古典小说用注释条目并加上分析的出版前言，予以编辑出版，以为普及的倡议。他自己先承担起七十回《水浒传》的编辑工作。他校勘版本，亲自写每回的注释条目，然后在集体讨论审议后定稿。为了使《水浒传》图文并茂，他从以前石印本的旧本《水浒传》中，挑选每回的画意图，七十回每回两幅，共选一百四十幅。封面的字，是聂绀弩亲自约大学问家、书法家沈尹默先生题署，封面用湖州白色绫绸上的云彩状的图案。以后出的《红楼梦》《三国演义》《儒林外史》《西游记》等也由沈尹默题署，封面也如《水浒传》。图书出版后，大受好评。

聂绀弩的书房曾自冠"三红金水之斋"，可窥见他对《三国演义》《红楼梦》《金瓶梅》《水浒传》等经典的喜爱。有了在人文社重新研究这些经典的经历，聂绀弩几成古典文学专家，发表了不少很有学术价值的论文。直到晚年，他卧床不起，还写了《且说三国演义》论文。后他应邀号召"论贾宝玉"，无奈病魔缠身而作罢。胡风曾在《和聂绀弩》诗中，有"分香润色怜花草，普与通灵木石居"，以赞他对《红楼梦》，对红学研究之深。

可惜，《水浒传》出版后，接下来又着手编辑《三国演义》和《红楼梦》时，就出事了。

聂绀弩的一生充满传奇，更具悲剧色彩。他的命运悲剧，不堪回首，却必须面对。他的生命过程弥漫着一种文化意绪，他的文化生命的巨大魅力，让我们的文学史充满色彩。"神祇编织不幸，以使后代歌唱"，我们要为他的革命人生而诗，为他的文人风骨而歌。

诗曰："菊花到死犹堪惜，秋叶虽红不耐观"（戴复古《怀徐渊子》）。

第九章

王蒙青春放歌
《青春万岁》《组织部新来的青年人》

白日放歌须纵酒，

青春作伴好还乡。

——杜甫《闻官军收河南河北》

王蒙曾任文化部长、中共中央委员、政协常委、中国作家协会党组副书记、中国作家协会副主席。其长篇小说《这边风景》获第九届茅盾文学奖。2019年，王蒙荣获"人民艺术家"国家荣誉称号，出版五十卷《王蒙文集》（人民文学出版社三十五卷）。

1954年，王蒙发表肃反题材短篇小说《小豆儿》。同年冬，其长篇小说《青春万岁》手稿誊写完毕，王蒙时年十九岁，职务是北京团区委副书记。1956年春，王蒙写下改变其一生命运的《组织部新来的青年人》，登在当年9月号《人民文学》上。1957年，王蒙因《组织部新来的青年人》被打成右派从此人生蹉跎。当时《青春万岁》在中国青年出版社三审通过，出版合同已签，预付稿酬五百元，上海《文汇报》也拟连载，但因王蒙右派之身，《青春万岁》被打入"冷宫"。

《组织部新来的青年人》甫一发表，震惊文坛。小说以清新的笔墨、颇具诗意的描写，表达了一个年轻干部对机关中滋长的官僚主义心态的疑惑和不满。这在当时的语境下，有离经叛道的味道。李希凡提出严厉的批评，说王蒙的《组织部新来的青年人》没有写出"典型性"。当时中国作协党组召开讨论会，"总的认为这篇小说是有毒素的"。但后来毛泽东有了正面的谈话：

对他（王蒙）的批评我就不服。比如说北京没有官僚主义。中央就出过王明，说自己是百分之百的马列主义……反官僚主义我就支

持。王蒙有文才，有希望。(《王蒙自传·半生多难》)

有了毛主席这些话，王蒙化险为夷、遇难呈祥。不过，王蒙还是因这篇小说被错划为右派。

王蒙在《王蒙自传·半生多难》一书中，有过这样的表述：

> 写作唤醒了所有的美梦，写作激活了所有的情感。写作调动了所有的记忆，写作生发了所有的趣味。同样写作使自己显得力不从心，千疮百孔，一无是处。如果你要写作，那么不论你曾经自以为或被认为多么丰富，仍然会显得贫乏，不论你自以为或曾经被认为多么聪明，仍然是太拙笨，不论你自以为或者被认为是多么富有想象力和创造力，你仍然是太平庸，太容易走在别人的已有的辙印里，而不论你怎么自认为或者被认定是天生的福将，你仍然发现前景是十分没有把握，甚至是带几分凶险。

王蒙知道自己并非不能够成功，但是通往成功的路途险恶坎坷。他知道自己与众不同，但是不同之处尚未得到权威的认可。他知道写作会让自己大露头角，但是他知道自己为此要付出不知什么样的代价。他知道从此自己的一切经历经验、喜怒哀乐、阴晴圆缺、伟大渺小、风雨雷电、鸡毛蒜皮都有了色彩，有了意义，从此生命的一切都不会糟践，从此王蒙做了唯有王蒙做得出来的事情。

王蒙挽留了伟大的时代，挽留了生命的火焰和花饰，但是他为此要放弃，放弃许多他最爱的许多实实在在的生活与快乐。而正是他的最爱，他的实实在在的生活与快乐促使他拿起笔来，正是拿起笔来以后，他只能面壁凝思，秃笔挥舞，神经兮兮，呆气十足，疏离了他所最爱的生活、实际工作与群体。

20世纪50年代中期，在毛泽东的"双百方针"思想的引导和艺术女神的召唤下，已经是团区委副书记，自己拥有独立办公室的十九岁的王蒙，经过几年拼命阅读外国文学名著、中国四部古典小说及包括鲁迅在内的现代文学作品，"字字句句都深入我心，发芽生长"，人生哲理，价值光辉，在灵魂中升华。怀着文学梦想的王蒙开始踏上漫长坎坷又辉煌的文学旅途。

1954年，在创作长篇小说《青春万岁》的间隙，他写了一篇肃反题材的短篇小说《小豆儿》，投给《人民文学》杂志，居然很快发表出来。不过小说结尾处有一大段抒情被副主编葛洛删掉了，让他有点伤感。葛洛是文学前辈，后作为中国作协领导，笔者与葛洛很熟悉，20世纪80年代初，在南京召开由他和王蒙主持的全国中短小说颁奖会期间，曾向他请教为何删去《小豆儿》结尾的抒情。当着王蒙的面，前辈笑道："那段抒情写得芜杂，也显得俗气。"王蒙笑曰："可让我有受挫的伤感。"

不久，王蒙又写了一篇散文《春节》，寄给《新观察》杂志。不料人家以写得散漫为由给他退了回来。他又用它编了个故事，将一些细节贯穿起来，再投给韦君宜主编的《文艺学习》，不仅得以发表，还受到夸奖。

"经过千辛万苦，最后几周我和生了一场大病一样，头晕脑涨，眼冒金星，寝食难安，四肢丧力，全无把握，我写完了《青春万岁》的初稿。"后又买来五百字一张的竖写稿纸，自己又请来妹妹和她一位同事帮助誊写。时至1954年冬，经历整整一年的时光，《青春万岁》总算完成了。

王蒙此刻想起父亲的同乡、同学，来自解放区，时任北影编剧的潘之汀。不久，他写信给王蒙说，"你有了不起的才华"，并告诉他已将《青春万岁》转交给中国青年出版社文艺室负责人吴小武。

吴小武即作家萧也牧，他的短篇小说《我们夫妇之间》发表在《人民文学》杂志。小说写的是关于城市和乡村两种文明冲突，表现了从农村来的干部接受城市文明的意识，难能可贵。小说受到读者的欢迎，被改编成电影，也轰动一时。冯雪峰和丁玲等以"丑化"工农干部为由，对其进行错误的批判，致使中国作家时常表现出与城市市民的隔膜和对立，这是一个历史教训。吴小武在编辑工作中，对孙犁、浩然，对《红旗谱》《红岩》《红旗飘飘》等有着巨大影响的作品，都饱含着他的远见卓识和辛勤心血。后来，他还是因《我们夫妇之间》，被错划成右派。

王蒙苦苦等待着吴小武的回音，吴告诉王蒙，《青春万岁》由编辑刘会蒙审读。直到次年春夏都无音信，后来得知，刘会蒙或因反胡风运动也有事了，让王蒙叫苦不迭。其间他曾骑车到中青社东四十二条社址去拜访编辑，因下班而无缘得见。

到1955年冬，吴小武才找来中国作协青年工作委员会副主任、老作家萧殷，一起与王蒙谈话。萧殷肯定了《青春万岁》之"艺术感觉"，提出小说问题在于缺乏主线。而身材高大，驼着背，手不离香烟的吴小武则说，"好好磨一磨"，你会取得很大的成功。萧殷还说，准备让作协出具公函，给王蒙请半年的创作假。

后《青春万岁》修改稿在中青社三审通过，双方签订了出版合同，王蒙得到预付金五百元。

接着，作协领导刘白羽在《人民日报》发表文章推介《青春万岁》，好事成双，上海《文汇报》派人带着预付的五百元现金（相当于工人一年的收入），要求王蒙同意该报从1957年1月起全文连载《青春万岁》。王蒙表示这部小说故事性不强，不适合连载，《文汇报》的来人，还是坚持连载。或许拿回书稿，果真发现不好连载，于是拟选五六万字登一下。王蒙不快，退回预付金，此事作罢。

《青春万岁》描写共和国建立之初，北京中学生洋溢着时代激情和青春活力的学习和生活。小说塑造了郑波、杨蔷云、李春、苏宁、呼玛丽等几个活泼丰满的中学生形象。诚如王蒙自己所说："未必有什么人像王蒙那样歌颂新中国的诞生、新中国的朝气、新中国第一代青年人了，没有《青春万岁》，难道不是一个时代的遗憾吗？""《青春万岁》应该成为时代的天使，青春的天使，飞入千家万户，拥抱千千万万个年轻人的身躯，滋润着千千万万个年轻人的心灵，漾起千千万万个年轻人的微笑，点燃千千万万个年轻人的热情。"（《王蒙自传·半生多难》）

王蒙在《青春万岁》中，有诗曰：

　　所有的日子，

　　所有的日子都来吧，

　　让我编织你们……

"白日放歌须纵酒，青春作伴好还乡"，王蒙充满豪情地写就的《青春万岁》，经历了与王蒙一样的苦难，于1979年，在人民文学出版社社长、作家韦君宜的关照下，在该社出版，不久改编成电影。那时，已在人民文学出版社工作的笔者目睹了《青春万岁》受到读者热烈欢迎的情景。

出版《青春万岁》的过程，有个小插曲，值得一提。在社长韦君宜的关照下，决定出版《青春万岁》时，书稿竟然遗失，笔者请求王蒙帮助。王蒙凭记忆重写，大约写了几万字之后，《青春万岁》书稿从出版社仓库的废品堆里意外发现，众人惊喜。编辑对照原稿和重写部分，更是惊奇万分，二者除个别段落、句式有些许不同外，几乎毫无二致。众人皆呼：王蒙先生的记忆力实在惊人。

20世纪80年代中期，笔者主编《当代》，王蒙先生答应给《当代》一个短篇小说。笔者前去取稿，拟送新华印刷厂排版。王蒙先生说，电脑出故障，稿子没了。见笔者着急，王蒙先生说，我马上重写。第二天，王蒙先生电话告知笔者，小说写好，可立刻去拿。笔者拿到书稿，排版之后，刚回到编辑部，王蒙先生又打电话说，遗失在电脑里的小说稿又找到了，他给笔者打了一份，可在校对时参考。后来校对时，发现二稿几乎一模一样。笔者想起在大学读书时，曾问王蒙先生：可像鲁迅那样有记日记的习惯？王蒙先生沉思一下，指着自己的脑袋说："都记在这里。"

1995年，师母崔瑞芳出版《王蒙——"放逐"新疆十六年》一书，读罢，让人如临其境。师母说，写这本书时，有些时间记不准确，多是求证于王蒙，才准确无误。

王蒙说："在1956年4月在我二十一岁的时候，写下了改变了我一生的《组织部新来的青年人》。"

《组织部新来的青年人》是短篇小说，描写一个年轻干部对于机关中正在滋长的官僚主义心态表达了疑惑和不满。小说以清纯委婉的笔触，表达一个内涵积极的严肃主题。

王蒙自己谈到这篇小说的创作动机时说，想写几个有缺点的人物，揭露我们工作、生活中的消极现象，同时想提出：像林震这样积极反官僚主义却在"斗争"中常常受挫，碰得焦头烂额的青年，怎么办，向何处去？

这是对《组织部新来的青年人》的夫子自道。他还说，与《青春万岁》一脉相承，青春洋溢着欢唱和自信，也充斥着糊涂与苦恼。"作为同样的青年，作者对林震二十四个同情。"《组织部新来的青年人》它是他的另一套应该叫作心语的符码。它是他献给生活的一朵小花，是他对自己，对青春，对不如意事常常有的人生的一些安慰。王蒙还说了一句玩笑："用小说克服官僚主义吗？不，还是用官僚主义克服小说更方便、更可操作。"

　　说明白一些，王蒙在操作《组织部新来的青年人》时，尚不是一个"成熟"的作家，甚至不能算是一个"成熟"的人，毕竟他仅仅是二十岁出头的年轻人。这篇小说实际上讲述了林震在"规训式"党政机关里，纠缠于"难题"与"成长"的故事。可贵的是，小说对林震与刘世吾这两个人物的成功塑造，给当时的文学奉献了极为丰富复杂的人物形象。

　　谁都没想到的是，这篇小说一发表，先是在文坛激起一些涟漪，接着竟然引起轩然大波。

　　《组织部新来的青年人》在《人民文学》发表之后，该刊的工作人员便骑车到王蒙家，送去四百七十六元稿费，令王蒙"惊天动地"。

　　几乎与此同时，读者读到这篇小说，大呼精彩；有些干部读后，对号入座，愤然提出"我们这儿并不是这样呀"之类。于是由女作家韦君宜、批评家黄秋耘主编的《文艺学习》杂志，率先组织了关于《组织部新来的青年人》的作品讨论。受到这样的礼遇，让文坛新人王蒙乐不可支。第一篇文章题名"生活的激流在奔腾"充分肯定，第二篇文章则是严厉批判。指出林震不是革命闯将而是小资产阶级的狂热分子。一群解放后刚刚冒出的青年作家如刘绍棠、从维熙、邵燕祥等纷纷著文赞扬，而王蒙的一批共青团干部战友写文批评。

　　看到那么多作家都在争论《组织部新来的青年人》，作品引起那么大动静，王蒙二字频频出现在报刊上，王蒙"得意扬扬"。一夜成名后，许多报刊纷纷上门约稿。同时有些文界朋友，如《中国青年报》私交甚好的负责人，找王蒙谈话，通报信息，忧心忡忡，认为他可能捅了人娄子，说有人将该小说与王实味的《野百合花》相提并论了，甚至有位从老区调来的女领导说："王蒙，有点不听话呀。"朋友劝他要有思想准备，自我批判。连充分肯定小说的韦君宜、黄秋耘也来找他谈话，说没想到此事闹这么大，不好收场。出于爱护之心，试图帮助王蒙认识小说中的一些缺陷，以便正确对待批评。王蒙知道，韦君宜的夫婿是北京市委文教书记，她的话里包含着市领导的意见。

在风声鹤唳之时，王蒙很镇定，抱着有则改之，无则加勉，三省吾身，闻过则喜的态度认真听取意见，提高认识。

1957年2月，前不久还来约稿的上海《文汇报》发表了李希凡的一篇批判《组织部新来的青年人》的文章。李希凡者，当时是很风光的人物，因批评俞平伯的学术著作《论〈红楼梦〉》，受到领导赏识而大红大紫。李希凡以其敏锐的政治嗅觉，又想在反右派斗争前夕，再出风头。

在王蒙眼里，"我无法相信李希凡比我更革命，我无法接受李希凡代表革命来揭批我"。于是他给文艺界的最高领导周扬写了封信，"求见求谈求指示"。很快，王蒙得到回信，约其到中宣部子民堂谈话。子民堂是早年蔡元培住过的地方，后来王蒙当文化部长时，在此办过公。

周扬开宗明义，告诉王蒙，说你的《组织部新来的青年人》，毛主席看了，"他不赞成把小说完全否定，不赞成李希凡的文章，尤其是李的文章谈到北京没有这样的官僚主义的论断"。

在当年小说年选中，《组织部新来的青年人》作为优秀小说入选。编者在序言中，给了不少篇幅的好评。毛主席听周扬说，该小说的毛病是《人民文学》副主编秦兆阳改出来的。毛主席提出要批评，茅盾主张先开个座谈会，然后把座谈会记录发表，以便说明《人民文学》修改王蒙小说的情况，同时谈谈作家与编辑的关系。刘白羽、严文井、葛洛、韦君宜等在会上发了言，秦兆阳谈了《组织部新来的青年人》修改经过，并做了检讨。王蒙在会上两次发言。茅盾在会议开始结束都讲了话。

关于王蒙的两次发言，《文坛风云录》（黎之著，河南人民出版社）里说："他讲了与编辑的合作过程，也对编辑提出了希望，他希望编辑同志处理稿件时，多几分社会主义同志态度，少几分商人气、江湖气。"

而王蒙在《王蒙自传·半生多难》一书中，则说："在此座谈上，我对编辑部的修改抱一分为二的态度，我完全无意抱怨编辑部，更无推脱'责任'之意。我比较不赞成的修改有两处……多少影响了小说的调子，对此我未在会议上挑明。此外，我认为他们修改的问题不太大，也有改得好的地方。"

其实，王蒙"希望编辑同志处理稿件时，多几分社会主义同志态度，少几分商人气、江湖气"，没有挑明，指的是《文汇报》，而与《人民文学》无涉。

啊，真是世事难料，因《组织部新来的青年人》，王蒙险些被推到深渊，但因领导的讲话，竟有了吉兆之相：王蒙不仅小说入选优秀小说选，在当年"五四"青年节，还被评为"北京市青年社会主义建设积极分子"。更让王蒙惊讶的是，全国团代会上，团的中央委员（也可能是候补委员）候选人名单上竟出现了自己的名字。尽管最后落选，王蒙仍觉体面。

到了1957年底，王蒙的命运又发生了戏剧性的变化。他又开始被批判，三天后，王蒙照了一张照片，说是有俄国诗人普希金的风格：他将小棉袄背在肩上，身着毛衣，一脸的光明与潇洒。那是他整个年轻时代，最为帅气的照片。

不久，"由周扬拍板：划"。周扬是在他主持的中宣部一次会议上，王蒙单位的负责人坚决要划王蒙为右派，而北京市委杨述副书记坚持不同意给王蒙划右派的争执中，做出"划"的决定。

命运又让王蒙置死地而后生，那是后话。

在笔者的人生羁旅中，北京师范学院（现为首都师范大学）是一重要驿站，这块绿洲曾赋予笔者知识的源泉和精神的薪火。特别是有幸在这里成为王蒙先生的学生和朋友，对笔者一生从事文学工作，产生了重要影响。每每忆起当年，便有白居易"还有少年春气味，时时暂到梦中来"的慨叹。

笔者是在全国大饥馑后期的1960年至1964年，就读北京师范学院中文系的。这四年，正是恢复经济时期，激烈的阶级斗争风暴过后，社会赢得了片刻的喘息。大学校园里，饥肠辘辘的莘莘学子有了琅琅的读书之声，昔日清冷的课堂和阅览室里也呈现蓬勃的生气。

1962年9月，年轻的作家王蒙突然到校任教，给校园添了一抹轻松的暖色。斯时的王蒙运交华盖，因一篇《组织部新来的青年人》小说而名噪文坛，不久因此小说被错划为右派，横遭厄运，"尝到了化为齑粉的滋味"。这位十四岁就入党的年轻右派，有了一条生路，是社会已渐宽松的注脚。

王蒙"给以研究鲁迅为专业的现代文学教授（当时只是讲师）王景山做助教"，成了笔者班级的现代文学辅导老师。刚来时，总是一脸堂奥和严肃，寡言少语，拒人千里之外，谁都看不清他裹在一身西装壳子里的真实面目。笔者将这种感觉告诉了当时作协负责人之一严文井。从上中学，笔者便常与军旅作家王愿坚到离我们两家不远的总布胡同严宅去聊天，我们成了忘年交。严文井听罢，笑着说了句意味深长的话："那不是真正的王蒙。"

渐渐与王蒙接触多了，特别是我们师生一起到农村去劳动锻炼，同吃、同住、同劳动，朝夕相处，彼此有了较深的了解。一次，为果园施肥之后，我们与王蒙躺在一条大炕上，天南海北地神聊，听他背诵自己的诗《错误》："赞美雏鹰的稚弱／迷恋眼泪的晶莹／盼望海洋流着蒸馏水／大清早唠叨半夜的梦。"他是用诗阐述着黑格尔"杂多与统一"的命题，敢于面对和承认自己的不圆满，反对随风倒、蝇营狗苟的机会主义。在充满哲学思辨的氛围里，我看见王先生跷起的二郎腿，破袜子露出了白生生的脚后跟，构成一种反讽意味；有时，我们在校园漫步或一起骑车出游，不免要问及他在潭柘寺南辛房大队劳动的情景，他总是淡然地讲右派如漫画家被批斗得昏倒在地，夜夜鬼哭狼嚎，却从不谈自己，偶尔，即便谈自己，也是轻描淡写。如他说他曾一直一顿饭是一斤多窝头，却从不拉屎。问其故，答曰："劳动将它们全部转化为热能。"而不说劳动强度已超过人体极限。

对苦难困境，王蒙有足够的承受能力，他从不怨天尤人，也不为自己强词夺解，永远保持清醒、理性和尊严。他记忆力超群，有时会充满感情地大段背诵《青春万岁》给我们听，那是一种自我肯定。

当时，高校的学者教授，虽被整得灰头土脸，权威尽失，但学生还是尊崇有真才实学的老师，我班的不少同学对只有初中学历的王蒙有无资格当助教，心存疑虑。但一次王蒙走上讲台，辅导鲁迅的散文《雪》，让他们领教了王蒙的才学和襟抱，不敢再轻视比他们大不了几岁的助教了。

与对鲁迅有极深感情的冯雪峰不同，王蒙不赞同《雪》象征自南而来的北伐革命，认为鲁迅笔下北方苍劲孤独、悲怆奇崛的雪，表现的是鲁迅的风骨。王蒙站在讲台上，以纯正的京腔说道："我们假定鲁迅写《雪》的时候，并非有意识以北方的雪自况自喻，但是既然是鲁迅，他的书写对象上，就浸透了鲁迅的悲怆与伤痛，孤独与奇绝……"在那把鲁迅祭上神坛的年代，年轻学子接受了王蒙的"风骨"论。

挤满了各年级学生的偌大阶梯教室，一片寂静。笔者突然发现进入思辨状态的王蒙是如此滔滔不绝，这般神采飞扬。他那连珠的妙语，把高深的文学理论、玄妙的审美观念、奇异浪漫的想象，转化为鲜活的形象和生动的语言，让听者莫不豁然贯通、领悟。最后听众以热烈的掌声，献给身着旧西装的讲演者。课后，中文系的宿舍，灯光不灭，学子一夜无眠。

彼此渐渐了解，师生便有了深厚的感情，多年后，先生在《王蒙自传·半生多难》中写道："我与不少同学谈得来，他们当中后来有管过《小说选刊》的冯立三，成为大型文学期刊《当代》负责人之一的汪兆骞……我与他们一起去香山春游，我重新尝到了学生生活的快乐。"而王蒙先生能够咀嚼消化一切人生苦难与困厄的自信，能在背负十字架时放得下自怨自艾的大气，能承担一切忧虑与痛苦的清明，给了我们太多的教育和启迪，烛照了未来的人生。

1963年12月，为了创作，王蒙破釜沉舟，置死地而后生地主动辞别了师院，携妻儿远赴新疆。在北京车站依依惜别时，王蒙换了一件黑色的新棉服，笑得很自然。在笔者看来，此举是怀有一番雄心壮志，充满慷慨的古典庄严。果然，王蒙到新疆后，一面参加劳动，一面潜心创作。2015年，王蒙获得第九届茅盾文学奖的长篇小说《这边风景》，就是诞生在那时。在箱底沉睡了四十多年的长篇小说，一俟出版即获茅奖，不可能不引起争议。笔者把它划为浩然《艳阳天》一类，将生活政治化是其致命问题，故评委指出"具有特定时代的印痕和局限"，说"这是历史真实的年轮和节疤"。但是，书中那些鲜活的人物，经历岁月淘洗，依然栩栩如生，那丰富的世俗生活依然常青。

20世纪70年代末，王蒙返回北京，我们师生重逢。王蒙先生是名满天下的作家，笔者也到严文井时任社长的人民文学出版社《当代》杂志当了编辑。感谢王蒙先生的信任，笔者有机会编辑其"季节"系列长篇小说。那是以磅礴恢宏的气势、汪洋恣肆的文体与波诡云谲的笔触，呈现共和国特殊年代知识分子苦难命运和复杂灵魂的历史长卷，是一个人的"国家日记"。关于王蒙一直放不下"文以载道"的是非之争，笔者不予置评，而笔者把"季节"系列长卷，视为他们那代知识分子令人动容的文化乡愁。

笔者熟悉王蒙先生，知道他的四部长篇"季节"小说写的是他自己。

除了主人公变成了钱文，基本上就是王蒙的人生经历，只是一些细节进行了文学化处理。严文井赞同笔者的看法。第三部《蹒跚的季节》有很大篇幅真实地呈现了他在北京师范学院的生活，与他的《王蒙自传·半生多难》相互印证。对作家来说，回忆，有时候当深谋远虑地沉埋，有时可建构一个同样属于回忆却更加讲究的宫室——了却一个心愿，偿还一个心债，编织一个更好看的故事。原本，王蒙的回忆该是痛苦的折磨，然而，他把这变成一种宽恕、一种温存。达·芬奇说"我们有的是方法，来度量我们的困苦的日子"，王蒙的回忆"是对于生和不生的唯一证明，是对于自我和存在的唯一证明，是对于苦和甜的唯一回应和抚平"（《蹒跚的季节》）。现在的王蒙先生被生活磨砺得坚强如钢、旷达如天，研究老子、孔子，又出《说孟子》，已得大自在，活得神仙一般，如他自己所说："王蒙老矣，尚能饭也，能酒也，能吟咏也，能哭能笑也。"

有人生，就有回忆，在打捞、重温昔日人生的吉光片羽时，我们很难达到王蒙先生那种思想境界。比如笔者，退休后，一直伏案创作七卷本"民国清流系列"，无暇悠闲回忆，只是在写王蒙先生时，回忆起五十多年前的大学生活，已是"春水船如天上坐，老年花似雾中看"了。往事，像一阵轻风从眉际拂过，却在精神的时空中回荡、延伸……

第十章

"农村社会主义史诗"柳青的《创业史》

世上功名兼将相，

人间声价是文章。

——刘禹锡《同乐天送令狐相公赴东都留守》

新中国的革命文学，有两个显著特征，写革命战争或农民革命。"红色经典"文学，就以这两大题材为主，借以表现人民群众在革命战争和农民革命中的巨大历史主动性，因而具有了不可忽视的价值和地位。其数量多，质量也高。

参加了第一届中华全国文学艺术工作者代表大会的柳青，是一位在创作上取得卓越成就的作家，他毕生都紧紧扣住这两大题材从事创作。1947年，柳青出版《种谷记》，1951年又在人民文学出版社出版了《铜墙铁壁》。小说以解放战争西北战场，我军击溃国民党军猖狂进攻为背景，描写民兵队长石得富，在葛专员、曹安本、金树旺等革命干部的指导下，带领革命群众疤虎、银凤、石清良老汉等，取得沙家店粮站护粮、支前斗争等战斗的胜利，力图表现"千百万真心实意拥护革命的群众是什么力量也打不破的铜墙铁壁"这一重大主题，塑造了一群为革命战争胜利不惧流血牺牲、顽强抗敌的英雄形象。小说还写了毛泽东、周恩来与群众亲密无间的感人情景。《铜墙铁壁》反映战争缺乏广度和深度，艺术粗糙简单，但它是新中国文学中最早表现人民战争主题的长篇，价值不可小觑。柳青后来创作的长篇小说《创业史》第一部，刻画了许多鲜活的人物，代表了时代的宏大历史话语，具有宏伟深沉、史诗般的气度，被誉为农民革命即农业合作化运动的"史诗"。作为《创业史》不可剥离的"副文本"中篇小说《狠透铁》，则代表柳青面对无情现实的私人真实话语，让我们看到立体的柳青。

写柳青之前，先讲讲《林海雪原》的责编，笔者在人民文学出版社的老同事龙世辉说的关于柳青的一个故事。

20世纪60年代，初夏，小麦开花时节，广东作协副主席萧殷代表广东作协请柳青到广州活动活动。他知道柳青患有严重的花粉过敏症，可以借机躲避花粉。柳青高高兴兴地应邀前往。萧殷是一位忠厚长者，王蒙对笔者说过，萧殷在1955年任中国作协青年工作委员会副主席时，对刚刚步入文坛的他给予过热情的帮助。

这位因《创业史》而得名的陕西作家，长期在陕西农村扎根搞创作，很少出门，他一身地道的农民打扮，在火车上闹了不少笑话。柳青坐的火车晚点，萧殷几次驱车到广州火车站，都没接到，不知发生了什么事，无奈返回。等柳青下了火车，举目无亲，只好到火车站附近简陋的旅馆，要了个大屋中的床铺，与多人同宿。

时过子夜，一位年轻的警察按例来翻阅旅馆来客登记簿，发现："柳青；职业：作家。从陕西西安来广州。"

看罢，早就读过《创业史》，喜欢文学的小警察，先是心里一喜：啊！大作家来广州了！但转念一想：名作家柳青怎么会住进这个小旅馆，与普通人挤在一起，没有人来接待？职业的本能让他产生怀疑，他推门进了大客房，问："哪位是柳青同志？"

躺在小床上的一位老汉忙站起来，说："我。"

年轻的警察上下打量有些紧张的柳青，只见他一身西北老农民打扮，是个土得掉渣的瘦小汉子，他怎么也不相信他会是鼎鼎大名的作家柳青。

"你是作家柳青？"

"嗯！"

"就是《创业史》的作家柳青？"

"是哩！"

"请把你的介绍信或工作证给我看。"

"我没有带。"

"那你怎么证明，你就是作家柳青呢？"

"我就是柳青啊！"

年轻的警察越问越怀疑，越想越有问题。在天天讲阶级斗争的年代，他不能放过一切可疑之人：

"请问，你来广州找什么单位？认识什么人？"

"认识认识，作协的萧殷同志，是他让我来的。"

萧殷床前的电话响了，然后他赶忙叫醒司机，开车到了旅馆，找到柳青，伸开双臂高叫："好我个老兄，你怎么住进这儿来了？叫我好找！"他们抱在一起。

年轻的警察看到两个衣着相差很大的小老头儿拥抱，不禁自言自语："嘿，还真是柳青！"

他赶紧过去与柳青握手，那张浮现怀疑的脸，变得快乐和荣幸。

柳青嘿嘿笑着，拍了一下小警察宽厚的肩膀说："你做得很对哩。"

听完龙世辉的讲述，笔者识得柳青是个朴实而真诚的作家，只有这样与工农兵结合在一起，经由"人的过程"而具有鲜明的社会烙印或时代精神特征的人，才能写出《创业史》这样优秀的作品。

柳青（1916—1978），原名刘蕴华，出生在陕西省吴堡县寺沟村，一个普通的农民家庭。1928年，他被在北京大学求学的大哥，送到米脂读高小。受进步青年大哥的影响，接受革命潮流洗礼，他十二岁便加入共产主义青年团。1930年，他考入绥德师范，因该校是中共地下党办的，半年后被查封，失学后开始读《共产党宣言》等政治经济学类图书，接触革命文学。后无力到中学读书，他返回寺沟村务农。

1931年，大哥从北京大学毕业，又供他到榆林市第六中学就读，他更多地接触中国革命文学和苏俄《母亲》《毁灭》《铁流》等作品。

1934年夏，热风袭人，西安城有些寂寥。

一位来自黄河西岸偏远山区的少年刘蕴华，有些兴奋地走在知了聒噪的街道，用近视镜后那双清澈的眼睛，好奇地打量这座古城。他是以第一名的成绩，考入西安高中的。蕴华早就罹患肺结核病，在西安工作的大哥的全力帮助治疗下，咳血停止了，气色有些红润。他知道，为此大哥花了很多钱，不是给他吃飘香的羊肉，就是服用昂贵的盘尼西林。

和塞上小城相比，他拥有了省立图书馆，有了进步书籍的汪洋大海任他遨游。文学使他心驰神往，邹韬奋编的《生活》《新生》等进步期刊，让年轻的学子产生共鸣，蕴华成为热血青年，全身心投入最初的抗日救亡活动。

1936年春，蕴华在颇有影响的开明书店出版的《中学生文艺季刊》秋季号上，发表了一篇散文《待车》，署名"柳青"。此文两千字，写一群在内战中挂彩的伤兵，在西安火车站等待转移到别处的情景。读后让人联想这些士兵的悲惨命运。

学校同样是年轻学子开展抗日救亡运动的战场，柳青光荣地参加了共产党，主编进步学生期刊《救亡线》。因柳青在该刊发表了一首自己写的红军东征过山西的诗，引起一场风波，《救亡线》被查没，阴云密布。直到省主席爱国人士邵力子出面，说青年学生也是出于爱国心，刊物没收就是了，终化险为夷。

西安事变发生时，柳青与进步学生在共产党的领导下，举行了声势浩大的示威游行。张学良坚持抗战的演说，激起民众要求一致抗日的狂飙。此刻，柳青受党指派参与西安学生联合会主办的《学生呼声》编辑工作。

西安事变和平解决之后，为保护参加斗争同志的安全，延安方面拟将表现积极的同志撤回延安，其中就有柳青。组织上考虑柳青可继续留在西安工作，决定让他以《学生呼声》编辑的身份访问延安。他曾在此刊发表过自己翻译的《字林西报》，此文转载了毛泽东与斯诺关于抗日战争的谈话，在社会各界产生过广泛影响。

告别革命圣地延安前，他站在镇守延安的宝塔山下，眺望清澈流淌的延河水，耳畔鸣响着嘹亮高昂的信天游，他坚定了革命必胜的信心。回到西安后，他长夜无眠，革命燎原之火在前方闪烁。

西安，也留下了柳青的初恋。思想进步，英语水平出类拔萃，文学的天赋初见端倪，总是戴着深度近视镜，永远留着一头蓬乱的头发的柳青，比西服革履、风流倜傥的时尚同学，更吸引校园女生追逐的目光。

有位俊俏的姑娘，如同一缕春风，静静地飘进柳青的心田。姑娘羞答答地牵着他的手，在夕阳下的校园散步，给他洗衣服，温存地给他剪指甲，爱的波涛在他心底鼓荡。姑娘多次向他表白，希望高中毕业后与他一起到欧洲留学，一起在温柔浪漫的田园生活中终老。心存高远的非职业革命家柳青向往的是把一腔热血，奉献给火红的斗争和人类的解放。爱情来的时候，沁人肺腑；分手时波涛汹涌，柳青理性冷静地化解这一切，献上真挚的祝福后，两人平静告别。这是许多职业革命党人的爱情宿命。

接下来，柳青高中毕业，到北平报考北京大学。卢沟桥事变后，他只好回到西安，帮杨虎城办《西安文化日报》，后考入由北大、师大和天津北洋工学院组成的"西北联大"，组织上通知他改名柳青，再到延安学习。

1938年秋，日军进攻宋家川河防，被八路军击退。柳青深入前线，写了一篇报告文学《王老婆山上的英雄》，发表在武汉的《文艺战线》上。

抗日战争和解放战争中，作为文化战士的柳青一直在战斗，一直在宣传，一直在创作。

柳青再次回到阔别十五年的西安，已是三十六岁。中华人民共和国成立之后，来自解放区群体的他，到北平参加了中华全国文学艺术工作者代表大会，已成为卓有成就的作家。1947年，他出版长篇小说《种谷记》，虽受到一些批评，但巴金说："他不模仿任何人，这个作家最有希望。"四年之后，他的第二个长篇小说《铜墙铁壁》问世，给他带来不小的声誉。

为了写出更好的作品，柳青放弃在京城任《中国青年报》编委和副刊主编的职务，主动落户西安附近的长安县。来到西安，他想起大哥之死。1938年，日寇轰炸西安，全城只炸死一个人，正是他的哥哥。他在延安得知噩耗，泪如雨下，匆匆赶到西安给大哥敛尸、出殡、整理遗物。朋友从大哥衣物中发现一个有三千元巨款的存折，说这是他大哥为柳青出国积攒的钱。哥哥的手足之情，抚育之恩，让柳青泣不成声。如今西安春光明媚，让柳青感慨良多。

柳青到西安，组织关系暂放西北局。经和领导商量，他决定到长安县落户。他向西北局书记习仲勋做了汇报，习仲勋听后，非常肯定地说："要长远打算，到长安县好。"为了他交通方便，习仲勋还说："给你配辆汽车，就放在省委。"从此，柳青以县委副书记身份把家搬到长安县皇甫村落户，扎根生活中，勤奋创作。他在这里待了十四年之久，经历了农业合作化全过程。这期间，他创作了中篇小说《狠透铁》、特写《皇甫村三年》和具有里程碑意义的长篇小说《创业史》第一部。

《创业史》作为一部深刻而完整地反映20世纪50年代初期农村社会主

义革命运动的长篇小说，无论对柳青个人的创作，还是对当时中国文学发展史来说，都具有里程碑的意义。

柳青创作《创业史》的初衷，是全面宏观地反映从互助组到高级社这一过程中中国农村所经历的复杂而深刻的变革，讴歌社会主义的胜利。计划写成四部长卷。《创业史》第一部，四易其稿，主要写小说主人公梁生宝，写互助组的诞生和发展。4月，以"稻地风波"为题，先在《延河》杂志4月号连载，8月号改为《创业史》。《收获》也于当年6月转载，后于1960年6月由中国青年出版社出版。虽是长卷的第一部，却构思宏伟，人物鲜活，情节曲折，语言饶有关中地方韵味而清新活泼，小说故事又相对独立。20世纪50年代出现的反映农业合作化运动的小说，普遍存在落后人物刻画得生动丰满，而先进人物干瘪苍白的问题，《创业史》第一部一改这种弊端，书中的先进、落后人物都塑造得很出色。评论家冯牧读后，认为落后人物梁三老汉、王二直杠等写得鲜活，特别肯定小说成功塑造了"梁生宝为首的几个体现了时代光辉思想和品质的先进人物形象"。冯牧指出，《创业史》第一部，正是因为有了这些生动的艺术形象，"真实地记录了我国广大农村在土地改革和消灭封建所有制以后所发生的一场无比深刻、无比尖锐的社会主义革命运动"（《初读〈创业史〉》）。当时，也得到社会认可，小说被称为"农村社会主义史诗"（1960年6月《光明日报》），成为当时长篇小说之峰巅。

当然，自改革开放的20世纪80年代末期，重新评估"十七年文学"，"重写文学史"以来，这部被视为具有里程碑意义的"史诗"，不断被质疑和重估，它对后来的农村长篇故事的影响，也不断被爬梳和揭橥。70年代末，《创业史》着力歌颂的农业生产合作社这种劳动组织形式，已被广大农民淘汰，农民选择了家庭联产承包责任制，文学研究界提出对《创业史》这类反映农业合作化运动的作品应该如何评价的问题。

1981年11月，在昆明召开《创业史》及农村题材创作讨论会。次年，在庐山举行"中国当代文学学会"会议。两次会上都有人对《创业史》提出质疑，认为该作是阶级斗争扩大化和极左路线的文学产物。

《中华文学通史》认为，"中国的农业合作化运动，是一段客观存在的历史。应该说，一切按照艺术规律真实地、深刻地反映了这一段历史生活的文学作品，都具有不可抹杀的审美认识意义，就《创业史》这部具体作品而言，它虽然直接地讴歌了农业合作化运动，作者力图回答50年代初期中国农民为什么只能选择，以及如何选择农业合作化道路这样的时代问题，但他在作品里所做的并不只是简单的理性思辨或图解政策以配合运动，而是真实、深刻、艺术地再现了他所熟悉的生活"，小说里的梁生宝等众多人物，"作为艺术形象，确实各个代表着一定的阶级、阶层和政治倾向，包含着作者对他们的主观评价，但同时又无不来自生活的深处，个个血肉丰满，个性鲜明，饶有生活实感，不愧为文学上的典型形象。这些人物之间的矛盾关系，构成了真正属于50年代初期关中农村真实而又富有诗意的生活画卷"。

从表面上看，《创业史》对待合作化运动的态度，是柳青用来区分人们之间是非、善恶、美丑的一个基本价值尺度，但究其实质，作品要真正讴歌的，还是梁生宝们所追求的社会主义道路。即便今天，这依然是一个具有现实意义和理想主义色彩的时代课题。不能因为时过境迁，《创业史》就失去其思想和艺术价值。

当然，不可讳言，由于特定的历史文化、政治意识形态的背景，《创业史》和那时的其他义学作品，在思想和艺术上，不可能不存在蜉蝣的局限和缺失。比如，《创业史》赋予了人物及其矛盾关系过分浓重的政治色彩，将全部生活都变成"两个阶级、两条道路斗争"，造成图解生活的倾向。后来虽然柳青做了"重要修改"，还是无济于事。

在艺术上，《创业史》同样存在着较为严重的缺陷。《创业史》在文学谱系、传承技巧上，明显有机械借鉴苏俄文学的痕迹。

早在1962年，《创业史》获得极大声誉的时候，作家沙汀在2月20日的日记中，就写道："我们一致肯定这是部好作品，有分量；但也一致感觉有些沉闷。原因呢，戈（宝权）以为抒情的东西太少，我和安旗不以为然，他正是用抒情笔调发了不少议论，而这是不容易看出来的；但是感觉沉闷。最后我用托翁、萧（肖）洛诃（霍）夫的表现方法作了比较，因为，据安说，柳特别敬佩萧，他的书房里只有一张照片：萧（肖）洛诃（霍）夫的照片……"沙汀此番议论，将柳青《创业史》与参照、模仿肖洛霍夫的作品的问题，敏锐而委婉地提出。

认真研究《创业史》中的人物塑造，不难发现梁生宝与改霞的爱情故事与《钢铁是怎样炼成的》的衍生互文关系，其秉持的革命伦理和情感态度，都是当时的意识形态规训孕育出来的。特别是梁生宝式的爱情抉择和恋爱方式，旨在表现当时主流意识形态的价值观念。而梁三老汉身上则可以清楚看到《被开垦的处女地》中梅谭尼科夫的影子。小说的情节和主要人物与《被开垦的处女地》也多有对应关系。如梁生宝母亲是在逃难中跟梁三老汉同居，而达维多夫的母亲正是靠出卖色相，来养家糊口。梁生宝与达维多夫某些经历、内心活动和情感活动，也颇为相似。比如达维多夫在清算富农，开展春耕春播的活动中，"毒蛇"罗加里亚引诱他，梁生宝同样受到"坏女人"秦芳的纠缠诱惑，成为罗加里亚的改造和变异。

柳青也多次谈到高尔基的《母亲》对自己创作《创业史》"题序"的影响，学习肖洛霍夫之《静静的顿河》《被开垦的处女地》的人物、结构、艺术特点，使《创业史》的深度和质量，与《种谷记》《铜墙铁壁》迥然不同。柳青多次批评肖洛霍夫始终忠于生活，作品呈现"残酷的未加任何修饰的真实",与自己在思想和创作上完全恪守当时的意识形态规范完全不同,但他以此隐匿自己文学谱系的动机十分明显。

柳青在创作《创业史》期间,写下四万多字的中篇小说《狠透铁》,这不能不提。人们视《狠透铁》为《创业史》不可剥离的"副文本"。

说《创业史》第一稿完成于1958年3月21日,修改于1959年5月,最后在1959年9月定稿,在标题下注明"1959年纪事"的《狠透铁》,是《创业史》形象系列的一部分,是因为其主人公"老汉"狠透铁就是《创业史》中的高增福。他比梁生宝年纪大,生活境遇比梁生宝还艰难,在走农业合作化道路上,同梁生宝一样坚决,他无私无畏,办事极为认真,成为梁生宝的坚定支持者,狠透铁是高增福的有机组成部分。如王鹏程所说:"《狠透铁》虽在艺术上简单粗糙,无法同精雕细琢的《创业史》相比,但其对农业合作化运动表现出的认识价值以及慷慨悲凉的格调,与《创业史》的热火朝天、凯歌高奏判若云泥,两部作品共同构成农业合作化运动认识和判断的一体之两面。"(《〈创业史〉的文学谱系考论》)

《狠透铁》发表后,引起一些社会反响,不少人认为该小说把社会主义描写得有点阴暗。柳青说,"这篇小说是我对高级社一哄而起的控诉","1955年、1956年的大丰收,除了风调雨顺的客观条件外,很重要的是初级社这种组织形式,它的优越性还远远没有显示完"。

1978年,柳青在《狠透铁》再版说明中说:"作品有一种明显的精神,就是作者对所有制改变后我国农村社会主义民主的理想。作者认为,群众的觉悟在民主的管理中才能提高,干部的能力在民主管理中才能增强,阶级敌人在民主管理中才能暴露。"他仍以阶级斗争观念诠释《狠透铁》,说不到点子上。但是,《狠透铁》表达的无情现实的私人话语,与时代"共鸣"的多一种心境,价值不能低估。

按照柳青的计划，《创业史》写成四部长卷，全景式呈现新中国农村所经历的复杂而深刻的革命变革。《创业史》第一部被中国青年出版社列入国庆十周年献礼书目出版。不久，他收到了该书的稿费一万六千零六十五元。以当时工人每月三十几元工资可维持一家人的生活来看，这笔钱算得上是笔巨款了。作家秦兆阳、刘绍棠等都用五六千元在北京购得四合院。而柳青很快将一万六千零六十五元的支票交给了王曲人民公社，并写信说，"希望这批款项用于公社工业，或购架机器，或修建厂房"，同时"希望除了负责干部知道外，这件事不要在群众中宣布，不要做任何文字的或口头的宣传"。有人劝过他"多少也给娃们留些"。他说："农民把收获的粮食交给国家，我也应该把自己劳动所得交给国家。"当然，他也不愿走二里地之外的戏曲家马健翎的覆辙，马健翎曾因好心接济一些社员钱财，引起群众不满，他和支部书记因此在运动中受到冲击。柳青认为，在当时的社会环境，将稿费捐给公社最为稳妥，利于长期在农村生活和写作。

在接踵而至的高级社风波，"放卫星"，人民公社、四清运动、"二十三条"发布等政治运动中，柳青一边参加运动，一边创作《创业史》第二部。可惜"文化大革命"风暴突然袭来，不仅摧毁了他的健康，也摧毁了完成《创业史》系列的宏愿。经历种种磨难后，柳青重获自由，又抱病修改《创业史》第一部，续写第二部。

天不遂人愿。1978年6月13日，在医院里，柳青对女儿绝望地说："我的书肯定写不完了。"他流下两行清泪，溘然离世。他留下了《创业史》未完成的手稿，还留下了他引用过的佛经上的话"不受磨，不成佛"。柳青不是苦行僧，却生活得实在太苦，并一生都在苛待自己。除了《创业史》，他的人格，同样是一份宝贵的精神遗产。

第十一章

悲情萧也牧与《我们夫妇之间》

毁誉从来不可听，

是非终究自分明。

——冯梦龙《警世通言》

现在知道萧也牧的人，怕没几位了，但大众阅读的红色经典读物的出版，不少与他有关。萧也牧代表中国青年出版社文学编辑室，起草了约稿信给作家罗广斌、刘德彬、杨益言，才有《红岩》横空出世。他在梁斌花费多年心血写就《红旗谱》而别人不置可否的窘境下，主动到文讲所，把这部沉甸甸的手稿带回编辑部，慧眼识珠，编辑出版，给它出大开本的请黄胄画插图之精装本，接着印出道林纸特藏本，送到莱比锡参加国际图书博览会。如果读者手头有第一版《红旗谱》，可见封面题字，便是他的墨宝。这部具有史诗气派的小说，在新中国文学史上占有重要地位。萧也牧还带领编辑部筹划了一个专门宣传革命人物和革命回忆录的丛刊，起了个富有诗意的名称"红旗飘飘"。创刊号上的《编者的话》及封面上浑厚的四个字，皆出自他的手笔。《红旗飘飘》与解放军总政治部出版的《星火燎原》，成为当时深受读者欢迎的红色读物。王蒙创作讴歌青春的《青春万岁》，萧也牧曾给予帮助。孙犁文笔隽逸、脍炙人口的短篇小说集《白洋淀纪事》，同样是他组稿责编的。

萧也牧运用远见卓识和辛勤汗水，为人做嫁衣裳，编辑出版很多极具思想价值和艺术魅力的优秀图书。他本身是一位才华横溢，具有强烈现实主义精神的小说家。他创作了追忆抗日战争年代，在晋察冀革命根据地斗争生活的短篇小说《秋葵》《连绵的秋雨》等，表达了他对亲自参加的革命历史深深的眷恋及对革命群众的一往情深。

中华人民共和国成立后，作为团中央所属《中国青年》之宣传科长的萧也牧，进入了一个创作高产期，创作了十万字的中篇小说《锻炼》、短篇《沙城堡的风暴》及《我们夫妇之间》等，受到读者欢迎。

《我们夫妇之间》被改编成电影、连环画，谤随誉而至，他被冯雪峰、丁玲等权威评论家、作家严酷批判。1957年，在反右派斗争中，萧也牧被错划为右派，在"文化大革命"期间去世。

进入20世纪80年代，新时期文学不仅对过去的作家身份"再认定"，也对其作品"再解读"。被批判的作家和作品开始以正面的形象出现在社会领域与文学史的叙述中。1979年9月18日，中青社党委会宣布："对吴小武（萧也牧）同志的审查结论和处理决定是错误的，应予以撤销，推倒一切污蔑不实之词，给吴小武同志平反昭雪。"（《关于吴小武同志的结论的复查意见》）不久，他的名字又出现在第四届文代会由阳翰笙宣读的致哀名单中，两个月后，在八宝山补开了萧也牧的追悼会。萧也牧就是在这种语境下被"复活"，重新回到经典作家序列。那部给他命运带来悲剧的《我们夫妇之间》，被洗尽污垢，重现光华，被认定"是革命现实主义的创作倾向"（康濯《斗争生活的篇章》），于2010年11月由花城出版社出版，理所当然地成为当代文学的经典文本。

《我们夫妇之间》改变了战士作家萧也牧的命运，我们就从关于这篇小说的闲话说起。

笔者的朋友黄伊，原是中国青年出版社的编辑，曾和萧也牧同在一个编辑室工作多年。他们共同推出过梁斌的《红旗谱》、罗广斌等人的《红岩》，一起创建了革命人物传记、革命回忆录丛刊《红旗飘飘》等。1962年，社会环境较为宽松，笔者读大学二年级，编中文系期刊《无名花》，对上述"三红"感兴趣，求黄伊带笔者和另一位同学拜访萧也牧。

一天，黄伊带我们到中青社，见到了萧也牧。他正伏案工作，见我们来访，点点头，让我们坐下。他个子瘦高，有两条长腿，脸膛黝黑，友善而谦恭。他知道王蒙调到北京师范学院当助教，成了我的老师，话题就一直谈王蒙。他与王蒙同是右派，有点惺惺相惜的味道，言语间也显得很谨慎。不久，他说有会，便离去了。

许多年之后，黄伊调到人民文学出版社，他到笔者兼管的《文学故事报》，当了笔者的助手。回忆那次与萧也牧的会面时，黄伊说，那时右派萧也牧刚刚"摘帽"，正努力重振被折断的翅膀，忙着创作讴歌农村社会主义新人的短篇小说《小兰和她的伙伴》《大爹》等。他能见我们，已是忙里拨冗了。

黄伊给笔者讲过很多萧也牧夫妇间的故事。萧也牧是于1945年的晋察冀边区阜平抬头湾与李威结婚的。当时萧也牧在边区青联主办的《民主青年》(后改《时代青年》)工作。李威在边区军工厂当女工，性格坚强，待人亲切真诚。她曾坦率地向黄伊讲萧也牧与她的家庭生活，说："我们结婚那阵，小武只有一条裤子。夏天，跑到河边洗衣服后洗澡，要等裤子晾干后才能出来，别人不知道他为什么洗那么长时间，其实，他是在等裤子穿。"对此，萧也牧风趣地顾左右而言他："李威当时是劳模，我是记者，俺们俩是采访时对的象，这点不假吧？"开始，因二人工作不同，夫妻间聚少离多，离开抬头湾后，特别是进了城，生活才稳定下来。夫妇间一直相处和睦恩爱。用黄伊的话说："我们从长期的观察中，也感到也牧在艺术上是才华横溢、绚烂多姿的。在个人生活态度上和道德品质上，是质朴的，是严肃认真的。而有些人，在批判了他的小说《我们夫妇之间》以后，把文艺思想问题，发展为生活作风问题、思想品质问题，最后发展为政治问题，以致剥夺了他发表作品的权利。"黄伊愤愤不平地说，萧也牧在划成右派时，他倾尽心血的《红旗飘飘》刚刚与读者见面，《红旗飘飘》是教育青年一代学习继承革命传统的最好读物。萧也牧却被批判，被错划为右派，让人唏嘘叹惋。

《我们夫妇之间》在1950年《人民文学》第三期发表。小说讲述的是一对从革命根据地进入大城市工作的青年夫妇，因为出身、经历和观念不同，情感和家庭生活产生了不和谐甚至矛盾，经过学习和"反省"，各自提高了思想认识，重归于好。

如前所述，甫一发表，广受欢迎。但按当时"一个阶级，一个典型"的文艺批评理论，也有人认为小说对张姓女主人的缺点着墨较多，是丑化工农干部，因而予以严肃批评。

回到小说《我们夫妇之间》文本本身。小说描写夫妇结婚三年以后，知识分子出身的李克与寒门贫农出身的张同志，经历了情感风波、婚姻危机，甚为精彩。革命的张同志，当然难以忍受知识分子丈夫那种资产阶级习气，在一个周末搅了丈夫参加的舞会之局后，写了只有十二个字的信："李克同志，你的心大大地坏了！"张同志常以简单粗野却听起来有正确思想的政治话语，置丈夫李克于难堪被动的局面。在政治思想上，张同志永远处于优势，她永远是个主宰者。张同志曾在制止资本家打穷孩子时说过："我们是有政府的、有秩序的！不是无政府主义！就是他犯了天大的法，也应该送政府办，你有什么权力随便打人？"她不同意小保姆称她为"太太"，而叫她称呼"大姐"或"张同志"。她看不惯城里"那么多人，男不像男女不像女的！男人头上也抹油……女人更看不得！那么冷的天气也露着小腿！怕人不知道她有皮衣，就让毛儿朝外翻着穿！嘴唇血红红，像吃了死老鼠似的，头发像鸡窝！那样子，她还觉得美得不行！坐在电车里还掏出小镜子来照半天！整天挤挤攘攘，来来去去，成天干什么呵……一句话：看不惯"。

再看张同志的打扮举止："怕帽子被风吹掉似的，戴得毕恭毕正，帽沿（檐）直压眉边，走在柏油马路上，还是像她早先爬山下坡的样子，两腿向里微弯，迈着八字步，一摆一摆，土气十足。"

有时，她会诘问习惯城市生活的丈夫李克："我们是来改造城市的，还是让城市来改造我？"还有个细节，不能不提。张同志写了只有十二个字的信，被"我"发现后，随即把信撕掉了，她不希望真的与李克劳燕分飞。

张同志在小说中确实被写得土里土气，脏话脱口而出，性格粗野、狭隘、固执，但作者用更浓重的笔墨写出了她的另一面，纯朴、真诚、心口如一、疾恶如仇、爱憎分明。小说里的"我"在叙述与张同志的矛盾冲突时，能看到妻子身上劳动人民的美德、优秀的思想品质，只是无意把她塑造成高大全式的革命工农干部形象。"我"自剖自身的小资"脱离现实生活的成分"，也没有把知识分子自贬成落后形象以衬托工农兵的高大伟岸。

小说为我们塑造了张同志这个个性鲜明的"这一个"工农兵形象，是小说的成功之处。正是通过"这一个"张同志，从城市文明的角度，审慎地批评了视土气为革命的观念，也表达了来自农村的干部，应顺应形势，接受城市文明的思考。更值得提及的是，《我们夫妇之间》一改文学只注重战争和农村的题材，出人意料地开拓书写城市日常生活空间，而具有先驱意义，故成为当代文学实验期的重要文本。

《我们夫妇之间》是萧也牧进城后，对某些社会现象，有感而发，带有个人化情绪色彩之作。针对有些干部进城后思想发生变化，比如动辄闹离婚现象，他写了《我们夫妇之间》，如同王蒙发现了官僚主义端倪就创作《组织部新来的青年人》，以示警醒一样。萧也牧夫人李威，写过一段文字，为萧也牧创作《我们夫妇之间》的动机和背景提供了真实情况：

> 我们一起从晋察冀来的老战友，好几个都当上大干部了，体委李某的老婆是工农干部，同我原先在一起工作的。李某跳交际舞时就和一个年轻的护士跳到一起去了，与老婆离了婚。还有团中央的王某、铁道部的张某，都找了大学生，与农村出来的老婆离了，我看不惯，就对小武直说了，问他是否也要跟我离婚。他说他从来没想过。我说北京市文联不是有个女作家经常打电话约你去跳舞吗，他说，那个女作家确实对他有好感。但他自己说："我在生活作风上是很检点的。如果我俩没有结婚的话，进城之后可能就不会挑选你了。但是，我俩已经结婚这么多年了，就得守住本分了。"他对那些个与工农出身的老婆离婚的战友很是了解的，也很有看法。这就是他写《我们夫妇之间》的背景。他一发现根据地来的老战友进城后就嫌弃老婆是"土老八"，不要了，就说要写一篇小说。我说你写不好就把自己写进去了。

> 小说中的李克虽不是写他自己，但确实有不少生活素材是取自我们俩共同的经历。（石湾《火红与悲凉：萧也牧和他的同事们》）

作家的人生经历，是其作品的底色，根据不少干部进城就闹"离婚热"这一社会现象，作家萧也牧将之文学化，其意蕴远远超越了对干部进城闹离婚的讽刺、谴责那么简单。《我们夫妇之间》艺术地为夫妇二人的情感营造了一个特殊环境，一个情感思想与日常生活细节紧密纠缠、不断碰撞的空间。在这个空间里，政治化的"张同志"被生活中的诸多细节和趣味逐渐改造了。这形象的成功塑造，其深意在于"将几千年农业社会和解放区农村生活审美风尚的规范，敏感地发现了解放后社会心理中现代城市意识的增长和审美观点的变化"，这是对作家忠实于生活，遵从内心的真实感受，尊重文学规律的褒奖。

《我们夫妇之间》问世以来，包括改革开放之后"再认定""再解读"，对其阐释，一直处在变化之中，深刻的作品总是难以说清。20世纪50年代，《我们夫妇之间》被冯雪峰、丁玲等权威人士当作"小资产阶级知识分子""丑化""玩弄"工农兵的创作"倾向"，粗暴地开展批判。改革开放之后，学界重新审视萧也牧和他的《我们夫妇之间》，虽观点并不一致，但在认定为当代文学的经典文本这一点上，是一致的。

从文学的角度来看，中华人民共和国成立之初，城市社会本身既缺乏丰富的表现潜能，中国文学自身传统也难提供成熟、深厚的城市文学资源。刚从农村进城的作家，要写反映城市生活的作品，总得寻求相应的现实生活资源和相应的文学文本资源。刚进陌生的城市，城市生活的资源是匮乏的，同样，中国文学史上，也没有多少可借鉴的城市文学文本资源。在这样无可参照的资源背景下，萧也牧能写出《我们夫妇之间》这样有城市社会生活气息、文化气息、思想气息，甚至塑造出富有新的城市人格的典型形象"这一个""张同志",为当代文学史之重要收获。《我们夫妇之间》受批判,使新的具有活力的城市文学一亮相即黯然地退出文学舞台,直到20世纪90年代,才再现城市文学叙事。

抗日战争爆发,浙江吴兴(湖州)沦陷,萧也牧和几个进步青年,穿过浙西孝丰山区,经南昌到达长沙,又由"革命四老"之一徐特立介绍,到达山西临汾,后来又转入五台山,投奔革命怀抱。

这个初名吴承淦,后更名吴小武的年轻人,十五岁进入东吴大学第三附中就学,喜爱文学,入学第二年便在《中学生文艺上》发表诗歌《秋月》,在国家危难之际,抒发爱国情怀。他后来又在该刊发表诗作《清明》:

"春风是一杯醉人醉,醉了桃花,醉了柳。那清明的巧笑,莺一样的歌喉,青春的陌上接踵着踏青队。乡村里多么清幽,呵,这清福谁能享受!田野里的兄弟默默地高举着锹锄,让汗点淌过皱着的眉头,无声地滴进田泥。全不像往昔那时候:说一个笑话,哼一支小曲,晚上歇了工,踱到村尽头的小店里,来一杯老白干。

"青葱的松柏如盖,石筑的坟前高峙着石筑的牌楼,春风徘徊在前前后后,高贵的人儿在举行着高贵的仪式,暮霭中燃起了熔熔的纸钱,片片的纸灰向着夕阳飞。"

一个青涩的青年诗人,写了一首内蕴丰富深刻的诗篇,有五四运动之后带有左翼文学风格的特质,让我们看到他涌动在内心的一腔爱家乡、爱祖国的热情。那一年,吴小武二十岁出头。

1938年,抗日战争全面展开,临汾战事吃紧,吴小武与同学徒步向五台山转移,每天行军五六十里,两个月艰苦行军,于3月到达五台山境内。春天时节,进入晋察冀边区政府这块红色根据地,吴小武被分配到由中共领导薄一波主持的牺盟会之五台中心区工作,后又做过地区报纸《救国报》《前卫报》

编辑、剧团演员，宣传队干事等。1939年，在《救国报》，吴小武以"萧也牧"之名发表诗歌《铁匠》："大清早，铁匠在收拾他的行装，检点风箱、钳和锤……"诗歌的风格完全脱了《清明》的清婉，其语言和人物已被工农化了。

1940年，萧也牧调到《前卫报》工作，日本投降后，八路军收复察哈尔省会张家口，萧也牧任《工人报》编辑，在该报发表过《地道的故事》等作品，女作家陈学昭到张家口，特意拜访他，印象颇好，她在后来发表的《漫走解放区》书中说，"我初以为他是个工人，后来才知道吴同志是个知识分子出身"，"和有实际经验工作的同志作一夕谈，真是胜十本书"。证明萧也牧工农化了。这一年，他与李威结婚。

1947年，丁玲到萧也牧所在的抬头湾，二人有了较多的接触。《丁玲年谱长编》里，有这样的记载：与"萧也牧等漫谈群众观点和群众路线，听他谈了许多有趣的故事，并约好回来后与萧一起下去搜集材料"。丁玲于1948年6月完成《太阳照在桑干河上》，初稿五十四章四十多万字，是时任晋察冀青年联会的干部萧也牧帮她誊抄了两份书稿。萧也牧表示很喜欢《太阳照在桑干河上》。在这里，萧也牧写了《山村纪事》系列，大部分发表在《时代青年》上。该作以质朴、清新的文字写了一群边区新人物形象。

1948年，萧也牧调到团中央刊物《中国青年》，"分配到文艺组，组长是编辑科副科长吴小武"，由总编韦君宜分管。韦君宜后来成了人民文学出版社社长兼总编辑，是笔者的领导。我们谈到过萧也牧。韦君宜认为，批判萧也牧的《我们夫妇之间》，是新中国成立初期文艺批评犯的一个错误。在中国革命和建设重心由农村转向城市初期，萧也牧作品中来自农村的干部应该接受城市文明意识的观点，被粗暴错误地批判，这种农村文明与城市文明对应的观念，将中国作家积极反映城市文明的渴望推迟了三十年。韦君宜还说，成功反映城市摩登女性的小说《莎菲女士日记》的作者丁玲，积极创作反映土改的小说《太阳照在桑干河上》，值得肯定。

萧也牧于20世纪50年代初，调到中国青年出版社。得知孙犁生病，他呼吁给孙犁出选集，他找到一起战斗过的老友作家康濯，代孙犁编选《白洋淀纪事》，他亲任责编，促成这本生活气息浓郁、文笔清新俊逸且诗意盎然的书出版。这其中渗透了他对晋察冀边区的感恩和怀念。

萧也牧受错误批判而饱受折磨的时候，忍辱负重，不改初心，凭着革命战士的觉悟和责任感，默默为党工作。他关注新老作家的创作活动，帮助他们修改作品。比如，他一直关注罗广斌和《红岩》的创作，与他探讨小说的背景、人物、情节和结构。在"文化大革命"期间，萧也牧为《红岩》作者罗广斌洗冤屈，被诬成"妄图为罗广斌叛徒集团翻案"，关进了"牛棚"。

回顾萧也牧的人生经历，不是为他树碑立传，只想证明："当代文学史不是作家史，不是作品史，是事件史、现象史和问题史。"（李浩非《典型文案》，人民文学出版社2010年版）

第十二章

以《喜鹊登枝》登上文坛历经殊荣与冷落的浩然

此情可待成追忆，
只是当时已惘然。

——李商隐《锦瑟》

关于"浩然文学"在中国当代文学史上的存在与意义，评价一直是冰火两重天。浩然是当代文学史上拥有广大读者的作家，经历特别，他的身上汇聚了诸多历史痛苦和文学的自身矛盾。

有的论者将"浩然文学"以新时期为界，认为之前的《艳阳天》是图解农村合作化运动中剑拔弩张的两条路线斗争，而陷入按照阶级地位决定其现实表现的窠臼的作品，政治性淹没了审美趣味。

"文化大革命"期间，文学作品遭到封杀之际，浩然创作的《金光大道》独步荒芜的文坛，参与八个"样板戏"的鼓噪，形成"八个样板戏一个作家"的局面。新时期到来，过去落难、失意的作家重新焕发生气，佳作涌现，浩然在文坛上成了"孤介不群"的可怜人物。新时期文学摈弃阶级斗争，以人道主义精神反映宏阔丰富的改革开放的崭新生活时，遵命的、简单的、图解式的"浩然文学"迅速贬值。

还有论者认为，浩然经过反思，于20世纪80年代创作了长篇小说《苍生》，叙述新时期普通农民的人际关系和思想变化，生动地反映我国农村的新图景，不能因《金光大道》而否定"浩然文学"的一切。

评价"浩然文学"的结论相抵牾，但方法是一致的，都不是从"文学即人学"的视角评价文学作品。

紧跟"政治"，给浩然带来巨大的"荣耀"的同时，又给他戴上了难以解脱的紧箍儿。

　　笔者与浩然相识，是20世纪60年代的事。那时笔者在北京师范学院读中文系，是文学社《无名花》的成员，院团委书记负责领导我们。一日，他带领该社两个同学和笔者去《红旗》杂志社，拜访了因《喜鹊登枝》而小有名气的作家浩然。浩然刚从《河北日报》调到《红旗》当编辑不久。尽管事前已征得了他的同意，但面对这几个比他小十来岁的学生，他还是有些紧张。后来谈到他创作《喜鹊登枝》的过程，我们才发现他很健谈。

　　浩然说，他一直在河北蓟县农村生活，家境贫寒，只读过三年半小学。1948年，十六岁时，他参加革命工作，做过村、区、县的各级干部，十七岁在区委做青年工作，因喜爱文学，读过一些文学作品，也经常练习写些小戏和故事，偶尔在报纸上发些豆腐块大小的通讯。1954年，他调到《河北日报》当了记者。因有长期生活工作在农村的经历，熟悉农村在合作化运动中涌现出的新人新事新风尚，特别是新农村里年轻人的朝气蓬勃的精神面貌，他在1956年创作了短篇小说《喜鹊登枝》。

　　20世纪70年代末，笔者调到人民文学出版社工作，与浩然的接触就多了。我们经常一起出席各种文坛活动，还几次应邀到鲁迅文学院讲课，浩然在创作《苍生》过程中，多次让笔者提意见。熟稔之后，我们无所不谈。

　　1956年8月，浩然将《喜鹊登枝》手稿誊写清楚，正费神考虑投给哪家文学期刊之时，接到河北作家冷熙岭的电话，对方让他去送一包寄存的东西。外面正在下雨，浩然有点犯难，但一想，人家已经出了书，论身份和水平，皆比自己高，"以后我在拼搏求索的路途上，还得他帮助，不能跟他计较这些小事"，再说，他不讲客套，说明把自己当成朋友看，"为朋友能够两肋插刀，淋淋雨水算得什么"。于是，二十四岁的浩然，带上《喜鹊登枝》拟请冷熙岭推荐一下。冷熙岭拿到东西，收下《喜鹊登枝》，表示看完就推荐给《河北文艺》发表。浩然喜出望外，称谢而返。

苦苦等了些时日，杳无音信，浩然只好到《河北文艺》编辑部寻问查找，"在桌面上大堆落满灰尘的稿子里"找到《喜鹊登枝》"从来就未被拆过"的小说原稿，浩然感到愤怒而屈辱。

不再希冀别人信誓旦旦的"看看"和"推荐"，浩然将《喜鹊登枝》寄给老舍任主编的《北京文艺》。令浩然意外，小说发表了，他一举成名，从此登上文坛。两年后，出版同名小说集（作家出版社）。到了晚年，关于《喜鹊登枝》的"创伤性记忆"，仍让浩然耿耿难忘，他在《浩然口述自传》（天津人民出版社2008年出版）中说道：

> 我的小说能够连续发表在这样的刊物上，包括明目张胆蔑视我的"络腮胡"，包括脸装笑容而暗中戏弄我的冷熙岭在内，他们谁能比得上？

浩然出身贫寒，根正苗红，在当时的政治环境下被提拔重用，是社会常态。当然，各有各的机遇。在农村当基层干部，天天深入生活，捕捉各种信息，得天独厚。一次，他得知房东大嫂本该继承的财产被村干部侵害，官司打到县里，没有得到公正的判决。浩然拍案而起，将此案的来龙去脉写成文章，投给《河北日报》。文章虽未发表，却引起官方重视，案情得到解决。这让他确信写作的重要性。果然，浩然被《河北日报》看中，调去当了记者。从此，他一边采访，一边写报道。孰料，他犯了错误，一次，他想当然地移花接木，把新闻事件的人物不同时间的经历拼凑在一起；还有一次，他自作聪明，报道春耕时把想象成果当成现实写进通讯中。皆被人举报弄虚作假。将文学与新闻混淆的结果，是浩然被调出记者部，调入读者来信科处理信件。

浩然因《喜鹊登枝》调到《红旗》杂志。一路坎坷却勤奋的浩然，成了高产作家，陆续发表了一百八十多篇短篇小说，分别收入《喜鹊登枝》（作家出版社，1958）、《苹果要熟了》（作家出版社，1959）、《新春曲》（中国青年出版社，1960）、《蜜月》（北京出版社，1962）、《珍珠》（天津百花出版社，1962）、《杏花雨》（上海文艺出版社，1963）等六个小说集。另有两个儿童文学作品集。

三卷本长篇小说《艳阳天》（1964—1966年由作家出版社、人民文学出版社出版）的出版，是浩然对当代小说的独特贡献，奠定了浩然在当代农村小说创作中的重要地位。

《艳阳天》以京郊东山坞农业生产合作社麦收前发生的"闹土地分红"和"抢粮食"事件为冲突主线，展示了农村剑拔弩张的阶级斗争的图景，刻画了合作化带头人萧长春、急公好义的饲养员马老四、疾恶如仇的大脚焦二菊等"社会主义新人"真实生动的形象。萧长春对党的事业绝对忠诚，他坚持用阶级斗争的眼光观察分析和解决问题，毫不留情地打击阶级敌人，教育和拯救落后群众。萧长春道德高尚，面对诱惑挑逗毫不动心。小说在写萧长春的情感生活时，也是讲政治的，坚持"只有革命同志才有最宝贵的关系"。

可以说，浩然塑造的"社会主义新人"形象，远远超过以前的文学作品，英雄人物具有了"高、大、全"的雏形。《艳阳天》出版之后，浩然欣慰地说："很好地配合党的政治运动。"

在特殊的历史阶段，《艳阳天》的出现，绝非浩然的别出心裁，他只是强化了当时的一些文学理念。早在1953年，茅盾先生就以《青年近卫军》为例，认为文学作品应向其学习，"把现代苏维埃青年的一切优秀品质而且是理想中的苏维埃青年应有的优秀品质，都在那些真人真事身上集中地表现出来……结果是人物的典型更完整，作品具有更高的教育意义"（《文艺报》1953年第19期）。将"一切优秀品质"都集中到一个人身上，使"人物的典型更完整"之论，是对恩格斯之典型论的歪曲，此处不赘述。

在新时期之后，开始重评"十七年文学"作品的运动中，《艳阳天》与《金光大道》被视为"高大全"式的恶劣代表作，遭到无情批评。浩然在百花凋零的文坛上一花独放，那么，文艺着眼拨乱反正之时，其作品惨遭全盘否定，不足为怪。

当我们回归理性，将文学问题逐步引向深入，将文学创作与文学理论的一些基本问题加以认真辨识和清理，文学回归人学，出现多元化格局，人们对一些文学问题又有了新的认识，包括对浩然和《艳阳天》都有了辩证的态度。

《艳阳天》本来就是紧紧拥抱政治"很好地配合党的政治运动"的产物。由于浩然思想的局限，其小说里的一切，遵循阶级斗争之天道，把农村"社会主义新人"写得高大完美，把"地富"妖魔化，人性堕落刻画得越反动、丑陋，越好。殊不知，这种人为设置的阶级对立，将人民内部矛盾放大为敌我矛盾，歪曲了现实真相，更违背了现实主义创作的基本原则，把阶级斗争扩大化和绝对化，造成文学反映现实生活的严重失实，削弱了作品的思想性和艺术性。

值得注意的是，浩然坚称"《艳阳天》里所描写的社会生活情景，各类人物，都是作者亲眼所见，亲耳所闻，绝大多数事件我亲身体验过"（《关于〈艳阳天〉〈金光大道〉的通讯与谈话》）。否认虚构，把小说等同生活实录，等于否认了艺术创造。这种常识性的文学问题，浩然没搞懂。

当然，我们又不得不承认，太熟悉农民生活的浩然，在小说里将自己的乡村记忆美化、诗意化，把乡村的日常生活写得斑斓多彩、动人心魄，这无疑是他的农村生活对他文学的馈赠。所以有人说，《红旗谱》是"传奇"的日常化，《艳阳天》是"日常"的传奇化。其实，所谓传奇化，就是把日常凡俗的生活硬生生地纳入阶级斗争的轨道和高度，把原本丰富多彩的生活淹没在生硬的、刻意比附和隐喻性很强的生活片段里。靠这一违背文学规律的理论指导，《艳阳天》当然不可能成为史诗性的作品。我们不必苛责农民作家浩然。

《喜鹊登枝》让浩然得到很多赞誉和夸奖，但笔者老领导巴人（王任叔）先生，指出过小说的问题。他在《巴人致浩然书信，1959年4月22日》中指出：

> 形式是应该探索的。但更重要的是探索人物的精神世界。你的作品有一个共同特点，写出了人物的一些精神状态，但不够深……你总是以"外来的条件"，使人物的"思想感情"突然转变过来了，看不出他内心的斗争和变化的真实基础。

巴人在《略谈〈喜鹊登枝〉及其他》一文中说：

> 任何作品不怕有虚构情节，问题是否来自生活，还是来自某一种预定的"概念"或"思想"……我们要描写是为政治所渗透而改造过来或正在改造中的活生生的生活面貌，决不是所谓"写政策"或"反映政策"。浩然同志注意学习和熟稔党的政策思想这是好的，但如果不能深入生活，发掘那些有典型性或普通意义的事物，而只以政策思想为"经"，以看到或听到一些故事和过去的生活经验为"纬"，组织

出画面来，我认为，就容易使作品缺乏深刻的感人力量。

巴人对浩然作品的批评，再明白不过了。但浩然并没有认真接受。因为巴人在发表此文后一个月，就被打成"反党反社会主义分子"，撤销党内外一切职务。

浩然不禁想起中国青年出版社的萧也牧，他在1956年初将自己创作的长篇《狂涛巨浪》交给中国青年出版社，就是萧也牧接见他的，劝他从短篇小说练起，打好基础再写长篇。1957年，他又写了一部地主子女经过磨砺，改造成社会主义新人的故事《新春》，交给萧也牧。萧也牧看后，大加赞赏。但不久，萧也牧告知浩然，自己也被划成了右派。

两位指导过自己的前辈相继落难，为他树立了警示牌，但有关文学的教诲，并没有引起他的重视，他反而"我行我素"。

无论如何，我们不能怀疑长期在农村基层工作的浩然对政治和生活的饱满热情，浩然拥有为政治服务的使命感，积极参与阶级斗争，力图以小说呈现农民抗争宿命的精神历程。以《喜鹊登枝》登上文坛后，他用十年光景创作了大量的短篇小说。

1962年，浩然开始创作《艳阳天》。浩然在1962年下放到山东昌乐农村进行劳动锻炼，艰苦的劳动和对美好生活的向往，使他获得《艳阳天》的人物、环境等大量素材。带着这些素材，浩然回到北京，1962年岁尾又到北京作家休养所，准备动笔写作。但当他伏桌提笔，面对漫长的合作化道路，却不知从何入手，苦苦度过两天，也理不出头绪。

浩然给朋友王主玉打电话诉苦。王主玉告诉他，哪一段你最熟悉、最感动，就写哪一段。浩然茅塞顿开，山东昌乐县农村那雨中抢收晒麦子的场面就又回到眼前，他熟悉的人和事也如泉水，纷纷涌到笔端，一泻千里。仅仅用了十三天，长篇小说就草成了，经过三个月修改，于1963年4月交给作家出版社。

没有得到像中国青年出版社萧也牧那样真诚热情的相待，也没有听到像人民文学出版社巴人那样语重心长的期望，作家出版社将稿子搁置一旁。多亏长春电影制片厂到作家出版社组稿，把打入"冷宫"的书稿翻出来。长春电影制片厂认定是部好作品，未经浩然和作家出版社同意，将书稿交给到京组稿的《收获》的负责人叶以群。

慧眼识珠的叶以群掂出了书稿的分量，决定在即将复刊的《收获》上发表，并为此拟撤下已准备好的稿件。因容量有限，只能发表浩然书稿的一部分，十二万字。叶以群找到浩然，希望他大幅度地删节作品。大删肯定会影响作品的质量。浩然只好将爱情故事删个干净，又将其他次要人物删除。1964年，《收获》第一期推出了删节版的《艳阳天》第一卷。

《艳阳天》删改得支离破碎，肢解了骨头，剔净了血肉，还是受到读者的欢迎和长影的青睐。此刻，作家出版社方大梦初醒，加快了《艳阳天》的编辑出版工作。

按照出版社的要求，浩然的《艳阳天》又经历了两次伤筋动骨的修改、增删，大脚焦二菊和韩百仲给改成了夫妻。如此这般，《艳阳天》第一卷于1964年10月出版发行。距在《收获》发表又过去了八个月。

《艳阳天》第二卷，经过浩然五次大修改，于1966年3月出版。《艳阳天》第三卷于1966年5月，由人民文学出版社出版，但没有发行。直到1971年，《艳阳天》三卷本完整出版，为浩然身后留下了太多的谈资。

第十三章

欲以身殉文学却无奈改行的沈从文

而我不容今世路，

此情惭愧又何辞。

——黄宗羲《山居杂咏》

沈从文没能参加第一届中华全国文学艺术工作代表大会，与一直视沈从文为"一直有意识的作为反动派而活动着"的郭沫若，及沈从文的老友丁玲从中作梗有关。虽然后来在有关方面关注下，沈从文归队文学界，但他已心灰意懒，最后还是默默告别文学，为活命不得不钻进历史博物馆，与文物打交道，相对安稳地度过了后半生。虽然沈从文在文物方面，有重大收获，但中国文坛，永远地失去了以创作实绩，建造了一个文学的湘西世界，体现了主体意识的特有范型，而对中国乡土文学做出重大贡献的作家沈从文。与他的小说一起中断的，还有他的蘸着浓浓乡愁、带着一种"乡土性"抒情，充溢着"淡淡孤独悲哀"对故乡人深深悲悯的清丽、温暖的散文长卷……

　　具有讽刺意味的是，把他生生排斥在文学领域外的人，他们的作品已多被人遗忘，而沈从文的文学遗产历久弥香，被读者眷恋，文学史家也从不忘记对他奉献赞美。

　　沈从文（1902—1988），湘西凤凰人，原名沈岳焕。沈从文出身行伍家庭，祖父镇压太平军有功，官至贵州提督。父亲参加辛亥革命，攻打凤凰城，又去北京谋杀袁世凯，事迹败露后逃亡山海关外，杳无音信。祖母为苗族，母亲系土家族，沈从文身上流淌着汉、苗、土家血液。湘西山水人情瑰丽浪漫，赋予沈从文独特的人文性格。十四岁时，他到土著军里当兵，在沅水一带闯荡五年，看尽自然景色和人生世态的种种世相，在军中当书记，可阅读古籍，接触文物。

　　1922年，受五四运动影响，沈从文独自一人来到北京，"来学那课永远学不完的人生"。1924年，他开始给文学期刊写文章，结识徐志摩、郁达夫等人，并得到他们的帮助。1926年底，他到上海，与丁玲、胡也频创办《红黑》杂志，后入上海公学，再到青岛大学任教。这期间，他写了不少以军队生活和湘西下层人民生活为题材的小说，如《连长》《雪》等，奠定了他后来的创作题材与风格。1928年至1930年，沈从文的作品消退了单纯印象式的色彩，注意到题材开拓和人物的塑造。《柏子》是他的第一篇成名短篇小说，被美国人斯诺选入他编译的中国短篇小说选《活的中国》一书。1931年至1938年，沈从文小说已走向成熟。他的代表作《边城》《长河》（长篇第一卷），表现出对社会人生独具特征的思考，对小说形式多方面的尝试和创新。《边城》全景式地展示小城生活的方方面面，较为充分地描写这个小社会的风俗民情和人物的错综纠葛。它与西方着眼于伟大与崇高的毁灭的悲剧模式不同，而是在追忆的梦境中，表现普通人、善良人的命运悲剧。1939年至1949年，沈从文到西南联大执教，长期客居云南，孤独与寂寞使他沉浸于对社会人生的内心关照，小说或散文数量明显减少，而内容多带明显的哲理性。

1949年7月，中华全国文学艺术工作者代表大会，拒绝沈从文参加，他的优秀作品，在新的评价体制下，完全被否定，其文学生命就此结束，"贤者不改其乐"，他只能在心里守望着文学。他和《边城》中的翠翠一样，也成了悲剧人物。

1949年2月，春风得意的丁玲，参加完世界民主妇联代表大会，经莫斯科返回哈尔滨，再到沈阳，与中共专程从香港接回来的，准备转赴北平，参加新政协和文代会的郭沫若、曹禺等人欢欣鼓舞地会聚，兴奋地共话离愁别绪的时候，已经解放的北平清华园里，她曾经的挚友沈从文感情极为复杂地悲叹：

> 笔已冻住，生命也冻住。一切待解放，待改造。是不是还有希望由复杂到单纯，阴晦到晴明？凡事必重新梳理，才能知道……
> 一种深深的疲累浸透了生命每一部门细胞。我的甲胄和武器，我的水壶和粮袋，一个战士应有的全份携带，都已失去了意义。一切河流都干涸了，只剩下一片荒芜。（《一点记录——给几个熟人》）

当写完最后一句话，沈从文站在窗口边，"窗外冷雾正逐渐消散，有阳光如流水浸入房中，四扇窗子上，也满是阳光"。

从上面文字，我们可以读出沈从文求生的挣扎和求死的绝望复杂的心理状态，导致其3月28日的自杀，是合乎逻辑的，但不少史家硬说沈从文的自杀是在"精神失常"的状态下发生的。认真读沈从文自杀前写过的《一点记录——给几个熟人》《一个人的自白》和《关于西南漆器及其他——一章自传——一点幻想的发展》三篇文章，沈从文的文章思路清晰，冷静，充满了思辨理性，只有精神挣扎，哪里有什么"精神失常"？

自杀前的《一点记录——给几个熟人》《一个人的自白》两篇文章，是沈从文寄居清华园金岳霖屋子完成的，《关于西南漆器及其他》是回家后完成的。笔者曾设法看到了《一点记录——给几个熟人》原稿，上面留下"文化大革命"期间，专案组审查时留下的用红笔画下的不少红线。这厚厚一摞原稿，都是用钢笔竖着写在从笔记本撕下来的空白页上，字字稳重，行行齐整，页页清晰。比起后写的自传二篇，思路略显跳跃随意，但不混乱。

因此，可断定，沈从文自杀，并非"神经失常"所导致，而是在绝望困境中一种理性的决定。

君不见早在1948年，沈从文在《边城》初版本样书上，曾满怀人与事的悲凉，写下过三百字的《新题记》，其中有：

> 惟书中人与个人生命成一希奇结合，俨若可以不死。

《边城》里的塔，是小说也是沈从文的一个核心印象。沈从文视"塔"字所含的独立或孤立的意义，在中国文学中的象征意义，人们很少理会。塔的坍圮，包含了翠翠的永世悲哀，也意味着沈从文文学理想的毁废。《边城》里的塔之废圮，翠翠的哭声和杜鹃的哀鸣，可以视为沈从文关于自己命运的预言，那是一个被现实证明的宿命。

请注意，《一点记录——给几个熟人》一文中，从燕京大学那个白来水塔，沈从文想到《边城》里废圮的塔，"塔圮了，渡船溜跑了，世界全变了"，"我的甲胄和武器"，"一个战士应有的全份携带，都已失去了意义。一切河流都干涸了，只剩余一片荒芜"。如今，心中的文学之塔坍圮，他的生命存在已失去意义。死，是一种绝望，也是一种解脱。

关于沈从文自杀，说法颇多。沈从文的凤凰老乡，曾任中宣部副部长的刘祖春，在沈从文去世三年后，曾在《新文学史料》（1991年第一期）上发表《忧伤的遐想——怀念沈从文》一文，其间提到沈从文自杀：

> 从文终于意识到北京大学的大字报（《斥反动文艺》——引者）并非事出无因……他二十多年独立为文艺奋斗的自强精神，受到了有生以来一次真正的全面否定，得到了证实。他意识到迟早会被"清算"，被当作一个"反动派"在广大学生面前"清算"。冷酷的现实在等着他。他一生清白，无处可诉，如何打发这飞来横祸，这场奇耻大辱，他十分焦急，他愤愤不平，在心中不断问自己，日日夜夜处于非常恐惧中，神经紧张超过了极限，楚人的血液终于在他交关之际，支配了自己的灵魂，使他得到了解脱。强加在他头上的政治压力终于帮助这个五溪蛮的后裔自然而然做出天性中最佳的选择，在1949年3月9日决心以自杀来自白于人世……

刘祖春所说，比起一些夫妇感情破裂说，更接近沈从文自杀的真相。

关于文中提到的"北京大学的大字报"事件，是指1948年末，解放军发动平津战役时，沈从文正在北京大学国文系任教，突然北京大学贴出一批声讨沈从文的大标语和墙报，还抄录了郭沫若的《斥反动文艺》。

《斥反动文艺》，发表在1948年3月香港生活书店《大众文艺丛刊》上。在这篇所谓的"著名檄文"中，沈从文被斥为"存心不良""蛊惑读者"的"桃红色"作家，只会"作文学上的裸体画，甚至写文字上的春宫"，最让人震惊的是，郭沫若竟把沈从文诬陷成"一直是有意识的作为反动派而活动着"，让人瞠目。

沈从文自己在《最后检查》一文中，曾说：

我始终不加入过什么进步或反动文学集团，永远是个"单干户"，只是"顽固主张'争取写作自由'，'作家不介入分合不定的政治'"。

作为自由主义作家的沈从文，一直夹在国共两党文化和意识形态之争下，左右不容，进退失据，却踽踽独行，独自坚守自我角色，其在文坛落寞寂寥的尴尬处境，是注定了的。当然，沈从文作为一个有独立见解的知识分子的个体意义，也值得研究。

郭沫若素与沈从文交恶，早在20世纪40年代前就已经开始。沈从文在《文坛的重建》《新的文学运动与新的文学观》等文章中，表述了不赞同作家从政的观点，认为作家应站在大众立场，一旦从政，难免"趋时讨功""凑趣帮闲"，而忘却了文学的道义。时不时从政，并曾任国民政府军事委员会政治部第三厅厅长、文化工作委员会主任等官职的郭沫若，只准自己大张旗鼓地宣扬"我郭沫若所信奉的文学定义是：'文学是苦闷的象征'"（《暗无天日的世界》）。他在《抗战以来的文艺思潮》一文中，出语颇重地批判沈从文："反对作家从政，就是反对作家努力参加动员工作。"沈从文在《"文艺政策"检讨》中，对从政的郭沫若领导的政治部第三厅的设置、对其经费的使用发出了一些议论，并提出了一些建议，纯属公正之论，而郭沫若在《洪波曲》中说："有些自命清高的文人如沈从文之流，曾造过三厅的谣言，说三厅领着庞大的经费，没有做出什么工作。"

而被郭沫若判定"一直有意识的作为反动派而活动着"的沈从文，却以自己选择，保住了政治上的清白。当时的北平，不时有南京飞来的飞机，抢运北平的学者教授，陈雪屏就受南京之命，来北平接沈从文这样的文化名人。胡适、陈寅恪都飞走了，沈从文却留了下来，等待新的生活。

沈从文未能受邀参加中华全国文学艺术工作者代表大会，与郭沫若、丁玲不无关系。而已被国内外公认的爱国作家沈从文未能参会，使这次共和国盛大、隆重的首届以郭沫若主导的文代会，一直拒不让沈从文、李劼人等自由主义文艺家参加，而被诟病。

文代会后的次年5月，我们从李伯钊《日记摘抄最艰难的工作岗位（1950年1月1日—5月17日）》（《李伯钊文集》）中，发现有这样的记载，5月17日"今日北京市文联发起大会，选出筹委二十五人。老舍为主席，我与赵树理为副主席，王亚平为秘书长……夜十二时，接邓拓电话，市文联发起人增加张恨水、沈从文"。

被冷落的沈从文，终于被北京市领导关注，归队文艺界，成为北京市文联的成员。在当时，北京的文学界，来自解放区的作家有血缘上的天然优势，而来自国统区的作家被判定为次等级，这在第一次文代会上就有所表现，据参加过此会的女作家凤子回忆，"当年，我们这些来自国统区的代表，虽然一直在斗争着，可那时总觉得我们矮人三分。我们觉得自己是过时的人物"（《胡风集团冤案始末》）。作为一直被革命作家批评的沈从文，更是视文学为险途，弄不好就会粉身碎骨，万劫不复。

与标语同时而至的，还有来势汹汹的有幕后操纵的恐吓信。

沈从文在这样的环境下，他已清楚地意识到，自己"过不了多久，即未被迫搁笔，亦终得把笔下"，并清醒地预言"这是我们一代若干人的必然结果"（1948年12月7日《致吉六》）。到1949年1月18日，他在徐志摩《爱眉小札》里，写下了暗示性极强的文字：

孤城中清理旧稿，忽得此书。约计时日，死者（徐志摩——引者）已成尘成土十八年。历史正在用火与血重写，生者不遑为者哀，转为得休息美。人生可悯。

就在沈从文极度绝望之时，那年一天（1949年1月28日）清晨，沈从文的朋友罗念生，从清华大学偷偷进北平城沙滩中老胡同北大宿舍探望他，并转达梁思成、林徽因、金岳霖等老友邀他去清华园共度春节的诚意。"我是年夜上午九点出的城，一朋友相送，一个亲戚伴随。""朋友"者，罗念生。"亲戚"者，妻弟张中和。出了西直门，国共枪炮对峙的战争场面，闯入眼帘。途中一地雷爆炸，惊天动地。

梁家在清华园住所，举行了除夕家宴，梁思成、林徽因夫妇、金岳霖，还有老人孩子，两个年轻助教，与沈从文围坐一桌。在这时代转折之际，他们的生命状态迥然不同。梁思成夫妇早已被即将到来的新生活吸引，金岳霖坦然些，他觉得即便不让教书，总还可以养鹅养鸡度过余生。只有沈从文自己，从心底感到荒凉和麻木。他看看烛光下的友人，脸上都洋溢着笑容。饭后客厅里的留声机里，播放着贝多芬的《欢乐颂》。沈从文笑着，内心却极为复杂。

沈从文在梁家和金岳霖处住了八天，完成一万多字的两篇文章。女主人林徽因拖着病身悉心周到的照料，让沈从文感到世间友谊的珍贵，但那颗已绝望的心，变得一天比一天冰冷。

3月28日，沈从文在为《边城》初版本样书上写了《新题记》和前边所说的"自传"，留下"解放前最后一个文件"后，带着对翠翠的思念，"解放"，即寻求解脱悲痛自杀。《张兆和致田真逸、沈岳锟等》中说沈从文在家"用剃刀把自己颈子划破，两腕脉管也割伤，又喝了一些煤油"，幸而抢救及时，保住性命。5月，春风吹拂，渐渐康复的沈从文，突然呼道："翠翠，翠翠，你是在一零四小房间中酣睡，还是在杜鹃声中想起我，在我死去以后还想起我？"（《五月卅下十点北平宿舍》）

家乡水土滋养的翠翠，是沈从文文学中的人物，她身上寄托着他心中太多的东西，翠翠就是另一个自己。在他彻骨悲痛的时候，他会向她倾诉："翠翠，你要哭，就尽管哭！你沉默，就让杜鹃为你永远在春天啼唤。你的善良品性和痛苦命运，早在我预料之中，一切全在预料中，这就是人生！"

梦里的翠翠，在沈从文醒来的时候，踽踽地寂寥远行了。

早年的老朋友丁玲突然来沙滩中老胡同北大宿舍看他。第一次，是丁玲进北平后的第三天。老友重逢，早已没了昔日的亲密友谊，一个是"衣锦还乡"的文艺领导，一个是自杀未遂的反动文人。况且，丁玲明天要到香山去看毛泽东主席。匆匆一叙，便匆匆作别。

过了多日，丁玲又和何其芳、陈明再访沈从文，"劝他不要疑神疑鬼，自恐自吓"（《沈从文年表简编》）。相晤总有说不完的话，他们走后，沈从文给丁玲写了一封长信：

丁玲：

自从您和其芳来谈过后，我总想写个信和你商讨一下自己，实在不知从何说起。因为心已碎毁，即努力粘（黏）合自己，早已失去本来。本出于恐怖迫害，致神经失常，于气、急、怕中逐渐加深，终于崩溃，到医院一受"治疗"，错乱增加，从此一来，神经部分组织，转入变态，人格分裂，作（做）事时，纵如条理清楚，即十分辛苦，亦不以为意。回到住处，家中空空的，处理自己，已完全失去定向。在一切暗示控制支配中，永远陷入迫害疯狂回复里。只觉得家庭破灭，生存了无意义。正如一瓦罐，自己胡（糊）涂一掼，他人接手过来，更有意用力掼碎，即勉强粘（黏）合，从何着手？也可说是一个牺牲于时代中的悲剧标本。如此下去，必然是由疯狂到毁灭，因生命所受挫折，已过担负，每个人神经张力究竟有个限度，一过限度，必崩毁无疑也。望为转相关方面一下，首先我或者应当谢谢他们的种种照顾，听我从休息中回复情绪理性位置，也反复检讨自己，我应当感谢。近数月在"退思补过"意义下，检讨结果，以及受的现实教育结果，我已变了许多。已尽了最大克制力，学习文件，联系自己。且凡事从大处看，学习忘去自己病中种种痛苦谵妄，有小小进步。即已深知中共实在凡事从大处看事情，在经营一个国家，不是对什么人特别过意不去。已深知个人由于用笔离群、生活离群，转成个人幻念。涉于公，则多错误看法，近于病态而不健康。涉于私，即为致疯致辱因果。为补救改正，或放弃文学，来用史部杂知识和对于工艺美术的热忱与理解，使之好好结合，来研究古代工艺美术史，并企图进一步研究，努力使之和现代生产发生关系。如有成果，作（做）得通，我头脑又还得用，逐渐可望回复正常，将来我尚可于新的文教机构，担任一个小小职务，为国内各地各区域性工艺美术馆垫个底……

近来看到刘少奇党纲修改章程，及毛选几篇文章，和其他一些作品，加上个人所知中国社会一部门情形和明日社会建设所必然遭遇困难，我觉得我实在需要好好地活下来作（做）几年事！如果能得中共对我的谅解，一定会从一种新的觉醒下，为国家充分将精力用出。"向人民投降"，说来也极自然，毫不勉强。因为若仅仅受身边相熟同事的轻轻松松口上说一声转变改造，即得认可，会不免还有些不平。但一想到事实上还有千万人在追求一个进步理想及合理社会原则而牺牲、吃苦，我那么一个只知空想胡写，生活也不严肃的人，还能那么活下来参加新社会建设，抛去过去一点点浅薄成就，有什么办不到？但改造总是得就个人能担当点来着手。目下既然还只是破碎中粘（黏）合自己，唯一能帮助我站得住，不至于忽然坍塌的，即工作归来还能看到三姐（其夫人张兆和——引者）。这就临到一回考验，在外也在内，在我自己振作，也在中共对我的看法！丁玲，照我自己所知说来，我目下还能活下去，从挫折中新生，即因为她和孩子。这个家倒不必须受革命拆散时，我要一个家，才有望将全部工作精力解放，献给国家。且必然发疯发狂工作，用作补偿过去离群痛苦。我且相信这么工作，对社会用处，比三姐去到别处工作大得多。只要她在北平作（做）事，我工作回来可见见她，什么辛苦会不在意，受挫折的痛苦也忘掉了。一离开，不问是什么方式，我明白我自己，生存全部失败感占了主位，什么都完了。我盼望你为公为私提一提这一点。

读这封信，我们仿佛突然见到一个陌生的懦弱的沈从文。沈从文无论在人生羁旅中，还是在他作品中，都充斥着一种强大的自信。那是湘西的山水、楚文化的滋润赋予他的"硕大、结实、豪放、爽直"，"在任何困难情形中总不气馁"（《沈从文自传》）的性格。

但这封信，让我们读出了沈从文极度的恐惧和痛苦，他战战兢兢又喋喋不休地倾吐他迈向新世界的痛苦的心路历程，同时道出了自己家庭的矛盾。当时，张兆和外出，或是想找一份工作，或在友人的"看他这样子，丢开他算了"（《沈从文传》）的怂恿下，不得不认真思考生活出路。的确，沈从文与张兆和的婚姻，一直有风风雨雨，并不总是举案齐眉，琴瑟和鸣。这是那代"知识分子多多少少必须经历的生活"。

沈从文去世七年后，他的夫人张兆和在《沈从文家书·后记》中，有这样一段文字：

六十年过去了，面对书桌上这几组文字，校阅后，我不知道是在梦中还是在翻阅别人的故事。经历荒诞离奇，但又极为平常，是我们这一代知识分子多多少少必须经历的生活。有微笑，有痛楚；有恬适，有愤慨；有欢乐，也有撕心裂肺的难言之苦。从文同我相处，这一生究竟是幸福还是不幸？得不到回答。我不理解他，不完全理解他，后来有了些理解，但是，真正懂得他的为人，懂得他一生所承受的重压，是在整理编选他遗稿的现在……为什么在他有生之年，不能发掘他，理解他，从各方面去帮助他，反而有那么多的矛盾得不到解决！悔之晚矣。

"悔之晚矣"四字，道出了张兆和与夫君沈从文的"那么多的矛盾"的"难言之苦"，更表达出最终对他"所承受的重压"的理解以及曾给夫君造成痛楚的深深忏悔。

有人以沈从文给丁玲的信，得出沈从文弃文改行，并非被迫之举的结论，未免牵强。试想，沈从文在前半生的作家生涯中，一直潜心于建造他的文学"神庙"，他以丰厚的创作实绩，建造了一个湘西世界，体现主体意识的特有范型，已对中国乡土文学的建构，做出了独特的贡献。倘不受外界影响，已经成熟的作家，岂能轻易放弃自己钟爱的文学创作，噤声失语，转行他业！

再读读沈从文1956年12月10日写给妻子的信《致张兆和》：

> 我每晚除看《三里湾》，也看看《湘行散记》，觉得《湘行散记》作者究竟还是一个会写文章的作者。这么一只好手笔，听他隐姓埋名，真不是个办法。

至此，我们还会认为沈从文转行他业是自愿的吗？

令沈从文魂牵梦萦的，是文学。

正是"而我不容今世路，此情惭愧又何辞"（黄宗羲《山居杂咏》）。

第十四章

曾在文坛"狂飙",最终沉寂的高长虹

过时自合飘零去,

耻向东君更乞怜。

——陆游《落梅》

高长虹是中国现代文坛中最富个性且怪异的作家。

他十七岁写《提灯行》，讽刺军阀阎锡山为支持袁世凯复辟帝制，下令山西各界大搞提灯游行行径。1924年9月，邀集山西同乡出版《狂飙》月刊，大力提倡"狂飙运动"，不久到北京又办《狂飙》周刊，正式举起"狂飙"大旗，宣示"我们要作强者，打倒障碍或者被障碍打倒……一滴小泉可以作江河的始流，一张树叶之飘动可以兆暴雨之将来，微小的起源可以生出伟的结果，因为这个缘故，我们周刊，便叫作狂飙"（《本刊宣言》）。这种"与现实的黑暗势力作战"的精神，鼓动了不少进步青年的斗争意志。鲁迅认为高长虹的"意见也有一部分和我相合"，故在《狂飙》因故办不下去之时，特邀高长虹等参与他主办的《莽原》期刊的编辑工作。鲁迅和高长虹这两位均受德国尼采哲学观影响的斗士，有了一段合作的经历。但出于思想分歧和个性原因，鲁迅与高长虹决裂。高长虹遂与同道者到上海，复活他的"狂飙运动"。因他对鲁迅等人猛烈挞伐，在左联成立之前，日陷孤立，1929年冬季，"狂飙运动"便烟消云散。

高长虹于1930年东渡日本留学，后又得到资助，流浪欧洲七年，与法国作家巴比赛和罗曼·罗兰有亲密接触。曾参加法国共产党，并成为巴比赛组织的"世界反帝大同盟"成员，1938年，他回到重庆，发表大量宣传抗战的政治文章，蒋介石曾到高长虹下榻的旅舍看望。后高长虹到八路军驻秋林办事处，决心投奔延安。他徒步千里，经西安于1941年到延安，受到热情接待。不久被周扬请到"延安鲁艺"去做报告，很轰动，从此在延安备受礼遇。但这位"狂飙"的旧掌门人，又在延安发了一次飙：他极荣幸地被隆重邀请参加毛泽东主持并发表关于文艺的重要讲话的大会，却拒绝参加，成为收到请柬的唯一拒绝参加者，而令延安文艺界哗然。

抗战胜利后，他提出去美国研究经济学，遭到拒绝，又提出到东北，开采金矿，也未被允许。

大约是在1956年春，没有受邀参加第一届中华全国文学艺术工作者代表大会的高长虹在沈阳一旅社里摔倒后辞世。当年，他五十七岁。据说，他的葬礼还是比较体面的。

高长虹（1898—1956？），原名高仰愈，山西盂县人。他在小学中学时代，皆是高才生，富有反抗精神。他十七岁写下讽刺阎锡山、支持袁世凯称帝的诗《提灯行》。1922年，受五四运动影响，他在《小说月报》发表诗《红叶》。1924年，他邀几位同乡好友出版《狂飙》月刊，提倡"狂飙"运动，后到北京，联合何培良、尚钺等有志青年，创办《狂飙》周刊，高举"狂飙"旗帜，宣示"我们要作强者，打倒障碍或被障碍打倒"。狂飙社与创造社一起被称为20世纪30年代最重要的文学社团。鲁迅认为这种"与现实的黑暗势力作战"的精神，与自己的意见"相合"，便邀高长虹等人参与《莽原》编辑工作。高长虹在该刊发表《弦上》针砭现代评论派研究系文人的文章，又办《弦上》周刊，批评现代评论派。鲁迅将其《心的探险》一书编入自己主编的"乌合丛书"出版。不久，同是信奉尼采哲学的鲁迅和高长虹决裂，从中让我们获得关于二人文化性格的丰富信息。高长虹拉出他的同道朋友，于1926年10月到上海出版《狂飙》周刊，复活"狂飙运动"。高长虹出版诗集《献给自然的女儿》、小说散文集《游离》，主要内容是"与现实的黑暗势力作战"，同时，对鲁迅也猛烈挞伐。1929年，狂飙社分化瓦解，"狂飙运动"烟消云散，但高长虹留下的文化遗产，可供后人鉴赏研究。

1930年，高长虹赴日，次年离日，旅欧将近七年，积极参加抗日救国运动，加入"世界反帝大同盟""全欧华侨抗日救国联合会"，创办《中国人民报》。高长虹以中国知识分子的良知，写了大量政论文章，积极从事抗日宣传，这在中国作家中极为少见。抗战时期，先到重庆，后又主动到延安，追求光明。但其孤傲狂狷的性格，难与革命融合，解放战争中他到东北，一直我行我素，落落寡合，大约在1956年无声无息、飘零寂寞地死去。他掀起的"狂飙运动"成为文学史上的一段传奇。

第一次文代会，有几个重要人物没有被邀请，除沈从文、废名、林徽因、施蛰存等之外，便是高长虹。

五四运动中，狂飙文学社是现代文学史中，影响巨大又最特异的文学社，其主持者高长虹，也是一位现代文坛中最具特性怪异的作家。他邀集同乡好友出版《狂飙》月刊，提倡"狂飙运动"，同年到北京办《狂飙》周刊，举起"狂飙"大旗，在《本刊宣言》中宣示"我们要作强者，打倒障碍或被障碍打倒……一滴小泉可以作江河的始流，一张树叶之飘动可以兆暴雨之将来，微小的起源可以生出伟大的结果，因为这个缘故，我们周刊，便叫作狂飙"。

作为狂飙社的创办人和精神领袖，高长虹在当时的文学界名噪一时，是中国现代文学史上的重要人物。鲁迅在《两地书·十七》中说，高长虹"与现实的黑暗势力作战"的精神，"意见也有一部分和我相合"，自然是进步的。后因出版方易人，《狂飙》周刊出到十七期停刊。鲁迅便邀高长虹参与自己主办的《莽原》编辑工作。高长虹在《莽原》上发表《弦上》等多篇文章，批评现代评论派的文学主张。鲁迅将高长虹的《心的探险》一书编入"乌合丛书"之一出版。但是，高长虹与鲁迅在办《莽原》时，在思想上有了分歧，双方发生激烈的争辩之后，高长虹便拉出几个人到上海复活"狂飙运动"，于1926年10月再出版《狂飙》周刊。他的大量作品列入《狂飙丛书》出版，像诗集《献给自然的女儿》、小说散文合集《游离》等。高长虹在成名后受到关注，不少人写信表达仰慕甚至爱慕，其中就有三位知名女性，她们是许广平、石评梅和冰心。

1949年初，第一次文代会正在筹备时，五十一岁的高长虹，正住在沈阳东北旅社楼上的一间病房里，早被筹备者忘记。不少资料包括名人舒群的回忆，皆说那时的高长虹已患精神病，正在接受治疗。比如，1981年第三期《新文学史料》上，有陈漱渝写的《鲁迅与狂飙社》一文，便说："1946年夏秋之交，高长虹来到了哈尔滨，由东北局宣传部负责照料，这时高长虹的神志已经不清，在食堂吃饭时目不斜视，一声不吭。东北局宣传部对他条件比较优厚，重新为他添置了衣服被褥，让他住在宣传部后院的一间房里，每月还多给他几块钱的津贴。高长虹用这些钱买了各种字典，表示他准备放弃文学，潜心编撰一部中国最好的字典，实际上，高长虹此时已丧失了从事脑力劳动的能力。1949年初，他住进了临时设在沈阳东北旅社楼上的一处精神病院，最后，据说病死于抚顺的神经病院。"此言极不厚道。

陈漱渝认定彼时的高长虹"神志已经不清"，"已丧失了从事脑力劳动的能力"，并住进"精神病院"的表述，只是一家之言，缺乏说服力。而以"吃饭时目不斜视，一声不吭"来证明"神志已经不清"，就只是一种推测。真正熟悉高长虹的人，都知道孤独、寡言、沉默是其性格特点，一种他待人的独特方式。

而晚于陈漱渝之"1946年夏秋之交"，高长虹"神志已经不清"的定论一年之后，1947年10月，高长虹在四平的《十四年》杂志上，明明发表了一篇文章，是谈关于妇女解放的书评，思维清晰，富有逻辑性。后又有诗人侯唯动证实，他在1952年曾到沈阳东北旅社去修改作品，与住在那里的高长虹，有过多次谈文学的经历，他曾撰文详细地介绍这位曾在文坛掀起"狂飙运动"的精神领袖。文中的高长虹，诗书渊博，学富五车，古今中外文学莫不涉猎，善谈又思维敏捷，滔滔不绝。高长虹之所以纵情长谈，是因为侯唯动曾是延安时期领导派给他的助手，数年朝夕和睦相处，已成忘年之交。高长虹性格孤傲、举止怪诞，不明真相的人，经常听高长虹一个人哇啦哇啦和尚念经般自言自语，便疑之为"精神有病"。一次，在院里散步，侯唯动果然目睹此状，经询问，高长虹说出真相，让侯唯动感慨不已。高长虹告诉他，为了把欧洲学到的几种语言牢记，每天"我用德语朗诵歌德、海涅的诗，用英语背诵拜伦、雪莱的佳作，用俄语高声吟咏高尔基的《海燕》和普式庚（普希金）的名篇"（《高长虹研究文选》），可以想见，这也是高长虹孤独时一种排遣和发泄内心苦闷的行为，别人哪里理解，哪知道这个相貌不扬的小老头，竟有这么高深的学养。

高长虹于1930年2月赴日本留学。次年，九一八事变发生，他愤然归国。在日本一年半的时间里，他学会日语，为编辑《中文大辞典》收集资料，并研究苏联十月革命。后由同乡王大奇资助路费，他到欧洲流浪了七年，没职业，没收入，居无定所，靠"盖报纸过夜，吃山药蛋充饥"。他有时给当地华侨补习中国文化，维持生计。游历欧洲时，他当猪仔上船，躲进底舱，途中被人发现，便在下一港岸被赶上岸，就这样一个城市一个城市地流浪，走遍了欧洲。抗战爆发，高长虹宣传抗日救亡，他在《政治的新生·自序》中道："1934年在荷兰创办救国会，编印《救国周报》，于对日作战，略有陈述。1935年负责旅法救国会工作，'一·二八纪念日'在巴黎创办《中国人民报》，对民族总动员，有较具体的意见发表。同年夏秋旅行瑞士、德国间，草《行动，科学与艺术》一书，分上下两部。上部论中国的民族意识形态，下部为国防政策。"

旅欧期间，高长虹得到"每年一千元的官费"，让其写一部叫"中国"的长篇小说，每一章写完之后，就被译成英、意、德、西班牙语，在这几个国家报纸上连载（《政治的新生·自序》）。

多年在欧洲活动，高长虹与法国作家巴比塞和罗曼·罗兰多有接触，这二位作家曾在20世纪20年代有过关于人道主义的争论。高长虹与法国共产党政治局委员巴比塞走得更近，曾在他主编的《世界》周刊上发表过小说。因与巴比塞的关系，高长虹曾参加法国共产党，并成为巴比塞组织的"世界反帝大同盟"成员。

1936年，高长虹参加了在巴黎成立的"全欧华侨抗日救国联合会"，并任该会的宣传部工作，与陶行知、程思远等共事。总之，高长虹旅欧七年，全身心地投入抗日宣传活动中去，这在中国作家中极为罕见。

继续说高长虹在1949年并未成为"神志已经不清"者的另一证据。据《高长虹研究文选》中所记，石评梅的亲戚、与高长虹极为熟稔的哲学史家张恒寿说："解放后，我在北京接到一封由平定赛鱼村一个商店转来的长虹寄给我的信，思想比较消沉，不知他从哪里知道我曾研究过庄子，信中问过此事，信后没有写通信地址，也没有说他在何处，所以也无从联系。"另外，高长虹还曾给建立于1953年的中国科学院的院长郭沫若、该院文学研究所所长何其芳写过信，要求关注他的工作。

不得不说一下高长虹在延安的那段八年的经历，先从高长虹归国后在重庆的生活说起。1938年，高长虹到了陪都重庆。虽不是文协理事，也不是部门负责人（因为文协成立时，他在欧洲），但他以文协的工作人员身份住在文协驻地。这一年12月17日，高长虹的诗《新中国是一个新天下》，发表在老舍主编的《抗战文艺》三卷第二期上。1939年春节过后，文协曾举办过一次"诗歌座谈会"，后又在文协召开研究部部务会议，高长虹都参加了。高长虹还曾与艾青、常任侠等，在胡风手下一道负责研究部工作，先后举行了三次"诗歌晚会"。这年3月，高长虹先后在老舍主编的《新蜀报》副刊《文锋》发表各种作品近八十篇。

在重庆，他因"异想天开"，向政府和社会提出作家捐飞机的倡议，让重庆各界知道了高长虹。高长虹这倡议，是一次爱国之举，他提倡不限于作家，所有有钱人都应捐飞机。他写《多买几架飞机》，在自己主编的《大江日报》副刊《街头》发表，文章说："去年五月轰炸的时候，我有两句诗，号召'富人快买飞机，贫人来学飞'。如若我们的富人们接受了这个号召，并把它实践了的话，今年的五月轰炸虽不是不可能的，可是它总不至于这么厉害了。""可惜我们的富人们"，"不知道把钱挥霍到哪里去了"，"用无辜平民的血肉，来偿还富人们的欠债"。"今年再马虎不得了。富人们应当下最后的决心，把钱献给国家，添置飞机，并给穷人们以腾空保国的机会"。

接着，又在《新蜀报》副刊《蜀道》上发表《加强空防》，在《国民公报》上发表《战胜空袭——我们要怎么办？》，在《街头》上发表《要求五百架飞机》，要求作家们为买五百架飞机多做宣传，"文化界最英勇的战友们，必须立刻拿起笔来，领袖言论"，"然后唤起民众，提出要求，使富人觉悟。并反映成政府的政策，把五百架飞机的增购列入行政议程，指日实现"。

高长虹还撰写了《智识分子在空袭恐怖中应负的责任》《空军必须生长》等大量文章，《新华日报》也发表扩充空军的社论，作为对高长虹的呼应。高长虹在抗战时期，以是否为抗战多干实事来考量是否爱国，如他所说："现代的中国人民，一切都须归诸行为，诉诸行动。"他崇真尚实，把他视为凌空蹈虚的人，只看到了他的独异的外在表象。

高长虹在重庆，目睹了国民党的专制政策与他多年旅欧所感受到的民主政体相去甚远，自然不大满意，他写《为什么我们的抗战还不能胜利？》长篇政论，就是批评国民党的专制的。而诗作《这社会得换一副面孔》《重庆好像在啼哭》等以重庆的政治生态进行了嘲讽，也表达了他对自由生活的向往。

重庆的蒋介石注意到了高长虹，他发表大量的政论文章表达他对抗日方面的独特想法，特别是向蒋介石建言并把《政治的新生》寄过去。高长虹一贯特立独行，蔑视权贵，并不想投靠谁。但蒋介石不能不拉拢这类知识分子，为己所用。蒋介石素有擅交文化人的习惯，在重庆的知名文化人，蒋几乎都请吃过饭，以示礼贤下士之风。重庆名人高长虹他自然要亲近一下。一次，他到高长虹下榻的旅舍去拜访，有人说受到了高长虹的冷遇。高长虹性格孤傲，不擅交际，常给人拒人千里的感觉。

在重庆时，阎锡山二战区驻重庆办事处主任梁继武，登门拜访过高长虹，并奉上五百大洋。梁是狂飙社成员、高长虹的追随者。1926年，他在北京开设骆驼书店，专卖狂飙社的书刊，后投奔了阎锡山从军。知高长虹想离开重庆，便聘他到陕西秋林二战区做些文化宣传工作，高长虹答应了，但那五百大洋的赠礼，高长虹以"那是刮地皮的不义之财"拒之。

高长虹在秋林待了月余，不久就找到八路军驻秋林办事处的王世英，决定投奔延安。高长虹徒步千里，奔向革命圣地。他途经西安，住了月余，其间在谢冰莹主办的《黄河》上发过论文和诗歌。名人到古城，记者如影随形地采访，有时提起20世纪20年代的往事，问其传说中的与许广平的恋。借此机会，高长虹予以澄清。谈及与鲁迅的笔战，高长虹一改早年对鲁迅无情挞伐的立场，而称鲁迅是朋友。

1941年秋，高长虹到达延安，受到热情接待。此时，正逢延安各界庆祝郭沫若五十岁寿辰，他与丁玲等受邀参加座谈会，算是在延安各界前亮相。那时，四十三岁的高长虹"身材矮，说话不好听，面部是扁圆形，黄皮肤，几根稀疏的黄色鼠鬓，半旧的西装，和他的美丽而有力，如疯如狂的文章迥若两人"（沈静《记长虹》）。胡风也说高长虹"原来是个貌不惊人，言语木讷，矮小干枯的小老头"。

这位"小老头"，却浑身有使不完的精力，脑子里有涌流不尽的思想，到延安便应约给《解放日报》写了文章，延安文化人得知"狂飙运动"的掌门者到延安革命了，很轰动。

周扬曾与高长虹在上海同鲁迅有过过节，他亲自将高长虹带到自己分管的"延安鲁艺"去做报告，享受这样荣誉者并不多见。而素与周扬不睦的丁玲，也拉他到文协"星期文艺学会"去开办讲座。延安文艺界、文化界、教育界凡有重要活动，都会请高长虹出席，坐在主宾席。在新闻媒体报道中，高长虹与丁玲、艾青等往往名列前面。可以说，当时这位"小老头"在延安文艺界备受礼遇，极享殊荣。

但是，高长虹的本性不改，常有非常之举、狂妄之言，弄得有关方面颇为被动。渐渐地，高长虹的大名就淡然消失了。且举几桩。

周扬拉他到"延安鲁艺"去做报告，"小老头"走上讲台，大讲"艺术就是暴动，艺术就是起义"等言不及义的狂语，然后笑视周扬，弄得能言善辩的他目瞪口呆。

丁玲为抗衡周扬，拟请高长虹到她主持的文协当副主任，高长虹随便找个借口就推辞了。

延安文艺座谈会，是当时延安乃至中国文艺界一件大事，能出席毛泽东主持并发表重要讲话的大会，聆听伟人报告，见证这一历史时刻，是延安所有文化人的愿望。高长虹很幸运，会前警卫员就将毛泽东、凯丰签名的请柬送到他手里。开会时发现高长虹未到，又派人去请，高长虹却以自己是"研究经济的"，文艺只是业余爱好，没兴趣参加为由，拒之。高长虹成了收到请柬而拒绝参会的唯一者，令延安文艺界哗然。

成为孤家寡人的高长虹，从此躲进窑洞，成了一个闲人，但这正是他的福分，在延安整风运动和"肃反扩大化"的残酷斗争中，他安然无恙，毫发无损。

抗战胜利，消停许久的高长虹突然提出想到美国去研究经济学，理所当然地遭到拒绝，接着他又提出到东北开金矿，再次未被批准。

胡风在《胡风回忆录》中说："1949年初，我在沈阳，听说这个墨索里尼的崇拜者，到延安无所事事，时不时向中央写信提意见提要求，打扰中央，还提过斯大林的意见。中央对他的一些狂妄之言，并没认真对待，只是置之不理。"大概指的就是上面那些事。但"打扰中央"未免言之过重。至于"提过斯大林的意见"，不过是道听途说，事情真相是，他写过一本《什么是法西斯蒂》，纠正延安对"法西斯蒂"的片面认识，但该书延安不给出版。他一气之下将这本书稿寄给斯大林，请其"审阅"。自然不会有下文。

据高长虹的孙女高淑萍讲，2006年，她找到当年在东北大旅社照顾过高长虹的三位老迈的人。他们都还记得，高长虹住在旅舍二楼的205号房间，享受的是十三级以上的高干待遇，仅比当年在延安与毛泽东共同签发请高长虹参加文艺座谈会的凯丰夫人略低。因此，他受到了周到的服务。三位老人对高长虹还有印象："中等身材，年龄六十多岁，留一头几乎齐眉的花白头发，梳理得十分整齐。身穿布料中山装、布鞋，步履稳健，给人们印象既是八路军老干部，又像一位学者。他每天都上街散步，从来不愿与旅社服务人员沟通言谈。"（董大中《高鲁冲突》引）说一生都不修边幅的高长虹老来将白发"梳理得十分整齐"，让人难以相信。但证明那时高长虹神志清楚，这一点很有价值。文中说高"六十多岁"，也可信，他本来面相老，四十开外已被称"小老头"。其实高长虹刚刚五十六岁。

高长虹死于1954年春，一天早晨，已经九点，高长虹房间的门尚未打开，工作人员从窗外看到老人摔在地板上，打开门后，发现人已逝去，经医生检查，确认夜里突发脑出血死亡。高长虹被体面安葬。

盖棺论定，高长虹一生孤独单打独斗，早年他既反对政治上的权威，也反对思想上和人格上的权威，但到抗日战争以后，他宣传抗战，成为一个爱国者。虽然在延安的表现不合时宜，我行我素，但他从未反对革命，反对共产党和人民政权，是一位有进步革命愿望的作家。

第一次文代会，没有让在爱国运动和文学运动中起过不小作用的进步作家，健在的高长虹参加，总是有些不够圆满。

正是"过时自合飘零去，耻向东君更乞怜"（陆游《落梅》）。

第十五章

孤独漂泊张爱玲

腹中贮书一万卷，
不肯低头在草莽。

——李觎《送陈章甫》

1943年，张爱玲在上海复刊的《紫罗兰》杂志上，发表小说《沉香屑——第一炉香》，引起文坛注意。接下来，其受欧洲文学和中国传统文学影响的传奇故事，一篇接一篇问世，在上海文学界产生轰动效应。后来，其自选十部短篇小说结集《传奇》出版，她在初版扉页题词曰："目的是在传奇里面寻找普通人，在普通人里寻找传奇。"张爱玲自己道出了自己小说的特别审美倾向，即通过言情中散发的浓烈的人生意味，反映平淡人生中的传奇色彩。这种中西兼融的审美趣味，如"花雕陈而香"，具有深厚的艺术力量。她被傅雷誉为上海文坛"最美的收获之一"。

　　张爱玲的《金锁记》《封锁》《琉璃瓦》《茉莉香片》《花凋》等作品，延续了其一贯的对通俗小说"难言的爱好"的艺术风格，"完全贴近大众的心，甚至于就像从他们心里长出来的，同时又是高等艺术"（张爱玲《我爱苏青》）。张爱玲自然不是迎合大众阅读口味，而是将传统白话小说与西方现代小说技巧结合起来，形成既有"雅"又有"俗"的两个艺术层面的一种独特的文学风格。繁复浓烈转向自然平淡，一切文学技巧都退隐到幕后，张爱玲用此风格，给读者提供了热爱人生、依恋尘世、和谐统一的人性世界。

　　1949年之后，张爱玲以笔名"梁京"发表长篇小说《十八春》，对共产党和新社会有赞扬。两年后，又发表小说《小艾》。

　　1953年，张爱玲赴香港，创作《秧歌》。张爱玲说，"写《秧歌》只是写些男女间的小事情，我的作品里没有战争，也没有革命。我认为人在恋爱的时候，是比战争或革命的时候，更朴素，也是更放松的"。至此，张爱玲背离了《传奇》的文学经验，走上了一条"我将只是萎谢"的凄凉孤独之路，灵魂也无栖息之地。

许久之后，中国掀起"张爱玲热"，读者纷纷走进她的小说，延续了她的传奇。

传奇成了不朽。

1948年至1949年，张爱玲从上海豪华的赫德公寓搬到较低档的卡尔登公寓后，没有发表什么作品，与姑姑偶尔出门去喝喝咖啡，过着深居简出的生活。除了伏案写作，就是怅然地追忆似水年华，如同当年给胡兰成写诀别书"我将只是萎谢了"一样，任时光无声息地流走。

1949年6月，初夏时节，她识得的左联负责人夏衍随解放大军进驻上海，开启一个崭新的时代，给上海带来了艳阳和希望。编剧桑弧与张爱玲合作之后，将鲁迅的《祝福》改编成电影。7月，曾多次合作的出版人唐大郎与龚之方一干人，高高兴兴办《亦报》，各出版单位和报纸都纷纷向拥有广大读者的张爱玲约稿。热情相邀，自然会唤醒张爱玲的创作激情，况且窗外的热闹生活早已召唤她去体验。她与姑姑上街打量过新的社会风景之后，也心生好感。

1950年春，张爱玲在老友龚之方的《亦报》上，开始以笔名"梁京"连载长篇小说《十八春》。一直连载十一个月，共二十五万字。后又由《亦报》社出了单行本。

连载期间，有些读者，先对"梁京"之名纷纷揣测，其实张爱玲取"梁"是借"玲"的声母，"京"是借用"玲"的韵母，均未离开张爱玲之名，并无什么"心凉""身惊"之意。熟悉张爱玲的读者，早从文字间，读出张爱玲风神。

《十八春》之书名，张爱玲下了一番心思。京剧《汾河湾》说的是薛仁贵与发妻柳迎春离别十八载后相见的故事，薛仁贵见已成人的儿子丁山，误以为是柳迎春的野汉子，一怒之下，将丁山射杀。在与柳迎春相见前，薛仁贵有一段西皮流水：

> 前三日修下辞王本，特地回来探望柳迎春。
>
> 我的妻若还不肯信，来来来算一算，算来算去十八春……

张爱玲的爱情毁在胡兰成手上，她对负情自私的男人，便有责怪怨恨之情，她将这种怨怼融进小说《十八春》中。

《十八春》写的是爱情悲剧。小说女主人顾曼桢出身贫寒之家，父亲早已亡故，撇下母亲和妻子，还有几个不大的孩子，生活十分困窘艰难，曼桢的姐姐曼璐站出来，挑起养家糊口的沉重担子。曼璐别无所长，只能牺牲青春和美艳，下海去当舞女，靠傍有钱男人，养活六口之家。曼桢不可能受到高等教育，中学毕业即做了小职员。尽管收入微薄，但她尽力减轻姐姐的重负，让她脱离肮脏苦海，过上自尊生活。曼桢稳重大方，工作勤恳，待人友善，后爱上同事沈世钧。二人相爱后，她不想让姐姐出钱举办婚事，准备辛苦两年再结婚。沈世钧引曼桢见父母时，其父误认为曼桢是在舞厅卖身的曼璐，坚决不同意儿子的婚事。坏事不单行，曼璐为生存计，嫁给一个丑陋、猥琐，靠投机股票发财的嫖客祝鸿才。婚后，祝鸿才仍不本分，包养情妇，花天酒地，并对曼璐百般虐待。因两次流产，曼璐已无生育能力，而祝鸿才急于抱个儿子继承烟火，曼璐为自保，使出阴招，设计让亲妹妹曼桢嫁给祝鸿才。妹妹中计被强奸，又被非法扣押一年之久，直到生了儿子，在朋友帮助下，从医院逃走。沈世钧在曼桢被辱时，曾两至祝府，皆被曼璐欺骗，无奈之下，放弃未婚妻曼桢，另娶不喜欢的石翠芝为妻。此姐妹的悲剧虽有些过度故事化，但并不显得生编硬造、离奇荒诞。因为小说刻画的曼璐人生异化和心理变态，合乎其性格发展逻辑。

同时，小说出现了众多人物各有性格，各有命运，各有故事，构成一轴复杂生动的社会生活图景，呈现了世俗社会的人生百态。

关于《十八春》的政治倾向，一直以来众说纷纭。有人说，小说歌颂了新生活，歌颂了共产党。有人说，张爱玲是伪装进步，在共产党的天下，不得不低头顺眉，做做样子。

刘再复先生的观点是，《十八春》《小艾》等小说，皆为政治斗争的附庸，失去了张爱玲早期作品"超政治"的特点，是一种明显的倒退。

兹事体大，片面性地解读张爱玲写在新社会的小说，非得给她个非此即彼的结论，不是马克思主义的态度。张爱玲是一代奇才，作为一个没有政治背景的人，政治态度极为复杂，须慎重对待，我们还是从作品本身入手，寻求答案。

小说《十八春》写了叔惠参加革命，世钧和曼桢等积极响应号召，奔赴东北参加工业建设。我们可以感受到，全国欢庆新社会那种火热的激情，不会不感染一个年轻的女作家，《十八春》就是在这样的背景下产生的。张爱玲的心情是欢愉的。

1951年，张爱玲又创作了《小艾》，也在《亦报》上从11月4日起至次年1月14日止，连载七十节。

《小艾》分两部分。第一部分写小艾进入席家当女佣，后又离开席府。主要叙述男主人席景藩（席五爷）与五姨太的关系，顺便写小艾的苦难生活。第二部分讲的是小艾与冯全槐成婚后，冯经香港转赴内地，她与冯母相依为命，做小本生意，再到吴府做女佣，上海解放后与冯全槐团圆，怀孕生子，最后进工厂当折纸工的经历。或许张爱玲并不了解社会底层劳动者的生活真相，小说写感情尚可，写生活和命运就显得吃力而草率。但写小艾解放后，苦尽甘来，过上人的生活，并发展出劳动者的幸福前景，《小艾》的主题是进步的。

有的论者，说张爱玲歌颂新生活，与她要离开上海，为顺利逃离有关。这些揣测，缺乏材料支撑，难以服人。

生活的真相是，1951年7月，尚未动手写《小艾》之前，夏衍作为上海文艺界的领导，邀请张爱玲参加了上海市第一届文代会。当时张爱玲高高兴兴参会，她身着一袭罩着白色网眼衫的花色紧身旗袍，出现在清一色蓝色中山装和列宁服的文艺工作者群中，依如故我，并没有感到心虚，她每天都换不同款式、不同颜色的旗袍，一直到会议结束。没有把自己看成另类，她的身上有强大的定力，尽管她知道，蓝色中山装和列宁服象征革命颜色。她在《十八春》里，写沈世钧的妻子翠芝决定投身革命后，"穿上了列宁服，头发也剪短了"，证明自己参加革命。张爱玲原本就没有参加革命的愿望，西方自由主义精神在她灵魂深处早已扎根。她向往自由、无拘无束的生活，她就是自己，并无意标榜什么，这才是真正的张爱玲。

她并不知道，在她去心已定之时，上海文艺界正求贤若渴地为她搭建一个施展才华的舞台，供这位旷世才女大展身手。

原本在夏衍等提议下，拟安排张爱玲到刚刚成立的上海电影剧本创作所工作，但有人以张爱玲背景复杂为由，提出异议，须夏衍和副所长柯灵再做工作。岂料在此期间，张爱玲正筹划赴港，已近尾声。

1952年11月，严冬将临，张爱玲悄悄乘车作别了成就她文学之梦的上海。上海给她留下了太多的美丽和伤感。她曾为这座大都会说过这样的话："谁都说上海人坏，可是坏得有分寸，上海人会奉承，会趋炎附势，会浑水摸鱼，然而，因为他们有处世艺术，他们演得不过火。"淡淡的讽刺中，有更多的怜爱。张爱玲带着温暖忧伤的回忆告别了这座城市，再次踏上香港。与十三年前第一次踏上香港相比，已物是人非，往事化作过眼烟云了。从此，她孤魂野鬼般漂泊在海外，只有一本从姑姑家带出的发黄的家庭相册，残留下故乡故国的记忆。

夏衍先生真的是喜欢才女张爱玲，在知她已到香港时，仍希望她继续给国内的报刊写小说。他托人带信找到张爱玲的姑姑，希望她能将信转给张爱玲，得到的回答是"无处通知"，这自然是张爱玲交代的对策。

张爱玲移居香港，曾暂住基督教女青年会，到香港大学听课，不足一个学期，复学终未成功，又登上去日本的邮轮。令张爱玲没想到的是因她临行前放弃申请港大奖学金，等她从日本回香港，经济已十分困窘。好在她又在美国驻港新闻处谋得一份翻译工作，温饱不愁了。在这里，她结识该机构负责人麦加锡，后来成了挚友。

在新闻处，她翻译了华盛顿·欧文的《睡谷的故事》，海明威的《老人与海》等小说，还重操旧业，动手写小说。在香港，她交了几位好朋友，宋淇、邝文美夫妇成了她毕生的知己。

1953年，张爱玲创作长篇小说《秧歌》，先在香港《今日世界》连载，后由香港今日世界出版社出版。1954年，张爱玲又写了《赤地之恋》，先在《今日世界》连载，后由香港天风出版社出版。1955年，张爱玲移居美国后，先后出版两书之英文版。《中华文学通史》称："1952年赴香港后又创作有长篇小说《秧歌》《赤地之恋》，思想倾向不好。"言简意赅，分寸掌握准确。

《秧歌》以一个小村落的变化为着眼点，以一个土改积极分子金根成为带头抢粮的主谋故事，力求反映新中国的社会风貌，当然明显地歪曲了新中国的社会真相。

《赤地之恋》以燕京大学毕业的刘荃、黄绢走向社会的人生坎坷，以及爱情的悲剧性命运，反映新中国的"土改""三反五反""抗美援朝"等的负面影响。小说被评"思想倾向不好"，剀切中理。

1973年，据《张爱玲的小说艺术》（水晶著），张爱玲曾对水晶说：

"《赤地之恋》是在授权（cemmissioned）的情形下写成的，所以非常不满意，因为故事大纲已经固定了，还有什么地方可供作者发挥的呢？"这些话，被袁良骏等史家采信，成了定张爱玲是"遵命文学"的证据。

但是，此乃水晶一家之言，并未在张爱玲的文集中发现，这类说法其真实性值得怀疑，遑论其他，只是作者揣测臆想而已。

此外，我们还得说，《秧歌》甫一问世，在美的胡适在1955年1月25日给张爱玲写了一封信：

> 这本小说从头到尾，写的是"饥饿"——书名大可以题作"饿"字——写的真细致、忠厚，可以说写到了"平淡而近自然"的境界。近年我读的中国文艺作品，此书当然是最好的了。

不久，美籍华人学者夏志清也发表了《张爱玲的短篇小说》（台湾《文学杂志》1957年第一期）一文。对《秧歌》高度评价，认为"《秧歌》在中国小说史上已经是不朽之作"，《赤地之恋》也是"一部悲天悯人的杰出作品"。

胡适和夏志清都是自由主义作家，他们的政治立场很明确，肯定《秧歌》，并不让我们奇怪。但是，胡适仅从文学的角度评价《秧歌》，很有分寸感。

就在胡适给张爱玲写信，称赞《秧歌》之后十个月，张爱玲登上"克利夫兰总统号"邮轮，从香港起锚，驶向了太平洋，从此开启了她长达四十年的漂泊之旅。

在离开香港维多利亚港湾时，张爱玲伏栏怅然地望着她熟悉的城市，脸上淌下两行清泪，海风鼓动着她身上的一袭素色旗袍。她知道，此别，或是与家国的永诀。

到码头给张爱玲送行的，是她的好朋友宋淇夫妇，他们结识在香港，友谊长达四十三年之久。张爱玲所乘邮轮抵达日本后，想起来宋淇夫妇满脸热泪、挥手告别时的情景，忍不住写了一封信，表述自己离别时的心境：

> 别后我一路哭回房中，和上次离开香港（1943年春）的快乐刚巧相反，现在写到这里也还是泪汪汪起来。

张爱玲抵达旧金山后，又乘车到纽约，在锡兰友人炎樱的帮助下，找到一个专门安顿穷人的女子职业宿舍暂居。不久，她与炎樱一起去拜访新文化运动的旗手、激赏她的作品的胡适先生。张爱玲一家都是在胡适思想的启蒙下，面向新的时代的。这次拜访后，张爱玲写了一篇《忆胡适》，记在初冬的暖阳下，到胡适那栋白色公寓，有着青花瓷，充满中国古典气息的客厅里，拜会这位天下无人不识的大人物。

> 适之先生穿着长袍子，她太太带点安徽口音……态度有点生涩。我想她也许有些地方永远是适之先生的学生，使我立刻想起读到的关于他们旧时婚姻罕有的幸福的例子。

说起来，胡适和张爱玲，原来都是漂泊在异邦的文化旅者，彼此的相晤，总有同是天涯沦落人的凄凉和他乡遇故知的欢愉。从此，两个漂泊者有了相逢何必曾相识的友谊。寂寞时，他们会彼此通过电话、信函问候问候。有一次，胡适先生突然来到张爱玲的居所看望她，二人相谈甚欢。后来她有文字记载了此会见：

我送到大门外，在台阶上站着说话。天冷，风大，隔着条街从赫贞江上吹来，适之先生望着街口露出的一角空濛的灰色河面……他围巾裹得严严的，脖子缩在半旧的黑大衣里，厚实的肩背，头脸相当大，整个凝成一座古铜半身像。

不久，张爱玲得到新罕布什尔州的麦克道威尔文艺营为期两年的写作奖金和免费住宿机会。她辗转来到麦克道威尔文艺营安顿下来。一次，大厅里正在聚会，推杯换盏，欢声笑语，有一个人用明亮的蓝眼睛凝视着刚刚进门的东方女子。这位与大剧作家托脱·布莱希特成为莫逆之交的德裔美国左翼作家费迪南·赖雅，成了张爱玲的第二任夫君。那一年，赖雅六十五岁，张爱玲三十六岁。这桩轰轰烈烈的爱情和婚姻，让张爱玲找到一方宁静的生活绿洲。婚后两情相悦，琴瑟相谐。现实不是娱乐场，穷困和丈夫的疾病一直笼罩着张爱玲，但家庭生活充满温馨。

1961年，张爱玲有了一次台湾之行，她的传奇风光已不在，但台湾的读者，包括白先勇、陈若曦等许多仰慕者，还是追随左右，让她度过短暂的快乐时光。1961年冬，张爱玲重返香港，在宋淇夫妇的关照下，完成了电影剧本《红楼梦》，从电懋公司得到八百美元，于次年3月返回美国。

1967年，张爱玲失去了丈夫赖雅，心寒如冰。1969年，张爱玲搬到加州的伯克利，担任加州大学中国研究中心的高级研究员，开始二十六载的生命历程。

1995年9月8日，当警察打开张爱玲在洛杉矶公寓的房间大门，看到空旷大厅中，精美的地毯上，沉睡着一位穿赫色旗袍的老人，张爱玲孤赴黄泉，传奇化作一缕青烟而去，享年七十五岁。

伊人已去，白云悠悠。让我们检点一下张爱玲在美国的文学创作清单，发现她身虽殒落在异国的土地上，其文学却丰赡地留在人世间。

张爱玲初到美国，将《金锁记》扩充一倍篇幅，成为《怨女》。前者写女主人曹七巧嫁到姜家后的人性变化。而后者，则变银娣为主要人物，写她也嫁到姜家的命运变化及姜家败落的故事。《怨女》完成后，竟没有一家美国出版社准备出版，这很正常，美国人对东方文化知之甚少，小说写得又平淡无奇，也不符合美国读者的阅读趣味。

接着，张爱玲又对《十八春》做了修改，改名"半生缘"，原著歌颂新中国的色彩淡化，曼桢、慕瑾、世钧的爱情悲剧也淡化或删除了。叔惠由参加革命，改为去美国，离婚后返国探亲，与世钧、曼桢匆匆相会，却重叙了与翠芝的旧情。20世纪70年代，《半生缘》才在台湾出版。

1978年，张爱玲的《色·戒》《浮花浪蕊》和《相见欢》三个短篇小说，在台湾《皇冠》杂志发表。这三篇短小说实际写于20世纪50年代初的上海。正如她在《惘然记》的序中说：

> 这三个小故事都曾使我震动，因而甘心一遍遍改过这么多年……这期间三十年的时间过去了。爱就是不问值得不值得。这也就是"此情可待成追忆，只是当时已惘然"了。

《色·戒》是张爱玲开拓小说题材，而又影响较大的作品之一，写在抗日战争中，女主角王佳芝打入汪伪政权内部，以牺牲色相为代价，伺机刺杀汉奸头子易先生的故事。

孰料小说一发表，台湾便有人站出来说《色·戒》是"歌颂汉奸的文学——即使是非常暧昧的歌颂"。

到了20世纪90年代，改革开放多年后，有人写文章说："由于张爱玲完全错误的思想倾向，一个大义凛然的爱国者、女英雄被丑化、被糟蹋了，一个十恶不赦的卖国贼、大汉奸却被写成了英雄。"此论幼稚可笑，把一个真实的事件与虚构的小说混为一谈了。如同把《红楼梦》中的贾宝玉完全视为曹雪芹一般。一个批评家，这点道理应该懂得。

张爱玲在1978年写的《羊毛出在羊身上》(《中国时报·人间》)的辩解，值得重视：

> 我写的不是这些受过专门训练的特工，当然有人性，也有正常的人性的弱点，不然势必人物类型化。

张爱玲此番话，完全属于文学常识，与政治毫不相干。可怕的是有些人至今仍以阶级斗争的观念而非文学观念解读张爱玲的小说，又将政治与文学简单地混为一谈。

《浮花浪蕊》写一女作家赴港后又转赴日本离开故土，漂泊世界，寻找生活出路，介于小说散文之间，时空交错自由散漫，人物也不重在刻画，但因其文字高妙超脱，让人仍读得有滋有味。

《相见欢》则是着眼陈年家事，美人迟暮，简单却颇有深意。

张爱玲还写过不少散文，在国内时结集《流言》，约有五十篇。出国后出了三本散文集，一为《张看》，二为《余韵》，三为《续集》。

张爱玲的散文感情真挚、文字清丽，内容丰富，韵味悠长隽永。其《忆胡适之》堪称散文经典。

张爱玲为生计，写过八个电影剧本，分别是《情场如战场》(1957)、《人才两得》(1958)、《桃花运》(1959)、《六月新娘》(1960)、《南北一家亲》(1963)、《一曲难忘》(1964)、《南北喜相逢》(1964)。题材多为爱情、家庭、友谊及社会问题，既引人入胜，又寓教于乐，拍成电影后，轰动东南亚地区。

张爱玲很少写诗，此处引用她写于1947年的一首诗作结，以飨读者。

我的路

走在我自己的国土。

乱纷纷都是自己人：

补了又补，连了又连的

补丁的彩云的人民。

我的人民，

我的青春，

我真高兴晒着太阳去买回来

沉重累赘的一日三餐。

谯楼初鼓定天下，

安民心，

嘈嘈的烦冤的人声下沉。

沉到底……

中国，到底。

第十六章

翻译古希腊文学和
强横坚持"以真实"回忆兄长的周作人

解把飞花蒙日月，

不知天地有清霜。

——曾巩《咏柳》

新文化运动之《新青年》主要成员，文学研究会发起人之一的周作人，在新文化运动及文学革命中，为新文学的建立和发展都做出了重要贡献，后与"五四"精神逐渐疏离，在民族存亡之际，却躲进苦雨斋，不听爱国作家的一次次劝告，最后自甘堕落，沦为汉奸，留下千古罪名。

抗战胜利之后，受到惩罚，以通敌罪，身陷囹圄。中华人民共和国成立之后，重获自由，再次回到八道湾苦雨斋，他再无颜重归文坛，受命于政府相关部门，开始将精力转到翻译《伊索寓言》及希腊神话工作之中，后出版长达十一卷七千多页的《周作人译文全集》，1949年以后所译占去了绝大部分。

另外，中华人民共和国成立之初，"在朋友的建议下，开始写起与鲁迅有关的文章来"。写了《鲁迅的故乡》《鲁迅小说里的人物》《鲁迅的青年时代》和带有自传性的《知堂回想录》，其中有不少涉及鲁迅。处境卑微尴尬的周作人发表这些文章皆用笔名，是他苟活谋生的唯一选择而已。

当然，周作人"以报告事实为主"式的回忆鲁迅的文字，自有它在拾遗补阙，于琐事中挖掘鲁迅身上更丰富的东西。周作人一贯小心谨慎，以"疾虚妄""爱真实""以事实为主"，刻意"不杂议论"的本色，在写回忆鲁迅的文字中，已有自身强横的坚持。他以不动声色、细雨无声的真实，把被抬进神坛的兄长，拉回充满烟火气的凡俗世界，让人看一个接近真实、有血有肉的凡人鲁迅。功莫大焉。

周作人（1886—1967），又名岂明、启明、知堂，曾是新文化运动和文学革命的主要领袖之一、《新青年》主要成员和文学研究会发起人之一，为新文学的建立和发展做出过重要贡献。他十七岁考入南京江南水师学堂，1906年，随兄长周树人赴日本留学，先入法政大学预科，后进立教大学，曾师从章太炎学国学。1911年，周作人携日籍妻子羽太信子回绍兴，任教四年后，于1917年到北京，任北京大学文科教授，被邀参与《新青年》编辑工作，撰写《人的文学》《平民文学》《思想革命》等主要文章，创作白话新诗、翻译日本诗歌，成为新文化运动和文学革命的倡导者之一。

1921年，周作人发起成立文学研究会，并起草《文学研究会宣言》，表现出反对游戏文学和提倡文学为人生的明确主张。1924年，周作人又成为语丝社主要成员和《语丝》周刊的编辑者，起草《语丝发刊词》，宣布"我们这个周刊的主张是提倡自由思想、独立判断和美的生活"。后周作人由写诗转向散文小品创作，作品收入《自己的园地》《雨天的书》《泽泻集》《谈虎集》。把随笔式散文与理性论文融化在一体，或针砭时弊、讽喻现实，或描写生活琐事、回忆往事。如郁达夫所说，周作人散文"来得舒徐自在，信笔所致，初看似乎散漫支离，过于烦琐！但仔细一读，却觉得他的漫谈，句句有分量"。可谓自成一格，有独特风采，闲适、洒脱而又温暾，又不乏幽默谐趣。胡适也认为，周作人散文的成功，"就可彻底打破那'美文不能用白话'的迷信了"（《五十年来中国之文学》）。

"五四"高潮过去之后，周作人便从"十字街头的塔"走向"苦雨斋"

象牙之塔，殊不知1926年"三一八"惨案之后，他写下了《关于三月十八日的死者》中那副对联："赤化赤化，有些学者名流和新闻记者还在那里诬陷；白死白死，所谓革命政府与帝国主义原是一样东西。"其批判军阀镇压学生，怕连鲁迅都没有过如此锋芒。

1927年之后，社会发生变化，文学队伍也急遽分化改组，革命作家与自由主义作家相互缠斗、左翼作家围剿鲁迅。周作人"站在歧路的中间"，1928年发表《闭户读书论》，宣称面对此混乱局面，只好"关起门来努力读书"，"可以得道，可以养生"。从此间出版的小品散文集《永日集》《看云集》《书房一角》《苦口甘口》《苦茶随笔》等看，他收敛了批判锋芒，洋溢着闲适田园的情韵，这让他成为"京派"散文的主将。

当抗日爱国运动不断掀起高潮，"苦雨斋"里的周作人，依然"闭门读书"，专谈"草木虫鱼"，拒绝胡适和进步文化阵营的规劝，平静地留在日本侵略军占领的北平。在日寇的引诱下，在他与日本独特的关系作用下，意志薄弱的周作人，羞答答地走出"苦雨斋"，充当伪北京大学文学院院长和伪华北教育总署督办，成为民族败类。

抗战胜利后，周作人以汉奸罪被逮捕判刑，关在南京监狱。中华人民共和国成立后，他得到释放，后被安排到人民文学出版社每月领取生活费，过起了隐居式生活，写了大量关于鲁迅回忆性散文，结集为《知堂回想录》出版，作品虽有明显的自辩色彩，却成为研究鲁迅和现代文学的独特参考资料。此后，他还翻译了很多希腊神话。"文化大革命"期间，他悲惨而孤独地死去。

周作人作为新文化运动的主将之一，在中国现代文学史上占有不容忽视的位置。周作人是五四新文化运动和文学革命中，为新文学的建立和发展做出过重要贡献的文化文学的先驱；从文学造诣和成就来说，他又不失为现代中国最优秀的作家之一，他的散文小品闲适、洒脱又温暾，且不乏幽默和谐趣，在现代散文史上占有重要位置，影响过不少作家。特别是他以淡朴典雅的文笔翻译的十一卷七千多页的外国文学的经典作品，已成为翻译界之经典。正如周作人晚年所说："余一生文字无足称道，惟暮年所译希腊神话，是五十年来的心愿，识者当自知之。"我们太过轻慢周作人在翻译方面的重大贡献了。

周作人又是一个毁誉参半的历史人物，至今仍吸引不少研究者和广大读者。

笔者是对民国文学执着的研究者，在笔者创作的七卷本计二百多万字的文化大师集体传记"民国清流系列"中，周作人是一个不可或缺的重要人物。"民国清流系列"从1912年开笔写到1949年初收官，凡三十七年，回望了中华民国的完整历史，力求全景式展示中国现代文学史的复杂宏阔并呈现那代学人的文化人格及风骨灵魂。其第七卷《告别与新生：大师们的非常抉择》中，专门有一章写周作人——《"挥鞭依旧笑嘻嘻"，周作人哀怨刻骨的狱中生活》，记述他因变节而于1945年12月6日被捕，至1949年在监狱中的行状。

光阴荏苒，1949年1月，中国人民解放军解放天津，活捉守敌陈长捷，"宜将剩勇追穷寇"，准备突破长江天堑之前，即将倾倒的蒋家王朝已乱作一团，所谓"运去英雄不自由"，蒋介石见大势已去，宣告引退，在奉化遥控政局，李宗仁出任国民政府代总统。根据国民党的绥靖区相关疏散条例，南京监狱将凡有担保的有期囚徒一律释放。

1949年1月26日，由南京友人尤炳圻出具保单，周作人被保释出狱。1947年12月9日改判十年有期徒刑，在南京老虎桥服刑两年，便逃离牢狱之灾，后据周作人自己说，走出监狱那一刹那，真有点悲欣交集，旋心中吟出诗歌一首，并写在当天日记里：

一千一百五十日，且作浮屠学闭关。

今日出门桥上望，菰蒲零落满溪间。

其日记记曰："桥者老虎桥，溪者溪口，菰者蒋也，今日国民党与蒋已一败涂地，此总是可喜事也。"

周作人在后来写的《知堂回想录》一书中，说此诗的题目为"拟题壁"。可是实在没有题，只是记在心里，七天后，2月8日，才把它写出来。

据资料证明，周作人自被押进牢房，就中断了写日记的习惯，在铁窗中失去人身自由的他，确实没什么可写，即便有些思想活动，写出来无异于公开化。他正式恢复写日记，是该年的4月23日，解放军百万雄师突破长江防线解放南京，京（南京）沪杭警备司令部司令汤恩伯急令国民党军溃退上海之后。周作人一向小心谨慎，在南京解放之前，他怎么敢在日记中写"今日国民党与蒋已一败涂地，此总是可喜之事也"呢？

周作人被尤炳圻父子接出监狱，在友人马骥良家暂停一夜，第二天即又在尤氏父子陪同之下，爬进塞满逃难者的火车，饥寒交迫地度过二十四小时，艰难地抵达上海北站。暮色中，国民党伤兵和大量难民挤满站台，他们乘上一辆三轮车，匆匆行在已处戊子年除夕的上海街头。整个城市已陷入恐惧、紧张、慌乱、凋败之中，毫无年节气象。

周作人暂住尤炳圻家。他与尤炳圻算是老朋友了，1935年，尤炳圻翻译了英格来亨著的《杨柳风》，周作人为之作序，他在《苦行杂记·杨柳风译本》一文中，称赞尤炳圻的译文"清丽"。如今周作人沦为囚徒，念旧的尤炳圻仍以友人相待，让周作人心存感激。

周作人借住的，是尤家的一处面北的小楼，临横滨桥只一箭之遥，推开北窗，便是一条河，夏日前河水悠悠，景色怡然。平时看看书，友人来了闲聊或小酌或进行方城之战，倒也惬意。但寄人篱下，思念妻儿的焦躁却常常让他心绪不宁。特别是经济上因物价飞涨，而稿费不多，让他压力颇大。我们从他4月开始写的日记上，已见蒋家王朝覆灭前的社会动荡，经济的凋敝、物价的飞涨、民不聊生的社会图景，比如日记上所记，4月10日 "托纪生买龙井半斤，四万三千元"，可5月17日，日记载 "买龙井四两，二百万元"。仅一个月，龙井茶竟翻了五十倍，可见一斑。

当然，周作人想得更多的是自己的前途，一个背负汉奸罪的人的未来将会是怎样的。他看似平静而从容，过着散淡的日子，但内心并不平静，他在敏锐地关注着历史转折的律动，已经嗅到社会大变革的气息。1949年2月11日，国民党元老，"反共最早、决心最大、办法最彻底"，蒋介石的密友、理论家戴季陶在广州自杀，蒋 "闻耗悲痛，故人零落，中夜唏嘘"。十天后，李宗仁投石问路，亲赴上海，邀章士钊、颜惠庆等社会名流组成 "上海人民和平代表团"，作为私人代表赴北平，试探中共意向。毛泽东在西柏坡接见了他们。4月20日，国民党拒绝在《国内和平协定》上签字，国共和谈之门关闭，和平解决中国问题的最后希望即告破灭。三天之后，百万雄师突破长江防线，南京解放。5月27日，中国最大城市上海也终获解放。

周作人的日记，记载了其上海解放前的见闻经历。如 "五月四日，上午小峰夫人蔡女士来访，致袁头（铸有袁世凯头像的银圆）五元"。小峰夫人，即上海北新书局主持者李小峰的夫人，李小峰系北京大学哲学系毕业，是周作人的学生，曾参加新潮社和语丝社，曾与鲁迅因稿费问题发生龃龉。

又如 "五月十三平白交来小头（小银圆）五枚，系王心笛所赠，连前龙洋（铸有龙的银圆）共有十一，均由李健吾转来者"。鲁迅曾在《中国新文学大系》小说二集序，提到过李健吾的 "《终条山的传说》是绚烂了，虽在十年以后的今日，还可以看见那藏在用口碑织就的华服里面的身体和灵魂"。

这两则日记，写友人对经济拮据的周作人，予以友谊的接济和帮助。

从后来周作人写的《知堂回忆录·一六一·北大感旧录（七）》中我们还可得知在1948年底，胡适从北平丢下一子，与陈寅恪乘专机飞到南京。12月18日参加南京中央研究院举行的庆祝北京大学五十年校庆活动，后飞往上海小住。于1949年4月6日，怀着万般心情，登上客轮，驶上茫茫大海，奔赴美国，自此与大陆永诀。临走前，胡适多方打探周作人下落，托友人告知，想约周作人同往共同相识的一友人家里吃顿便饭。周作人自然知道胡适与他相晤，意在劝自己南下，离开即将失陷的上海。周作人权衡颇久，几次婉拒了胡适的好意，曾请好友王古鲁转达他的谢意，反劝胡适留下来。该文说："虽未能见听，但在我却是一片诚意，聊以报其日寄诗之情。"

所谓"寄诗之情"，系指1938年8月，胡适从伦敦寄给北平苦雨庵（周作人）的一封信，乃为一首诗：

　　　　臧晖先生昨夜作一个梦，

　　　　梦见苦雨斋中吃茶的老僧，

　　　　忽然放下茶钟出门去，

　　　　飘然一杖天南行。

　　　　天南万里岂不太辛苦？

　　　　只为智者识得重与轻。

　　　　梦醒我自披衣开窗坐，

　　　　有谁知我此时一点相思情。

已经几乎跌入汉奸深渊的周作人，接到爱国者好朋友和智者胡适的这首善意规劝回头是岸的诗，还是很感动。他在一个月后，回复了一首诗：

老僧假装好吃苦茶，
实在的情形还是苦雨。
近来屋漏地上又浸水，
结果只好改号苦住。
晚间拼好蒲团想睡觉，
忽然接到一封远方的信。
海天万里八行诗，
多谢臧晖居士的问讯。
我谢谢你很厚的情意，
可惜我行脚却不能做到。
并不是出了家特别忙，
因为庵里住的好些老小。
我还只能关门敲木鱼念经，
出门托钵募化些米面——
老僧始终是个老僧，
希望将来见得居士的面。

诗中解释没有南下的种种原因，道出对关心自己的胡适的感激，并似也在表达自己不会变节的决心："老僧始终是个老僧。"但是，当此诗寄到胡适手中时，已是1939年底，周作人早已归顺侵略者，脱掉老僧的袈裟，当起日寇魔下的"督办"了。胡适一年多才接到此信，因周作人是以胡适的别名"胡安定"寄给中国驻美国华盛顿大使馆的。胡适在该信上题诗曰"两张照片诗三首，今日开封一惘然。无人认得胡安定，扔在空箱过一年"，表示对周作人变节的"惘然"和不满。

胡适劝其南下，周作人再一次婉拒而决心留在大陆，与1938年夏天选择留在北平，意义大不相同。老实说，1949年4月初，他做出不与老友胡适一起离开上海的决定，需要勇气，有些冒险意味。他不会没读过1936年12月1日《文学月刊》第一期发表的李霁野写的《忆鲁迅先生》一文。

该文中说：

> 最后相见时，我们谈起我们深为怀念的F君（冯雪峰），先生自己并不提起这件事，却只说到他诚实。讽刺着当时的"革命文学家"对自己的攻击，先生故作庄重的问F君说，你们来到时，我要逃亡，因为首先要杀掉的恐怕是我。F君连忙摇头说：那弗会，那弗会！

即便周氏兄弟早已闹翻，周作人当会读到兄长鲁迅1934年4月30日《致曹聚仁信》（《鲁迅全集》卷十二）中的话：

> 倘当崩溃之际，竟尚幸存，当乞红背心（上海租界清洁工人所穿）扫上海马路耳。

多年来当我们的社会高度意识形态化，"鲁迅"已被作为一种"话语"，怎样谈论，已转为政治行为。

周作人自然知道留下来将面临凶险，但自己已是戴罪之身，无论是国民党还是共产党，都会与他算"附逆"之罪。前者释放自己，乃是权宜之计，而后者总会念自己曾帮助过共产党，李大钊被捕，他曾与进步人士呼吁当局释放这位中共领袖。李大钊喋血被杀，他与胡适等人救护其遗孤，后又设法帮助保存文稿整理出版李大钊遗著，虽最后未果，但他是尽力了。在当了日寇的 "督办" 之后，他还尽力暗里协助送进步青年去延安。他还是心存幻想。

上海解放，他亲眼看到解放军纪律严明，夜宿街头秋毫无犯。偌大的上海，由动乱到稳定，给他的印象颇为深刻。而前面提到的李健吾，刚从北京参加第一次文代会返沪，向他介绍了北京社会鼎故革新、欣欣向荣的景象，文界友人欢聚一堂，聆听毛泽东等中共领袖到会讲话，鼓励知识分子为新中国建设添一把薪火，文艺界意气风发……

1949 年 8 月 14 日，周作人回到阔别四年多的北京，在太仆寺街小住四天。故居八道湾十一号在四年前他被捕后，以敌产遭查封，不久国民党宪兵队在此安营扎寨。解放军进北京后，人民政府多方考虑，将八道湾归还原主，周作人那封信起了作用。周作人到京后，由人打扫、安置，携儿子周丰一推开八道湾已斑驳的木门，走进他熟悉的几经风雨变故的苦雨斋。举目四望，他任 "督办" 时翻建的前院依旧，只是院中杂草丛生，有点荒凉。他那悠然吃茶、读书、写作、会客的苦雨斋书房，虽已变得破败，但那份宁静清雅，还是让他感到亲切和温暖。

重回八道湾十一号不久，他便躲进苦雨斋，开始重新翻译英劳斯《希腊的神与英雄与人》。拟交上海文化生活出版社出版，巴金后来亲自审校。此译作也算命运多蹇，他在狱中服刑时，已认真译过，不料送到正中书局后，被一场大火吞噬，化为灰烬。令周作人没想到的是，《希腊的神与英雄与人》译出后，文学研究会发起人之一，长篇小说《倪焕之》作者，小周作人九岁的老朋友叶圣陶突然登门拜访。已经就任出版总署副署长之职的叶圣陶，并非只为来叙旧，而是约请周作人翻译希腊作品。叶圣陶与周作人并不很熟，但与周作人的高徒俞平伯一直相交颇深，1917 年由俞平伯介绍，叶圣陶加入新潮社，后俞平伯、叶圣陶等合编文学研究会刊物《诗》。有这层关系，他们的晤面，相谈甚欢。后来，小周作人四岁的文学家、新文化运动的积极倡导者之一的郑振铎，也为周作人的翻译提供帮助，为他送来《伊索寓言》的希腊文本和法文译本。周作人又始译《伊索寓言》。据老同事聂绀弩说，因人民文学出版社工作之事，多次登门访苦雨斋，总见周作人案头铺有纸笔和外文书籍，见客人来，彬彬有礼，眉宇中有一种从容之气，宾主落座，夫人就会端来热茶。聂老师谈到周作人，还曾脱口引《春觉斋论文》中的话："至于精神命脉骨髓，则非洗涤心源，独立物表，具古今只眼者，不足与此。"

1949年11月15日，亦即回北京三个月后，周作人应邀给上海《亦报》写稿，以笔名发表《说书人》，直到1952年3月，共发表九百多篇文章。同时，还给《大报》写了四十多篇文章，几乎每天一篇，加起来竟有七十万字。也就是说，当时人民政府并没有剥夺周作人的写作权利。而周作人也有自知之明，不以本名发表，不触及时政。以给《亦报》写的"亦报随笔"为例，除少量涉及"新妇女""赞成大团结"等外，多写"经学史的教训"及"秋胡救妻"等文坛典故逸闻之类，其间不难发现周作人在文章中，对新政权有恭顺拥护之倾向，有对"人间本位主义"新风的趋同。同时，其文章中在表现平民趣味、艺术境界时，又顽强地渗透出周作人的人性要求与人生哲理。但总体上看，解放之初，周作人有复归平民化的色彩，其文学风格，还是较为明朗、轻松的。自然，骨子里的士大夫之气，岂能就那么轻易地脱胎换骨呢？其灵魂必有深刻的苦痛。

纵观周作人给上海《亦报》《大报》写的林林总总、五花八门的随笔，让人有一种大材小用之感。想当年，在新文学运动中因其富有重大理念和实践意义的文学为人生的主张的周作人，郁达夫曾高度而精彩、知人论文地评价了周作人文章的独特风采，带着苦味的幽默和谐的"周作人的文体，又来得舒徐自在，信笔所至，初看似散漫支离，过于繁（烦）琐，但仔细一读，却觉得他的漫谈，句句有分量，一篇中，少一句就不对，一句之中，易一字也不可……周作人是湛然和谐，出诸反语"（《〈中国新文学大系·散文二集〉导言》）。让这样的曾为新文学的建立和发展做出过重要贡献的大师级人物，总去写知识性、趣味性的小品，再也看不到周氏往昔文章的神韵风采，读者心有不甘，周作人又岂愿束缚于狭窄的小天地内呢。

有研究周作人的专家说，中华人民共和国成立之初，周作人为写什么而"困窘"之时，"在朋友的建议下，开始写起与鲁迅有关的文章来"。笔者倒觉得，"不谋而合"最为贴切。

1937年10月19日，毛泽东在延安举行"纪念鲁迅逝世周年大会"上，发表《论鲁迅》演讲，说"鲁迅在中国的价值，据我看要算是中国的第一等圣人……鲁迅则是现代中国的圣人"（《毛泽东文集》第二卷）。1940年，毛泽东在《新民主主义论》（《毛泽东文集》第二卷）中，称鲁迅是"文化新军的最伟大和最勇敢的旗手"，"鲁迅是中国文化革命的主将，他不但是伟大的文学家，而且是伟大的思想家和伟大的革命家"。

写鲁迅顺应潮流、正当其时，周作人自有别人没有的天然便利条件。事实证明，写鲁迅是周作人进入新社会文学活动最为活跃、最有成就的最为重要的部分，其作品有《鲁迅的故乡》《鲁迅小说里的人物》《鲁迅的青年时代》，带有自传性的《知堂回想录》中也有不少写鲁迅的。

周作人与鲁迅，自1923年失和以后，兄弟之间，都不约而同地遵循回避公开谈论对方的默契，特别是周作人鲜有写鲁迅生前身后的文字。当然在重大世事时刻，兄弟二人或有"联手"，或有"交锋"，不过不纠缠个人恩怨。鲁迅逝世到1949年以前，周作人写鲁迅的文章不少，但多涉及鲁迅的作品，对鲁迅早期生涯几乎惜墨如金。这对当时完整地研究鲁迅，不能不说是一大缺憾。

1936年鲁迅逝世之后，周作人态度依旧，谢绝一切关于鲁迅的约稿，自己只写过《关于鲁迅》《关于鲁迅之二》等少量文章。那时的周作人，对鲁迅私人感情极为抵触，对鲁迅参与左翼文学的积极态度更为不满，认为是一种"投机"、一种"学时髦"。

有些学者认为，1949年以后，时过境迁，处境卑微尴尬的周作人，写"以报告事实为主"式的回忆鲁迅的文章，是他苟活谋生的唯一选择，意义仅在拾遗补阙，于"琐事"中挖掘鲁迅身上、文中更博大的东西，为构筑"现代中国的圣人"鲁迅补些薪柴、色泽而已。这些学者没有料到，这个一贯小心谨慎的周作人，以"疾虚妄""爱真实""以事实为主"，刻意"不杂议论"的本色，在回忆鲁迅的文章中有自身的坚持。他以不动声色、细雨无声的"真实"，把兄长拉回充满烟火气的凡俗世界，让人看到一个有血有肉的凡人鲁迅。

周作人在《鲁迅的青年时代》中说：

> 说是事实，似乎有价值却也没价值，因为这多是平淡无奇的，不是奇迹，不足以满足观众的欲望。一个人的平淡无奇的事实本是传记中最好资料，但唯一的条件是要大家把他当作"人"去看，不是当作"神"。

周作人是个大傲若谦的人，他在"终结"鲁迅"神话"的同时，似乎也在暗示自己被人误解的苦楚及命运的蹉跎。

中华人民共和国成立之后，整个社会已逐渐高度意识形态化，鲁迅作为一种话语，如何评价，已成为一种政治行为。周作人敢于挑战鲁迅神话，是需要胆识和勇气的。在那样以阶级斗争为纲的语境下，周作人能坚持把鲁迅视为"人"而非"神"的观点，更值得尊重。

1958年5月，很多知识分子被错划为右派。因其特殊身份，幸免于难的周作人在当月20日，给香港的友人曹聚仁写了一封信，信中表示对曹聚仁写的《鲁迅评传》"很有兴趣"，称其见解"十分正确"，尤称许曹"不当他（鲁迅）是'神'看"。周作人说：

> （鲁迅）死后随人摆布，说是纪念其实有些实是戏弄，我从照片看见上海的坟头所设塑像，那实在可以算是最大的侮弄，高坐在椅上的人岂非即是头戴冠之形象乎？假使陈西滢辈画这样的一张相，作为讽刺，也很适当了。（《周曹通信集》）

其实，周作人上面的观点，早在其《鲁迅与弟兄》一文中，已经表达过。《鲁迅与弟兄》从鲁迅画像的不像，说到画像时说，"画出来的是战斗的鲁迅的一面"，"总不够全面"，道出作为"人"的鲁迅，是被拔高为"神"的这一事实。

早些时候，许寿裳曾约请周作人，共同编撰《鲁迅年谱》，作为兄弟，周作人为此提供不少资料，却不同意列名。在给许寿裳的信中，周作人态度明确地说："赞扬涂饰之词，系世俗通套，弟意以家庭立场，措辞殊苦不称。"（许广平《鲁迅年谱的经过》）周作人反对"赞扬涂饰"美化鲁迅，是一贯的，这超越了兄弟的恩怨和家庭的荣辱。

一直以来，文学史忽视或低估了周作人翻译方面的重大贡献。2012年，十一大卷，长达七千多页的《周作人译文全集》，由上海世纪出版集团北京世纪文景文化传播有限公司出版。全集所收书目翻译时间，从1905年到1966年，1949年以后所译占全集的大部分。据说，周作人研究者止庵，为整理出版全集，花去十五年时间。他在编此全集时，根据周作人的手稿，将过去出版时删减和改动的部分，恢复原貌。

说到周作人翻译的手稿，笔者有幸在20世纪80年代初目睹了五六千页周作人的翻译手稿。那是改革开放之初，在解放思想大潮的鼓动下，出版界呈现了十分活跃的局面，人民文学出版社不断推出一些被打入冷宫的文学作品。笔者当时编大型儿童文学季刊《朝花》，该杂志的重要内容是向读者介绍世界优秀文学作品。笔者早就听说周作人的大量译稿存在库房，征得主管《朝花》的领导屠岸的同意，与同事崔坪从库房一大堆译稿中选了一摞周作人的译稿。其中有几篇《伊索寓言》的译稿，原稿用钢笔书写，很工整，译者自己改动不多，但外文部编辑和负责人留下的删改痕迹不少。笔者特别留意译者的精彩注释，不知何故，被人划掉，有些地方改得让人莫名其妙。笔者请教屠岸，这位莎士比亚爱情诗的译者叹息，在过度意识形态化的语境下，谁会尊重一个身败名裂者。他还说，周作人的不少译稿，是人民文学出版社建社之初，从上海转过来的，压了多年。

最后，我们选了两篇《伊索寓言》，将译稿与已出版的《伊索寓言》对照，恢复了不少删去的文字，拟发下期《朝花》。可惜，社里报刊过多，分散了精力，拟裁撤两本刊物，《朝花》便是其一。笔者草拟了一份动情的《朝花停刊词》，发在最后一本《朝花》后，奉调至《当代》上班，便将借出的那沉甸甸的一摞周作人译稿退回。

笔者因工作之便，名家手稿过手不少，但周作人那散发着儒雅之气的手稿，至今仍历历在目。笔者写作七卷本"民国清流系列"的过程中，每写到周作人，就会忆起他那摞手稿。

20世纪80年代中期，人民文学出版社建社三十五周年，拟搞社庆，笔者受命参加筹办。笔者曾建议在会场展览鲁迅、郭沫若、茅盾、巴金等名家手稿，其中包括周作人。会场定在北京饭店西楼大会议厅。四周早已挂满毛泽东、邓小平等党和国家领导人的题词和各界名流题赠的字画。展览名家手稿之议，只能作罢。

20世纪80年代末90年代初，周氏兄弟的家属特别是鲁迅之子海婴因版权归属问题，与人民文学出版社发生争执，不得不诉诸法律。许广平已在中华人民共和国成立之初，同意将鲁迅全部作品版权献给国家，凭据尚在。结果，自然版权及出版所获得的利润仍归人民文学出版社所有，再次昭示，鲁迅乃国家之鲁迅。

大约是1990年，人民文学出版社社委会决定将周作人的翻译手稿退还家属。五六千页，几百多万字的手稿，分装几十个大纸袋中，完璧归赵（据说《日本狂言选》增订本和五万多字的《平家物语》译稿丢失）。笔者目睹这一切，心情复杂：见大师皇皇译稿，可敬；一直沉睡冷宫，可叹；终于物归原主，可喜。

说到周作人手稿，有件事值得一提。1918年，周作人在北京大学一个文学研究会上，发表过题为"日本近三十年小说之发达"的演讲。此演讲的初衷，是当时中国有一种文化自大、藐视日本文化的倾向，对此周作人在演讲中，告诫说日本近代小说的发展，有许多值得我们学习的地方。演讲稿写好后，鲁迅读了，顺手把自己的一些意见，用毛笔写在周作人的稿纸上。当时兄弟二人尚未反目，两位新文化运动的领袖，对同一问题发表意见，并写在同一稿纸上，是现存二人文献中绝无仅有的一份。周作人深知其珍贵，亲手把其装订成书册的样子，收藏起来。据其长孙周吉宜（曾任中国现代文学馆副馆长）先生说，直到1966年6月"文化大革命"爆发之前，此文稿"一直在祖父的屋子里"。令人不解的是，2012年，这部手稿突然出现在嘉德拍卖公司举办的唐弢藏品专场拍卖会上（《读书周报》头条）。唐弢那时已去世多年，留有周氏兄弟墨宝的《日本近三十年小说之发达》的珍贵手稿，怎么会为唐弢所拥有，一时成为谜团。唐弢曾参与1938年版《鲁迅全集》的编校工作，1959年调北京中国科学院文学研究所任研究员，周吉宜先生多次追讨"文化大革命"中遗失的《日本近三十年小说之发达》手稿，但此手稿还是于2012年5月12日被拍，成交价人民币一百八十四万元。周吉宜被迫到法院打官司，可惜至今无果。

笔者的忘年交、人民文学出版社社长严文井告诉笔者，1953年，北京法院再次追究周作人日伪时任"督办"事敌之责，判决剥夺周作人的政治权利，令原本活得尚自在，以笔名发表不少回忆和译作的周作人始料不及，他以为给周恩来的信以及鲁迅之弟的特殊身份会起到作用，人民政府会对他网开一面。周作人刚刚唤回的苦雨斋老僧那种悠然感觉，一下子烟消云散。还是毛泽东的指示，挽救了他。严文井说，毛主席对周氏兄弟不薄，高度评价鲁迅，又给周作人施展其翻译才华的机遇。

周作人被社会边缘化，离群索居，躲过了严酷的政治运动、阶级斗争。在知识分子被整肃的风风雨雨中，他躲进苦雨斋，迎来了翻译的高潮期。在友人被打成右派，扔掉手中的笔，操起锹镐在荒原以艰苦的劳动改造自己的时候，周作人临窗用笔在纸上耕耘，译出几百多万字的外国文学精品。

1965年4月，八十高龄的周作人在遗嘱中说：

> 余一生文字无足称道，惟暮年所译希腊对话，是五十年来的心愿，识者当自知之。

1966年，"文化大革命"风暴掀起之前，周作人在给朋友许诘的信中说：

> 现在这十多年来，得以安静译书，也是我以前未曾有过的境遇。以前以教书为职业，没有余暇做翻译的工作，现今是工作与职业合一了。

20世纪80年代初，笔者有一次到沈从文的崇文门寓宅拜访，偶尔谈及周作人。沈老说，解放后，自己改行到博物馆工作，叶圣陶、茅盾诸君因负有领导工作，创作几乎停顿，偶尔为之，早已没了情韵神味，而周作人先生在被人冷落的岁月，不声不响地翻译了那么多外国经典作品，其成就大焉。

当然，也有人，比如郭沫若，死活看不上周作人的翻译风格。20世纪30年代初，郭沫若点名批评周作人的翻译是硬译、死译，要将周作人 "屏诸文坛之外"。郭沫若不赞同周作人之翻译风格，属于文学批评范畴，并无过错，但动辄即 "屏诸文坛之外"，未免过于霸道。大凡读过周作人翻译的《枕草子》，都会因其主张 "少发挥" 的直译，最大限度保持原著的风貌，辅以散文家简约典雅的文字，而追捧及喜爱之。周作人由此成为直译派之先驱。

周作人在翻译外国文学作品时，在那样高度政治化的历史条件下，竟能以多种手段委曲地表达自己的爱憎、思想和美学观念，其间自然也有太多的无奈与悲凉，但能在疾风暴雨或阶级斗争严酷的环境下，在苦雨斋从事自己喜爱的翻译生涯，徜徉在干净美妙的别样的文学风景里，又是何等幸运呢！

中华人民共和国成立早期，经历着困窘无奈的周作人，幸运地迎来了人生第二次写作高潮。

正如诗云："翻然一只云中鹤，飞来飞去宰相衙。"（蒋士铨《临川梦·隐奸》）

第十七章

战士作家孙犁与《风云初记》《铁木前传》

明月不归沉碧海，
白云愁色满苍梧。

——李白《哭晁卿衡》

中国轰轰烈烈、铁流万里的革命战争，孕育了军旅作家群。他们的军旅文学，因和当时激烈的社会情绪与高蹈的意识形态相契合，成为中国文学的重镇，在很长时间里是主流文学。

军旅小说的主题，如曲波的《林海雪原》是讴歌武装革命斗争的胜利，英雄主义和理想主义旋律弥漫其间，在艺术上多倾向中国传统古典战争小说的传奇与故事。其作品粗糙、稚嫩，但能满足群众了解革命战争的渴望，以及通俗形式的审美需求，故风靡一时，形成了20世纪五六十年代长篇通俗战争小说的一股热潮。军旅文学远远逸出文学的范围，持久有力地引导读者的思想、感情信仰甚至行为规范，给新中国的精神历程上烙上深深的印记。军旅文学，伴着我军建军而生，不断繁荣。早期臻于成熟的作品，只有孙犁的短篇小说《芦花荡》和《荷花淀》等，后有马烽、西戎的章回体长篇小说《吕梁英雄传》。中华人民共和国成立后，军旅小说雨后春笋般出现了，有马加的《开不败的花朵》，柳青的《铜墙铁壁》，孔厥、袁静的《新儿女英雄传》，石言的《柳堡的故事》等。抗美援朝战争爆发，成为军旅文学的焦点，遂有杨塑的《三千里江山》，陆国柱的《上甘岭》，魏巍、白艾的《长空怒风》等小说。但多是应急之作，鲜有魏巍的战地通讯那般写得深刻。

到了20世纪50年代中期，杜鹏程的《保卫延安》、孙犁的《风云初记》、吴强的《红日》、曲波的《林海雪原》、刘知侠的《铁道游击队》等一批优秀长篇小说，掀起了军旅小说的新高潮。

　　进入20世纪80年代，军旅小说又有所发展，但在当代小说格局中未能取得像以前那样，长久独领风骚的显赫地位。这合乎文学规律，在和平年代，作家更关注和表现常态的社会人生。

　　中华人民共和国成立前后，战争题材和农村题材是文学创作的重镇。孙犁的创作与两者密切相关，除少数作品，均不在此后文学史论述的"主流"范畴之中。《风云初记》和《铁木前传》都是主动疏离"主流"之作，一直被"主流"批评家诟病。茅盾说，表现战争和土地问题这类庄严的主题，"除了常见的慷慨激昂笔调，还可以有其他风格"。其实，文学本无题材大小之分，都有各自的出发和抵达。在孙犁看来，一些文学作品在"反映农民伟大的行动方面还处在幼稚的草创的状态"。作品中的人物"异常单纯"，失去了生活中原有的丰满和复杂。他反对小说"常常是情节简单，没有穿插，没有矛盾，不热闹也不紧张。人物死板，没有性格和灵魂，一切都是直线的、表面的。没有外来的影响，也没有内心的变化，像是作者用手推着他们前进"这种简单化、概念化直奔主题的倾向（《文艺学习》）。

　　孙犁不因循"主流"，而是另辟蹊径，以"牧歌"方式处理战争题材，在个人视角下写了《荷花淀》《小胜儿》这样美学意味浓重的作品，在轰轰烈烈、铁流万里的解放战争时期，独领风骚。《铁木前传》分明在合作化运动的背景下，讲述人物命运，叙事看似散漫却和谐统一，介于小说散文之间，意在向人性和人情的深层结构开掘，留下更多的阐释空间。

　　时间是个裁判者，当年的"主流"作品不少被人淡忘，而非主流的孙犁作品长盛不衰，魅力永存。现实主义是广阔的，涵盖主流和非主流，同属美学范畴。孙犁及其非"主流"作品，留下了人间真气，留下了京派文人的趣味风神，留下一个战士的精神写真。学者孙郁说："孙犁的热，在其身后一直持续着，成了文坛的趣话。"是了，孙犁的热不仅是文学话题，也是关乎生命和人格的"趣话"。

孙犁以平津代表团成员，参加了第一次中华全国文学艺术工作者代表大会。

20世纪80年代初，一个冬季，笔者与同事赵惠中（后调任和平出版社社长），前往天津拜会鲍昌和方纪，后又到多伦道寓所拜访了孙犁先生。身着对襟棉袄、戴着套袖的孙犁先生有些消瘦。握手时，他的两盆青翠的水仙正开着几簇白花，散发着几缕幽香。墙上挂着几幅水墨画和几轴书法。客厅不算宽敞，却有浓郁的书香气。见孙犁先生精神还算不错，笔者也放松了心情。

拜访孙犁先生之前，鲍昌父子告诫笔者，孙犁先生的第二次婚姻出现了问题，他正处于困惑和反思之中，不要过分打扰。他们还将孙犁先生刚发表的《地震》一文递给笔者，让笔者思想有个准备。

《地震》文中，提到第二任妻子张保真离开时，有这样一段："吃饭中间老崔说：'就一个人过吗？''你嫂子（孙犁前妻）去世了。'我说：'这我听说了。'老崔放下筷子，抹了一把眼泪：'不是又续了一个吗？''是续了一个。'我说：'这几年我一直境遇不好，人家也不愿意来了。'"

看后，往多伦道的途中，笔者心有惴惴焉。

落座，孙犁先生点上烟，竟然主动谈起来，说到当时一篇很受关注的小说《哦，香雪》，甚至很兴奋，他很赞赏铁凝的这篇小说，说注重描写纯真、清丽的少女情怀，还说他曾为铁凝1980年出版的小说集《夜路》作过序。笔者读过该序。他在序中写道："你对生活，是很认真的，在浓重之中，能作淡远之想……有方向而能作曲折。"

孙犁先生提到，铁凝写过一篇短篇小说《灶火的故事》，自己很看重，请省里一些老前辈给把把脉，他们看后，对她说"路子"不对，希望她还是按"路子"写。铁凝犹豫了，斗胆寄给了孙犁，本想听听老作家的意见，不料这篇一万五千字的小说，在孙犁的倾力推荐下，发表在《天津日报》，接着被《小说月报》转载。

孙犁先生笑笑说，好小说，以生命之笔为之，在曲直之间，大爱的情思、大美的趣味，弥漫在审美的世界里。铁凝的小说，即使他不推荐，别人也会推荐，这是一个有潜力的年轻作家。

我们还谈了笔者喜欢的林斤澜。孙犁先生说："斤澜是我喜欢的严肃作家，他的创作有所主张，重在探索，虽不像别人大红大紫，却是真正的艺术品。"回京，笔者将这话转达林斤澜老师时，一贯爱开玩笑的他，突然严肃起来说："孙犁先生在鼓励后进。"林斤澜老师的夫人曾是笔者的同事，在一旁笑道："孙犁是他崇敬的大师。"

1993年，孙犁先生在天津第一中心医院做了胃部手术。笔者在秦兆阳先生家得到鲍昌之子光满的电话，秦兆阳先生让笔者代表《当代》和他个人到天津看望孙犁先生。

秦兆阳先生说，1942年9月，晋察冀边区文联创办了文艺刊物《山》，以纪念鲁迅逝世六周年，秦兆阳、孙犁和沙可夫皆为编委。编辑部设在牛栏村东头，一间不大且存放不少农具的破旧小屋里，每天只有孙犁先生借着一尺见方的小窗投进的光线编辑和校稿，有时还要刻蜡版。创刊号上发表了梁斌的中篇小说《父亲》(原名《三个布尔什维克的父亲》)。秦兆阳先生说，梁斌的成名作《红旗谱》的前身应该就是《父亲》。孙犁先生曾为此写过《编后》。因为当时没有印刷机，《山》和后来的《平原杂志》只是用手工刻版，用洋粉连纸油印，故存世量极少。

笔者到天津第一中心医院，给刚刚顺利做完大手术，死里逃生的孙犁先生献了一束鲜花，替秦兆阳先生传达了想念祝福的话。老人苍白的脸上，泛起了微笑："老芹，擅水墨，咋不送幅过来？"

新世纪第二年夏，孙犁先生于7月11日在天津市总医院去世，享年八十九岁。笔者因与家人在台湾，没有给孙犁先生献上一枝白花。朋友们说，孙犁先生一生淡于人事，不热衷于团体活动，谢绝一切会议的邀请和社会活动，真正做到了知行合一，恪守自己的名言"文人宜散不宜聚"。他因病赋闲，坐拥书城，春秋易度，闭门谢客，苦读诗书，伏案创作，安放自己那颗纯净高远的心，热心帮助年轻作家，不泯良知道义，对社会和文界的不良现象绝不苟且，总会刺上一枪。

孙犁在《曲终集》后记里，留下了这样的文字："人生舞台，曲不终，而人已不见；或曲已终，而仍见人。此非人事所能，乃天命也。孔子曰：天厌之。天如不厌，虽千人所指，万人诅咒，其曲终能再奏，其人则仍能舞文弄墨，指点江山。细菌之传染，虮虱之痒痛固无碍于战士之生存也。"今人视此，确有深意。他一生都逼视人的灵魂，看似离群索居，远离尘世，但他的葬礼人山人海，人们从来都没忘记这位晚年文人气较重，却永存人间真气的作家。他把自己定成战士，这恰是他人文精神的写真。中国文化塑造了中国文人的优美人格，其文化精髓已融化为孙犁内在的人格精神，外化为他的风神。

孙犁在《自传》中说："我的作品有：短篇小说集《白洋淀纪事》，散文集《津门小集》，诗集《白洋淀之曲》，长篇小说《风云初记》，中篇《铁木前传》，论文集《文学短论》《文艺学习》，选集《村歌》，儿童读物《少年鲁迅读本》《鲁迅和鲁迅的故事》等。"《自传》写于1978年8月。1992年，百花文艺出版社出版了《孙犁文集》(珍藏本)。2004年，人民文学出版社出版了三卷本《孙犁全集》，集中反映了他的创作道路和面貌。

　　据孙犁《自传》，其文学之路，大体可分三个时期。

　　第一时期为求学期。十二岁，孙犁"随父亲在安国县城内上高级小学"，"我开始接触了五四以后的文学作品，例如文学研究会的东西，其中有鲁迅、叶圣陶、落花生的小说"。十四岁，孙犁入保定育德中学求学，"这是一座有名的私立中学，它以办过勤工俭学的留法准备班，培训了不少人才著名"。孙犁读初中时，开始在校刊《育德月刊》上发表作品，其中有小说和独幕剧。在高中时，孙犁阅读"当时流行的社会科学和苏联十月革命家的文学作品"，"对文艺理论发生了兴趣，读了不少这方面的著作，并开始写这方面的文章"。高中毕业，无力升学，孙犁开始"在北平流浪，在图书馆读书或在大学听讲，陆续投稿"。为生计，1936年，孙犁到小学教书，"从上海邮购革命的文艺书刊，陆续进修，并初步了解了白洋淀一带人民群众的生活"。这段生活，是孙犁的文学准备阶段。

　　第二时期是从参加革命到中华人民共和国成立的十二年，边革命边写作的时期。1937年冬，孙犁参加了抗日工作，"在其中编了一本革命诗人的诗抄叫《海燕之歌》"。他在《红星》杂志上发表了长篇论文《现实主义文学论》，在《冀中导报》副刊上发表了《鲁迅论》。次年，孙犁到"冀中军区办的抗战学院当教官，教《抗战文艺》和《中国近代革命史》"。1939年，孙犁到阜平，"在刚刚成立的晋察冀通讯社工作"，在那里编写一本供通讯员阅读的小册子《论通讯员及通讯写作诸问题》，铅印出版，并编辑油印晋察冀最早的刊物《文艺通讯》。他在上面发表《一天的工作》和《识字班》等文章。此后，孙犁又到晋察冀文联、《晋察冀日报》、华北联大等地，"做过编辑和教学工作，同时进行文学创作"。1941年，孙犁曾回冀中边区，在那里帮助编辑了《冀中一日》，写《区村和连队的文学课本》(后名《文艺学习》)。1944年，孙犁到延安，"在鲁迅艺术学院工作和学习"，发表了《荷花淀》《芦花荡》《麦收》等著名小说。"1945年，日本投降，我回到冀中，下乡从事写作，参加土地改革工作"，写了《钟》《碑》《嘱咐》等小说和一些散文。这战火纷飞的十二年，孙犁是战士，又是作家。

第三时期始自中华人民共和国成立，到孙犁逝世。这风风雨雨的五十三年，是孙犁创作和养病的岁月，从气象上看是由明丽、清秀的调子，向沉郁深刻的蜕变，积淀了伟大作家应有品格的过程。1949年，孙犁随大军开进天津，"到《天津日报》工作，在这里我写了《风云初记》和《村歌》等作品。1956年，我身体开始不好，写作就少了"。其实他在《风云初记》之前，还写过《山地回忆》《吴召儿》等，之后又写了中篇小说《铁木前传》及随笔集《书衣文录》。

他写在图书书皮上的谈艺录，释放内心郁闷、自我吟咏的文字，碎片之间分明弥漫着家事、国事的思考和关注。比如在"文化大革命"期间，写在陈老莲《水浒叶子》书皮上的那篇文字："此册系亡者伴我，于和平路古旧门市部购得。自我病后，她伴我至公园，至古董店、书店，顺我之所好，期有助我病速愈。当我疗养期间，她只身数度往返小汤山、青岛。她系农村家庭妇女并不识字，幼年教养，婚后感情，有以致之。我与她有惭德矣。呜呼！死别已五载，偶有梦中之会，无只字悼亡之言，情思两竭，亡者当谅我乎！"这等文字，写出了失去妻子的伤感，也借此抒发了对"四人帮"掀起暴乱的不满，有鲁迅的神韵。

1979年，改革开放之后，孙犁写了许多言简意赅的短篇，充溢着饱经忧患的痛定思定，多咀嚼人生的苦涩，却风格清峻沉郁，陆续结集《晚年集》《老荒集》《秀露集》《耕堂杂录》《澹定集》《尺泽集》《远道集》《老荒集》《陋巷集》《无为集》《如云集》，还有《芸斋小说》等。孙犁最后一本书是《曲终集》，出版于20世纪90年代。其后记表达了古今知识分子阔大的情怀，以及中国文人老实创作，只求人格不倒的精神。

　　《风云初记》是孙犁唯一的一部长篇小说，完成于 1954 年春。《天津日报》编辑部后面多伦道 155 号的二楼小屋，三面环窗，外有木廊，冬天透寒风，夏日有日晒，屋内一桌、一椅、一床、一脸盆架。当时孙犁在此一边工作，一边写《风云初记》。他用毛笔，伏木桌，一天写五百字。每天，他以宁静又清醒的心情，回忆着并不遥远的战争岁月。落笔时，冀中人民在党的领导下，坚韧不拔、乐观积极地参与民族解放伟大而艰苦卓绝的斗争的一幕幕，浮现在眼前，陶醉其中，激发他表现的欲望。他在《忆晋察冀的火热斗争生活》（《上海大学》，1978 年）中说："面对祖国的伟大山河，循迹我们漫长的征途，我们无愧于党的原则和党的教导吗？无愧于这一带的土地和人民的支援吗？无愧于同志、朋友和伙伴在战争中形成的情谊吗？"这种不可愧对，激励着孙犁的创作，也成为《风云初记》浓重的思想底蕴。

　　《风云初记》写男女主人公的命运。芒种和春儿在抗战爆发前，按照传统方式生存在冀中平原的小村里，结婚后凭借勤劳、真诚的本色，患难相依。七七事变后，参加高蠡暴动，后投奔红军，参加二万五千里长征的高庆山，回到故土，是根据党的指示重返家乡，建立抗日武装和抗日政权。芒种很快成为抗日武装的骨干，春儿也成了当地抗日救亡的积极分子。这一代有觉悟的年轻人，以拆城、破路、斗地主汉奸、做军鞋、护伤员等看似平常平凡的活动，参与了整个伟大的民族解放战争。在抗日救亡斗争中，传统农民勤劳善良的品质升华为一种新的思想、新的文化，他们成为有觉悟的新人、革命的铜墙铁壁。

　　《风云初记》作为一部反映抗日战争的长篇小说，具有揭露侵略者罪恶，弘扬人民抗敌御侮的民族气节，歌颂共产党领导抗战伟绩的深厚意蕴。孙犁对这场战争有独特的表现，通过主人公芒种和春儿等鲜活人物的塑造，在冀中平原的村落里，让两代人反抗侵略者的意志，对未来美好的理想，逼真地跳跃在眼前。孙犁独特感受的抒发，使作品的全部内容个性化、诗意化，"是以生命之笔为之，曲直之间，大爱的情思弥漫，悲壮的感觉笼罩在作品之中，那段时光对于他来说，不是夸耀的资本，而成了生命旧迹的一种回溯。但这种回溯多个体化内省，看得出是红色小说里的异样存在"（孙郁《孙犁的鲁迅遗风》）。文学为表现抗战提供了无限广阔的空间，可以说，《风云初记》是孙犁对中国当代文学的独特贡献。

孙犁在回顾《风云初记》时，动情地说，这是"关于那一时期我的家乡的人民的生活和情绪的真实记录"，"再没有比战争时期我更爱我的家乡，更爱家乡的人民，以及他们进行的工作和他们所表现的高尚品质"（《为外版〈风云初记〉写的序言》）。这部表现边区人民"高尚品质"的小说，受到不公正的批评，《风云初记》第二集发表后，周扬在那年的文代会上批评道："作者却把我们带到了离开斗争漩涡的中心，而流连在一种多少有些情致缠绵的生活气氛里，这就使第二部中的描写成为软弱无力了。"其实，革命斗争是广阔而多样的，主战场外更多的是人民战争的汪洋大海，广大人民构筑了铜墙铁壁。而情感无处不在，革命情感更是丰富的，是革命者精神世界的反映，大爱无疆。因此，倔强的孙犁自然无法接受这种论调。他不再发表第三集未发表的章节。直到1963年，人民文学出版社以作家出版社名义出版了《风云初记》三集的合本。评论家黄秋耘在文学评论《一部诗的小说》中做出正面回应："尽管《风云初记》还有些美中不足的地方，但是我无意对它责备求全，甚至也不希望作者对它做太多的修改，让这部像诗一般的长篇小说，带着它本来的朴素面貌和动人的风格流传下去罢，它一定能够流传下去的。今天我们大家都还饥渴于真正具有艺术魅力、真正能够丰富人们的内心世界和提高人们精神品质的文学作品，有那么一部作品出现，难道还不值得我们感到欣幸和感激吗？"

1956年夏，孙犁发表了中篇小说《铁木前传》。该小说以社会主义革命时期的农村现实为背景，依然延续了自己清晰的文学个性，通过铁匠和木匠在困难生活中结成亲缘和情谊，又在合作化运动中分道扬镳的故事，来表现农村的"两条道路斗争"。

铁匠傅老刚带领女儿九儿，积极参与合作化运动，将自己质朴、善良的品质在新的历史条件下发扬光大，成为社会主义新农民。而木匠李老东在土改后，一心热衷于发家致富，在合化作运动中消极甚至对立。当时一般作家会刻意把二者推向两条道路，让双方展开你死我活的斗争，以强化阶级斗争，以构筑"政治蓝图"。孙犁并不苟同，他在1949年写的《怎样认识解放区文学的内容和主题》一文中指出，当时一些文学"单纯和轻易的胜利也表现在一般描写土地改革的作品里"，"把群众单纯化，是我们作品的主要缺点"。孙犁还说，抗日期间，我们写抗战的故事多，有时联系到农村中一些风习的变革，如婚姻自主、文化娱乐等，深入并生动地写出农村的土地斗争中阶级关系的重大变化，像这本集子所表现的还不多。《风云初记》《铁木前传》就是这种创作理念的实践，从中可以看出孙犁带着历史和社会的复杂感，不是从概念而是由现实生活的感受引发，充满"感慨"，非"表态"站队，也非跟风，用他自己的话说，"写作之前，常常是只有一个朦胧的念头，这个念头，可能是人物，也可能是故事"，"事先是没有什么计划和安排的"（《关于〈铁木前传〉的通信》）。只听心灵召唤，随物赋形，不直奔主题，更无"先验"之明。

在《铁木前传》中，孙犁以诗性风格深化了铁、木二匠的社会人生和情感内蕴。作者倾注深挚的热忱，有针砭又有原宥地创造了踟蹰于人生歧路，美丽、伶俐却际遇不幸，而导致内心矛盾、精神世界复杂的小满儿这一鲜活的落后者形象，为中国文学人物画廊增添了"这一个"。相比之下，同样着力塑造的新人九儿，或因作者对社会主义新人，太过着意，用力过猛，成为一个灵魂世界不太丰富的政治人。倒是那位落后的暧昧的小满儿写得光芒四射，给读者留下深刻印象。"复杂"的孙犁小说，也给评论家留下了更多的阐释空间。

在革命队伍中成长起来的革命作家孙犁，是革命文学的实践者，又是一个在当代主流文化中极富个性、具有独特文学品格和美学价值的作家。与当时语境不够和谐的《铁木前传》出版后，在评论界引起过争议，很正常。从宏观的历史视野中，更可看出孙犁在当时并不被看好的小说"为当代小说进一步突破传统套路，向人民性和人情的深层结构开掘奠定了基础"（董之林《热风时节》）。

孙犁这部主题积极，流贯着激越与沉郁相融合的抒情韵味，充满诗性的《铁木前传》，被《光明日报》主办的《博览群书》（2019年10期）誉为"红色经典"，"重评《铁木前传》的论者，多肯定作家塑造落后人物的成功，同时指出孙犁小说写作与当时革命文学的主流话语的疏离而获得文学价值"。

关于"与当时革命文学的主流话语的疏离"，孙犁有自己独到的见解，他认为作家应离热闹远一些，另眼看世道人心。他在《我与文艺团体》一文中说：

> 我的一生，曾提出过两次"离得远些"。一次离政治远一点，有人批这是小资产阶级的论点。但我的作品，赖此得以存活至今。这一次是说离文坛远一点。其文旨在批评那些图解政治的时髦、跟风、应景式的写作。认为中国文人的本色乃在安于寂寞，甘于边缘，而重在全心拥抱生活，拥抱天地，拥抱人民。

这恰恰是孙犁作文、为人最成功的原因。

第十八章

杜鹏程与《保卫延安》

寒砧万户月如水，

塞雁一声霜满天。

——萨都剌《题扬州驿》

《红楼梦》第一回说"曹雪芹于悼红轩中，披阅十载，增删五次"，写作十分艰苦。杜鹏程着手写长篇小说《保卫延安》前，用日记积累素材达二百万字之多，历时五年，九易其稿，始得成书。我们从《保卫延安》里，不仅看到"人民解放军从撤离延安到准备收复延安的惊心动魄的战争历程，而且看到了一种新的人生，一种个人解放与阶级解放，个人抱负与革命事业在战争年代真正相统一的历史真实"（《中华文学通史》）。

　　小说甫一出版，轰动一时，几年间印行了百万册。从此，默默无闻的杜鹏程爆得大名。

　　《保卫延安》的创作和出版过程，人民文学出版社社长兼总编辑冯雪峰付出了很多心血。小说出版同时，冯雪峰撰写二万言的长文《评〈保卫延安〉的地位和重要性》予以评论，认为《保卫延安》"描写了一幅真正动人的人民战争的图画"，是"英雄史诗的一部初稿"。可惜，在《保卫延安》风风火火地传播之时，冯雪峰被打成了"反革命小集团"成员，去世后才得平反昭雪。

　　杜鹏程在追思文章中谈到冯雪峰与《保卫延安》的关系：

　　　　"春蚕到死丝方尽，蜡炬成灰泪始干。"我提笔悼念冯雪峰同志的文章，这诗句，总在脑子里萦绕。是的，这诗句和他战斗的艰难的一生联系起来，并不十分确切，说他为中国人民革命和新文学事业燃烧净尽，到死方休，那也是千真万确的事实。但是"丝"并未吐尽，

"泪"也未流干啊！他是带着满腹不尽之言，离开了终生向往的事业；他是带着对党和祖国深深的忧虑，离开了人间。然而，每一个为创建我们国家而历尽艰险的战士，绝不会不留踪迹地离去，最少在我的心目中是如此。

战士对战士的怀念，就是这样朴实情深。

1953年，即将离开新华社，到中国作家协会西安分会，从事专业写作的杜鹏程，接到人民文学出版社社长兼总编辑冯雪峰的一封信："你的信及《保卫延安》打印稿，我都收到。心里很感激，你几次找我没遇见，我都不知道，这是很惭愧的。你的作品，我一定挤出时间在最近一星期看完。本月十五号左右你来找我如何？"没过几天，杜鹏程又接到他的信："你的小说，我兴奋地读着，已经读了一半以上，估计很快可以读完。我因事多，否则，我一定一口气读完，不愿意中断的，如果你有时间，十一日五时半到我家吃便饭，我们谈一谈。"

　　杜鹏程读着冯雪松的两次热情而真诚的来信，心里很不平静。1953年，杜鹏程根据自己的亲自经历和感受创作了长篇小说《保卫延安》，送交给某丛书编辑部，不久即被退回来，他颇不服气，于是改投人民文学出版社。十一月，冯雪峰例行到编辑部要书稿看，编辑将《保卫延安》的打印稿交给社长、总编辑冯雪峰。

　　后来当了人民文学出版社社长兼总编辑，《冯雪峰评传》的作者之一陈早春，曾告诉他的下属笔者：冯雪峰拿起稿子翻了翻，立刻被吸引了。有经验、有水平的编辑，文章一上手，读上几页，其斤两便了然于心。下午，他到作家协会，把《保卫延安》也带了去，在颠簸的有轨电车上读，抽空便读。一天，患了重感冒的冯雪峰读到夜里，浑身烧得滚烫，对夫人何爱玉说："作者在哪里住？我很想跟他谈谈。"夫人劝他去医院看病，他竟然发火："看什么病！"然后他说："我们的战士多英勇！"夫人看到他的脸上有两行热泪滚落。接着便有了三天给杜鹏程写两封信的经历。

杜鹏程应邀，找到崇文门内苏州胡同十六号，按了门铃，冯雪峰亲自出来给他开门，也不寒暄，只是客气地冲他点了点头，便领着他进了屋。那是一个小院，有五六间房舍，以冯雪峰的地位，他的住房条件算很简朴了。在屋内的灯光下，他见到了年过半百，瘦高而硬朗的冯雪峰，两眼闪烁着诚挚的目光。

杜鹏程早就读过冯雪峰的书，知道左联时他和鲁迅亲密的关系，特别是1931年冯雪峰一家三口与鲁迅一家三口在上海照的那张照片，冯、鲁二人同席而坐，给他留下深刻的印象。冯雪峰和鲁迅都是铁骨铮铮的文化人，他对他们充满了敬畏。

杜鹏程在《雪峰同志和〈保卫延安〉》一文，记录下他与冯雪峰的这次谈话：

> 雪峰同志操着浓重的江浙口音，他没有任何客套，指着茶几上放着的《保卫延安》打字稿，开门见山地问："你觉得你写得怎么样？"我疲惫不堪地望着身边火焰熊熊的大铁炉子，一时不晓得如何回答。我从遥远的边疆来到这京华之地，人地两生，整天埋头于大堆稿子中，可以说常常是寝食俱废。而且经过四年之久的苦苦摸索，身心交瘁，像害一场大病的人似的。当雪峰同志再一次问我时，（我）才说："我心里很矛盾，甚至可以说是痛苦，我简直说不清楚……"他深深地弯下腰，用手按着那一大堆稿子，和蔼而关切地说："这是可以理解的。一个运动员集中全部精力向前跑的时候，终点和周围的事物，他都是顾不上着的。"他问我多大年纪。我说："二十二岁。"他思索了一阵说："那还是青年。不过，你这样年纪就能写出这样的作品，尤其是能写出描绘彭德怀将军形象那样的文章，真是很不容易。要我

写我也不一定写得出来。这是一部史诗，当然在艺术的辉煌性上，它比不上《铁流》《水浒传》和《战争与和平》。只能说这是一部史诗的初稿，将来你还可以不断修改。我之所以说修改要在将来，而不是现在，是因为这个作品的不足之处反映了我们现有的文学水平，等待将来我们的水平提高了，你的经验也多了，你自然有能力把它搞成与古典杰作争辉的作品。我认为你是有才能的，是个很有前途的人。

凌晨三时，杜鹏程走出冯雪峰家门，明亮的灯火照着雪后的长安街，路上他已不再有"疲惫不堪"的病态，而是极度兴奋。冯雪峰的那些话，仍在耳边回荡："搞创作的人，意见要听，但是不要为那些意见所左右，不要乱改，不要把这部作品破坏了。我和出版社的同志商量，要尽快地让这部作品出版。我也准备写一篇文章，因为我看了这作品，有话要说。"冯雪峰那坚毅的面容，苍白的头发，一直浮在他的眼前，他那直率而热情的谈话，一直在他的耳边回响……

《保卫延安》不仅是杜鹏程创作上最有成就的作品，也是中国当代战争题材小说的经典之一。

《保卫延安》的伯乐和扶植出版者冯雪峰，在该书出版的同时，发表了两万多字的长篇评论《论〈保卫延安〉的成就及其重要性》，登在1954年第十四期、第十五期《文艺报》上。此文收入人民文学出版社1979年再版的《保卫延安》卷首。评论指出，由于作者"确实掌握了这次战争的精神，掌握了这次战争所以胜利的关键和依靠来达到胜利的全部力量"，"描写出了一幅真正动人的人民革命战争的图画"，所以《保卫延安》这部小说可以说是"英雄史诗的初稿"，"它的显著的创造性，显然有推动现实主义创作运动的作用"。

塑造人物形象，是小说最重要的审美特性。《保卫延安》成功地塑造了生动、鲜活的周大勇这一英雄形象，以他及其连队活动为全书的结构中心，刻画了炊事员、战士、各级干部，一直到部队的中枢神经和灵魂的彭德怀副司令员等英雄群像。他们都有鲜明的个性，血肉丰满，富有生活实感，革命英雄主义澎湃于他们的血液里。他们皆是呼之欲出的有生命的文学典型。小说真实地再现了革命军人在强敌猖狂进犯前表现出的顽强不屈、不惜流血牺牲、奋勇抗敌的英雄气概，展现出了以毛泽东军事思想武装起义的我军官兵，在解放战争中由战略防御转入战略进攻的伟大历史进程。

《保卫延安》的笔墨朴实遒劲，战争场面大开大合，开阔壮观。小说在描写酷烈战争的同时，又运用诗情交融的笔触，表现战士与群众之间、战士与战士之间、官与兵之间，那种真诚、无私、情感笃诚、水乳交融的阶级深情。这样，《保卫延安》不仅让读者看到我军暂时退出及收复延安的惊心动魄的战争历程，而且看到个人解放与阶级解放、个人抱负与革命事业，在解放战争年代真正相统一的历史真实。

《保卫延安》具有如此深刻的主题，加以小说的艺术魅力，受到评论界好评，更受到了广大读者的欢迎。小说当时发行数量高达百万，成为当时的热门小说。

其实，杜鹏程在《保卫延安》之后创作的短篇小说，如《在和平的日子里》《第一天》《工地之夜》《光辉的里程》《延安人》等，也都显示出他独特的艺术才华。

《在和平的日子里》塑造了进步知识分子刘子青、张如松、韦珍等艺术形象，与当时大量文学作品中把知识分子当成落后的需要改造的消极群体来表现，形成鲜明的反差，真实表现了广大忠实于社会主义事业，并在文教、经济建设战线上，发挥积极作用的新老知识分子的精神面貌。这完全符合历史和生活真实的书写，成为当时一道独特的文学风景线。用《在和平的日子里》之主人公阎兴的话来表述战争与建设、工人阶级与知识分子的辩证关系："在战争中我们只不过用刺刀劈开一条路，通过这条路再往前走，才真正碰到了艰难。""往前走"就由战争转向经济战线，战士、工人、知识分子都成为其间的重要力量。更艰难复杂的是，在和平年代，经济发展过程中会出现各种社会矛盾。《在和平的日子里》的阎兴与战友梁建产生了极其尖锐的矛盾，便是坚持马列主义与官僚主义阴暗面的激烈斗争，也是与自私灵魂的斗争。这证明杜鹏程的小说与社会主义革命和建设时期的现实生活之间，保持着密切的联系，抵达了深刻的思想意蕴。

1921年，阴历三月二十八日，杜鹏程出生于陕西省韩城县（今韩城市）苏村的一个贫农家庭，原名杜红喜，曾用名司马君、宏溪、朴诚等。杜鹏程在《自传》中说："出身贫农家庭，生长于农村。幼年生活贫困，过着饥寒交迫的日子。曾上过私塾和基督教学校，并半工半读和当过学徒，十六岁参加'民族解放先锋队'，搞抗日救亡活动。"他的家乡，离司马迁的庙宇与坟墓，只有十五里路，那里的人民富有反抗精神。

抗日战争开始，在他家乡不远的咸阳古道上，有成千上万名身穿长袍或者西装的青年，从这里去往延安。杜鹏程加入了这群青年的队伍，走到了延安。

十七岁的杜鹏程，从1938年6月开始，先后在延安鲁迅师范学校、八路军随营学校学习。毕业后，同学们大都派到华北、山东和江南前线去打仗了，而杜鹏程被上级留了下来，到乡下去教娃娃识字，帮助乡政府工作。《保卫延安》一书中关于陕甘宁边区群众的斗争生活，就取材于此。

后来，他又到延安大学学习。那是抗日战争最艰苦的年代，日寇封锁，人民经济困难，经常挨饿，衣衫褴褛，疾病传播。但是，军民开展大生产运动，战胜各种困难。他到工厂做基层工作数年，接近工人阶级，熟悉他们的思想感情，这对他的思想影响甚大。1945年，杜鹏程加入共产党。在革命队伍中，他如饥似渴地学习革命理论，广泛涉猎哲学、文学、历史、政治经济学，在实际工作中被人民的革命精神感动，为曾经的伟大抗日救亡运动所激励，产生了要以文学形式表现的愿望，兴趣从社会科学转向文学创作。

1946年，杜鹏程被调到设立在延安的《边区群众报》报社，从事新闻工作。不久，西北国共战争爆发，胡宗南向延安大举进攻。杜鹏程于1947年初调到西北野战军工作，以记者身份随军征战数年，直至进军帕米尔高原，那时他已经是兵团政治部副部长、新华社第一野战分社主编。

多年来，部队就是他的家、他工作的舞台，他有太多的机会接近各级指战员，同他们行军、打仗，经历火与血的考验。其间，他阅读了大量中外描写战争的文学作品，用日记的形式积累了大量战争、生活素材，达二百万字之巨。他还以记者身份写了几十万字以战争生活为内容的消息、通讯、报告、剧本。到1949年岁尾，在随军追剿新疆南部残敌同时，他开始撰写《保卫延安》。

1951年，杜鹏程离开部队，任新华社记者、新华社新疆分社社长，到新疆工作四年。这期间，他一直在创作长篇小说《保卫延安》。前面说过，创作历时五年，九易其稿，功夫下得不谓不苦。

1954年，《保卫延安》出版后，杜鹏程由新疆调到中国作家协会西安分会，从事专业创作。从1954年至1966年，他相继深入宝成、陇海、成昆铁路建设工地，兼任工程处党委副书记和铁路局宣传部副部长等职。在西北地区农村，观察、体验了社会主义革命和经济建设的大好形势，他创作了中篇小说《在和平的日子里》。《在和平的日子里》原是杜鹏程应《延河》杂志之邀，从未完成的长篇小说《太平年月》中抽出二章改成中篇小说发表的。1978年12月，《在和平的日子里》增加至九万字，由陕西人民出版社出版。杜鹏程另有一些短篇小说收在小说集《青年的朋友》里，1962年由中国青年出版社出版。

《太平年月》一直未能面世。"文化大革命"结束后，杜鹏程修订过去的旧作，还创作了短篇小说《历史的脚步声》，写了不少谈文艺问题的文章，如《漫谈深入群众》《从作品的诗意谈起》等，有散文《难忘的关怀》发表在《人民文学》。

1991年10月20日，杜鹏程因病逝世，享年七十岁。

第十九章

吴强与史诗性的《红日》

桃红李白皆夸好，
须得垂杨相发挥。

——刘禹锡《杨柳枝词九首》

中国当代文学中的"革命历史小说",大致可分两种书写形态:一类以写历史为主,思想水平、艺术水平较高,具有史诗叙事形态;另一类以写英雄为目的,采取相对通俗化的英雄传奇叙事形态,一般思想性不深刻,人物性格单薄,有漫画化色彩,但因富有传奇性而拥有广泛的读者。

前者如《保卫延安》《红旗谱》《红日》等,关注英雄人物,但史诗性的追求使其更关注长河式的真实历史图景的展示。后者如《林海雪原》《烈火金钢》《铁道游击队》《野火春风斗古城》等,这类小说在反映革命斗争时,注重故事性,更富于传奇色彩,是具有民族风格的革命英雄传奇。

1957年出版的《红日》,属于军事或战争小说,在"十七年文学"的发展中,此类题材受到读者青睐。《红日》以传统的写实手法,拥有迅速引领读者进入情景的魅力。小说中"兵"的形象塑造较为成功,在战争硝烟中,人物个性栩栩如生,表现了战士机智无畏的革命精神。

值得提及的是,《红日》在刻画人物方面,诉诸个性化的生活内容,如团长刘胜感情用事,缺乏自制而容易冲动,连长石东根鲁莽任性,这些作家忠于生活、忠于人物的丰富个性的笔墨,与当时要"净化"英雄人物的流行文艺思潮相悖,因而受到批评。

只有当文学作为"人的过程","净化"人性的"三突出"创作原则,《红日》的"史诗性"才被写进文学史,《红日》才成为红色经典。

1954年被冯雪峰誉为英雄史诗的杜鹏程《保卫延安》问世,宣告新中国革命历史小说开始成为中国当代文学的"主流"。紧跟着,孙犁的《风云初记》、曲波的《林海雪原》、刘知侠的《铁道游击队》等作品，风起云涌地掀起新的浪潮。

　　吴强的《红日》，是继《保卫延安》之后优秀的革命历史小说。由于和当时激烈的社会情绪与高蹈的意识形态相契合，讴歌中国武装斗争的胜利，唱诵英雄主义赞歌，成为革命历史小说激越的主旋律。革命历史小说在风格上，受苏联卫国战争文学的影响，宏大、气派，在结构和情节方面，吸收了中国古典战争小说的营养。小说写得粗糙，但毕竟满足了当时人们急于了解革命战争的渴望，适应了老百姓喜闻乐见的通俗形式的审美需求。这些革命历史小说改编成电影，扩张了小说的传播领域和速度，深刻影响了"十七年文学"的整体面貌。

　　今天，以文学的尺度重新审视包括《红日》在内的作品，不可讳言，在文学反思战争、正视悲剧、开拓人性、铸造民族精神等诸多方面，其封闭性、单一性、狭隘性等，就显得很明显了。改革开放之后，"新时期文学"跃过了为"政治服务"的屏障，向现实主义纵深进军，勇敢揭示矛盾，正视"军人是人"的命题，在颂歌与悲剧的悖论中，表现英雄主义和人道主义，真正表现人民军队壮阔绚烂的英雄画卷，让中国革命历史小说获得了独具特色的文学生命。

吴强，1910 年 2 月出生于江苏涟水县一个市镇的平常家庭。吴强八岁时始入镇上的育英小学读书，时逢五四新文化运动蓬勃兴起，受新思潮影响，求知欲增长，渴望进步。十四岁时，吴强考入距家百里之遥的一所省立师范学校，入校一年，学潮风起，因对学校不满，参加闹学潮，被校方开除。1928 年，吴强考入一所高级中学继续读书，之后又上了大学，由于家庭并不富有，加之社会动荡，读书时有中断，为维持生活，曾当过镇上小学教师。

　　早在读初中时，吴强就喜好文学，至二十三岁开始学习写作，向报刊投稿，曾发表一些短篇小说、散文、特写。1933 年，吴强加入左联。

　　1937 年，抗日战争爆发，吴强中断读书生活，投身抗日救亡运动，同时进行文学创作，反映抗日战争生活。吴强先后在茅盾主编的《文艺阵地》上，发表小说《激流下》，散文《夜行》《老黑马》等。

　　1938 年，吴强到皖南参加由八省红军游击队改编的新四军，次年参加中国共产党。在新四军和后来的人民解放军部队中，担任过文艺、宣传干事，宣传教育科长、部长，文艺科长、文艺部副部长等职务。在工作中，根据自己与部队干部、战士的共同生活、共同的战斗经历，积累素材，从事文学创作，开始写话剧。吴强曾写过独幕话剧《一条战线》《激变》《皖南一家》等，与人合作写过三幕话剧《丁赞亭》。这些话剧剧本，都在部队和抗日民主根据地多次演出过。《丁赞亭》1946 年由韬奋书店在淮阴出版，上海解放后，被上海戏剧学院搬上舞台，后于 1959 年修订，更名"逮捕"，由上海文艺出版社重新出版。

1952年，吴强离开工作了十四年的部队，转调华东、上海地方工作，主要还是担任文化、文艺方面的职务，继续坚持创作。1953年和1954年，吴强分别发表中篇小说《他高高举起雪亮的小马枪》《养马的人》。

吴强参加过莱芜、孟良崮、淮海等战役，为日后创作积累了丰富素材。他经过长期的酝酿、思考，于1956年春开始写作长篇小说《红日》，于次年春日完稿，分别在《延河》《人民文学》《解放军文艺》《文艺月刊》等期刊上选载，反响不错。同年7月，《红日》由中国青年出版社出版。

1960年，吴强开始写作长篇小说《堡垒》，出于一些原因未能及时写完。此小说以他在抗日战争期间，在滨江临海苏中抗日民主根据地四分区，参加抗战胜利后激烈、艰苦、残酷的反清乡斗争为背景，力求呈现我人民军队艰苦绝卓、所向无敌的英雄风貌。后来，他又因"文化大革命"中断创作十年之久。改革开放之后，此作才得以完成。

吴强还写过不少文学评论和散文、报告，汇成两个集子《文艺生活》和《心潮集》，分别在1961年和1964年由上海文艺出版社出版。

吴强曾任中国作家协会上海分会副主席。

1990年，吴强去世，时年八十岁。

《红日》是继杜鹏程长篇小说《保卫延安》之后，"十七年文学"又一战争小说的重要收获。《红日》和《保卫延安》属于具有史诗性的战争小说，与通俗的英雄传奇小说如《林海雪原》，各有各的艺术特点。

《红日》以吴强亲身经历的解放战争为背景，取材解放战争初期，陈毅、粟裕统率华东野战军，在山东战场、涟水战役、孟良崮战役，六战六捷，粉碎在人数和装备上都处于优势的国民党军队的重点进攻，全歼敌精锐的七十四师，击毙敌师长张灵甫，由战略防御到战略进攻的真实历史，歌颂了毛泽东军事战线和人民战争的胜利，塑造了一系列血肉丰满的艺术形象，思想性、艺术性达到了相对统一。

《中华文学通史》认为《红日》的艺术特点有三方面。

一是取材涟水、莱芜、孟良崮三大战役，组成一个宏大的"横切面"，全面立体地展开了从连到军，从战场到后方，从战争到生活乃至爱情的全景式抒写。作品时而描摹某一局部战斗，乃至短兵相接的精细画面，时而鸟瞰华东战场乃至解放战争的广阔背景，既有你死我活、刺刀见红的惊心动魄，又有花前月下、卿卿我我的爱情插曲。宏大而不失精致，细腻而透出雄浑，如同一曲磅礴气势与如歌行板融为一体的革命战争交响乐。

二是始终坚持浓墨重彩地写人，把人物尤其是高级指挥官置于战争舞台的中心，加以描摹刻画，成功塑造了我军军长沈振新、副军长梁波鲜明丰满而迥然不同的个性，比起《保卫延安》中重点表现我军高级将领，多了个性化特质。此外，《红日》中的团长刘胜、连长石东根等人也写得性格独特，让人印象深刻。比如石东根，既写他冲锋陷阵的豪气，又写他被胜利冲昏了头脑，骑着缴获的高头大马，戴着高檐的国民党军官大帽，两脚蹬着马刺的长筒黑皮靴，身穿黄呢军服，腰挂长长的指挥刀，左手抓着马鬃，右手扬着小皮鞭，纵马飞驰。醉酒既是一种英雄姿态，又表现一种功成名就的快感，带有些匪气，与主流正襟危坐的英雄形象，显然有所不同，具有鲜明的个性。

三是坚持现实主义创作原则，塑造了几个国民党即反面典型形象。吴强认为："写敌人，切忌写死了，写假了。写死了，使活的敌人等于僵尸，以僵尸为敌，我们算得什么强手。写假了，不可信，引不起人们的憎恨。"（《写作〈红日〉的情况和一些体会》）他说不要把敌人"描绘成愚蠢无能的草包，不堪一击的软豆腐"，而同样要写成"有血有肉的活的具体的人"，"敌人并不等于草包"（《谈〈红日〉的创作体会》）。吴强就是以这一创作理念塑造了敌军将领张灵甫。

"十七年文学"中，作品要为政治服务，其文学形象经过"消毒""提纯"后，非好即坏，平面呆板。而吴强的《红日》成功塑造了张灵甫这一具有复杂内涵的立体人物形象。

《红日》既没有美化也没有丑化张灵甫，而是塑造了一个真实的张灵甫的悲剧形象。《红日》中，张灵甫率七十四师占领延安，在宝塔照相，举办庆功酒会，敬酒鼓舞士气；战斗危急时刻，他上下请功，互相鼓励，振奋斗志，提前突围；垛庄失守，他命令部队停止下山，企图站在孟良崮吸引我军，中间开花，内外夹攻；当黄百韬部队离孟良崮只有五公里时，张灵甫再次布置声东击西的计划。敌我双方斗智斗勇，各调援军，敌司令乘飞机在孟良崮上空盘旋，与张灵甫联络，张灵甫在生命的最后时刻，得到蒋介石的慰问，以更惨烈的回击报恩；当我军战士冲上山头，张灵甫用冲锋枪对我军射击，并射杀了劝降的下属张小甫。

《红日》坚持了革命伦理对文学话语的规范，重在表现气势宏大的革命战争交响乐章，但在塑造反面人物张灵甫时，在特定的语境下，还原斗争的真实性，真实地呈现两军对垒、斗智斗勇的均等性较量，把人物和情节落实到人性化的叙述中，把敌军将领张灵甫写得相对真实传神，既有胜利者的横傲，也有顽强抵抗的军威和军魂，从而还原了历史和人物的真相，努力在人性话语与革命伦理的缝隙间探寻人性和人道主义。

"十七年文学"试图将革命历史化，将历史革命化，《红日》能塑造张灵甫这一艺术形象，是很了不起的文学尝试。

当然，《红日》的局限在于缺乏对战争本体的深层思考，这也正是"十七年文学"的一般问题。此外，"对我军内部的思想矛盾与斗争揭示不够：比较军事干部而言，政治干部普遍缺乏光彩；语言质地也还稍显粗糙"（《中华文学通史》）。

第二十章

冯德英的《苦菜花》《迎春花》

落红不是无情物，

化作春泥更护花。

——龚自珍《己亥杂诗》

1956年5月，毛泽东在最高国务院会议上提出"百花齐放、百家争鸣"作为促进艺术发展和科学进步，促进我国社会主义繁荣的基本方针。《红岩》《红旗谱》《苦菜花》等红色经典小说，都是在这一背景下结出的果实。

《苦菜花》是冯德英的代表作，是他以自己的家庭生活历史和人生经历为素材，力求通过塑造英雄母亲娟子妈的艺术形象，反映胶东人民在抗日战争中，与日本侵略者及汉奸地主等进行英勇斗争的一部小说。

冯德英历时三年，完成于1958年的三十七万字《苦菜花》，出版即好评如潮，受到广大读者欢迎。新华社专门报道，说"解放军空军某部无线电排少尉排长冯德英把八千元稿费全部捐献给山东胶东地区，支援家乡生产跃进"（《人民日报》1958年10月5日）。

冯德英创作《苦菜花》之后，又写了同样以胶东人民革命为背景的《迎春花》和《山菊花》，"三花"都保持了《苦菜花》语言流畅清晰、情节起伏跌宕、人物性格刻画细腻生动的艺术风格，也同样存在出场人物过多，匆匆来去如走马灯，使人物形象不够完整的缺憾。

在当时的语境下，评论家以资产阶级人性论批评"三花"在两性关系的描写上有严重的自然主义倾向。冯德英说，"我在有关领导的指示下，对《迎春花》作了局部的修改，篇幅也减少了五万字"。"文化大革命"结束后，重新出书时，他又对这方面的描写进行了修删。文学回归人学后，出版者不再赞成这种"干净"的做法，主动出版删节前的《迎春花》。

　　1955年秋，冯德英心怀忐忑，将自己利用两年业余时间创作的长篇小说《母亲》手稿并附一封信，寄给了当时的解放军总政文化部部长陈沂，渴望得到首长的指导帮助。那一年，他刚刚二十岁，已参军六年。

　　很快，陈沂将《母亲》手稿转到"解放军文艺丛书"编辑部。又很快，焦急等待的冯德英，接到了"解放军文艺丛书"编辑部的信，得知人家对《母亲》颇感兴趣的消息，兴奋得彻夜难眠。接下来，1956年冬天至次年春天来临，大约半年时间，初出茅庐的文学新兵，在热情又认真的编辑部几乎是手把手的支持、帮助下，完成了艰苦的定稿修改工作。不久，反右派斗争在全国展开。鉴于解放军文艺出版社的主编陈裴翠指出，书名与在国内广为流传的高尔基《母亲》同名，建议改书名。冯德英接受建议，改成既有象征意味，又有点诗意的《苦菜花》。

　　解放军文艺出版社对本社出版的第一部长篇小说，极为重视，出版前，就在《解放军文艺》1958年第一期封底整版图文并茂地打出《苦菜花》的广告，介绍了内容提要、插图、出版社、出版时间、定价，向读者广而告之。此举在当年图书界、杂志界，实属别开生面。

　　《苦菜花》由天津画家张德育作彩色插图后，于1958年初出版，首印二十万册，被一抢而空，引起轰动。小说先后被译成俄、日、英等多国文字，在国外发行。

　　当年的3月3日，《苦菜花》出版两个月，《人民日报》即发表文章，予以高度评价，文章说：

长篇小说《苦菜花》用生动的笔触，极其真实地展示了昆嵛山地区的人民，在党的领导下，同日寇、汉奸走狗以及封建势力的斗争，反映了人民的胜利，也反映了人民军队发展壮大的过程和军民亲如骨肉的关系。母亲是一个平凡又伟大的母亲。作者非常细腻地刻画了她善良的、坚贞不屈的英雄性格，在读者心目中留下了极为深刻的印象。书中穿插的青年们的爱情故事，也是生动有趣的。

《苦菜花》为我们塑造了一位平凡而伟大的母亲的典型形象，她含辛茹苦地哺育了儿女，不畏艰险地为抗战救国做力所能及的一切，落在日寇魔掌中受尽严刑拷打而英勇不屈，在党领导的战争中，她识大体、顾大义，成就了伟大母亲的风采。

母亲的形象原本就是文学的母题，古今中外，文学艺术无不讴歌母爱，文学中的母亲一直温暖和净化着读者的灵魂。孟母三迁、岳母刺字、佘太君抗敌等故事，昭示母亲的精神一直滋养着我们的民族。冯德英《苦菜花》中的母亲，与高尔基《母亲》中的母亲，都是文学塑造的"这一个"，相互映衬，各得其趣。

《苦菜花》的成功，不仅改变了冯德英的命运，也给文学界特别是给作家带来一些影响。

读者和舆论界对《苦菜花》的高度评价，让冯德英一夜成名，1958年，二十三岁的年轻少尉，成为中国作协最年轻的会员，又被调到空军政治部，成为专业作家。《苦菜花》被改编成电影和各类剧本、评弹，在全国各地上演流传，让冯德英成为社会名人。

冯德英慷慨将《苦菜花》所得八千元稿费捐给家乡，新华社对此做了相关报道。1958年10月30日，《人民日报》发表署名文章，抨击了当时的高稿酬制度，指出："农民辛苦劳动一年才收入六十到八十元，工人紧张劳动一个月才收入六十到八十元，少尉排长冯德英同志当排长一个月只发七十到八十元薪金，而他写了一部小说，一次就得了两万多元稿费……难道直接创造物质财富的工人、农民的劳动就那么不值钱吗？这实际上是对体力劳动的轻蔑。"

20世纪50年代后期，反右斗争严重影响了我国的社会主义进程，我国经历了一段艰苦曲折的道路，"左"倾思想进一步泛滥。这篇文章就是在这种背景下产生的。知识分子凭借创造文学精品，为人民提供优秀的精神读物，获取相应的报酬，将工农与同是劳动者的作家相对立，观点缺乏说服力。冯德英在1959年决定放弃稿费。

1959年，庆祝新中国成立十周年之际，人民文学出版社精选一批"优秀选拔本"集中出版，《苦菜花》无可争议地入选干部长篇小说之一。从《苦菜花》再版后记可见，冯德英已变得低调和谨慎，甚至有些战战兢兢。他说："由于我的能力差，知识浅薄，阅历不广，使这本书存在许多缺点甚至错误之处，为此我深感内疚，这次重排出版这本书，我趁机做了些修改。"谁料，这只是《苦菜花》漫长修改史的开端。此后，随着政治形势的变化，《苦菜花》修改不下十次。这种注重意识形态的修改，在某种意义上损害了文学的规律，让艺术失去魅力。

《苦菜花》的出版，赢得文坛一片喝彩之声。1959年10月，冯德英又推出了长篇小说《迎春花》。《苦菜花》《迎春花》，与1979年出版的长篇小说《山菊花》，合称姊妹篇"三花"。思想艺术成就最高的当数"三花"之第一花《苦菜花》。如同巴金三部曲《家》《春》《秋》之第一部《家》，梁斌三部曲《红旗谱》《播火记》《烽烟图》之第一部《红旗谱》，杨沫"青春三部曲"之第一部《青春之歌》，都是第一部写得最好，说来也不奇怪，作家往往把全部的生活积累和胸中笔墨都倾注在第一部，这不是魔咒，而是艺术规律。

《迎春花》由解放军文艺出版社出版，与《苦菜花》《山菊花》一样，其背景都是胶东地区人民可歌可泣的革命斗争。《迎春花》写的是村党支部书记曹振德机智勇敢地率领贫下中农与地主老财、各类反动派开展尖锐复杂的斗争的故事。

《迎春花》共四十五万字，冯德英只用三个多月就写完，其间的苦累不言而喻。当时在上海巴金主编的《收获》杂志上，一期发完，此期《收获》被抢购一空，新华书店征订一百万册，开创了小说发行的最高纪录。但是，当时正逢自然灾害导致经济困难，纸张短缺，解放军文艺出版社无奈只印了四十万册。热心的读者在新华书店排上个把小时才能买到一本。很快，图书售罄，买不到者扫兴而归。

笔者当时正上高三，经两次排长队购得《迎春花》。语文老师知晓，告诫此书有不健康内容，不要阅读。果然，报纸批评《迎春花》有色情倾向，学校禁读《迎春花》。冯德英在《我和"三花"》一文中，说"我在有关领导的指示下，对《迎春花》作了局部的修改，篇幅也减少了五万字"。删去五万字，小说变得"干净"的同时，也严重影响了艺术魅力。

他对《迎春花》的修改，不仅关乎性描写，还涉及人物塑造，原本小说力求将人物复杂化、丰富化。比如，写村长江合，中农出身，在抗日战争中对敌斗争积极，加入了共产党。抗战胜利后，革命进入新阶段，他的思想跟不上形势，不思进步，贪图"老婆孩子热炕头"的安逸日子，渐渐成了富裕农民的代言人。这一人物的塑造，源于生活，是社会生活变革中合乎逻辑出现的一种人物，也是复杂的农村革命中必然产生的人物，很有典型意义的文学形象。可惜，冯德英以江合是一个"可有可无"的人物加以否定了。

冯德英，1935年出生于山东省胶东半岛的牟平县（现为乳山县）小于家村一个贫苦农家。1939年至1940年，其家昆嵛山成为中共领导的抗日根据地，抗日斗争激烈残酷。他家也卷入斗争旋涡。他总共上了九年小学，才读到高小五年级。小学时，他参加儿童团，当了团长后又成了少先队长，受到革命的熏陶和教育，稍长，即走上了文艺创作道路。

1949年1月，冯德英参加了中国人民解放军，同年8月加入中国共青团。七年后，经过文化学习，他读完中学基本课程，加入中国共产党，那时他已开始创作《苦菜花》。在部队里，他曾在第三野战军通信学校学习无线电报务，毕业后先后担任报务员、电台台长、无线电雷达指挥排排长等职务。《苦菜花》红遍大江南北的1958年，他调到空军政治部，成为专业创作员，同年成为中国作协会员。

冯德英从1953年开始业余练习写作，发表过短篇小说、散文、评论、话剧等，1954年正式动笔，写长篇小说处女作《苦菜花》，后又出版《迎春花》。1979年，他动手创作《山菊花》，到1982年完成上下卷，由解放军文艺出版社和山东人民出版社同时出版。

《山菊花》叙述了胶东一个叫桃子的农民妇女，在革命斗争中成长为坚强的革命母亲的故事。小说没有了《苦菜花》那种清新流畅、鲜活灵动的艺术风格，谈不上感人肺腑。

后来，冯德英又写了《染血的土地》，背景虽仍在胶东地区，但内容变成中华人民共和国成立之后，三个农民家族的生活变迁的故事。小说从农村写到城市，从历史写到今天，贯穿始终的主线是三个军烈属及其子女的生活和命运，通过这些人物命运的深刻变化，歌颂社会主义新时代。小说塑造了新时期的新人物，如大公而忘私的村支书杨日昌、支前模范范大俊、善良温柔的卫生院院长玉冬、具有崇高品格的"无脚老将军"孙明光等，似要摆脱"净化"的高大完美的"英雄典型"模式。尽管作者在叙述中倾注歌颂英雄人物的笔墨，抱持激浊扬清、贬丑褒美的正确态度，尤其力求挖掘人物心灵中来自文化传统的东西，又赋予美好新的精神的努力尝试，都值得肯定，但小说塑造的人物，还是过于单一，失去了复杂、丰富的个性。所谓英雄主义精神，只能是一种艺术传达的旋律，必须有"人的过程"及人性、人情的过程。

从小说艺术角度审美，冯德英对人物的塑造，留下了某些粗疏单一的平面化，因而缺乏深度的遗憾，但他的作品中在战争气息或和平气息下，塑造的栩栩如生的英雄形象，体现出了机智无畏的民族精神，还是赢得了读者的广泛呼应，值得深思。

第二十一章

刘知侠与革命通俗小说《铁道游击队》

一闻战鼓意气生，
犹能为国平燕赵。

——陆游《老马行》

刘知侠的《铁道游击队》是一部革命通俗小说。革命通俗小说是借鉴古典小说传统构建出的一种叙述中国革命历史的独特文学类型，未获得主流文学的地位，却成为大众喜闻乐见的一种文学样式。

　　革命历史题材小说的通俗化，按时间顺序，涌现出了柯蓝的《洋铁桶的故事》（1944），马烽、西戎的《吕梁英雄传》（1945），孔厥、袁静的《新儿女英雄传》（1949）等。到了1954年，刘知侠的《铁道游击队》闪亮登场，小说取材于抗日战争时期，铁道游击队打击日本人的真人真事。铁道游击队的原型，经过艺术典型化，成为形象鲜明、大智大勇的英雄人物，深受读者喜爱。小说改编成电影电视后，铁道游击队成为家喻户晓的传奇英雄。

　　接着，曲波的《林海雪原》（1957），刘流的《烈火金钢》（1958），冯志的《武工队》（1958），李英儒的《野火春风斗古城》（1959）等，雨后春笋般相继涌现。革命通俗小说几乎占领当时当代小说的半壁江山。

　　以《铁道游击队》为例，虽然思想性的深刻程度尚显不足，人物性格略显单薄，不够成熟，但作品继承了中国古典文学故事性强、结构严谨、语言通俗的特点，生动地呈现了人民斗争生活的面貌，对老百姓有很强的吸引力。因此，革命通俗小说又被称为"革命英雄传奇"，与主流文学相映成趣。

　　2019年9月23日，《铁道游击队》入选"新中国七十年七十部长篇小说典藏"。

20世纪70年代末，刘知侠将两个小说集《铺草集》《沂蒙故事集》合并，交由人民文学出版社出版时，笔者在社里与他第一次谋面。后来，第四届作代会在北京召开，同住京西宾馆，笔者陪严文井和秦兆阳去他房间拜访时，再次相见，算是熟悉了。因多次到山东开会，刘知侠作为东道主，招待笔者吃过饭，一起游览过大明湖和趵突泉，拜谒过烈士纪念碑。记得他说，他是1958年以后回山东长期深入生活，进行创作。1959年，刘知侠被选为山东省文联副主席兼中国作协山东分会主席，为写一部反映解放战争的长篇小说，他曾重返战斗过的沂蒙山区住了一段时间。旧地重游，往事重现心头，文思也如泉涌，他创作了《红嫂》《沂蒙山的故事》《一支神勇的侦察队》《英雄的表兄和表妹》等作品。1963年，他将这四篇小说编成《沂蒙故事集》，由作家出版社出版。他说，若不是已年过六十，一定带笔者重上他魂牵梦萦的莽莽沂蒙山。

20世纪80年代末，山东科技出版社创办的《知识与生活》，聘笔者为顾问，为笔者设专栏，一期一文（多是一期写一作家）。笔者为此常跑济南。1990年，笔者与时年七十一岁的老作家又聚了一下。临走，刘知侠用浓重的沂蒙口音说："给文井、兆阳同志带好啊！"那算是最后一面了。次年9月，刘知侠辞世。

刘知侠，原名刘兆麟，笔名知侠，生于1918年2月7日，河南汲县柳卫村人。京汉铁路有条支线，从村旁经过，他父亲在村边铁路道班房里做守护人，家境穷困。刘兆麟的幼年在外祖母家度过，黄河故道的荒堤是他放猪的地方。

十一岁时，刘知侠随父到焦作，在一个半工半读的小学读了五年书。后又随父返乡，勉强读完了高小，父亲又把他送到焦作铁路机车厂当学徒。全家十分高兴，因好好干，将来能开火车。他读书用功，成绩又好，家乡小学校长看上了他，说服了他父亲，校长用自己的工资供他读中学。在中学，他大量阅读中外进步书籍，思想受到很大影响，可惜两年后校长病故。

1937年，卢沟桥事变，不久，刘知侠家乡沦陷，他随父亲及铁路员工撤到黄河以南。他不愿这样逃跑，就约几个进步青年，在1938年初秋前往陕北参加革命，到洛川的抗大六大队学习。那一年，他正好二十岁。

当时延安鲁迅艺术学院也在招生，刘知侠想去，没有被批准。是年12月，抗大响应中央"到敌人后方去"的号召，他随一分校东迁到山西太行山地区。途中，一个细雨霏霏的夜晚，在一间土屋中，他面对党旗，宣誓入党。长途行军约一个月，学习了红军宿营时烧水洗脚的传统，借豆油灯和灶火的光亮，他坚持写日记和文学札记，记录事件、感受，还写些小诗，如《绵山行》《过川口》等。可惜后来在反扫荡的战争中，这些作品散失了。

抗大一分校抵达太行山后，驻扎在晋东南的潞安地区。爱好文学的刘知侠，做了连队救亡室的墙报委员，在校办的油印刊物《抗大文艺》的创刊号上，发表了散文《晚风里的一群》。这是他参加革命发表的第一篇文学作品。

1939年5月，刘知侠从抗大毕业，时逢八路军总部提出要正规化，特从毕业生里抽调包括他在内的一批人留校继续学习军事。学习和训练极严格，从军事动作到进攻防御、坚攻野战，所有军事科目都学了。八个月的训练结束后，掌握了军事作战知识的刘知侠，在军事队担任宣传委员和救亡室主任。救亡室是学员进行文化娱乐的地方，屋里所挂的伟人像、标语皆出自他手。写文章，办墙报，行军时在墙上刷抗日标语，也由他操办，他被视为文艺人才。

是年冬，刘知侠随抗大一分校第二次东征山东，进入沂蒙山区后，组织上调他到抗大文工团做党的工作。这段经历，对于后来从事文学创作的刘知侠来说，极为重要。他深入敌人后方，参加轰轰烈烈的抗日救亡活动，参加艰苦卓绝的抗日游击战争，开辟、扩大和巩固抗日根据地。与敌伪地主武装进行尖锐复杂的斗争，到前线采访时深入火线，目击战火中与敌厮杀的各种英雄的事迹，火热的战斗生活锤炼了他的革命精神，为他后来的文学创作积累了丰厚的生活资源。

在抗大文工团时，他深入战斗生活，创作歌词和幕间朗诵诗，在《大众日报》发表通讯和报告文学。1940年，他写文章报道山东抗日根据地里的第一个识字班（未婚女青年组织），引起反响。这年冬天，日寇"扫荡"，但根据地照常进行剧团会演。他和战友演出时，敌人的炮火打到舞台边才撤退。一次"扫荡"中，一个村庄被日寇包围。全村老少拿起土炮、铡刀、镢头、菜刀和石头，与敌人血拼，场面非常壮烈。他将这一动人事迹写进报告文学《渊子崖保卫战》里，发表在《大众日报》上，占一整版。

1941年冬，敌人集中五万兵力，再次对沂蒙山根据地进行残酷的大"扫荡"。敌人气势汹汹，控制所有制高点，对各村庄和道路实行合围和拉网战术，妄想消灭我军主力，摧毁革命根据地。抗大一分校正处在敌包围圈中，刘知侠带领部分文工团员突围半个月，稍有伤亡，但大部分战友突出重围。后来，刘知侠带领三百名干部和伤员，在与掩护部队失去联系的危险情况下，惊险地冲出驻有重兵的敌占区，到达安全地带。后来他写的《风雪之夜》《张大娘》《向导》等作品，收入《沂蒙山的故事》一书里，都是这次反"扫荡"中突围的真实故事。

1942 年，抗日根据地发动了减租减息、增加工资的群众运动。刘知侠被抽调并带领抗大文工团一个工作组到临沭县参加运动。他深刻地了解了农民在党的领导下翻身站起来的过程，在《大众日报》上发表了《钱保身》。离开临沭，刘知侠又写了《遥寄给沭河边的民兵英雄们》，在《山东文化》第一期上发表。

1943 年，为开展根据地的文化运动，文协成立，抗大文工团划归文协领导。刘知侠在省文协担任《山东文化》副主编。彼时他写作机会多了，在《山东文化》上发表了《攻克赣榆之夜》和《韩拜礼苦学记》。这年，在滨海根据地，召开全省的战斗英雄模范大会。刘知侠到大会采访，认识了铁道游击队的英雄人物，听了他们的战斗事迹，深受感动，写下铁道游击队的战斗故事，发表在《山东文艺》上。读到作品后，铁道游击队给他写信，希望刘知侠能到他们那里深入采访。尽管他所在的滨海区到铁道游击队驻地路途遥远，交通极为不便，还要经过敌人的据点和封锁线，刘知侠还是不畏艰险地到达了铁道游击队的驻地，游击队员非常高兴。于是，刘知侠有了一段与神奇的铁道游击队一道生活的时间。

刘知侠和铁道游击队在一个大锅里盛饭，在一张大炕上同眠，举行各种形式的座谈，让他们讲战斗经历，从陈庄开炭厂到在铁道上进行的大大小小的克敌制胜的故事，他都详细做了记录。刘知侠还与他们的大队长，长枪、短枪队的干部，以及老的骨干队员，进行了专门交谈、采访。接触多了，刘知侠对他们的脾气禀性、家庭状况、战斗事迹、斗争特点都了如指掌，成了他们的知心朋友，彼此无话不说，亲密无间。最让他难忘和感动的是，一次追思牺牲战友的悼念会上，在他们政委的提议下，通过了一项决定：刘知侠成为铁道游击队的荣誉队员，并发给他一支在战斗中从日本军队手里缴获的手枪和一些军事装备。1945 年，日本投降，刘知侠两至铁道游击队驻地枣庄，把自己准备很久而写成的长篇小说《铁道游击队》提纲，交给铁道游击队的干部，倾听他们的意见。不巧，当他准备动笔写的时候，解放战争开始了，作为战士，他立刻投入解放战争，《铁道游击队》的写作只好暂停了。

解放战争中，山东是主要战场之一，刘知侠带领着一部分文艺工作者去支援前线。他的短篇小说《铺草》和《红嫂》，就是取材于此时的战斗生活。1948年春，胶东形势转好，他绕道渤海，到中共华东局驻地益都。济南解放后，我三野大军南下，与二野部队展开了举世闻名的淮海战役。他作为山东兵团《华东前线报》记者，参加了这一战役。为《华东前线报》写了《王世岗火线入党》《登城第一名》等文艺通讯，接着又写了《突破口上》《一次战地采访》《一个小战士》等，皆取材于他深入火线、亲身经历的淮海战役中的真实事迹。

1949年之后，刘知侠担任济南市文联主任，到北京参加了中华全国文学艺术工作者代表大会。1952年至1953年，刘知侠完成了长篇小说《铁道游击队》，于1954年出版。1953年，刘知侠调到上海作协，从事专业创作，为儿童创作了《铁道游击队小队员》，在《儿童时代》上连载。

1964年，正要动手写反映解放战争的长篇小说时，领导要他到农村搞社教活动。1966年，"文化大革命"开始，刘知侠受到"严重的迫害和摧残"（《自传》）。改革开放后，刘知侠以超人的毅力，创作了四十万字长篇小说《沂蒙飞虎》，以及二十万字的《战地日记》。

1991年初秋，刘知侠因病去世。

刘知侠的小说，大都反映抗日战争和解放战争时期的军旅生活，其艺术特点是讲述英雄传奇，讴歌战士和劳动人民的崇高品德，感情真挚，语言朴实，笔墨粗放，有浓重的地方色彩。比如，前面提到的写军民鱼水关系的《铺草》《红嫂》。前者讲述农民王老头，认识到不把草借给战士张立中，是"忘本"行为，便揣着两包烟，准备去找他赔不是时，战士张立中在战斗中已英勇牺牲。他为将功补过，默默跟着担架队，吃苦在前，"很少说话"，被评为支前模范，却不肯受奖。一个纯朴而善良的老农民形象，通过几个行为和细节，就站立在读者面前。后者是根据地沂蒙山区流传的故事而写，讲述了一个农村少妇用自己的乳汁救护了一个受重伤的战士。小说将红嫂塑造成一个政治觉悟高，对革命战士有感天动地的母爱，灵魂神圣的普通妇女的形象，表现了人民对革命战争的无私支持和奉献。这是战争文学的重要主题。

《铁道游击队》是刘知侠的代表作，如前所述，这是一部在真人真事的基础上写成的富有传奇色彩的革命通俗小说。故事叙述抗日战争时期，不堪日寇蹂躏的山东临沂、枣庄的煤矿和铁路工人，在共产党的领导下，组织了一支游击队，在正副队长刘洪、王强的指挥下，在铁路临枣、京浦线上劫日洋行、打票车、扒铁道、拆炮楼、撞兵车，护送党的领导人秘密过路，斗汉奸地主，分化瓦解敌伪势力，不畏强敌、斗智斗勇、神出鬼没、出奇制胜，如同一把匕首插在敌人心脏上。

如刘知侠所说，为创作《铁道游击队》，"我特意又研究了一遍《水浒》"。小说成功借鉴古代传奇笔法，一个一个地展开故事，并使之浑然一体、情节惊险紧张又波澜起伏。小说在讲故事的过程中，将人物一个个突显出来，像主要人物刘洪、王强、彭亮和芳林嫂等，虽然称不上典型人物，也算是鲜明生动。

有评者将《铁道游击队》视为严肃文学，而忘记它是通俗小说，提出过高要求："作者在写作过程中，对于整个故事发展的安排，比对人物性格的刻画更注意。"（招明《评〈铁道游击队〉》）

《铁道游击队》中的人物虽未能上升到艺术典型的高度，却受到了读者的热烈欢迎，发行量逾百万册。改编成电影、电视剧后，更是观者如潮，家喻户晓。个中原因，怕与小说来自生活、取材真实故事有关。它真实、自然，故富有感染力，读者对战争特别是对抗日战争和解放战争故事感兴趣。当时正进行革命传统教育，行文通俗化、大众化，富有传奇色彩的讴歌战斗英雄的小说应运而生，广受欢迎。小说虽人物性格比较单薄，但战斗故事性强，还表现了真挚的革命战友情谊、爱情，把战斗生活写成了一轴丰富多彩的画卷。

冯牧、黄昭彦曾在《新时代生活的画卷——略谈建国十年来长篇小说的丰收》一文中说，描写抗日战争游击队故事的作品中，"尤以刘知侠的《铁道游击队》、冯至的《敌后武工队》……最受欢迎。这类作品着重于情节的惊险曲折，而人物性格则比较单薄，但由于情节的引人入胜，故事性强，也有一定的教育意义，容易收到普及的效果"，斯言信哉。

第二十二章

曲波与革命英雄传奇《林海雪原》

闲夜思君坐到明，
追寻往事倍伤情。

——元稹《寄乐天》

"以最深的敬意，献给我英雄的战友杨子荣、高波等同志！"这是《林海雪原》全书的第一句话，也是我怀念战友赤诚的一颗心。

　　上面的文字，是曲波《关于〈林海雪原〉——谨以此文敬献给亲爱的读者们》一文中的话。

　　《林海雪原》由人民文学出版社出版于1957年。小说写的是解放战争初期，我东北人民解放军一支三十人的小分队，深入茫茫无际的林海雪原中，同国民党残部及占山为王的土匪周旋并最终将其歼灭的故事。

　　作者曲波，时任牡丹江军区二团副政委，曾率领一支小分队深入雪原，经过半年多艰苦作战，歼灭了几股国民党残匪。中华人民共和国成立后，曲波因负伤转业到地方工作，以这段富有传奇色彩的经历为素材，经过艰苦创作，完成了长篇小说《林海雪原》。

　　此后，他相继创作了《山呼海啸》《戎萼碑》《桥隆飙》等长篇小说，但是思想艺术远不如《林海雪原》。

　　《林海雪原》出版后，《文学研究》《文艺报》《人民文学》等期刊发表多篇评论。侯金镜认为，《林海雪原》虽然思想性的深刻程度尚不足，人物的性格有些单薄、不成熟，但它具有民族风格的某些特点，故事性强，有吸引力，语言通俗化、群众化，又能生动准确地描绘出人民斗争生活的面貌。何其芳也强调，《林海雪原》借鉴了中国古典小说的艺术特点，表现剿匪的"传奇色彩的情节"，与民族风格结合得好。王燎则认为，《林海雪原》"比较通俗的英雄传奇故事要有更多的现实性，直接来源于现实的革命斗争"，"比一般的反映革命斗争的小说更富于传奇性"，可称为"革命英雄传奇"。

综合看，《林海雪原》有长处，也不乏短处，但评论家一致认为它是"革命历史""通俗化"叙述与"民族风格"的作品，可以替代某些曾经很流行而思想内容并不好的旧小说（何其芳语）。

一句话，《林海雪原》是一部通俗的革命英雄传奇作品。

谈曲波的《林海雪原》之前，先说与此有关的闲话。

笔者认识曲波，是在20世纪60年初。笔者在大学中文系读书，有一天，老师带我们几个同学去曲波单位，拜访这位声名显赫的军旅作家。听他讲创作《林海雪原》相关的事情，印象最深的是，"写《林海雪原》是为了纪念为革命牺牲的战友"。说这话时，他年轻的脸庞浮现严肃的表情。

20世纪90年代初，笔者与同事黄伊到曲波百万庄的寓所，拜见这位老作家，没想到他的记忆力惊人，立刻认出了笔者。在他创作《林海雪原》的房舍里，我们相谈甚欢，话题仍然是《林海雪原》。笔者告诉他，时过境迁，在当下的语境，不少20世纪50年代的小说尘封书架，无人问津，而《林海雪原》还被读者争相阅读。

他平静地看着笔者，说："革命英雄永远不朽。"

大约过了一年，笔者又与曲波在八宝山公墓龙世辉的葬礼上相见，冯牧、蒋子龙、冯骥才、张贤亮老友都在场，我们都沉浸在悲戚中。笔者自然忆起乘鹤西去的龙世辉老哥与曲波及《林海雪原》林林总总的往事。

1957年秋，作为人民文学出版社老编辑的龙世辉，从组长那里抱回一大摞书稿，稿纸有大有小，用各色布条拴着，其字有大有小，东倒西歪，书稿名为"林海雪原荡匪记"。老龙以为是剿匪故事，并未看好它，可是当他读了几章之后，马上被吸引住了，恨不得一下子把它读完。一连十来天，都沉浸在愉快和兴奋中，不解风情的下班铃声总是在他读得津津有味的时候响起来，使他不得不依依不舍地离开办公桌。读罢，他马上向社领导之一楼适夷汇报说，他发现了一部优秀作品，同时说此稿在艺术上、文字上有太多欠缺。楼适夷鼓励他尽力改好并让他当责编。从此，他开始一章一段乃至一句一字地认真修改。用老龙的话说："三个月时间，把我的全身解数都使上了！"曲波只上过几年学，所以书稿艰难改定。老龙又找到《人民文学》副主编秦兆阳，让该刊选发了一部分章节。选发后，反响很好，老龙又马不停蹄地写了不少文章在各报刊发表，宣传《林海雪原》。

龙世辉一生谦逊，因他的努力，《林海雪原》获得太多荣耀，他没有沉醉在成功的喜悦里，而是讲自己的不足。他在一篇文章中说："《林海雪原》是我发的稿，我在加工时，把注意力集中放在情节的修改和对语句的修饰上，对错别字放松了，结果在校样上遗留下一百多处错。"校对的人发现后，一一指出，让他很难堪。"后来再加工稿件，全身汗毛都竖起来。"他怕再出错，总是严苛地要求自己。

龙世辉毕业于赫赫有名的黄埔军校第十九期，与笔者成为同事时，已年过五旬。黄埔军校的身份让他历经沧桑，作为文学界的资深编辑，他在《林海雪原》《青春之歌》《芙蓉镇》《将军吟》《代价》等可以在文学史上浓墨重彩记上一笔的优秀长篇的发现、推出上，倾注了智慧和心血。笔者曾经的同事，后来成为《中国作家》负责人，深谙老龙的杨匡满，著文说："可以说，在他（龙世辉）的组织、修改下，才有了今天的《林海雪原》。"（1992年11月28日《光明日报》）

曲波感谢龙世辉为《林海雪原》倾注的心血和才智，将一本精装本的《林海雪原》赠给他，并在该书的扉页上写下这样的话："在英雄们事迹的基础上，加了您和我的共同努力，我们的友谊和它在一起诞生。"

时任人民文学出版社社长兼总编王任叔（巴人），听说了龙世辉精心修改《林海雪原》的事迹，就调来修改的原稿，一页页地审阅，之后，动情地在原稿之后，写下一句评语："应该这样改！"可谓字字千金。

1981 年 3 月，人民文学出版社成立三十年的庆典在北京饭店举行，老诗人、副社长楼适夷在文学界及其他各界知名人士聚会的大会上，即席讲谈，特意介绍老编辑龙世辉在《林海雪原》编辑工作上所做的贡献。

当然，大多数作家是感谢独具慧眼的编辑的，蒋子龙曾说"帮助作家找到作品真正的根"的是编辑，又说："作家是锤头，编辑是锤把；作家是水泥柱，编辑是水泥柱里的钢筋，光使劲不露面。"（《水泥柱里的钢筋》）每一个作家和每一部作品背后，都有一个编辑。每一个成功的作家和每一部优秀作品后面，也必然有一个好编辑。曲波和《林海雪原》之于龙世辉，就是证明。

曲波，山东费县（一说黄县）人，生于 1923 年，读过六年书，后失学在家种地樵采，熟读《说岳全传》《水浒传》等书。曲波在十五岁时参加八路军，于 1943 年被派送到胶东抗大学习，毕业后担任胶东军区报社记者。解放战争之初，曲波任牡丹江军区二团副政委期间，受命率一支小分队深入莽莽林海雪原，剿灭国民党残部和土匪。这段半年多的艰苦传奇的剿匪经历，成为他后来创作《林海雪原》的基本素材。

新中国成立后，曲波因在战争中负伤，转业到地方工作，曾任海军学校大队政委，并开始创作长篇小说《林海雪原》，由人民文学出版社于1957 年出版。

《林海雪原》写的是解放战争初期，东北地区形成敌我对峙局面，为巩固根据地，1946 年，我东北人民解放军一支三十人组成的小分队，深入茫茫无际的长白山林海雪原，与数百国民党残部、数股占山为王的土匪周旋，以机智勇敢最终将其剿灭的故事。

作者曲波以亲身经历的战斗生活为创作素材，采取容易把握和驾驭的偏向民族化的"纵线结构"，叙述这个本身就带传奇色彩的故事，如以奇袭虎狼窝、智取威虎山、绥芬草甸大周旋、大战四方台为轴线，采取中国古典小说单线发展、环环相扣、峰回路转的艺术手法，大的故事包括许多独立成篇的小故事，有头有尾，各具特色，故事相互联系，又各有独立性。

《林海雪原》出版前，第三至第八章先在《人民文学》1957年2月号上以"奇袭虎狼窝"之名发表。读者反应热烈，说这部作品大故事里有小故事，故事里套故事，故事外面包故事，"山穷水复疑无路，柳暗花明又一村"，曲折多变。

《林海雪原》与一般的惊险小说截然不同的是，作者不是在编造离奇的故事，更不是以传奇掩盖自己生活的空虚，而是讲述了我军惊心动魄的剿匪斗争经历。当然，既然是小说，作家总要用文学手段强化其情节的典型性。《林海雪原》情节生动、曲折，腾挪跌宕，变化多端，波澜陡起，强化了传奇色彩，呈现出错综复杂又色彩缤纷的叙述特色。

《林海雪原》在塑造人物时，如写杨子荣只身乔装打入匪巢，栾超家跨飞涧搭"天道"等，总是让人物置身凶险复杂、奇诡莫测的环境中，甚至置身生死关头，以此刻画他们足智多谋、英勇善战的英雄性格。即便刻画同一类型人物，如刘勋苍和孙达得，两人在性格、体形和习性上有许多相似的地方，都体态魁梧，力大无穷，个性坚韧、粗犷、坦率，但曲波抓住两人各自的特点，通过细节描写表现出他们独特的鲜明个性：一个豪迈、暴躁和诙谐，一个稳重、细心和纯朴。

《林海雪原》的语言，受中国传统评书语言韵味的影响，用大众喜闻乐见的明白晓畅、活泼有力、近似口语化的叙述语言，来反映新的战争生活，塑造新的英雄人物，歌颂英雄主义精神，取得了可喜的成功，也实现了曲波的初衷："力求在结构、语言、人物的表现手法，以及情与景的结合上都比较接近民族风格。"（《关于〈林海雪原〉》）

20世纪80年代初，笔者第三次见到曲波。他来开会，笔者正好负责接待，同坐一桌，由《山呼海啸》谈到《林海雪原》。关于为什么要写小说时，他的谈兴来了，他说唯一动机就是怀念自己的战友，这话深深地打动了笔者。他说，《林海雪原》是根据他一段剿匪的亲身经历写成的。作品中的杨子荣等英雄，都是和自己并肩作战的战友的化身，许多故事也都是真人真事。他只读过六年书，十多岁就参加了革命，在和匪徒拼命时，并没有想到将来要写《林海雪原》。他因在战斗中负伤住进医院养伤，住院的战友大都爱讲自己的战斗生活，自己也讲了参加剿匪的故事。大家听了非常感兴趣，就让他继续讲下去，而且是一讲再讲。讲来讲去，过往的战斗生活就清晰地浮现在脑海，故事也逐渐完整，小说的腹稿自然形成，对那些牺牲战友的怀念越来越深，常常让自己泪流满面。同志们懂得他的心思，就鼓励他写出来，让广大群众了解这些革命战士是怎样流血牺牲换取革命胜利的。后来离开医院，复员到地方，对战友的怀念和创作的冲动，让他常常饮食无味，彻夜无眠。几经努力，他终于写出了《林海雪原》。最后，他遗憾地说："剿匪时，我天天记日记。可惜战斗日记在一次战斗中丢失了，好多战友的事迹都没有写进书里。"

　　《林海雪原》所反映的剿匪背景，也需一提，不然难以了解剿匪的意义，也难以了解这部弘扬革命英雄主义的作品的精神价值和文本意义。

　　1946年，解放战争初期，东北地区形成敌我对峙局面，我方为了巩固革命根据地，举地区之人力、物力，全力支援全国规模的解放战争，开始实行具有战略意义的土地改革。被击溃的国民党军残部、特务，以及与国民党统治合流的伪满官吏、警察，在城乡潜伏下来，组成地下"先遣军"，秘密进行各种破坏活动。此外，聚啸山林的各路土匪与反动地主勾结，建立反动武装，抢掠农民，破坏土地改革，为患一方。

　　对于这种"先遣军"、土匪地主武装，我军曾用大兵团入山围剿。但因地区大，地势险恶，匪巢分散，敌匪狡诈，用大兵团剿灭等于"用拳头打跳蚤，用榴弹炮打苍蝇，用渔网捕毛虾"，兴师动众，徒费宝贵的给养。后来决定改变战术，组成精悍的小分队，灵活机动，既能侦察，又能突击消灭，以集中力量各个击破，于是三十六人的小分队应运而生，作者曲波这样机智勇敢的首长有了施展才干的舞台，胜利完成了一场惊心动魄的剿匪行动。曲波将之文学化，演绎成红色经典小说《林海雪原》。

一支三十六人组成的小分队，受命进行剿匪，要在大雪弥天、渺无人迹的深山老林，与数股力量占优的凶残敌人作战。他们的任务不是打败、打跑顽敌，而是彻底干净消灭。这是一个非常艰巨的任务。正如杨子荣在匪巢威虎山与敌人斗勇斗智之时感到的："真是负担太过量了！"再"负担太过量"，也得完成党交给的任务。战士没有被困难吓倒，没有人犹豫动摇，而是信心百倍地克服一切困难，战胜敌人。

《林海雪原》中，曲波塑造了十几个主要英雄人物，他们觉悟高，武艺好，智谋广、体魄强，是孤胆英雄，其中最出色的算是杨子荣了。

青年时代的杨子荣，原本是一个老实勤劳的庄稼汉，因他家的牛在地主杨大头家的祖坟上吃了几口青草，杨大头便以牛破了他家的地为由，搞得杨子荣家破人亡。杨子荣愤然参加八路军，经过教育，他懂得了仇人"已经不是一个杨大头，而是所有压迫、剥削穷苦人"的那一个阶级。

杨子荣家穷，没念过书，但他聪明过人，老人讲的《三国演义》《水浒传》《岳飞传》，他听过便记住，还绘声绘色地讲给别人听。他从中受到正义、道义等传统教育，这成为英雄主义的一部分。

革命的孤胆英雄，不同于江湖中那些孤身一人与敌捉对厮杀的人，而《林海雪原》中塑造的革命军人杨子荣，是个勇敢无畏和有惊人智慧又充满革命觉悟的战士。他与战友一起，分头或合力作战。特别是只身深入虎穴，智取威虎山那场斗智斗勇的斗争中，他力挽狂澜，将众匪徒玩弄于股掌并最终全歼之，让读者惊心动魄、拍案叫绝。

一个革命战士，乔装打扮成形神兼具的土匪，经历了黑话拷问；讲郑三炮和蝴蝶迷的私事，识破匪徒布置的演习，步步惊险。最让人揪心的是，曾经被他追踪、逮捕、审问过的小炉匠，在押解途中逃脱，突然又在威虎山碰面。只见杨子荣沉着镇静地步步为营，化被动为主动，震慑了小炉匠，骗过"座山雕"，征服了众匪徒。他将小炉匠拉到陡沟边执行枪决，对他说："今天我代表祖国、代表人民，来判你的死刑。"小说塑造了一个大智大勇的孤胆英雄的崇高形象，让《林海雪原》拥有了那么多的读者，创造了当代小说的发行奇迹，成为"红色经典"。

说说《林海雪原》中的人物原型。

小说是虚构艺术，但优秀小说并非只凭空想象，天马行空。宇宙万物都有其内在规律，规律者系事物间的内部联系。小说同样要求把事物之间的内部联系揭示出来，使之符合客观实际，这就是真实性。小说之于故事，常常是由作家将熟悉的事件文学化，让其成为小说的故事。小说之于人物，往往是作家将熟悉的人物文学典型化，让其成为小说中的"这一个"。我们说作家的人生命运是其小说的底蕴，就是这个意思。比如，王蒙的长篇"季节"系列中的钱文，其原型就是王蒙自己。张贤亮《灵与肉》《绿化树》《男人的一半是女人》中的主角，就是张贤亮。《文心雕龙》中之"酌奇而不失其真，玩华而不坠其实"，讲的就是小说的故事情节不管如何曲折跌宕，都要符合生活真实，人物性格不管多么复杂，也不能离开生活真实。小说内在的"美"，取决于生活的"真"。

《林海雪原》具有英雄传奇色彩，便是因为革命战士奉命入林海雪原剿匪，其本身就是真实的英雄传奇。经历者把这种真实的英雄传奇赋予小说艺术，才有了《林海雪原》的思想力量和艺术魅力。

前面讲了，《林海雪原》的故事是真实的历史事件，已写进解放战争的史书里。英雄少剑波、杨子荣、"座山雕"等人物都有原型。

杨子荣的原型就是作者的战友，牡丹江军区二团侦察排长杨宗贵。小说开篇，作者写道："以最深的敬意，献给我英雄的战友杨子荣、高波等同志。"杨宗贵是作者曲波的胶东老乡。杨宗贵出身贫寒农家，从小随父闯关东，经历艰苦，在鸭绿江放过排，拉过纤，在社会底层接触三教九流、各色人物，熟悉民风民俗、人情世故、历史传说、野史逸闻、行帮规矩、黑话俚语。这些让他能在深入虎穴，周旋于匪特时，呼风唤雨。

杨宗贵于1943年回到老家牟平，成亲不久，参加抗日游击队。日本投降后，1945年8月，杨宗贵从县大队抽调入伍，改名杨子荣，重返东北，被编入牡丹江军区第二团，成为作者曲波的部下。那一年，他二十八岁。曲波考虑杨子荣经历过游击战的磨炼，经历丰富，性格稳健，有与各种人打交道的能力，让他当了剿匪小分队的侦察排长。

1947年1月24日，杨子荣等战士化装后，向密林深处进发。一连几天，在雪原中搜寻前行，忽在一个叫蛤蟆塘的地方发现一座猎人和伐木者住的木棚。棚里住着十几个伐木工模样的人，杨子荣敏锐地发现他们可能是隐藏的土匪，即用黑话辅以手势试探，发现果然是一伙土匪。其中有一个正是"座山雕"的副官，更让他大喜过望的是，副官深信杨子荣也是土匪，答应带杨子荣上山。

上山途中，发现山路中设有三道暗哨，如大队来围剿，土匪见状，逃得无影无踪。途中，杨子荣用黑话与暗哨答话，乘其不备，将其捉住，绑个结实，与战友一起押上"座山雕"营造的土匪老巢——当地人称之为"马架房子"。杨子荣命两个战友看好被抓的暗哨，他带领几个战士冲进"马架房子"，捉了"座山雕"，端了盘踞多年的土匪老窝。

活捉"座山雕"的消息传出后，《东北日报》以"战斗模范杨子荣等活捉匪首座山雕"为题，进行报道，老百姓欣喜若狂，杨子荣也立功受奖。杨子荣的事迹在群众中迅速传播，十六天后，他又奉命追击残匪郑三炮，将他堵在窝棚里。枪战中，手枪撞针被冻住，无法射击，土匪孟老三乘机一枪打中杨子荣的胸口。英雄杨子荣壮烈牺牲，年仅三十岁。

《林海雪原》就是根据杨子荣在剿匪中的事实，将其文学典型化，创造了一个更丰满的艺术形象杨子荣。

解放后，杨子荣的一个老乡从东北回到牟平，向政府反映说，他在牡丹江见过一身土匪打扮的杨宗贵，认为他是从部队开小差，投奔了土匪。当地政府信以为真，取消了杨家军属待遇。后来，《林海雪原》出版，不久改编成电影和京剧，在山东牟平也引起轰动。那时，杨宗贵的母亲还健在，她万万没想到，那个英姿飒爽、足智多谋、威镇匪特的英雄杨子荣，就是自己的儿子。直到1974年，曲波偶然发现一张杨子荣接受表彰的照片，有关人员以此照片为凭，找到当地政府和杨子荣家人。杨子荣的无妄之灾，才得以昭雪。1991年，牟平政府为杨子荣修建了纪念碑和纪念馆，告慰英烈，教育群众。

纵观当时高蹈的意识形态的语境，文学创作主要是塑造革命英雄形象、歌颂革命英雄主义。军事题材小说或战争小说，大都严肃又通俗，传统的写作方式通常会拥有迅速引导读者进入情景的魅力，其中"兵"的形象特别是战斗英雄的形象，很受欢迎。英雄形象也会在群众中流传，如杨子荣已成为家喻户晓的人物。但从小说艺术的角度审视，这些英雄人物包括杨子荣的塑造，有某些粗疏单一、平面化或缺少发展，甚至拔高的倾向，作为人的丰满性、复杂性被"净化"成"高大全"式的孤独英雄，使其艺术成就和艺术生命力大受影响。

这种明显的"净化"倾向，与作家的创作环境有关，是以"自觉"的艺术追求的形态出现的。这与文艺从属政治的观念、阶级斗争的理论相关。改革开放之后，文学进入了"人的过程"，"净化"倾向逐渐淡化。《林海雪原》过分追求情节的曲折奇特而分散了刻画人物的笔墨，也是导致人物性格平面单一的原因。

前面说过，《林海雪原》情节的曲折性、生动性是其小说艺术特点，写大小事件变化多端，有风云不测、波澜陡起的艺术效果。其语言明快通俗，绘声绘色，形神毕肖。但是，在运用民族传统语言时，创新不够，有陈旧之感。

《林海雪原》在艺术上的另一不足之处，在于不平衡。写杨子荣、少剑波对敌斗争很精彩，写生活就显得单调、烦琐。有些情节如栾超家搭"天道"，杨子荣在威虎山，有些神秘和离奇的色彩，削弱了小说的生活和艺术真实性。

在高蹈的意识形态下，曲波的《林海雪原》有点拔高人物，缺乏思想深度，但战争气息生动真实，人物刻画栩栩如生，小说经历了五十年的风雨，依然赢得这么多读者的呼应，值得评论家深思。

第二十三章

用生命塑造《小兵张嘎》的徐光耀

刚被太阳收拾去，
却教明月送将来。

——苏轼《花影》

徐光耀是一位从战火里淬砺出来的作家。其作品长篇小说《平原烈火》和中篇小说《小兵张嘎》等，取材他亲历的抗日战争时期的战地生活。在中国当代文学史上，他是较早地把自己作为一个战士，将在战争硝烟中获得的真切感受带到文学中来的作家之一。

徐光耀用生命塑造出来的《小兵张嘎》，被时间证明是中国儿童文学中的红色读物，被选入《战斗的童年文学丛书》和《小学生丛书》，特别是改编的同名电影，成为老少咸宜、久演不衰的电影。

1957年，徐光耀被错划为右派，经历磨难。在改革开放之后，徐光耀重返文坛，发表了《昨夜西风凋碧树》。作品是他对生命的真实记录和思考碰撞出的带有哲学意义的思想火花，是他从灵魂泥土中滋长出的绿树。在客观地反思历史的同时，他把自己作为反思的对象，他的反思超越了个人恩怨，而专注于社会政治体制和民族文化心理的追问与思考。

徐光耀毕生七十年日记，正陆续出版，记录了他自己的原生态生命片段，留下了历史的真实细节，为历史提供了弥足珍贵的证词。

应该说，徐光耀的《昨夜西风凋碧树》及其日记的成就，将远远超过他的文学创作，载入中国当代文学史册。

　　徐光耀是一位经历抗日战争、解放战争和抗美援朝的战火锤炼，成长起来的作家。其早期作品主要是反映抗日战争和解放战争的战地生活，如1950年出版的长篇小说《平原烈火》。

　　1957年，徐光耀被打成"右派分子"，他闭门思过，多次检查，内心不能接受这一事实。他开始反思，如饥似渴地大量阅读中外文学名著。摘掉右派帽子之后，他于1961年创作了中篇小说《小兵张嘎》。

　　1966年，他和其他作家一样经历了折磨。1976年之后，他把自己艺术的聚焦点，从以往的英雄行为的现实政治、道德意义，扩大到整个社会。作品的内蕴由原来的鲜明而单纯的思想倾向，转向文学的多义性及更多的人性美的开掘，艺术上更加圆熟，如作品《望日莲》。他写战争，不再写正剧，而尝试写悲剧，展现战士斗争失败和面临死亡的复杂人性，如作品《四百生灵》。

　　徐光耀作为战士作家，其文学之路越走越宽阔，越走越成熟。他的成名作《小兵张嘎》，并不能真正代表其文学创作水平。真正体现徐光耀的思想深刻之作，是其暮年的反思录《昨夜西风凋碧树》，表现了一位作家对社会政治体制和民族文化心理的思考和追问。

　　徐光耀，河北省雄县人，是管桦、王蒙、从维熙、李瑛等作家的同乡，自古燕赵多慷慨悲歌之士，他们的作品和人品足资证明。

　　徐光耀出身农民家庭，只读过四年半小学。1938年，抗日烽火燃烧全国，十三岁的徐光耀参加了八路军，上了前线，真枪真刀地战斗在抗日战场上。

日本投降后，时年二十，已是部队"报道参谋"的徐光耀，在解放战争中深入火线，写了一批关于战争的通讯和特写。1947年，徐光耀被派到华北联合大学文科班进修，学期八个月。这次学习对徐光耀从事文学创作影响甚大。到了大学他才略知何为创作，才知道文学作品的形象应该主要是人物，获得了一些文学上的基础知识，从那个时候起，他产生了朦胧的文学创作的冲动。思来想去，自己在抗日战争中的一些亲身经历浮在眼前，"五一大扫荡"中的战火硝烟，仿佛并不遥远，他感到表现反扫荡是一种历史责任。短篇小说《周玉章》是徐光耀在华北大学学习时的小说处女作，发表在1947年4月22日《冀中导报》的副刊上。

1950年，徐光耀出版了长篇小说《平原烈火》。小说描写了一支共产党领导的抗日游击队，在1942年日寇发动的"五一大扫荡"中，所经历的顽强突围、坚壁清野、分散隐蔽、发展壮大、英勇智慧地打击敌人的战斗故事。

小说的主人公是共产党员、中队长周铁汉。他平时与百姓和战友亲如一家，在血肉横飞的战场上率领游击队英勇杀敌，在敌人的监狱里经受严刑拷打和各种诱惑，坚贞不屈。他在精神、道义、智慧上，代表着一个民族的精神和必胜的信心。小说写出了革命战士与劳动人民的血肉关系，这种关系凝聚了强大的可以摧毁消灭敌人的力量，让读者深切地感受到它的人民性和革命性。小说在叙事上，有些像战地特写，人物刻画和环境描写略显粗糙，但作品真实生动，乡土气息浓郁，有一种质朴之美。

长篇小说《平原烈火》，是徐光耀仅用四十天即完成的著作，在只能靠手写，又要不断修改的情况下，可谓神速。徐光耀说：

　　第一是生活有积累，八年抗战我在一线；第二是有基础，我编故事的能力比较强；第三，抗日材料很丰富。《平原烈火》里百分之七十是真人真事，百分之三十是虚构，用文学语言比较好地表现出来，所以写得比较快，不用多大力气加工。

　　将亲身经历，烂熟于心的东西写在纸上，自然有一泻千里之神速，可信矣。1942年，日寇"五一大扫荡"之时，十七岁的徐光耀正在冀中一支县游击队里，作为一名战士，活动在石德路南的宁晋一带。游击队要与日寇交手打仗，战斗频繁惨烈，每天都是性命攸关之事，经常一天有几次与敌人交火，不是冲锋，就是突围。一天到晚枪不离手，战斗中的每一个人物，与敌人斗争的场面，都给他留下了深刻的印象。战斗间隙，这些战斗故事他有过写出来的欲望。正好，抗战胜利第二年，冀中军区发起过一个名为"抗战八年写作运动"的活动，号召每个识字的战士，写写自己八年抗战中最难忘的故事。早就跃跃欲试的徐光耀，受到鼓舞，真的动手写了两篇类以报告的东西，其中就写了一支游击队，在敌人的"大扫荡"中，由失败、退却，经过整顿不断发展、成熟起来，战胜顽敌，走向胜利的故事。作品取名叫"斗争中成长壮大"，因文化水平太低，又无写作经验，写成后交上去就如泥牛入海，但故事一直贮存在他的心里。

　　1947年，徐光耀争取到华北联大文学系读书的机会，虽然仅有八个月，但他懂得了关于文学创作的基础知识，明白文学作品中的形象应该主要是人物的道理，为他在1950年用四十天时间创作《平原烈火》，打下了坚实的基础。

　　让徐光耀在文坛上爆得大名的，是他的中篇小说《小兵张嘎》。

　　《小兵张嘎》创作于1961年，两年后被改编成同名电影，一经放映，受到热烈欢迎，几乎是家喻户晓，人们才发现文坛有个徐光耀。1957年，被打成右派，身心备受折磨的他，终于又出了头。

徐光耀从十三岁参军，是经历过抗日战争、解放战争、抗美援朝战火锤炼的战士作家，为什么会被错划为右派呢？1955年，周扬掀起批判"丁陈反党集团"运动，徐光耀收到一封来自中国作协的绝密外调丁玲的函件，函中提出关于丁玲的六个问题。在文研所，徐光耀是丁玲的学生，向他了解丁玲的情况，并无不妥。徐光耀为人忠厚、老实，凡事实事求是，他在给中国作协的信中，非但没有提出什么丁玲的反党材料，反而对他们的不妥做法提出疑问：

> 我希望作协党组能记取这样的教训，在开展思想斗争的时候，尽量避免使用压力，防止造成那么一种空气，那没有人敢讲反对意见……我对你们这次给我的来信，有一种在态度上不够全面和不够客观的感觉，只问我受了一本书的什么影响，却没有要我对这些问题的反证，也没有问我受过她什么好的影响，这使我有些担心，这种调查会不会得到完全公平的结果。

在1957年的反右派斗争时，徐光耀被打右派，受了不白之冤。光明磊落的徐光耀受此诬陷，自然心存不服，自己知道自己政治清白，对党忠诚。在被整肃，遭到打击之时，也不自甘堕落。在不如意的日子里，他沉下心，认真阅读古今中外文学名著，丰富、补充自己的文化素养。此外，他深知对抗不白之冤最好的办法，就是拿起笔创作出歌颂革命的优秀文学作品。

徐光耀在《我并不是"小兵张嘎"》一文中，谈到创作《小兵张嘎》的经过。"嘎子"是从哪儿来的？徐光耀1938年参加八路军，当年十三岁，与"嘎子"同庚。其实，他在创作《平原烈火》时，就写到过一个十三岁的八路军小鬼，名叫"瞪眼虎"，此小八路，系有其人，乃原赵县大队的小侦察员。他还有个小伙伴，外号吓人，叫"希特勒"，是个威名远扬的人物。徐光耀初识"瞪眼虎"时，都是十三岁，只见"瞪眼虎"倒挎马枪，斜翘帽檐，有一股逼人的野气和英姿飒爽的豪迈，给徐光耀留下了深刻的印象。但"瞪眼虎"在《平原烈火》中出场较晚，无法安排他表现智勇双全的本领，只是过场人物。这证明《平原烈火》是个线性结构、构思不够紧密完整的纪实性作品。一位老朋友读过《平原烈火》后，问徐光耀："你那个'瞪眼虎'，开头表现还好，像是挺有戏的，怎么不凉不酸就拉倒了呢？"徐光耀无言以对，但他心里知道，因为尚无娴熟驾驭长篇小说的能力，不能让"瞪眼虎"抢去主角的戏，只好忍痛割爱，让"瞪眼虎"草草谢幕，委实委屈了他。这为他后来写《小兵张嘎》，埋下了伏笔。

前面讲了，徐光耀被错划为右派后，不断挨斗，战友都如避瘟疫一样离他远去，生活变得孤独寂寞，经历写不完的"检查"和"批斗"，便被"挂"了起来，"听候处理"。一个十三岁参加八路军，当年就入党，经历了那么多战争的战士作家，突然被开除党籍，徐光耀当然不服气。他遂下决断，重新拿起笔，继续写作。好嘛，往昔经历的人欢马叫、枪炮齐鸣、杀声震天的战斗生活，铺天盖地地扑向他，那个"瞪眼虎"也活生生地向他走来。小兵张嘎就从纸面上化作有血有肉、机灵、正直、勇敢的小英雄，矗立起来，成为文学画廊的"这一个"。

《小兵张嘎》在1961年底发表，共和国"正面临着三年自然灾害和'反右倾'斗争所带来的严重经济困难"（《党史博览》2020年第四期）。阶级斗争不能不暂时松弛下来，知识分子政策也相对放宽。1962年，《小兵张嘎》单行本也发行了。徐光耀寄了一本给当过他所在创作组的组长崔嵬。当时崔嵬是红得发紫的电影大导演，他看了《小兵张嘎》，约来编剧欧阳红樱，在1963年拍成了同名电影。

"时来天地皆同力，运去英雄不自由。"时来运转，"不自由"多年的徐光耀，又有了改变命运的机会。《小兵张嘎》电影拍成后，先放映给文艺界新闻界权威人士，请他们评判，获得评论家大加赞赏。当时中苏论战，我们正在批判苏联的修正主义。《小兵张嘎》与苏联获大奖的儿童电影《伊凡的童年》前后问世，一个宣传革命英雄主义，一个宣传人道主义。评论家大呼，《小兵张嘎》战胜了《伊凡的童年》，意识形态上我们大获全胜。三年后，"文化大革命"爆发，把《小兵张嘎》捧到天上去的文艺界某权威，又以支持右派徐光耀的罪名被打翻在地。多年之后，徐光耀不胜感慨道：这真是"令人解颐"的一桩插曲！

"文化大革命"结束之后，生活要继续，创作也要继续。对徐光耀来说，又焕发了生机。2000年伊始，他的新作《昨夜西风凋碧树》，获得鲁迅文学奖。

徐光耀的一生，对生活、思想、行动影响最大，在其心灵烙印最深的事，便是抗日战争和反右派斗争。革命烽火将他锤炼成了革命战士，他为新中国的诞生倾尽一个共产党员的赤诚心血，他感到自豪荣幸和欣慰。但他被打成右派，蒙羞二十年。他说："它把我的心劈开了，撕掉了我的眼罩，使我看见了光前不曾看到的东西。尽管很难相信，却眼花缭乱，迷迷糊糊。到'文化大革命'来了，又几经天旋地转，才慢慢有点明白，于是忐忑地、间隔地写了几篇文章，这便是已收到这个集子的《我的喜剧》系列。"到了七十岁，生命已进暮年，他经常听到对"阴谋"现象的研究议论，自己也深思经年，便有了新的感悟，反思集《昨夜西风凋碧树》于是问世。

一个只倾诉自己苦难的作家，写不出深刻的传世之作。徐光耀几乎用生命完成的《昨夜西风凋碧树》，不仅是写自己受到的委屈、荣辱、恩怨，而是秉笔直抒，是希望为党、为人民、为民族"总结五七年这场（反右派）运动的教训，是要说几句真话，要把惨痛的教训记下来"。正所谓"宁可懵懂而聪明，不可聪明而懵懂"（冯梦龙《警世通言·王安石三难苏学士》）。

徐光耀已年过九十。他几乎一生都写日记，算起来，日记已写了七十多年。从抗日战争、解放战争到抗美援朝战争，占去十多年；经历中华人民共和国成立、"三反"运动、"五反"运动、反右派斗争、"文化大革命"，占去二十年；改革开放至今，又经历四十年。他由八路军小战士变成了耄耋老人。经历多么丰富，日记多么丰富。在某种意义上，日记补充了创作的不足，也为中国当代历史提供了极可信的证词。

徐光耀说："我写日记，纯粹是练笔，训练我的表达能力和文字能力。写日记完全是赤裸裸的，确实把话说给自己听……对我在世界上站的位置来说，我是很赤裸裸的，这一点，在文学创作时不可能，写作要把自己最得意、最闪亮的地方写出。"其实也未必，对于徐光耀这样的革命作家来说，写人性的真善美，特别是革命英雄主义，着墨太多的是政治人，而平凡的人，复杂的人性表现得似乎还不够。

据徐光耀日记整理者之一、作家闻章介绍，其日记是原生态的，活生生地真实记录每天发生的事情，且将自己的缺点、毛病、弱点如固执狭隘等人性的弱点，毫无保留地记录在案。闻章动情地总结说："这是他超越个人的无私贡献，他在我眼里的形象更高大了。"

笔者读过巴金的随笔《真话集》，认为说真话的巴金的灵魂高洁高尚。文化人格同样干净的徐光耀的日记，也会让我们的精神受到震撼。

笔者多次见到徐光耀，却很少与这位朴实忠厚的老人倾心交谈。不得不说，是笔者对徐光耀不够看好，轻慢了老人，至今羞愧不已。

第二十四章

方纪的《挥手之间》与管桦的《小英雄雨来》

世间富贵应无分，

身后文章合有名。

——白居易《编集拙诗成一十五卷因题卷末戏赠元九李二十》

五四新文学运动，始于文学重镇古都北京，鲁迅和老舍在此横空出世。他们富有独特创作个性的小说，在新文学最早的小说创作中占有重要的位置。

20世纪三四十年代，燕赵大地又涌现了一批自成一格的以孙犁为代表的优秀小说家群。1949年以后，在孙犁小说艺术风格的影响下，河北出现了一批青年作家，如刘绍棠、从维熙、韩映山等，有人称为"荷花淀派"。虽然孙犁本人不以为然，但仍有《荷花淀派作品集》问世。

其实，与孙犁（1913年生）同时出现的河北小说家，人数不少，像河北清苑县（今河北省保定市清苑区）的李英儒（1914年生）、河北雄县的徐光耀（1925年生）、河北束鹿县（今河北省辛集市）的方纪（1919年生）、河北丰润县（今河北省唐山市丰润区）的管桦（1922年生）、河北沧县的柳溪（1924年生）等，其小说创作各有特色，皆被载入中国当代文学史。

本章重点介绍方纪、管桦两位小说家。中华人民共和国成立后，他们都曾在天津工作，他们的成名作依次是中篇小说《来访者》、中篇小说《小英雄雨来》和《辛俊地》，都遭到严厉的批判。

在塑造"高大全"式的英雄，书写史诗性的年代，小说去写英雄的缺点、知识分子的感情生活，受到批评，合乎逻辑。现在看来，没有净化、简单化、概念化地去创造，坚持现实主义道路，写出复杂的人性，让这些小说仍然具有生命力。

方纪，1919年出生在河北束鹿一个中农家庭。原名冯骥，到延安后改名方纪，后来，方纪成了笔名。

方纪自幼生活在孀居的外祖母家，其母是独生女。童年常常听外祖母讲各种故事，外祖母讲得娓娓动听，浇灌了他幼稚的心灵。读完中学，方纪到北平，进北京大学历史系当旁听生，靠典当行李衣物维持生活。因对文学产生浓厚兴趣，方纪参加了左联。

1935年，方纪参加"一二·九"救亡运动，加入"民先"和共青团。次年，方纪转为中国共产党党员，时年十七岁。后来，方纪回到束鹿参加共产党直南特委革命工作，其外祖母家成特委活动据点之一。老人家曾掩护许多党内同志。方纪的祖父在抗日战争中参加革命，任村农会主任，被日寇杀害，两个叔叔也是共产党员，也被敌人杀害。可谓满门忠烈。

1937年，方纪随军南下，先后在武汉、长沙、桂林、重庆等地八路军办事处做宣传抗日的工作。在重庆，方纪曾直接在周恩来的领导下工作过一段时间。1939年，方纪离重庆去延安，先后在陕甘宁边区文协、文艺抗敌协会、中央党校三部及解放日报社等单位工作，生活在毛泽东身边，聆听过毛泽东《在延安文艺座谈会上的讲话》及其他重要讲话。毛泽东亲自给他写给《街头画报》的一篇评论改稿，还加了一段含意非常深刻的话：

可悲的是有这样一种人，对鲁迅先生的思想并未好好研究，自己错误又不好好反省，一味拿着别人的死骨，当作自己的活灵魂，恐怕鲁迅先生生前对这种人也不过是敬鬼神而远之。

延安整风运动结束后，方纪接到周恩来从重庆寄给他的一封信，鼓励他多为大后方的读者写东西。于是，方纪写下了小说《意识以外》《魏妈妈》《纺车的力量》，报告文学《阿洛夫医生》等，翻译了《一个女人，一个战士》。1945年，方纪被调到热河省，担任文联副主席。这里聚集了徐樊庸等文化人。

管桦，原名鲍化普，河北丰润县过庄人，生于1922年。母亲是个心地善良的普通农村妇女，从不向命运低头，她有绘画的艺术天赋，还会讲故事。父亲是个识文断字的乡村人，却有燕赵的豪侠之气，敢于同恶势力斗争，早在1927年就参加了革命，并于1938年参加了李运昌为首的共产党领导的冀东二十万工农抗日大暴动，于1945年的一次激战中壮烈牺牲。

八岁那年，管桦在本村小学读完初小，又在叔父的资助下读完高小。管桦自幼听母亲讲民间故事，读书之后开始接触古典名著《三国演义》《西游记》《红楼梦》等。

1938年，因父亲参加冀东抗日暴动，母亲带他避难天津，插班志达中学，管桦在这里又读了鲁迅、巴金等人的作品，同时对美术产生了兴趣。两年后，父亲派人接他们回冀东，管桦和弟弟参加了八路军，不久，被送到晋察冀华北联合大学文学系学习。管桦在这里系统学习了革命理论和文学知识，一年后回冀东做报社记者，开始在报刊上发表作品。

1942年春，管桦到冀东军区政治部尖兵剧团工作，先后任文艺组长、队长、副团长。此时他主要写作歌词、剧本、文艺通讯，偶尔写点小说。1946年，二十五岁的管桦在东北雪原上入了党。冀东新华书店出版了他的中篇小说《荆各庄的故事》。这段时间，管桦创作了颇受欢迎的剧本《三百人和一条枪》，还与人合作创作了《蒋敌伪合流》，与劫夫合作创作了《国军现形记》《胜利而归》。因深入前线进行创作，管桦曾立一大功、三小功，受到冀察热辽军区和九纵全军通令嘉奖，荣获朱德奖章一枚。

1947年，管桦出版短篇小说集《妈妈同志》。是年秋，管桦因病调东北鲁迅艺术学院文学研究室任研究员，在此写下《小英雄雨来》第一章，受到研究室主任周立波的赞赏。在他的鼓励下，管桦将这个儿童小说写成中篇小说出版。《小英雄雨来》中的雨来，特别真实生动，他既是勇敢机智的小战士，又是普普通通、天真稚气、活泼可爱的孩子。

解放战争打响后，管桦随部队到前线当战地记者，转战冀中区，曾在冀中兼《冀中导报》副刊主编。这一时期，管桦和孙犁、杨朔、萧殷、秦兆阳、王林等作家一起工作、生活。1949年以后，管桦调天津中央音乐学院创作组，专写歌词，1952年又到中央歌舞团创作歌词，1963年调任中国作协北京分会副主席、主席。

方纪参加过土改工作团，以土改为题材，创作了长篇小说《老桑树底下的故事》和中篇小说《不连续的故事》。《老桑树底下的故事》在天津出版，并不晚于丁玲反映土改斗争的长篇小说《太阳照在桑干河上》，两者各有特色。

天津解放后，方纪和孙犁一样，随部队进了城，担任孙犁主编的《天津日报》副主编，后任天津文化局局长、天津文联党组书记、中国作家协会天津分会主席。方纪出版了短篇小说集《人民的儿子》《不连续的故事》，散文集《长江行》《挥手之间》，诗集《不尽长江滚滚来》《大江东去》，评论集《到群众中去》《学剑集》等，可谓全面开花，硕果累累。

方纪的小说是现实主义的，其基本主题是反映中华人民共和国成立后，新旧社会更替时期，各阶层的种种面容和各色心理动态。

方纪写于1950年的短篇小说《让生活变得更美好罢》，讲的是农村姑娘赵小环设法促进青年报名参军的故事，借此揭示土改后农村尚存的对妇女歧视等封建思想问题。1957年，方纪创作了《来访者》，描写了康敏夫因耽于严重的个人主义，最后走向自我毁灭的生活悲剧。小说氛围比较悲观沉郁。

看得出来，方纪是一位勇于艺术探索的作家。写革命英雄主义对他来说乃轻车熟路，但当时社会处于嬗变之际，已非战火纷飞的岁月，和平年代是过日子、讨生活的充满烟火气的社会，关注百姓的愿望、追求和理想，是文学的永恒主题。方纪以凡夫俗子、平凡小人物为对象，加以描摹刻画，从深层次反映社会生活的脉搏和世相，以歌颂新社会的新气象。但是，在文艺歌颂工农兵的时代，方纪去写工农兵之外的人物，遭到批评，是不可避免的。《让生活变得更美好罢》《来访者》均遭到批评。"四人帮"垮台之后，塑造了性格复杂的形象的《来访者》才得到公允的评价。

方纪的散文也写得好，如《挥手之间》描写1945年毛泽东应蒋介石之邀，由延安飞赴重庆谈判时的神采，恣嗟民族忧乐，揽历史风云于一瞬，写人、记事、状物、抒情、议论融为一体，展示伟人的庄重使命和奕奕风采，显示了作者的大手笔和才气。作品被收入各种选本。

方纪才华横溢，具有多副笔墨。孙犁对在创作上善于探索的方纪有很贴切的评价，他在《方纪散文集》中说：

> 他常常是党之所需，时之所尚，意之所适，情之所钟，就执笔为文，洋洋洒洒……大量的行政交际工作，帮他了解人生现实，在某些方面也影响了他的艺术进展和锤炼。

总的来说，孙犁用六个字概括方纪的作品："是可以传世的。"

　　笔者曾在20世纪80年代初到天津拜访孙犁先生，又去拜访方纪先生。在其寓所，笔者见到老人拖着被"四人帮"严酷迫害至半身瘫痪的身躯，但精神甚好，谈笑风生。笔者背了一段他写的长诗《大江东去》的几句，那滚滚长江真的在胸中激荡起来。老人眼中闪出亮亮的泪花。老人的右手在"文化大革命"中被打残了，临走前，他用左手给笔者写了一张条幅，观其书法，"传神写照，正在阿堵中"（《世说新语·巧艺》）。

　　值得探究的是，文学史家在研究儿童小说嬗变，谈到描写战争年代的小战士坚强斗争的革命历史题材小说时，列举了刘真的《我和小荣》、徐光耀的《小兵张嘎》等，唯独不提管桦的《小英雄雨来》，这不是大意，而是一种怠慢和轻视。现在应该为在革命战争中无私奉献的小英雄雨来正名了。

　　《小英雄雨来》出版七年后，管桦又创作了一篇革命题材小说《辛俊地》。小说刻画了一个具有英雄主义的抗日游击队员，他既爱国、朴实、善良，又勇敢、坚强，因自身的某些弱点干了一些蠢事，最后牺牲了。作品在《文艺报》引起争议，被批为个人英雄主义，丑化真正的英雄形象。

　　在提倡把英雄写成"高大全"式人物的环境下，《辛俊地》受到争议、批评，合乎逻辑。但时过境迁，当下应该认识到，管桦坚持文学现实主义精神，大胆真实地刻画了一个革命青年英雄的真实复杂的性格，需要怎样的艺术胆识。文学史欠抗日战争时期对文坛产生巨大影响的《小英雄雨来》《辛俊地》及其创作者管桦一个公正的评价。

　　管桦曾说："抗日战争曾经用难以置信的烈火燃烧过我的心，并且长久地留下了这个时代血写的记忆。在壮丽的墓碑下安息的英雄，以及如今还健在的壮士们，是怎样艰难地跨过血腥的年代？由无数爱国者的生命细流所汇成的历史长河，至今还不时发出它那悠远的波涛的巨响。"

这段抒情诗般的话语，表达了一个战士作家的创作动因和精神境界，为追忆和重现这"时代血写的记忆"，管桦用了二十年时光，创作了卷帙浩繁的长篇小说《将军河》。

小说以抗日战争为宏大背景，叙述了华北地区的抗日军民，在敌后战场进行的壮烈英勇的斗争。小说塑造了农民古大鹏和古佩雄祖孙等众多农民英雄，在抗战中表现出的阶级觉悟和民族气节，透过一个村庄艰苦卓绝的抗日斗争活动，反映了波澜壮阔的全民抗战的伟大图景。小说以点带面，从微观到全局，表现出了管桦小说构思的宏伟气势和艺术匠心，也表现出作为诗人、画家的个性气质。小说语言清新流畅，叙述、描写时常常有富有诗情画意的笔致，并具有冀东地区的地方风貌和韵味。

或许因为管桦是河北作家，他的作品又带有"荷花淀派"的艺术特色，人们自然要拿孙犁的小说与之相比。在揭示人性的复杂和表现生活的诗性方面，有文野高下之分，但在河北作家群中，管桦的小说还是获得文坛注意和肯定的。

第二十五章

梁斌与《红旗谱》系列小说

青山欲共高人语，

联翩万马来无数。

——辛弃疾《菩萨蛮·金陵赏心亭为叶丞相赋》

1959年，冯牧和黄昭彦写了一篇文学论文《新时代生活的画卷》，回顾中华人民共和国成立十年来长篇小说创作所获得的重要成就，向中华人民共和国成立十周年庆典献礼。文章高度评价了梁斌的长篇小说《红旗谱》，认为它塑造了"具有典型意义的新英雄人物的光辉形象"，"《红旗谱》中的朱老忠"是"最突出"的英雄典型"。文章说，"我们之所以特别重视朱老忠这一典型，正是因为他是我们十年来文学创作中第一颗光芒最明亮的新星，第一只羽毛最丰满的燕子"（《文艺报》1959年第十九期至第二十期）。

　　从当时的现实主义文学观来看，冯牧和黄昭彦这样评价《红旗谱》，更多的用意在于歌颂新中国十年文学取得了巨大的成就。但是，当时文学界对"典型性"众说纷纭。一种意见是把典型视为阶级和时代的代表，另一种意见认为典型是共性和个性的统一（即个性是整个人物的性格，典型是普遍性和个别性的统一）。持两种意见的人，谁都没能从马克思的著作中找到关于论典型的根据，各执己见，但两者都是从意识形态的角度诠释典型。

　　改革开放之后，文学逐渐回归了文学本体——人学，那么，典型就应是丰富复杂的人性的共性与个性的统一。从这个观点来评价朱老忠，会发现他是无产阶级的英雄人物，少了丰富性、多样性的人性特征，未能将"人类美的一切色调都凝聚在一个人身上"（车尔尼雪夫斯基《生活与美学》）。

笔者认识梁斌，纯属偶然。

大约是1977年10月，笔者到《人民文学》杂志社与老朋友傅活聊天，又顺脚到相临胡同中的中国青年出版社，拜访另一老友黄伊。走到该社大门的传达室处，见一矮胖的农村打扮的老汉，手里拿着一个白粗布包袱，被门卫挡在会客室门外，宽阔前额下的二目炯炯有神。不多时，黄伊从办公楼里走出来，没理睬我，直冲老汉走去，激动地握住手，使劲摇着叫道："梁老师好，梁老师好！"然后，他才招呼我说："写《红旗谱》的大作家，梁斌老师！"

梁斌手中那个白粗布包袱中，装的是《红旗谱》的修改稿。《红旗谱》出版社于1957年底，责任编辑是当时颇有名气的作家萧也牧。他曾发表过小说《我们夫妇之间》《海河边上》《锻炼》等作品。《我们夫妇之间》讲一对青年夫妻从革命根据地进入大城市后，家庭生活、感情发生变化，两人产生种种矛盾又重归于好的故事。小说于1950年发表在第一卷第三期的《人民文学》杂志上。这部旨在表现城市和乡村两种文明冲突、改造和被改造者冲突的小说，被一些批评家认为是丑化工农干部，是背离"工农兵方向"的艺术异端。在反右派斗争中，萧也牧被错划为右派。萧也牧在受到批判后，调到中国青年出版社，表现出可贵的敬业精神和卓识远见的文学判断力，为该社组织、编辑出版了不少具有巨大影响的名著，如《红旗谱》《红岩》《红旗飘飘》（丛书）、《白洋淀纪事》等。当时全国所谓红色经典之"三红（《红日》《红岩》《红旗谱》）一创（《创业史》）"，萧也牧一人竟编辑了两部。萧也牧于1970年去世。1978年《红旗谱》再版时，黄伊成了该书的责任编辑。笔者曾在黄伊家的书房，见过梁斌送给他的墨宝——"向导"两个大字。可见大作家对小编辑的感恩和尊重。

梁斌，原名梁维周，河北蠡县人。梁斌家境殷实，十二岁入县立高小，1927年参加中国共产主义青年团。1930年，梁斌北上百里到保定读书，受五四运动精神影响，参加了保定第二师范的"七二六"学潮。其家乡又发生了"高蠡暴动"，震惊全国。学潮、暴动受到镇压，梁斌积极参加抗日救亡运动。1933年春，失学失业的梁斌到了北平，过着文学青年的漂泊生活，白天到图书馆读书，晚上写文章投稿。1934年夏，梁斌考入山东省立剧院，学习戏剧，次年又回到北平，继续过流浪的文学生活。梁斌曾以学潮、暴动为背景，写下短篇小说《夜之交流》，发表在北京师范大学学生办的月刊《伶仃》上。

梁斌于1936年回到故乡蠡县养病，并参加地下革命活动。1937年，梁斌加入中国共产党，组织救国会，收缴旧公安局枪支，建立抗日武装。1938年，梁斌任新世纪剧社社长，后兼任游击十一大队政治委员。1940年，梁斌兼任冀中文化界抗战建国联合会文艺部长，建立一千多个农村剧团和农村歌咏队。此后很长一段时间，他在家乡一带从事党的基层工作，一手握枪打游击战争，一手拿笔搞文学创作。1942年，梁斌在冀中创作了与《夜之交流》同题材的小说《三个布尔什维克的爸爸》，后扩展成中篇小说《父亲》。他相继创作了反映冀中抗日战争年代农民生活和斗争的小说和剧本，如《抗日人家》《五谷丰登》《千里堤》《血洒卢沟桥》等，受到读者的喜爱。

解放战争节节胜利，1945年，梁斌任蠡县县委宣传部长，一年后任副书记。1947年，参加土改运动。1948年，随解放大军南下到湖北，先后任襄阳地委宣传部长，从事剿匪、反霸及土地改革的工作。1952年，梁斌调《武汉日报》任社长。1953年，梁斌开始酝酿长篇小说《红旗谱》。1954年，梁斌又调往北京中央文学研究所工作。1951年1月8日，中央文学研究所正式挂牌成立，直属中央人民政府文化部，丁玲任所长，张天翼任副所长。马烽、邓友梅、西戎、徐光耀等作家都是该所学员。梁斌在此只工作了一年，又调任河北文联副主席，成为专业作家。这几年，寒暑更迭，他废寝忘食，殚思极虑，完成了《红旗谱》的创作。梁斌说："我写不好这本书，无颜见高蠡父老。"

《红旗谱》是梁斌根据自己亲身经历的波澜壮阔的斗争生活，写就的反映中国共产党领导下的农民革命斗争，具有史诗气派的长篇巨著。说到《红旗谱》，不能不提笔者在《当代》工作时的老领导秦兆阳。1943年9月，晋察冀地区文联为纪念鲁迅逝世六周年，创办了文艺期刊《山》。孙犁和秦兆阳、沙可夫皆为编委。编辑部设在牛栏村一间放农具的小屋里。创刊号上发表了梁斌的中篇小说《父亲》。该小说就是《红旗谱》的前身。这样看来，作者这部书准备了二十多年，从《夜之交流》《三个布尔什维克的父亲》，到《父亲》，再到《抗日人家》《血洒卢沟桥》，其间所表现的历史大事件和众多人物，最后都收进《红旗谱》中，熔铸成一轴风起云涌、惊心动魄的革命斗争画卷。

小说以朱、严两家为代表的贫困农民与恶霸地主冯老兰之间的世代斗争为线索，反映农民和地主阶级间你死我活的惨烈斗争，歌颂中国共产党领导下的革命运动，赞美农民的崭新命运，写出了生存的大折磨和求索的大痛苦、胜利的大喜悦。

小说描写了一系列事件，如反割头税，保二师学潮，运涛入狱，高蠡暴动，卢沟桥事变，江涛、运涛在乡组织抗日武装等，既反映革命斗争的艰巨复杂、革命者的坚定勇敢，又写出老农民的思想局限和斗争方式的局限，如"朱老巩大闹柳树林"。

小说塑造了一系列农民形象，朱老巩、朱老忠、老驴头、伍老拔等人物性格鲜明。特别是朱老忠这一人物，他的言谈笑貌，一举手一投足，不仅富有生活气息，且洋溢着燕赵之地慷慨悲歌之士的风神。他是当时文学画廊里少见的鲜活的艺术形象。通过这一艺术形象，劳动人民作为时代主人的地位、作用和他们高尚的品格，得到生动充分的表现。评论者认为朱老忠是中国当代文学领域出现的"具有典型意义的新英雄人物的光辉形象"，"第一颗光芒最明亮的新星，第一只羽毛最丰满的燕子"。但有些论者认为，"从现实主义文学的观点来看，他们这个评价，不仅适合新中国十年文学，也适合迄今为止的全部中国当代文学史"。梁斌自己说：

> 我创造朱老忠和严志和这两个人物，是通过他们一生的思想发展，把他们写成是中国农民英雄从旧人道主义提高到新人道主义即共产主义思想的典型。对于老驴头，我主要想暴露他性格中狭隘的一面。对于伍老拔，他是农民中的乐天派。对于张嘉庆，我把他当作地主家里少爷出身的革命者来写。对于运涛，我是把他作为一个从小农经济家庭中生长起来的青年农民来描写。严萍是一个知识分子家庭里的小姐，春兰是一个农村妇女。因为要把人物的性格写得更加鲜明一些，我是把他们放在一起对照来写的。

《红旗谱》于1960年拍成电影，深受群众欢迎。《红旗谱》先由中国青年出版社于1957年出版，两年后重印，1960年由人民文学出版社出版选编本，拟参加世界图书博览会。中国青年出版社建议出版《红旗谱》插图本，认为图文并茂会有视觉冲击力。在征求梁斌意见时，梁斌提出请黄胄插图。

黄伊告诉笔者，黄胄的画《洪荒风雪》获得世界青年联欢节金质奖，在中国画坛声望也高，另外，黄胄本姓梁，乃梁斌的堂兄弟，对冀中风土人情及二师学潮、高蠡暴动很熟悉，再加上黄胄的夫人郑闻慧在中国青年出版社任美术编辑，夫妻就住在中青社宿舍，由黄胄插图顺理成章。

那年夏天，梁斌从天津赶到北京。堂兄弟多年不见，可以共叙别情，当然主要谈《红旗谱》插图一事。兄弟俩一见面，兴奋得不知说什么，还是久病初愈的兄长梁斌先开口："你是老傻吗？"方脸浓眉的黄胄大笑："那是俺小名。"兄弟两家在全聚德吃了顿烤鸭。

不久，黄胄收拾行囊，背起画板，重返故乡蠡县，深入《红旗谱》事件发生地拍照、写生。风尘仆仆返京后，黄胄日夜兼程地投入插图工作，朱老忠、严志和、运涛、江涛、大贵、二贵、春兰、冯老兰等人物，一个个栩栩如生地出现在中国青年出版社的文学编辑室，博得一片喝彩。

1963年，梁斌的《播火记》出版，作为《红旗谱》的续篇，曾以"北方的风暴"之名在一家刊物上连载。此卷以1931年九一八事变到1936年西安事变为背景，反映人民群众的抗日救亡斗争。梁斌说："为了把贾湘农、朱老忠、严志和、伍老拔……塑造得高大，达到典型化，我把他们放进高蠡暴动这一农民的武装抗日救亡运动里，使他们得到锻炼。"第三部《烽烟图》以"战寇图"为名，在刊物上连载，"文化大革命"期间，原稿被查抄，不知下落。1979年，经各方面协助查找，手稿失而复得。梁斌精心修改，于1983年出版了《烽烟图》，从而形成了一部以《红旗谱》为总书名的系列长篇。

但从总体上看，第一部《红旗谱》体现了"梁斌有雄厚之气而笔势健举"的风格，是三部中最好的一部，到了《播火记》《烽烟图》，梁斌那种雄健苍劲的笔力已变得平庸无力。朱老忠这一人物，在第一部已经较为丰满，在入党之后没有继续发展，党的领导人贾湘农原本显得单薄，后来仅仅是个符号，毫无光彩。《播火记》和《烽烟图》过于追求故事化，使小说形式渐渐成为单一的时间形式。约瑟夫·弗兰克说："当文学成了别的什么的载体的时候，当作品后面有一个明确的概念或意思的时候，其结果就是：通过故事使那个概念得到戏剧化的表现。一旦那种情况发生，空间的可能性就受到限制。"过分强调故事化而忽视对人物的精心刻画，揭示"人物命运"，小说的审美素质就被弱化。

除了《红旗谱》《播火记》《烽烟图》，梁斌开始考虑写一部反映土改的小说，经过秘密写作，从1972年至1976年，完成了写冀中土改斗争的长篇小说《翻身记事》的上部。梁斌说，《翻身记事》"用白描手法，是反对'四人帮'三突出的"。小说于1978年出版。

1986年，梁斌又出版了散文、随笔、文论集《笔耕余录》。1991年，他在中国青年出版社出版了回忆录《一个小说家的自述》。

第二十六章

创造发行数量最高纪录的《红岩》及其作者

君听浊浪金焦外，
淘尽英雄是此声。

——王图炳《渡江》

"十七年文学"中的作品，以革命历史题材小说和农村题材小说，创作数量最多，质量最高，在当时的文学建构中占据着重要位置，相关研究成果也较为丰富。这类小说多以"通俗化"的叙事形态作为一种"有意味的形式"的历史内涵。当时文学研究过分强调和重视其"政治性"，而对"叙事"形态的历史性构成缺乏认真研究，对"通俗化"形式本身缺少细致的辨析。结果，英雄传奇与历史演义、英雄小说与武侠小说等常常难以区别，传统叙事方式怎样被革命文学接纳，并未搞清楚，特别是关于"革命历史"的具体指涉和内涵，理解肤浅。

"十七年文学"中的革命历史小说，主要集中在中国共产党革命历史的不同时段，具有"传奇色彩""通俗化形式"的作品多是抗日战争题材，而具有"史诗性"的作品多是国共内战题材。

关乎民族存亡的抗日战争小说，多是极富"传奇色彩"之通俗小说，而缺少"史诗性"的作品，这是中国当代文学的失缺。中国人民以血肉之躯，筑起保卫祖国的长城，以大无畏的民族精神浴血奋战，抗击日寇，最后取得反法西斯斗争的胜利，这原本可产生伟大的"史诗性"的作品，却被演绎成"传奇色彩"的通俗小说。

好在革命历史小说取得了重要的成果。解放前夕，曾被囚禁于重庆歌乐山下"中美合作所"集中营的共产党员罗广斌、杨益言，将亲身经历的在狱中与敌斗争的英勇事迹及英雄人物，化为文学形象，写进长篇小说《红岩》里。小说甫一出版，不到两年，发行了四百多万册。

20世纪40年代末，辽沈、淮海、平津战役取得伟大胜利的消息，传到重庆"中美合作所"渣滓洞集中营被高墙电网禁锢的黑暗世界，狱中的共产党人欣喜若狂。一号监牢里的一个战友，带头唱起嘹亮的革命歌曲，整个集中营成了歌的海洋，令狰狞残暴的狱吏军警大惊失色。接着，战友们在放风时，自发地搞了个联欢活动。带头唱歌的那位战友，拖着镣铐表演了一个节目。他用绳子提着沉重的铁脚镣，"当啷当啷"地艰难出场，到了院坝中间。站定之后，他竟跳起踢踏舞，节奏紧凑、明快、急缓相兼………战友们落下眼泪，心里却燃起一团烈火。舞者，便是后来从白公馆越狱成功，创作小说《红岩》的作者罗广斌。

上面的事迹，是1991年笔者到广州拜望画家，与罗广斌同被囚于白公馆的赖少其时，他在他的画室里讲述的。那时，他也是狱中的党的秘密领导者之一。

1958年，团中央负责同志到重庆，找到杨益言和罗广斌，动员他们用长篇小说形式来反映在"中美合作所"渣滓洞集中营的斗争事迹，以教育青年。听罢，从未写过小说的他们，面有难色。团中央负责同志鼓励他们"你们应响应毛主席'破除迷信，解放思想'的伟大号召"。

天降大任，再次点燃他们心中那簇英雄的烈火。为了完成团中央交给的政治任务，罗广斌等人不敢怠慢，克服重重困难，废寝忘食，经过不断探索，写了大量草稿，经过三年的努力，终于在1961年出版了《红岩》。书中的英雄人物江姐、许云峰等，成为读者喜爱的人物。《红岩》发行量达四百多万册，还被改编成电影、歌剧、话剧、评剧、广播剧和连环画，还远播万里之遥的印度尼西亚等国家，在国内外产生重大的政治影响。不过，《红岩》却遭遇文学评论家、文学史家的冷落。

"文化大革命"中，《红岩》被诬为"叛徒文学"，给作者罗广斌等人定了弥天大罪。高唱战歌，戴着沉重的脚镣跳踢踏舞的革命斗士，没有死在敌人的牢房里，却于1967年2月冤死于"四人帮"的迫害，年仅四十二岁。改革开放之后，一切诬陷罗广斌的不实之词，被彻底推倒，还了这位冤魂清白。他的《红岩》也重获光明，被广大读者热读。

《红岩》的作者署名是罗广斌、杨益言，但到1991年11月30日，广州《文化参考报》刊载了两份材料：一是中国青年出版社写给中共重庆市委宣传部的《信件》，说《红岩》的作者是罗广斌、杨益言；二是《红岩》责任编辑张羽写的"郑重声明"，指出该书还有一位未署名作者刘德彬。《红岩》署名之争，给当时的文坛增添了些热闹。最后，四川作家马识途仗义执言，表明严正立场：20世纪60年代没有给刘德彬署名已属不对，现在《红岩》再版，还不署其名，恢复名誉和权利，更无道理。署名风波方告平息。

三位志同道合又皆有革命经历的人，组成一个创作团队，创作了《红岩》，这实际上是集体意识形态行为。正是集体的精诚合作，才有了关于信仰的《红岩》出世。

罗广斌（1924—1967），重庆忠县人。早在读中学时，罗广斌便积极投身进步学生运动。1945年，罗广斌在昆明西南联大附中读高中，参加了"一二·一"学潮，并参加了中共外围组织"民青社"。三年后，罗广斌在重庆加入共产党，不久因叛徒出卖，在成都被捕，先被囚禁在成都特务机关，后被关入重庆"中美合作所"渣滓洞和白公馆集中营。渣滓洞关押一般革命者，白公馆则专押重要革命者。他在狱中经受了严峻的考验。在这里，他和许多共产党的著名人物有了亲密接触。

重庆解放前，1949年11月27日夜，罗广斌从白公馆集中营成功越狱脱险。解放后，罗广斌先后在共青团重庆市委等地担任领导工作。罗广斌曾在脱险那年的年底，写下《关于重庆党组织破坏经过和狱中情形报告》，指出党内一些领导蜕化为叛徒的原因是"没有学习，没有积极地要求自己进步……没有经常的组织教育"，"没有坚强的革命意识，没有牺牲个人、贡献革命的思想准备，便不能通过考验"。

罗广斌曾参与写作革命回忆录《圣洁的白花》《在烈火中永生》，编辑叶挺等革命烈士的遗作《囚歌》，参加"重庆市各界追悼杨虎城将军暨烈士筹备委员会"工作。他与杨益言、刘德彬等搜集、整理革命先烈在渣滓洞、白公馆与敌斗争的大量材料，写出了《如此中美特种技术合作所——美蒋特务大屠杀之血录》。

后来，罗、刘、杨三人同被调到青年团重庆市委工作，罗广斌担任统战部长。在镇压反革命和抗美援朝宣传教育活动中，他们三人前后作了两百多次革命传统的讲座和报告，主要讲被关押在渣滓洞、白公馆里的共产党人和革命志士与敌斗争的可歌可泣的英雄事迹。罗广斌作为曾战斗在魔窟里的一员，有太多的经历和见闻，他做的报告最多，效果最好。一次次地做报告，是不断深化、不断创造的过程，故事越讲越完整、生动，英雄越讲越丰满、鲜活，如同历史上的话本、戏曲由口头不断补充完善而成为艺术瑰宝一样，这些工作为小说《红岩》做了充分的积淀。

从杨益言的一段回忆可知他和罗广斌在集中营斗争之酷烈、共产党人浩气冲天之勇敢精神：

我和刘德彬同志认识罗广斌同志，是在十九年前。一九四八年夏天，我们被囚在重庆中美合作所渣滓洞集中营，我被关在楼上第二号牢房，刘德彬同志关在楼上第五号牢房。到了十月，天气渐渐凉了。有一天，我们看见一个青年学生，个子不高，很瘦，被押进了集中营，关在楼上第一号牢房。楼上一号牢房的同志们说：新来的人叫罗广斌，从成都被捕来的；他出身地主官僚家庭。集中营斗争很尖锐、复杂，新来的人，同志们都要了解审查。罗广斌当然也不例外。楼上一号牢房的同志们对他更要进行审查了解。隔了不几天，我们就听说了，女牢房里有同志带信过来(女牢房是栋平房，和男牢房不在一起)，信是江竹筠同志带来的。江竹筠同志说：罗广斌是西南学院的学生，在学校表现不错，没有问题。那是监狱斗争的环境，她不可能讲得再多了。解放以后，我们才知道：江竹筠同志领导过西南学院的地下组织，她是罗广斌同志的入党介绍人之一。这是狱中的同志们对罗广斌同志最初的了解。

罗广斌对江竹筠十分了解，为写《红岩》打下了基础。到狱中后，他参加秘密传递消息时，被敌特发现，给他戴上了一副铁镣。狱友们听到了我军取得辽沈、平津、淮海战役伟大胜利的消息，罗广斌带头唱起革命歌曲。经过斗争，在春节到来之际，争取到在狱中举行联欢庆祝的机会，各牢房的狱友轮流到院坝表演精心准备的节目。轮到罗广斌了，谁都知道，他戴着沉重的脚镣，要移动都难，必须用手提起铁镣，才能移步，能出什么节目呢？于是便有了本章开头的一幕。

因跳脚镣舞，触犯了敌特的禁规，罗广斌又被囚禁到白公馆。《红岩》中的许云峰原型许晓轩，已在这里被关押了十年。二人很快就熟悉了。他在英勇就义前，走过罗广斌的牢房，低声对罗广斌说："胜利以后，请转告党：希望我们党注意不断地整党整风，清除我们队伍里的蜕化变质分子、机会主义分子，把革命进行到底……"然后，他凛然走向刑场。那夜即1949年11月27日，敌人集中枪杀了三百多名共产党人和爱国人士。也在这一天，白公馆幸存的十九人，趁敌人大意，英勇机智地胜利越狱，而组织者就是罗广斌。

后来，罗广斌再到白公馆，掀开牢房一块地板，探手进去，竟掏出战友们的就义诗、遗书，还有一面在中心绣着五星的红旗，以及一张裹在红旗里的诗页，是罗广斌在狱中写的：

　　……
　　瞧呀，这是我们的旗帜，
　　鲜明的旗帜，腥红的旗帜，
　　我们用鲜血换来的旗帜！
　　美丽吗？来挥舞着它吧！
　　不要性急，把它藏起来吧。
　　等解放大军到了那天，
　　从敌人的集中营里，
　　整齐我们的队伍，一齐出去！

诗是竹竿子笔写的，题为"我们也有一面红旗"，表达了罗广斌等革命者对革命胜利的渴望。

1956年，罗广斌、刘德彬、杨益言把这些英雄先烈的斗争事迹，整理成革命回忆录《在烈火中永生》。读过《在烈火中永生》的团中央负责人，于1958年来到重庆，找到在团市委工作的罗、刘、杨三位，动员他们将回忆录再创作成小说，更形象生动地教育青年人。开始，他们有些为难情绪，认为回忆是真人真事，只要如实叙述即可，而小说是虚构艺术，其灵魂抑或说审美特征，是将真实人物概括集中，还必须典型化，成为"这一个"艺术形象。这一文学过程，不是一般人所能及的。这位团中央领导给罗、杨、刘出了个难题。

既然是组织上交给的重要任务，他们只能克服重重困难，壮士断臂，也要拿下这个碉堡。他们经过努力，捧出了用蓝色纸打印的第一稿，请专家过目，人家看了，一笑，说这仅仅是一堆素材。他们只好再起炉灶，经过两年苦战，又拿出了《禁锢世界》一稿，于1959年10月，全国人民都沉浸在庆祝国庆的欢乐氛围之中，作为献礼送到中国青年出版社。出版社也不敢怠慢，将《禁锢世界》排印了六十本，除了留编辑几本审阅，还送给马识途、沙汀等名家审读，并送社会有关部门，广征意见。

不久，就有意见反馈回来。针对该稿把监狱的残酷和壮士牺牲写得惨烈，调子太过低沉，而斗争表现不足的问题，马识途的意见是："监狱是我们地下党的第二个战场和共产主义学校，小说在这方面写得很不足。"罗广斌等毕竟是经过斗争锤炼的人，听了这些尖锐的意见之后，写信给马识途道："无论怎么失败，无论什么巨大的困难，都不能阻止我们前进，这不是个人写小说的成败得失问题，而是那些先烈不允许我们怠工，一定要坚持下去！"这掷地有声的话语让马识途等人极为感动。

编辑三到重庆，作者三到北京，先后七位同志参与审稿并指点。三位作家在创作准备中记了上千万字的材料，整理过二百多位烈士的小传，小说经过三次大返工，六次大修大改，总共写过三百万字，又将之浓缩成精华四十万字。经过三位作者的艰辛创作和中青社编辑及马识途等人竭尽全力的帮助，《红岩》最后于1961年底定稿。罗广斌写完《红岩》最后一字之后，动情地给编辑部写信说："我改出瘾头来了！"

关于书名，也值得说上几句，当文稿经过作者和编辑最后的加工整理、修改定稿，送排字印刷之际，起个什么名字，煞费了周折。当时作者、编辑提出了十多个书名——《地下长城》《红岩朝霞》《红岩巨浪》《红岩破晓》《万山红遍》《激流》等，最后罗广斌等认为《红岩》最好。后来有人说，起名《红岩》，是因为中共中央代表团在重庆谈判时曾住在红岩村，毛主席在这里下榻。取名《红岩》，意味着党的光辉，毛泽东思想的光辉照耀着国统区的人民，引导着革命群众与美蒋反动派进行英勇斗争，走向胜利。此论太过牵强附会，《红岩》讲述了共产党人在集中营与敌斗争的可歌可泣的英雄事迹，将书名赋予太多太远的东西，似没有必要。

《红岩》出版后，受到广大读者的热烈欢迎，成为当时最畅销的小说。全国各报刊也发表许多赞扬的评论。罗广斌都认真读了，太多的赞誉让他感到荣幸的同时，也有些不安，他对朋友说："过奖了，过奖了，《红岩》还有许多不足之处，将来有机会，我还想好好把它修改一遍。"

想再修改，说明罗广斌为人谦逊，对艺术精益求精。况且，作为革命者，他的创作包括写《红岩》，目的明确，就是以文学为武器，参与政治斗争。杨益言曾有一篇文章谈道：

　　过去，文学作品读得少，怎么写（指写《红岩》）？从哪儿开始？是从学习毛主席《在延安文艺座谈会上的讲话》开始的。毛主席教导我们，文艺应当作为"团结人民，教育人民，打击敌人，消灭敌人的有力武器"。罗广斌同志说："拿起这个武器吧！形式服从内容，斗争是尖锐复杂的，就努力去表现尖锐复杂的革命斗争吧！"

罗广斌等人像所有的革命者一样，不忘初心，牢记使命，坚持到火热的斗争生活中去锻炼，去寻求素材，不赞成过神仙下凡式的生活，躲进小楼，闭门造车。他在《红岩》红红火火地在中国大地风行的时候，于1962

年五月十四日，致信责任编辑张羽：

> 我有一种浅陋的看法，神仙下凡式的"参观"生活，"接触"生活，是很不够的；必须亲身参加生产斗争，阶级斗争，在实践过程中才会产生直接的喜怒哀乐。要有具体、鲜明的立场（工作中的立场——在实际工作中产生的特有的东西），才会有特定的观点、思想、直到写作的要求，否则是写不出思想比较深远的作品来的。我想多到基层作实际工作，或参加市委、工、青、妇等工作组，到下面去干些具体实际工作，先把任务放在一边（不是会不管，但非一心一意于见到就写），干好工作，想透了问题，然后再写。

上面所谈的，是作家要拥抱生活、深入生活，要到火热的斗争生活中认识事物，积累见识、情感和材料，这对作家是至关重要的。罗广斌很清醒。《红岩》能出版，与此关系重大。

大约过了一个半月，罗广斌又写信给张羽：

> 对《红岩》的评论文章，读了一些，还想多知道一点。这点，请你们便中给点帮助。从已有的评论者，我们感到有一点似乎谈到的人少了些，美帝国主义是中国人民的公敌。去年我们修改时，已经注意到这点，并和你们交换过意见，过去的稿子上，美帝只是"历史反革命"，后来改成"现行反革命"。这一点应该说是比较重要的。惜于评论者很少言及，原因也许是美帝未完全出场，但是评论也多以"形象"出发，谈敌人只注意毛、徐诸人，而忽略了他们背后的指使牵线人。其实，若非完全表现美帝，我们又何必写那么多敌人的内部矛盾呢？只要稍加分析，便可看出，敌人之间的钩心斗角，在表象现象后

面，无非是美帝及代表人物的活动与野心。这一点，我们是有感受的。过去未和你们谈起，目前看来，似乎有一谈的必要，我们的看法，不知你们是否认同？

在社会政治化，强调阶级斗争的语境下，作家努力表现主流意识，无可挑剔。罗广斌的这封信反映了他鲜明的政治立场。

《红岩》是由革命回忆录《在烈火中永生》脱胎为长篇小说的。革命回忆录讲的是真人、真事、真情，容不得半点儿虚假。而小说是虚构的艺术，以塑造人物、通过情节叙述、环境描写等表现社会生活，反映时代风貌。所谓塑造人物，用鲁迅的说法表述，就是"杂取种种人合成一个"。《红岩》也确实是这样做的，如叛徒甫志高，是由"重庆地下党破坏案"中的任达哉、刘国定、冉益智、蒲华辅等真实的叛徒"合成"的。又如罗广斌等人所说，在《红岩》中，革命先烈江雪琴同样是被"合成"的一个小说人物形象。如同甫志高一样，小说的人物都是虚构的"这一个"。真实的人物被文学典型化，与原来的人物不能混为一谈。应该注意到，中国当代文学"红色经典"小说中的"正面人物"和"反面人物"所属的话语体系，都被重新赋形、被讲述。正反相互依存又对峙的关系，在《红岩》中表现得尤其明显。

"正面人物"江姐、"反面人物"甫志高等人物原型，虽被地方文史党史工作者反复挖掘求证，但考证历来人言直殊、真伪并存，是否真的还原历史真相，或还原岁月真相，尚存争议，如果都是虚构人物还罢了，偏偏不少都是各有其名的真实历史人物。一旦有疏漏偏差，就会造成难以挽回的后果。《红岩》选择真人建构故事，难免有这种风险。

第二十七章

探索人性光辉的王愿坚与《七根火柴》

城头铁鼓声犹振，

匣里金刀血未干。

——王昌龄《出塞》

中国的军旅小说始终是中国文学的主力军，是当代小说界的重镇和劲旅。从我军创建到共和国成立，到抗美援朝，再到对越反击战，五十多年间波澜壮阔、艰苦卓绝的斗争画卷，在现代军旅小说中得到了艺术展示。

军旅作家王愿坚是20世纪五六十年代涌现出的优秀小说家之一。他和写《苦菜花》的冯德英、《野火春风斗古城》的李英儒、《烈火金钢》的刘流、《敌后武工队》的冯志、《踏平东海万顷浪》的陆柱国、《百合花》的茹志鹃等人，创造了军旅小说文学的繁荣景观。

王愿坚在第二次国内革命战争时期的老革命根据地访问时，不时为革命前辈的丰功伟绩、崇高精神所鼓舞，开始小说创作，完成了短篇小说《七根火柴》《粮食的故事》《党费》等作品，给军旅小说带来了独特的美学情趣。他是"十七年文学"相对贫弱的短篇军旅小说创作中取得比较突出成就的青年作家。

值得注意的是，王愿坚颇得短篇艺术之个中三昧。他的作品在正视战争苦难的同时，对战争酷烈中表现战士的人性美和人情美方面，做了大胆而可贵的探索。其《七根火柴》《粮食的故事》《党费》堪称红色经典。

　　笔者的文学羁旅中，有两位亦师亦友的文学前辈和作家，给过无私的帮助和提携。

　　第一位是严文井，儿童文学作家。严文井于1938年到延安，曾在鲁迅艺术文学院任教，1944年在重庆出版长篇小说《一个人的烦恼》。中华人民共和国成立后，严文井先后任中国作家协会党组副书记、作协书记处书记、《人民文学》主编、作家出版社社长、人民文学出版社社长。笔者在高中、大学读书时，严文井辅导笔者写作。工作时，他是笔者的顶头上司。

　　第二位是本章主角王愿坚。1959年，笔者在北京六十六中读高三，校长是延安干部姚幼君，她与茅盾先生、严文井先生熟稔。她刚请了茅盾到校给我们做革命报告不久，又请来时年三十，已很有名气的军旅作家王愿坚，给全校师生做革命传统报告，讲战斗故事。

　　年轻的作家说："同学们会问，你这位作家，是哪个大学毕业的？我告诉你们，我是高粱地大学毕业的，我的课堂是硝烟弥漫、烽火连天的战场。我小说里的那些英雄人物，都是我的战友。"比起不善言辞的茅盾先生，王愿坚带有浓重山东口音的报告，非常精彩，获得许多掌声。

　　报告之后，姚校长安排校文学小组与王愿坚座谈。坐下后，他深有感触地说：我是1945年1月参加八路军，到1947年我十八岁，和你们一般大，已在解放军华东野战军报社当记者，而且入了党。五年的革命战争生活中，我军指战员和革命人民的英雄形象，与他们所创造的可歌可泣的斗争事迹，给了我深刻教育。

到了1952年，他调到《解放军文艺》杂志当编辑，得到学习的机会。次年秋，他去福建、山东采访，访问了第二次国内革命战争时期的老革命根据地。在那里，见到了一些经过长征的红军老战士、在深山密林里进行过长期斗争的游击队员和在白色恐怖下坚持斗争的地下工作者，听到了许多动人的故事。那个英雄的年代、那些壮丽的斗争和崇高的形象，深深地吸引了他，激励着他，给了他强烈的教育和感染。他要把这些人和事记下来，写出来，讲给更多的人听。

1954年6月，依托一个听来的故事，融合自己在战争时期的生活体验和感受，他写出了第一篇短篇小说《党费》，一炮而红。他开始了写作生涯，陆续写出了《粮食的故事》《七根火柴》等小说。

王愿坚没有讲大道理，却让我们这些求知若渴，正做文学梦的学生懂得了文学作品与生活的关系，作家的人生经历是作品底色的道理。

座谈结束，笔者去车棚取自行车，王愿坚也去取车，得知他家住南小街东侧的禄米仓胡同，很高兴，因笔者家的四合院在南小街西侧的遂安伯，可谓比邻而居。我们一路同行，到南小街南口，他指了指东总布胡同的一个门楼说："儿童文学大师严文井同志，就住在这里。"笔者笑了，告诉他：严文井先生是我文学的启蒙老师。

1962年，笔者上大学三年级，王蒙调到我校中文系当助教，正好做了我班现代文学的辅导老师。笔者骑车到《星火燎原》编辑部，告诉了王愿坚。那时他参加了"解放军三十年征文"——革命回忆录的编辑工作。他告诉我，早就听说并对王蒙的《组织部新来的青年人》有很高的评价，说五年前部队的马寒冰等人对王蒙的批判，完全是一种穿凿附会、深文周纳的批判。他还说《组织部新来的青年人》在《人民文学》发表不久，《文艺学习》编辑部收到了一千三百多封读者来信，肯定作品"是好的，有积极意义"。20世纪60年代，我们大学的一些师生，对王蒙来执教一直保持警惕。王蒙刚到校时，我们一直保持着某种距离，笔者当时做团的工作，自然特别注意。后来，笔者听到了严文井先生和王愿坚的话，主动向博学的王蒙求教，时间一长，我们成了朋友。《王蒙自传》第一部《半生多难》中，有这样一段话：

> 我与不少同学谈得来，他们当中后来有管过《小说选刊》的冯立三，成为大型文学期刊《当代》负责人之一的汪兆骞……我与他们一起去香山春游，我重新尝到了学生生活的快乐。

大学毕业前，王愿坚请笔者到他家吃了顿饭。他笑着说，算是对笔者写了一篇对其小说集《普通劳动者》的评论习作的答谢。

1970年，王愿坚到部队当兵，过了一段较长时间的部队生活。两年后，他又去到向往已久的井冈山和赣南老革命根据地，先后两次到长征路上采访。其中一次是从历史名城遵义到雪山草地，这对他来说很有意义。在听过、写过一些关于我军早期斗争生活的故事之后，能够沿着当年红军长征的道路，追寻革命先辈的足迹，实地阅读我党我军历史上这部英雄的史诗，使战士和作家王愿坚受到极其深刻的教育，获得了强烈的感受。

正是有了重走长征路的体验和灵魂的升华，1974年，时年四十五岁的王愿坚，与部队作家陆柱国共同创作了电影文学剧本《闪闪的红星》，电影于1975年在全国隆重上映。

值得一提的是，王愿坚和陆柱国是受江青等人之命，要以一部电影来为"三突出"创作原则搞样板。但王愿坚和陆柱国坚持现实主义的创作精神，在文化专制主义当道的"文化大革命"时期，创作了一部格调清新，呈现红色少年在战火中成长的电影，给八个样板戏独霸的文艺舞台，吹来一股清风，实在难得。

1976年1月8日，人民的好总理周恩来逝世，群众自发悼念总理。夜间，笔者去王愿坚家，邀他一起到天安门给总理献一朵白花。我们默默地在昏暗的灯光下，走到北京站北口的长安街，一路西行。深夜的天安门，英雄纪念碑前人山人海。我们没有说话，但在灯光下，笔者看到王愿坚有两行热泪淌在脸上，还不到五十岁的他，一脸苍凉。

是年10月，"四人帮"被粉碎，王愿坚的创作热情空前。解放军建军五十周年前夕，王愿坚创作了《路标》《足迹》等十个短篇小说，怀着激动的心情，描绘毛泽东、周恩来、朱德等老一辈无产阶级革命家在长征途中的一些战斗生活侧影。这对王愿坚来说，是塑造革命领袖形象的一次尝试，也是中断多年之后，重操小说写作的一次爆发。

《足迹》获得全国优秀短篇小说奖，但影响和成就未超过早期作品。颁奖之时，笔者见到王愿坚，毫不客气地告诉他，《足迹》获奖，题材起到了关键作用。王愿坚沉思了片刻，说："我一直在反思，过去革命文艺一统天下，红色写作成了无与抗衡的文学主流，原本丰富多彩的世界被简单化、单色化。我没受过系统的文学训练，却有生活，这种注重思考的写作模式，成就了我。而我现在面对新文学的多样性、多元性共生的文学生态，没有准备，束手无策，十分困惑。"

《足迹》获奖后，王愿坚几乎退隐了短篇小说江湖，鲜有新作。后来，王愿坚调到解放军艺术学院，任文学美术系主任，经常邀笔者去讲课。

20世纪80年代中期，受原炮兵司令员吴昌炽之托，由王愿坚牵头，组织了一个创作组，要创作一个反映解放战争时刘邓率大军挺进大别山的电视剧剧本。笔者忝列其中。我们一行，到大别山红安县深入生活一段时间，创作了电视剧剧本《千里跃进大别山》，几经修改之后，笔者与领导商量，发表在《当代》上。剧本后来拍成电视连续剧，在中央电视台播出。

　　王愿坚是军旅作家里极具文学理论素养者之一，深谙短篇小说之道，认为"螺蛳壳里做道场"，在千把字的篇幅里，把一个不大的东西写透，通过一栏、一砒、一鳞、一爪表现时代精神，反映生活本身的深远、深邃、深刻和深情。他特别赞赏王国维《人间词话》"大家之作，其言情也必沁人心脾，其写景也必豁人耳目……以其所见者真，所知者深也"之论。在一次关于短篇小说的创作座谈会上，周立波发言时就引用了此段话。王愿坚又赋予它新的内涵和外延，到作协文学讲习所去讲小说写作，题目是"找到了，就把它写透"。那时，蒋子龙、张抗抗等青年才俊，都记住了他的这次创作辅导课。

　　改革开放之后，王愿坚的短篇小说《七根火柴》被选入中学语文课本作教材。

　　《七根火柴》是王愿坚短篇小说的精品，代表了他小说的艺术特点，主题单纯、明朗而集中，往往撷取一个特定的生活片段、一个典型的场景和细节，饱含深情而又十分凝练地勾勒出人物性格的最闪光之处。候金镜在为王愿坚所做的序《普通劳动者·序》中说：

　　　　都不着力写人物性格的形成和发展过程，而是捕捉兴奋发出最耀眼光辉的那一刹那，英雄人物完成自己性格的那一瞬间。

　　王愿坚说："创作，就是积累之后的喷吐，是积薪之后的燃烧。"（《见得真，识得深》）《七根火柴》算是个例证。如王愿坚所说，这篇小说的构思说来奇特。深夜，灯前，他照例对着稿纸"神游"于长征路上，忽然，眼前浮起了这样一幅景象。一队红军战士在白茫茫的雪山上，迎着风雪走着，一个红军战士身子一仄歪，摔下了雪坡。几番挣扎，他被深雪埋住了。战友们只见白雪上留着一只手，手心里托着一个共产党员的党证……这就是小说《七根火柴》的胚芽。

1949年，整个淮海战役战场上，盖起一层白雪，作为记者的王愿坚在战场上冻醒了，他钻出地堡，随几个战士在交通沟，向敌我之间的一块雪地跑去。在离阵地不远处，他看见了一个战士伏在雪地上，已经牺牲了，在他面前的白雪上，有用手指头画下的简单的地图，而他那只曾经用最后一点力气画下敌情图的手，却高高地举着，指向前方。王愿坚认识这个战士，他是团里的侦察员，头天夜里，他潜入敌阵地侦察，受了重伤，没能爬回部队，是用他的那只手完成了英雄的功勋，表达了自己对党、对人民的忠诚。

几天后，为了采访新抓到的俘虏，王愿坚踏着积雪到师部去，正好遇上敌机盘旋不去，他与运粮的民工一起隐蔽在坟场上。一位民工从怀里掏出一块干粮，递给他说："同志，吃点儿吗？"他又看到一只手，托着红薯叶掺上糠捏成的窝窝。这些来自渤海之滨的农民，走了近千里路，用肩膀把六十斤高粱米挑到战场，支援大军，自己却用红薯叶填肚子。

王愿坚说，他已不能确切地说出，他写《七根火柴》的时候，到底是想起经历中的哪一件事、哪一只手。但是在这短短的两千字里，凝结了他在战争中直接获得的生活体验：关于人，关于人的手和心灵，关于战争中人和人的关系，以及战士的勇敢和忠诚。

王愿坚的短篇小说《七根火柴》短在篇幅上，却绝不短在见识上。笔者曾说《七根火柴》颇有境界。他却说："我心里明白：它不是一篇以艺术的精美见长的东西；如果说有点可取的话，倒是因为有点真知，反映了一点革命精神的火光，并且一定程度地实现了思想与形象、哲理与诗情的统一。"

对生活的认识是艰苦开掘的结果，大凡令人难忘、使人感动的事物，一定蕴蓄着内在思想意义，去开掘、思索、探寻就一定能认识生活里的内涵，体认出生活的哲理和诗意。王愿坚在《七根火柴》的具体构思过程中，顺着雪地上的那只手，调动起生活和思想的积累，去思索，透过现象进入了革命战争的纵深，看到了支配着那只手的战士的灵魂，才能写出战士心灵光辉的闪耀。这正是王国维所讲的"以其所见者真，所知者深也"。

　　《七根火柴》是写过去的，又是多年前写的，如今重新谈论，依然具有重要意义。它并不只属于过去，也属于现在和将来。这些当年长征中迸发出的革命精神的火光，能给在新长征路上的我们带来无穷的力量，那七根火柴仍是点亮我们心灵的烛火。

第二十八章

茹志鹃与"没有爱情的爱情牧歌"《百合花》

满眼不堪三月暮，

举头已觉千山绿。

——辛弃疾《满江红》

新中国成立之后，除了来自解放区的一大批革命作家继续书写革命题材作品，还有许多年轻作者，怀着对共和国和人民的赤诚，面对现实，独立思考，大胆探索，创作了一批反映革命内部矛盾，揭示新的社会生活矛盾和表现爱情、家庭生活的作品，如王蒙的《组织部新来的青年人》、萧也牧的《我们夫妇之间》等小说。女性作家茹志鹃也怀着"以文学干预生活"的革命责任心，把目光投向社会主义建设、改造、合作化运动等新社会的重大问题。她创作的小说《高高的白杨树》《春暖时节》，表现新旧社会妇女的不同命运，为妇女解放唱了颂歌。20世纪50年代后期，茹志鹃又创作了自己认为"没有爱情的爱情牧歌"之短篇小说《百合花》，广受欢迎，又引起争论。

终于，改革开放之后，新时期文学诞生，茹志鹃与广大作家一样，经历漫长无语的沉寂和积累，重新活跃起来。她发表了以艺术的方式对人性进行反思的小说《剪辑错了的故事》，再创辉煌。

《百合花》被视为"极为难得、具有特殊风格的花朵"，成为"十七年文学"的典范，后来又被称为当下重放的"红色经典"。

　　第一次见茹志鹃是在第四次文代会期间。一天，严文井先生让笔者去他的东总布胡同宅第，拿几本他新出版的书送给参会的老朋友。回到京西宾馆会址，已是午饭时间，陪严文井先生吃过饭，到院里散步时，正巧碰到冰心、张洁、刘真、叶文玲和茹志鹃等几位女作家在谈话。几位前辈都识得，只有茹志鹃和叶文玲没接触过，严文井先生便把二位介绍给笔者。严文井先生笑着对茹志鹃说："读了你的那篇《剪辑错了的故事》，真是浮想联翩，回味无穷啊。"茹志鹃笑曰："严老师总是鼓励晚辈。"

　　次年，笔者去上海出差，住在《儿童时代》社里。那时，茹志鹃之女王安忆是《儿童时代》的编辑。笔者和同事一起拜访了儿童文学前辈陈伯吹、作家峻青等之后，忘记是谁带领我们去拜访了茹志鹃。她当时已年近花甲，却很健朗，面色红润，其动人的微笑、谈笑间的儒雅温柔之气，会让你感到亲切。谈到创作时，她微笑着说，正在潜心创作长篇小说《她从那条路上来》，是关于穷人在20世纪30年代悲凉命运的故事。

　　从上海返京，笔者把见茹志鹃的情况告诉老同事龙世辉。老龙立刻来了精神，他说茹志鹃的《百合花》在1958年9月号《人民文学》转载之后，他写了评论文章《诗·雕刻·油画——读〈百合花〉》，高度评价了《百合花》。此文发在《北方文学》1959年9月号。笔者到社图书室找到该杂志，文中说："的确，一篇好的作品，总使人谈起来津津有味的。《百合花》是小说，但我觉得它也是诗，因为它有着诗的激情和意境"，"《百合花》是小说，但我觉得它也是雕刻，因为它有着立体的，如雕似塑的人物形象"，

"《百合花》是小说，但我觉得它也是油画，因为它有动人的画面"。文章最后说："对于《百合花》，我甚至觉得有些偏爱，这些话只能算是偏爱者的读后感，要对作品有全面正确的分析，还是请读茅盾同志的《谈最近的短篇小说》吧。"

老龙是资深编辑，以独具慧眼的识力，发现《林海雪原荡匪记》原稿的文学价值，又以惊人的智慧和文学能力，将只具六年级水平作者的稿件编辑修润成具有文学文本价值的《林海雪原》，名震文坛和编辑界。笔者相信老龙对《百合花》的判断，不仅仅是"偏爱者的读后感"，他的评论具有文学水平，还有可贵的正义和道义的力量。

《百合花》1958年3月在《延河》上发表，其时茹志鹃从南京军区转业到作家协会上海分会，任《文艺月报》散文小说组组长，后又任《上海文学》副主编、主编等职。《百合花》经《人民文学》转载之后，茹志鹃一举成名。

此前一年多，茹志鹃的丈夫被划成右派，她为此惶惑不已。她后来发表在《青春》杂志1980第十一期的《我写〈百合花〉的经过》一文中说，《百合花》是她在不胜忧虑困惑之中，追念战争时期生活情景的产物。

小说以1946年淮海战役为背景，写解放军前沿阵地上一个短暂的生活片段。牺牲的小通讯员无声地躺在病床上，灰黄的脸上那双大眼睛安详地闭合着，新媳妇和女文工团员"我"，以不同方式表达出对小战友深沉的革命情感。医生细心诊断之后，以"不用打针了"宣告小通讯员已成了烈士。他是为了不让别的同志流血而献身的。此刻，新媳妇低着头，一针一针，细细密密地缝着死者衣服肩上的弹洞。或许她分明记得，小通讯员背着枪，枪管里插着树枝和一枝野菊花，高高兴兴去参加战斗的情景。然后，她将一床满是百合花的新婚被子盖在他身上……战争的残酷，人性的美好就这样和谐地凝固在小说里。

沉浸在小说军民情、战友情里而不忍告别这些人物的读者，并不知道小说写成之后，遭到几家编辑部以"感情阴暗"退稿，最后才在西北的《延河》杂志发表。

茹志鹃万万没想到，这朵勉强出土在匝匝忧虑之中，追念战时生活情景的百合花，在受到不公平待遇之际，茅盾站了出来，为她的作品说了公道话。茅盾在《人民文学》1958年第六期发表了《谈最近的短篇小说》一文。此文是茅盾继1957年写的重要理论文章《夜读偶记》之后，又一篇批评某些违反文学规律现象的重要作品。文章说："这是我最近读过的几十个短篇中间最使我满意，也最使我感动的一篇。"茅盾认为其创作风格"清新，俊逸"，"结构严谨，没有闲笔"，而"又富于抒情诗风味"，接着肯定了小说表现军民血肉关系之庄严主题，"除了常见的慷慨激昂的笔调，还可以有其他的风格"。最后，茅盾余兴未尽地说："对于《百合花》的介绍，已经讲得太多了，可实在还可以讲许多……"

评论家魏金枝在《茹志鹃作品中的妇女形象》《也来谈谈茹志鹃的小说》《上海十年来短篇小说的巨大收获》等文中，热情赞扬了茹志鹃的小说，特别高度评价《百合花》的艺术成就："从平凡的普通人心里，挖掘出了无比光辉的心灵。"在具体评论小说情节时，魏金枝说："一个羞怯又勇敢的小通讯员和一个也羞怯而又坚定的新媳妇，并无怎样密切的关系，而作者把他们借被扯破衣服这么一件微小的事件联系起来，联系得那么自然又让人不加注意；但是由于这一个微不足道的交涉，作者在这里偷偷埋下了歉疚的种子，这颗种子，却因为小通讯员的重伤而突然长大起来，触动了这个羞怯的新媳妇，使他本来的一点小小的歉疚，成为沉重的负荷，因而使这个蕴藏着善良心肠的新媳妇，成为勇敢的人，不问这个小通讯员已死还是没有死，能知还是已经不能知，以俨然不可动摇的精神，来缀补破洞，又把自己的百合花被平铺在死者的棺木里。在这么一个情节里，包含着多么丰富的意义，可以供我们读者去体会和想象"。魏金枝称它为"极为难得、具有特殊风格的花朵"。

茅盾、魏金枝等人睿智的评价，挽救了优秀小说《百合花》，使之成为蜚声文坛的花朵，还使作者"从危险的边缘上站起来"（茹志鹃《惜花人已去》），继续创作更多作品。

茹志鹃，曾用名阿如、初旭，1925年9月13日生于上海。祖上曾经营生丝行业，家境富足，后生意失手，没落为城市平民。祖籍浙江杭州，茹志鹃在兄姐间排行老五。她三岁丧母，其父离家出走，从此随祖母做手工糊口，直至十一岁才上了上海私立普志小学。十三岁时，祖母去世，茹志鹃入上海基督教办的"以马内利"孤儿院，半年后由三兄接出，进上海妇女初习学校住读。初中毕业于浙江省武康中学，1943年在上海私立颐生小学任教。因勤于自学，酷爱文学，茹志鹃当年即在上海《申报》副刊，发表反映大学生就业困难的短篇小说《生活》，迈出文学的第一步，那时她才十八岁。半年后的冬季，茹志鹃随兄参加新四军。初为苏中公学学员，后为苏中军区前线话剧团演员、组长。二十岁时，苏中军区合并改编为华中军区，又改为华东军区，茹志鹃一直在军区文工团任组长、分队长、创作组组员、创作组副组长，1947年加入共产党。

茹志鹃生于乱世，在社会底层度过辛酸童年，十五岁参加革命，二十二岁入党，是一位历经抗日战争和解放战争的女战士。革命战争铸就了这位文化战士的革命精神，又为她提供了随手可拾的战斗生活素材，为她后来的创作打下了坚实基础。茹志鹃二十二岁写的歌词《跑得凶就打得好》，获得军区文艺创作二等奖。

1954年，茹志鹃发表短篇小说《关大妈》。小说写的是一位"革命母亲"关大妈的成长经历。小说在艺术上尚不成熟，但其叙事思路奠定了茹志鹃整个20世纪50年代至60年代小说的基本创作方向：革命后，以追溯笔触描写革命战争底层群众，特别是妇女的成长和解放这一主题。

1955年夏，茹志鹃由南京军区转业到作家协会上海分会，任《文艺月报》编辑，《上海文学》编委、副主编、主编，后又选为作协上海分会理事等职，同时一直坚持小说创作。

1954年，茹志鹃出版《黎明前的故事》，小说写的是儿童斗争生活。

1959年，继《百合花》后，茹志鹃出版了短篇小说集《高高的白杨树》（上海文艺出版社）。1962年，出版短篇小说集《静静的产院》（中国青年出版社）。

收录于《高高的白杨树》和《静静的产院》里的短篇小说，除《关大妈》和《百合花》外，还有《澄河边上》《三走严庄》《同志之间》《给我一枝花》等，大多以茹志鹃经历的苏中解放区的革命斗争为素材，主要描写阶级内部基于共同目标和利益诉求而团结成革命团体的爱恨情仇，特别是妇女在战争成长及得到解放升华的过程。

20世纪五六十年代，茹志鹃的小说又开拓了革命胜利后的叙事面向。像《妯娌》《在果园里》《新当选的团支书》《如愿》《春暖时节》《里程》等，这些作品都是通过一件事，在几个平常人身上，写出整个时代脉搏的跳动，以普通人的境遇反映国家和社会的变化。《妯娌》通过妯娌之间伦理关系的嬗变，揭示新社会婆媳妯娌之间的崭新的关系、家庭与国家之间的崭新关系。《里程》叙述王三娘一波三折的转变，克服自私自利的旧意识，一下子跨入社会主义，讴歌"大跃进时代"人的思想"大跃进"。冰心在论及这类作品时说："作者是和大跃进的时代一起跃进的，她是以跃进的眼光寻求跃进中的妇女形象。"

茹志鹃还创作了《阿舒》《第二步》《痕迹》等旧调重谈的作品。《文艺报》开展讨论，讨论茹志鹃的艺术风格问题。不少评论家认为茹志鹃不该舍其《百合花》艺术之所长，力不从心地表现"主要矛盾"，写"当代英雄"。这次讨论无疾而终，因为茹志鹃创作的问题，不在艺术风格，而是创作是顺应政治还是回归文学的问题。

改革开放后，茹志鹃才在《〈草原上的小路〉的创作及其他》一文中回应了这些讨论："'文化大革命'前，我带着一种比较真诚的、天真的、纯洁而简单的眼光看世界，所以我看一切都很美好，都应该歌颂……而经过'文化大革命'以后，我的脑子比较复杂了，社会上的许多事情也复杂了，看问题不那么简单化了。"

新时期文学肇始，1979年，茹志鹃在《人民文学》第二期上发表了短篇小说《剪辑错了的故事》，以现实和历史相叠的结构方式，叙述在战争年代生死与共的两个老朋友在"大跃进"运动中的对立斗争。老寿在"大跃进"中没有了革命年代的"革命样子"，拒绝"浮夸风""共产风"，受到老战友干部甘书记的整治打击，先是精神上陷入困惑和苦闷，继而奋起抗争。小说同时揭露和抨击了只是"变着法儿让领导听着开心，看着高兴"，不管百姓死活的甘书记思想蜕变。在艺术上，情节大开大合，笔触严峻深沉，情节摇曳跌宕。值得注意的是，小说还借鉴了西方现代小说的技法，如超时空、意识流等，皆和谐融入"清新""俊逸"的风格之中。《剪辑错了的故事》不仅是对茹志鹃自身创作的重要突破，而且与王蒙之《夜的眼》等一起，开启了新时期小说艺术的创新先河。该小说获当年（1979年）全国优秀短篇小说奖。

可以说，有过走在早春阳光大道的热情欢悦，有过满怀真诚和被误解困惑的茹志鹃，在新时期文学开始之际，从不同角度反思共和国的坎坷历史，表现出对时代、对人民、对民族责无旁贷的忧患意识。

此后，焕发青春和激情的茹志鹃相继发表了《草原上的小路》《一支古老的歌》《家务事》《儿女情》《着暖色的雪地》等许多小说，皆是针砭时弊、探讨人生价值的作品。1982年，作者将之结集为《草原上的小路》出版。茅盾为该书作序，指出茹志鹃此时的小说已由《百合花》的"清新俊逸"演变为"耐咀嚼、有回味的静夜箫声"了。从"百合花"到"静夜箫声"，是指风格的变化，也是对走向成熟的妙评。

1983年，一直擅长写短篇小说的茹志鹃，推出了长篇小说《她从那条路上来》。小说以20世纪30年代为背景，写一个叫也宝的女孩儿与老祖母为生活所迫，相依为命，颠沛流离于杭州和上海的一段经历。在这个悲凉的故事里，读者睥睨了形形色色的底层小人物的惨淡人生、人性善恶，也看到了也宝在困境中表现的自尊和不屈，与祖母相濡以沫、与邻里和睦相处的童心和人性之辉。

《她从那条路上来》保持了茹志鹃编织故事叙事的固有细腻、清新、俊逸风格，以及刻画人物栩栩如生的笔墨。但是，长篇小说与短篇小说不同，回避历史重大事件，淡化时代风貌，小说就难完整性、多样性、生动性地反映广阔社会生活，人物性格的复杂丰富性格就失去源泉，作品深刻性和丰富性也就大打折扣。

王蒙、刘心武、张承志等人以对祖国的热爱及坚持理想和崇高的精神，以冷静的态度反思民族和自己的悲剧命运，把来自社会底层的人们的生活图景带进文学，他们强烈的时代精神、深沉的历史感、澎湃的诗情、沉雄的气派，以及呈现出来的庄严、崇高、博大、深沉的美学风格，震撼了读者的灵魂，给20世纪80年代初的文坛吹来一股别样的新风。因此，茹志鹃的《她从那条路上来》只留下些许回响就被淹没了。那是一个呼唤思想解放、人性解放，中国作家对中国和中国文学命运进行反诘与探索的年代。

第二十九章

短篇高手峻青和《黎明的河边》

铁马夜嘶千里月，

雕旗秋倦万重云。

——顾嗣协《题宋宫赟药州北征图》

峻青和孙犁、柳青、梁斌、刘知侠、陈登科等作家一样，都是来自延安等革命根据地的小说家。他们一直是20世纪五六十年代文坛的小说创作主力，描写工农兵革命斗争的优秀小说，大多出自他们的手笔。写短篇小说较为精彩者，峻青当之无愧。

　　短篇小说是小说中的轻骑兵，篇幅虽短，文字有限，但好的短篇往往能熔铸极为厚重的生活内涵，能在一些生活场景中塑造出堪称典型性格的人物，窥一斑而知全豹，以一目尽传精神之法，写出人物的一生命运。孙犁的《山地回忆》、王蒙的《组织部新来的青年人》、王愿坚的《党费》都是脍炙人口、名噪一时的精品。

　　长期参加抗日民主政府工作，结合家乡胶东半岛革命根据地可歌可泣的动人故事，峻青以极大的创作热情写就的《黎明的河边》，就属于其中的精品。小说通过惊心动魄的战斗故事和鲜明的人物形象，反映出了当代历史脉搏与时代精神，激荡着一股激动人心的力量。

笔者的书房，悬有一幅彩色水墨画——《奇石牡丹》。观之，让人想起宋代张孝祥《浣溪沙》中的那句："妙手何人为写真，只难传处是精神。"够不上珍品，但有典雅活气。此画，乃作家峻青所赠，画上题曰："兆骞贤侄雅赏，峻青癸亥年夏。"

癸亥年即1983年夏，人民文学出版社组织一次到承德的避暑消夏活动，正巧收到作家峻青来信，说他在避暑山庄度假，笔者便与同事乘社里的大轿车到了承德。

峻青住处，离我社人员下榻的宾馆不远。笔者常常在夕阳快沉落之时，一个人跑到他那里。我们约好一起在他住的酒店庭院里，吹着习习凉风吃晚饭。他和夫人陪着笔者。几盘精致的时令小菜，一碟黄酱，几棵洗净的大葱，还有几张山东煎饼，是峻青特意让夫人准备的。解放后，峻青调到上海多年，本邦菜虽精致，但他不改山东人吃煎饼裹大葱的习惯。他笑笑，用手指着酱、葱、煎饼，用浓重的山东口音说："这里有太多的乡愁哟！"

笔者在20世纪80年代初听过这句话。当时，笔者到上海见陈伯吹，住在《儿童时代》出版社。那时，在《儿童时代》当编辑的王安忆还是一位二十多岁的姑娘。峻青得知，就把笔者接到他家。也是吃晚饭时，他夫人做了一桌鸡、鸭、鱼、肉，十分丰盛，但在峻青面前，夫人偏偏摆了一盘煎饼、一碟黄酱、几棵大葱。峻青见笔者不解，笑着用浓重山东口音说："没办法，这里有太多的乡愁哟！"

峻青喜欢笔者，可能是因为1979年，他的增订本《黎明的河边》在笔者工作的人民文学出版社出版。

一次，峻青到社长严文井的东总布胡同宅第去拜访。笔者正好在场。笔者十几岁就认识严文井先生。两家住得很近，那时笔者正在做文学梦，便经常到他家请教文学问题。笔者见到峻青，很高兴，告诉他从上大学时就喜欢这部作品。说着说着，笔者背诵了他于1959年在人民文学出版社出版的散文集《秋色赋》里的篇什。他推了推硕大的眼镜，含笑点头。

谈到战争小说时，笔者说，中国文学对战争的叙述，大多强调民族、国家立场和意识形态立场，像丘东平《沉郁的梅冷城》那样对战争的叙述维度——特别勇敢看到战争本身的酷烈和野蛮的，并不多见。《黎明的河边》，对战争的"蛮"性的分寸感，掌握得特别好，小说不是在表现战争本身，刻意表现杀戮，而是通过鲜明的艺术形象来传达战斗的惊心动魄，来表现人民大众的爱国热情，来歌颂革命英雄主义。

笔者在严文井先生面前，总是口无遮拦。他瞪着笔者道："年轻人，请从战士、战斗和战争中的人这个真实而坚固的铁三角的视角进入战争，进入关于革命战争的阐述，好不好？"

从峻青眼镜后面那双发亮的眼睛来看，他对笔者的信口雌黄有兴趣。

1984年，作家庞瑞垠交给笔者他写的《东平之死》。笔者编发在当年第五期《当代》上，不久，《小说选刊》转载，在文学界产生不小的影响，并引起了一场对丘东平其人其文的争论。他对现代战争与人性关系独到的认知和表现，受到尊重。后来，笔者与峻青谈到丘东平。峻青读过丘东平的作品。他说，丘东平对现代战争的体味，在于他对战争中的人性的揭示，从人性与文明的高度审视战争，有独到思考。

笔者与峻青相交，属于"今日乐相乐，别后莫相忘"（曹植《怨歌行》）那种友谊，来往不多，却"千里幸相思"。笔者退休后这二十年，从烦杂公务解脱出来，钻进书房，伏案写书，几乎与外界相隔。2019年8月，忽闻峻青驾鹤西去，竟未送上一程。作为海关《金钥匙》杂志顾问，笔者正与编辑部一行到国门绥芬河海关开会，只能"故人入我想，明我长相忆"了。

峻青，山东海阳人，原名孙俊卿，1922年出生在偏僻山村的贫农家庭，只上过几年私塾。十三岁时，他的母亲和妹妹相继病饿而死，他只能到邻村一家花边厂当童工。他在工厂干重活，还要和厂主家的长工到田里干农活，和牛倌一起放牛，和厨师下厨做饭，甚至推磨、压碾，累得死去活来。三九寒冬天，他要在鸡叫前砸开河冰，在冰水中洗衣服。他常用脚踏车驮着一二百斤的货，翻山越岭，往城镇送……

与长工、伙计、牛倌生活在一起，又经常到城镇送货，让峻青熟悉和了解社会阶层各种人物的同时，又接触和吸收了大量的民间口头文学。他学会了各种各样生动形象而富有表现力的民间语汇，知晓了各阶层的生活、习性、风土人情及历史掌故。这一时期，他读到了《三国演义》《水浒传》《三侠五义》等书。更重要的是，这片土地民风彪悍，父老乡亲有着反抗阶级压迫、反抗外邦侵略的斗争精神和传统，因此，他自幼就崇拜英雄，仰慕豪杰。

胶东半岛又是老革命根据地，早在大革命时期，共产党组织就十分活跃。席卷了大半个胶东的"一一·四"大暴动，就发生在他家乡，强烈地叩击着他童年的心。暴动被镇压，党组织受到严重破坏，但斗争的火焰没有熄灭。在那些恐怖的黑暗日子里，乡亲们传颂着党继续斗争的好消息。抗日战争爆发，他参加了革命队伍。在革命队伍中，他受到党的培养，接受了深刻的教育，提高了文化水平。他有机会阅读大量古今中外的文学作品，特别是"五四"以来的新文学作品和苏俄文学作品。

1941年，十九岁的他写了第一个作品——《风雪之夜》。这是一部描写争取伪军反正的剧本，在农村剧团上演，配合瓦解敌人的工作。接着，他又创作了《黎明之战》《减租后》《马石山上》《张修的转变》《小侦察员》等短篇小说，同时写下大量的诗歌、鼓词、山东快书、散文、通讯、报告文学等。其间，他甚至学会了绘画。

他在《我的自传》里说：

> 因为当时是在战争环境中，一切是为了配合当时的军事政治斗争，所以什么形式都搞，只要斗争需要，群众喜闻乐见。但那个时候，我并不是一个文学工作者，也从来没想到将来有一天会专门干这一行。那时我只是一个做实际工作的干部，而我上述的写作，都是为了宣传，因为那个时候，我们人人都是战斗员，人人都是宣传员，尤其是我们那些做基层工作的。

如他所说，峻青在整个战争年代，他一直做基层实际工作，一直战斗在最尖锐、最激烈的前线，深入敌后和边沿区工作。他还干过民运工作，搞过减租减息、反奸反霸和土地改革，又干过武工队，搞过边沿区和敌后的武装斗争，也曾像陈登科那样干过报社和新华社前线的随军记者，参加过大大小小的战役和战斗。

总之，在抗日战争和解放战争中，峻青是以一个战斗者，而不是以一个作家一直战斗在火热的斗争中。当然，亲历战争烽烟，为他后来的文学创作，提供了无比壮阔的战争背景和丰富的素材。

1944年至1948年，峻青任胶东《大众报》记者、《中原日报》编辑组长，开始有意识地收集战斗生活的材料。1945年春，在海阳南部盆子山区最后的反扫荡、反"清剿"的激烈斗争中，他一边端枪战斗，一边开始长篇小说《海阳前线》的写作。到1946年夏，峻青已经完成了将近二十万字。可惜，这年9月，国民党第八军李弥部队进攻到淮河西岸。那天晚上，他在河东岸的李家埠村遭到武装匪特的包围袭击，突围脱险后，发现《海阳前线》二十万字手稿被抢走了，从此石沉大海，再无消息。二十四岁的峻青，流下了眼泪。

1948年春，峻青离开胶东，随大军南下，转战中原。翌年春，他到了武汉，在湘桂交界参加剿匪和土改工作，后来进了中南局的新闻机关搞行政工作。精力旺盛、求知欲强的他，开始大量阅读和钻研中外名著及文学理论，同时创作小说。

1949年后，峻青历任中南人民广播电台编委、作家协会上海分会副主席、《文学报》负责人。1952年冬，全国文协组织第二批作家下乡下厂，深入生活，受邀的峻青与二十几位作家到北京学习了一个月，制订了反映胶东军民革命斗争的长篇小说《战斗的乡村》（后改名《决战》）的写作计划。为完成这一计划，峻青调到华东文联，次年1月即去熟悉的胶东深入生活。1954年，峻青到了上海，有一年时间进行写作。

1955年，峻青出版短篇小说集《黎明的河边》，其中收录了他自1942年以来创作的小说，有较大影响力。

1956年到1959年，峻青相继出版短篇小说集《最后的报告》（1956）、《海燕》（1961）、散文集《欧行书简》（1956）、《秋色赋》（1959），以及自选集《胶东纪事》（1959）。

"文化大革命"结束后，峻青出版了长篇小说《海啸》（1981）、短篇小说集《怒涛》（1978）、散文集《沧海赋》（1985）、《履痕集》（1986）等。

峻青的文学成就是短篇小说，他据此于20世纪50年代名满文坛。《黎明的河边》《老水牛爷爷》是他的成名作。

《黎明的河边》以胶东地区的革命斗争历史为背景。峻青在《〈黎明的河边〉的创作谈——答青年读者的公开信》中说：

我发现了这样一个真理：那就是经过了长期革命战争的老革命根据地的人民，他们的爱国热情空前提高，社会主义新道德品质在迅速地增长，战争给了人们许多宝贵的教训，使得他们更深刻、更细致地去认识世界，更纯洁、更高尚地去面对生活。而牺牲了的英雄们，也永远地活在人民的心中，并鼓舞他们，在新的生活中，去树立新的功勋。这是真理，也渐渐地变成了我的主题。

讴歌英雄的人民和他们的子弟兵对革命的伟大贡献，缅怀革命先烈，为他们树碑立传，乃是《黎明的河边》宏大的英雄乐章。

小说的叙述者"我"，就是小说的主角武工队长姚光中。他是昌潍平原敌后斗争的领导者之一，也是幸存者。他在讲述交通员小陈一家，为了护送他渡过被敌人严密封锁的潍河而壮烈牺牲的情景时，一开始就声明自己不是英雄，强调真正的英雄是舍命保他渡河的小陈及其家人。他悲痛地说："如果没有小陈一家人，我即使不被敌人打死，也早被河水淹死了，哪里还有今天？"姚光中无疑是个革命者，他的行动也无疑证明他是英雄。从血与火的革命斗争幸存下来的人，对革命先烈、对革命战友的喋血牺牲，都怀有刻骨铭心的怀念感激和崇敬之情。《黎明的河边》就是通过姚光中的叙述，把这种感情诉诸笔端，以惊心动魄的战斗故事和鲜明的艺术形象表达出来。

除了《黎明的河边》，峻青还写了不少反映革命战争，为英雄人物高唱赞歌的作品，如《交通站的故事》《党员登记表》《最后的报告》等。这些小说故事人物不尽相同，但都洋溢着一种激动人心的力量，引起读者强烈的共鸣。

纵观峻青的小说，会发现他在艺术上有独特的个性风格，即他最擅长把人物置于剧烈、尖锐的矛盾冲突中来描摹刻画，同时又总是运用象征、烘托等多种艺术手法，描写彼时的环境和渲染彼时的氛围，营造出一种慷慨悲歌的境界。

以《老水牛爷爷》这篇小说为例。小说描写的是一个叫韦璞，人称"水牛爷爷"的农民形象。小说写战争年代，他被敌人抓捕时，猛然跳入河中，挣断绳索，掐死叛徒的英勇，又写他在抗洪斗争中用身躯堵住缺口，不幸牺牲的壮举。小说通过回忆，将历史与现实相映，表现"老水牛"无私无畏的精神风貌。峻青在小说中一再写那棵斑痕累累的老梨树和迷人的月色，以及"老水牛"的爱犬"黄狮"，看似闲笔，但这是刻画"老水牛"丰富形象不可缺少的部分，构成典型环境与典型性格和谐统一的关系。

当然，峻青小说的缺点也较明显，有时缺乏艺术节制力，铺张有余，而含蓄不足。到了晚年，峻青小说的生活面有了拓展，思想也趋于深邃，艺术上保持了一贯的慷慨悲歌风格。

第三十章

周立波与《山乡巨变》

残星数点雁横塞，
长笛一声人倚楼。

——赵嘏《长安晚秋》

周立波的主要作品，一是表现"耕者有其田"的土改运动的《暴风骤雨》，二是书写农村合作化运动的《山乡巨变》。周立波翻译过俄国肖洛霍夫的小说《被开垦的处女地》（第一部），将苏联农民的革命经验及其世界革命的总体意识带进了《暴风骤雨》，模仿痕迹较明显，艺术上无特色。但是，《山乡巨变》在表现合作化运动时，没有集中书写小说人物的政治诉求和农村合作化运动的过程，一改《暴风骤雨》式以阶级斗争为中心，反倒用更多的笔墨书写生活故事，写人物的思想感情，写人们对农村合作化这一重大历史事件的反应，形成了小说独特的诗意美、抒情性的艺术风格和美学特点，让它成为当时政治视界和历史维度中，文学的一枝独秀之花朵。

　　在文艺为无产阶级政治服务方针的大背景下，批评者说《山乡巨变》写阶级斗争"比较表面化、简单化"，这恰恰说明周立波努力坚持现实主义写作。

　　中华人民共和国成立之初，周立波以长篇小说《暴雨骤雨》享誉文坛。《暴风骤雨》与丁玲的长篇小说《太阳照在桑干河上》双双荣获斯大林文学奖二等奖。

1951年，周立波到北京石景山钢铁厂工作和生活。1954年出版了反映新中国成立初期工业生产和工人阶级精神新风貌的长篇小说《铁水奔流》。号称中国工业文学开拓者的草明，创作了工业题材的中篇小说《火车头》，但就作品的思想性和艺术性而言，周立波在草明之上。这当然与他们二位的文化积累有重要关系。

周立波，1908年出生于湖南益阳邓石桥清溪村一个殷实的农家，名绍仪，字凤翔，后取笔名周立波，"立波"即英文"自由"之意。1924年，周立波考入湖南省长沙市第一中学就读，其授课老师有文化名人王季范，有后称中共"五老"之一、教过毛泽东的徐特立。在校读书时，周立波喜爱文学历史，阅读了大量中外名著。

1926年，周立波结识同乡周起应，即后来主管文艺的周扬，受革命学生影响，接受了革命思潮。1927年，发生长沙"马日事变"，周立波回乡当了小学教员。次年，周立波与周扬一起到上海，入上海劳动大学经济系，后因参加革命活动，被开除学籍。不久，周立波考入神州国光社任校对，开始发表翻译作品，并加入左翼"剧联"。

1932年，周立波因参加组织印刷工人罢工，被国民党当局逮捕入狱，两年后经保释出狱。不久，周立波加入左联，先后在《时事新闻》副刊及《每周文学》《文学界》《光明》等报刊当编辑。1935年，周立波参加共产党，发表了不少宣传抗日救亡和论述大众文艺的文章，翻译马克·吐温之《驰名的跳蛙》、普希金的《杜布洛夫斯基》、肖洛霍夫的《被开垦的处女地》等小说，还有基希的报告文学《秘密的中国》，对推广世界进步文学做出了贡献。

抗日战争全面爆发，周立波担任战地记者，兼做美国记者史沫特莱的翻译，赴华北前线采访，深入晋察冀抗日根据地实地考察，写了不少新闻报道和报告文学，后结集为《晋察冀边区印象》《战地日记》等出版。1938年至1939年，周立波在《抗战日报》《救亡日报》工作，后赴延安鲁迅艺术文学院任教，兼任编译处处长，创作了短篇小说《牛》《麻雀》《第一夜》《阿金的病》《夏天的晚上》《纪念》等。1942年，周立波参加并聆听了毛泽东《在延安文艺座谈会上的讲话》。次年，周立波在《解放日报》主编副刊。

1944年初秋，周立波随八路军南下支队挺进华南，建立新的抗日民主根据地，转战鄂南、湘北、赣西、粤北等地，经历了无数次战斗，记录了很多可歌可泣的英雄事迹，写下了《王震将军记》《李先念将军印象记》等多篇报告文学，后结集《南下记》出版。

抗日战争胜利之后，周立波曾参加军调部中共代表团，担任英文翻译。1946年10月，奉调东北任冀热辽区党委机关报《民声报》副社长，随工作队到松江省（后并入黑龙江省）、珠河县（后改为尚志市）参加土地改革。从1947年夏开始，他以参加土地改革的经历作为素材，动笔写了《暴风骤雨》。一年后的秋天，小说完稿，先在《东北日报》上连载，1949年5月由东北书店出版。

《暴风骤雨》与《太阳照在桑干河上》，最早反映中国大地摧毁封建制度根基的暴风骤雨式的伟大运动，给新中国文学留下了鲜明而生动的艺术图景。这两部作品于1952年荣获斯大林文学奖二等奖。

1951年，周立波到北京石景山钢铁厂工作生活，又将目光由土改转向了新中国蓬勃发展的工业战线。1954年，他创作了反映新中国成立初期工业战线生产斗争和工人阶级崭新精神风貌的长篇小说《铁水奔流》。

1955年，周立波回到湖南故乡益阳清溪村落户，参加农业合作化运动。1957年至1959年，周立波先后完成长篇小说《山乡巨变》（正、续）的创作。与此同时，他还发表了不少讴歌农村新生活、新人物的短篇小说，后结成《禾场上》（1960）和《山那面人家》（1979）。

1966年初，周立波因发表散文《韶山的节日》，受到不公正的批判。《韶山的节日》描写毛泽东1959年回故乡韶山，为双亲祭奠扫墓的情景。

1978年，已是七十岁高龄的老作家周立波以小说《湘江一夜》荣获全国第一届优秀短篇小说奖。此小说是他要创作的一部表现抗日战争胜利前夕，我八路军三五九旅南征历程的长篇小说的试笔。宝刀未老，锋芒尚健，正准备向文学做最后冲刺的周立波，却被疾病夺去了生命。

湖南人民出版社为他出版了七卷本《周立波选集》，上海文艺出版社出版了五卷本《周立波文集》，纪念这位精英文学作家，对中国文学做出的杰出贡献。

有的文章说，与丁玲的《太阳照在桑干河上》相媲美，在国内外产生较大影响，描写土地改革的长篇小说《暴风骤雨》，是周立波的代表作。这两部描写土改的长篇小说都不是这二位最好的小说。相比《莎菲女士的日记》和《太阳照在桑干河上》，丁玲为中国现实主义的贡献，显然前者是卓越的。《暴风骤雨》与《山乡巨变》的思想和艺术达到的高度，也不在一个水平线上。至于《太阳照在桑干河上》《暴风骤雨》荣获斯大林文学二等奖，那只是一种意识形态上的鼓励。规约并指引"十七年文学"的，是以阶级斗争为内核的"人民话语"。

《暴风骤雨》的故事情节较为简单，人物也少，但是写土改规模大，过程也相对完整。小说分上下两部分，上部反映的时间是中共中央1946年下达"五四指示",土改工作组下乡参加土改,下部写10月末《中国土改法大纲》颁发后的情况。小说以东北松花江畔一个叫元茂屯的村庄为背景,从土改工作组进村写起,接着写斗争恶霸地主韩老六,土改复查,分田地,挖浮财,找到枪支,围剿土匪,最后写分到土地的贫下中农掀起入伍的热潮,展示了波澜壮阔的土改运动图景。

《暴风骤雨》塑造了赵玉林、郭全海等贫苦农民的形象。赵玉林在日寇和恶霸地主韩老六的压迫剥削下,老母饿死,妻子讨饭,三口人穷到无衣可穿,人称"赵光腚"。像许多贫下中农一样,他蹲过监狱,遭过私刑,阶级压迫使他具有反抗精神。郭全海老父被韩老六害死,十三岁就在韩家当小马倌,与韩家有两代血海深仇。工作组进屯后,他们的革命火种被点燃,成为土改的依靠对象。小说并没有把他们写成"高大全"式的人物,在突出表现其勤苦朴实、积极勇敢的高尚品格的同时,也写出作为小农经济代表的弱点,既写赵玉林缺乏斗争经验,也写了郭全海在掌权后斗争意志一度消沉。赵玉林、郭全海作为贫下中农的代表人物,负载了太多的阶级属性,写得可敬、可赞而不丰满鲜活。从艺术形象的塑造看,赶车的老把式老孙头倒写得有血有肉,最为丰满。他是一个立体、复杂又十分可信的人物,他身上残存着小农的自私、胆小、喜吹牛、好面子,还沾染上旧社会的一些坏习气,然而,他阅历丰富,性格开朗风趣,很受同乡的喜爱。当看到称霸一方的韩老六们被斗得濒临崩溃之时,他从观望转为积极投入斗争。

另一个主要人物是工作队队长,贯穿整部小说的萧祥。对于这位地位最高的领导人,小说没有把他写成万能的"救世主"式的人物,只是把他写成农民心中革命烈火的点火人。这在当时的文学作品中是不多见的。

《暴风骤雨》流溢澎湃着饱满的革命激情,体现了现实主义与理想主义的结合。其风格清新明快,运用东北农民口语,生活气息也较浓郁。

　　小说的缺陷也不少。首先，《暴风骤雨》与他曾翻译的肖洛霍夫的《被开垦的处女地》有太多相似的地方，甚至有些细节都可看到借鉴的痕迹。其次，作品结构上存在松散问题，反映的事件较多，而表现不够集中精练。上下两部分衔接不紧密，有脱节之感。最后，在塑造主要人物萧祥、赵玉林等时，写得过于单纯甚至太简单，只是一些冰冷的符号，让小说失去光彩，而反面人物韩老六、杜善人几乎是类型化和脸谱化的形象。

　　我们当然不能因小说的缺陷就否定《暴风骤雨》在反映伟大的土改运动所做出的贡献。

　　其实，"如何创造农村中社会主义新人和描绘新事物的萌芽成长，仍然是一个亟待解决的重要课题"（冯牧语）。20世纪50年代初期以来，虽然出现了一些真实、生动地反映农业合作化运动的小说，但刻画比较成功的人物往往都是落后分子，而没有写出鲜活、生动、丰满的社会主义新人形象，如此，《暴风骤雨》中最出彩的人物不是赵玉林，而是中间状态的老车把式老孙头。孙犁《铁木前传》中最精彩的，可成为文学典型的人物，是踟蹰于人生歧途的小满儿。冯牧说了上面的那句话，期待文学能刻画出社会主义新人形象。

　　1955年，周立波完成反映新中国成立初工业战线生产斗争和工人阶级新风貌的长篇小说《铁水奔流》之后，就回到家乡益阳农村落户，参加农业合作化运动，创作了长篇小说《山乡巨变》。

　　《铁水奔流》在工业题材小说中，不算出类拔萃，此处不赘。

　　作为成名作《暴风骤雨》的姊妹篇，周立波的《山乡巨变》也是写农业的小说。前者写土改，农民通过土改斗争从地主手中夺得了土地的正义性和必要性；后者写获得土地的农民，在"农业合作化"的旗帜下，告别几千年的小生产所有制，发生的内在和外在的、社会的和心理的种种矛盾和斗争，讴歌了合作化运动给中国农村和农民的生活带来的"巨变"。

《山乡巨变》弥补了《暴风骤雨》没有写出多少鲜活人物的遗憾，塑造了一系列丰富多彩的农民形象：出身贫农又怕别人瞧不起，人称"亭面糊"的盛佑亭；庄稼把式，精于田里功夫，但思想保守，一直观望，实在躲不过去，才勉强入社的陈先晋；一直跟着干单户跑，被逼无奈才入社的游民习气极重的符贱庚；土改运动时积极投入，翻身当了干部，却私心严重，常犯错误的谢庆元；为了不入社，不惜装病，又假闹离婚，后来悻然与农业社闹起"竞赛"的"老单"，又被戏称"菊咬金"的王菊生；解放前卖过壮丁，土改时被划成上中农，不愿入社，还被暗藏反革命分子龚子元，被当成马前卒利用的"秋丝瓜"张桂秋；好吃懒做，与积极参与合作化的丈夫离婚而追悔莫及的妇女张桂贞……

周立波以生动的笔触，既表现出他们作为劳动者的本色，又尖锐而准确地揭示出这些人物受传统影响的旧思想、旧习气，将笔墨触及他们的灵魂。然而，这些普普通通甚至身上带些小毛病的，显露出"本真至性"的广大农民，才是推动合作化的真正动力和主人公。同时，他们丰富的精神使作品拥有了意味隽永的艺术境界。

从《暴风骤雨》到《山乡巨变》，我们发现周立波的小说风格有了明显的变化，离文学本身更加接近。有人说其变化由前者的"阳刚之美"，变为后者的"阴柔之美"。但笔者认为，两部小说都有着清醒的世界革命的总体意识。前者太注重写人物的政治诉求，后者则用更多的笔墨去写生活故事，写人物的思想与情感，以及在重大社会历史变革即合作化运动中的反应。这呈现出周立波前后的艺术风格在知识视野上的巨大差异。

《山乡巨变》还表现出周立波的理想主义情怀。小说敢于直面政治的乡村叙述，在政治视界和历史维度当中具有鲜明风格化的书写特色，使其具有成为文学经典的可能性，正是基于周立波的理想主义情怀。

　　2019年12月，"周立波与中国现当代文学"学术研讨会在长沙及周立波家乡益阳两地举行，《文艺报》后来发表了《周立波文学的人民性与艺术风格——学术研讨会议评述》，但是，学术研讨会的会议综述上并没有提及周立波文学上的不足，对此，笔者要唠叨几句，说说《山乡巨变》之不足，以便读者辩证地看待周立波的作品。

　　《山乡巨变》触及的是中国革命所要解决的农民和土地关系问题。《暴风骤雨》表现农民从地主手里夺取土地的正义性和必要性，以及斗争中农民精神面貌的变化，而《山乡巨变》写的是农民获得土地后如何向小农生产所有制告别，走合作化道路给中国农村及农民生活带来的"巨变"。这"巨变"，是同1955年合作化运动中，批判"右倾机会主义"政治运动联系在一起的，小说必然带有"左"倾政策的浓重痕迹。尽管周立波努力坚持现实主义精神，在创作中揭示某些生活真实和历史真实，比如，把这场合作化运动，完全写成从上往下灌，农民"没得办法"，只好用各种方式拒绝，这已显示了周立波的现实主义精神。历史证明，改革开放，包产到户，土地回到农民手中，才是农民的康庄大路。

第三十一章

李準的乡土小说《李双双》

我今垂翅附冥鸿，

他日不羞蛇作龙。

——李贺《高轩过》

"五四"新文学运动以来，在中国当代文学中，乡土小说占有相当重要的位置。较早从事乡土小说写作的，有描写贵州山区蛮野酷烈的世情民风的蹇先艾，写故乡风情的许钦文，以及写乡村图画《故乡》《风波》《祝福》《社戏》《阿Q正传》的鲁迅等。

　　20世纪，中国由传统的农业文明向现代的工业文明转化，广大的农民是历史舞台的主角，中国进行经济变革和社会变革，他们起着举足轻重的历史作用。与乡村有着千丝万缕、不可分割的关系的中国作家，着力表现乡土和农民是顺理成章的事情。

　　李準自幼生活在农村，长期受乡土地域文化的熏陶，受当地浓郁的民情风俗、方言土语、民间传说的影响，又经历了农村不断的社会变革，有着丰富多彩的生活积累。对土改、合作化运动，对农民的心灵冲击和改变，有着深刻的体会，这使他成为那个时代最有影响力的短篇小说家之一。

　　李準的乡土小说，从发展脉络上看经历了由单一向丰富多彩的过程，从意蕴上看有着由轻浅向深刻的过程。其乡土小说《不能走那条路》《冰化雪消》《孟广泰老头》《李双双小传》等，可以清晰地看到农村围绕土改、合作化运动的发展演变。《不能走那条路》《李双双小传》等，也算是轰动一时的小说了。

　　"十七年"里，李準写的小说是以追随、反映和配合农村的中心工作而调整自己的表现内容的。到了20世纪80年代，改革开放，社会生活出现了多样化，文学呈现了多元化，其乡土小说才有了新的风貌。

　　笔者与李準老师，多是在各种文学会议或作品研讨会上，握握手，拍拍肩，道声好。或是文学界友人相聚，在饭桌上听李老师用浓重的河南腔讲笑话，他知笔者滴酒不沾，却总是变着法儿劝笔者喝一口，弄得笔者非常狼狈，他却哧哧地笑。

　　20世纪末，由作协负责人唐达成为团长，率李準、李瑛、叶廷芳等作家诗人去云南访贫问苦，笔者忝列其中，有了一次与李準老师密切接触的机会。一路参观讲课，到昭通扶贫，将我们各自获得的讲课费全部捐给那里的彝族兄弟。此行时间较长，路途遥远，从昆明到昭通，然后沿金沙江，走茶马古道返回，走进走出一卷卷诗情画意的自然风光，领略多姿多彩的民俗风情，也看到贫困地区少数民族生活的艰苦。

　　漫长的旅途中，笔者与李準老师形影不离，主要听他讲自己的人生和创作。笔者自读高中开始，喜将阅读心得和感兴趣的人与事，记在本子里，一生得存大量这类笔记，退休之后，将这些笔记整理，撰写了七卷本计二百万字的"民国清流系列"，近五十万字的从1901年到当下的一百一十多位获诺奖者的评传《文学即人学：诺贝尔文学奖百年群星闪耀时》，以及研究新时期涌现的二十二位作家的人生及创作的《我们的80年代：中国的文学和文人》。

　　此次云南之行，笔者重点了解李準老师的创作及人生。每天晚上，笔者将我们白天的谈话记在笔记中，用正好一周完成了《李準谈人生与创作》的详细记录。我们交谈前，笔者向李準老师说明白准备要写写他。李老师读过笔者写的《侃爷王朔》《陈忠实与〈白鹿原〉》等文章，听过笔者在昭通给当地作家讲文学。那是应唐达成要求做的演讲。讲课途中，北京一位作家，对王朔不屑，提出异议，唐达成、李瑛、李凖支持笔者的观点。会后，李凖拍着笔者的肩头："小子，讲得好。"所以，他同意笔者写他。

最后一天，明日要由昆明乘飞机返京，笔者将笔记本交李凖过目。第二天登机前，他把笔记本交给笔者，仍然重重地拍了拍笔者的肩头。笔者发现，他在笔记本扉页写了："大道如青天，我独不得出——与老弟共勉。李凖。"

回到北京，笔者去看忘年之交严文井先生，说要写李凖，并将李凖在笔记本上的题字告之。严文井先生沉吟片刻，说这是李凖自谦，我看写得。可惜，21世纪初，笔者与《十月》杂志主编王占军老弟在武夷山组织了一次较大的文学笔会，结束后，我们又到厦门，他去组稿，笔者去见诗人舒婷，后到鼓浪屿游览。等准备去机场时，发现拉杆箱行李不见了，原本放在福建省旅游局给我们派的旅行轿车里，笔者立刻报警，但仍不知下落。王占军等友人只有叹惋。笔者心急如焚，不是害怕已到初冬只穿短裤薄衫，回到北京狼狈丢丑，也不是心疼笔会上北京画家赠送的两幅画作和在武夷山买的几件小古董，还有辛苦的讲课费，而是心疼笔者放在行李箱中记录与李凖谈话的笔记本，以及已写了近万字的书稿。现在想起来，没有完成对李凖老师的承诺，仍心痛如绞。

李凖之凖，不用简化字"准"，是因为还有一位叫李准的理论家。

李凖原是蒙古族，姓木华梨，后简改为李姓。1928年7月4日生于河南洛阳下屯村。一个世代农村教师家，人丁二十余口，有土地四十多亩，父亲在邻镇开杂货店，兼办邮政业务。为维持"诗书门第"的门面，男人须穿长袍。他六岁上小学，放假在家里补学《三字经》《弟子规》《朱子家训》等古文启蒙书。小学毕业，李準到常袋镇达德中学读初中，不久大旱，失学回家，由祖父教读《古文观止》《唐诗合解》《乐府》等。他自幼聪慧，以背诵方法逐渐读遍古文。

1943年春，又因旱灾，十五岁的李準被送到洛阳车站一家盐号当学徒，已通古文的他开始读外国文学作品，如俄国的屠格涅夫、欧洲的狄更斯和巴尔扎克的著作。为他提供图书的是一个聋子开的书店，那店里的百余本外国小说，他都租读了。

次年，洛阳沦陷，日本军队一到，盐店倒闭，他便回到家里。祖父又开始教他读《左传》。祖父认为"读古文开心窍，读四书五经没用"，所以他家虽出过三四个私塾先生，他却没机会读"四书"。

1945年，抗战胜利，李準去了父亲的杂货店，办理邮政业务，送邮件包裹和报纸杂志。当然，这些都变成了他的读物。那年他二十一岁，镇上业余剧团活跃，他开始编旧戏上演，家里认为这不是读书人家子弟办的事，不体面。但同伴都重视他。他接触了戏曲和曲艺唱词，也结识了不少老艺人。他能背几十出旧戏文，在他看来，这里是他的大学。在农村小镇，他整日生活在各阶层的人物中间，熟悉了众多农民家庭和各行各业的人，举凡理发师、吹鼓手、乐户、卖豆腐的、杀猪屠户、更夫、算卦先生，没有不认识的。这是他后来写作的生活基地和生活资料库，所以从这个小镇起步，他开始学习写作，写戏曲剧本、散文、故事新编和小说。比如，他根据岳飞被赵构残害的故事和文徵明的一首词，写了《金牌》，发表在洛阳报纸上。

1948年，洛阳解放，李準在一家银号当职员，后银号转入市政府银行，他正式参加革命工作，时年二十四岁。两年后，他调至洛阳干部文化学校任语文教师，利用课余时间创作了十篇短篇小说，发表在《河南日报》上。

1953年夏，李凖创作了《不能走那条路》，发表后"引起过争论，党中央和毛泽东同志支持了这个短篇小说"（《自述传略》）。小说被全国报刊转载，反响很大。接着，他又创作了《冰化雪消》《孟广泰老头》等短篇。

1954年，因创作有成，李凖调到河南文联当专业作家。同年，他携妻儿到荣县"落户"当农民。在这里，他写了《李双双小传》《耕耘记》《两匹瘦马》等五十多个中短篇小说，以及《杏花营》《一串钥匙》等戏曲、话剧剧本，出版了短篇小说集《不能走那条路》（1959）、《春笋集》（1962）等。

从1956年起，对电影剧本感兴趣的李凖，先后写了《小康人家》《李双双》《龙马精神》《耕云播雨》《壮歌行》《大河奔流》等十多部电影剧本，电影上演后，颇受欢迎。他还参与了《高山下的花环》《牧马人》等电影的编剧。

文学艺术创作丰收，政治荣誉也接踵而至，李凖当选了全国人大代表，河南四届人大代表、常委，中国作协理事，河南省文联副主席等。

改革开放后，李凖的长篇小说《黄河东流去》（上、下卷）获第二届茅盾文学奖。

李凖于2000年2月2日逝世，享年七十一岁。以他的才学，他肯定还能写出大作品，可惜了。笔者正在福建开会，未能参加他的葬礼，委托林斤澜老师代献一朵白花。

李凖是以写乡土小说走上文坛的。其早期作品《不能走那条路》，敏锐地抓住了解放后农村走合作化运动的重大转折，以一个农民家庭在其间激起的曲折波涌，真实地刻画了宋老定这样的翻身农民的形象。宋老定一心要发家致富，过上好日子，想方设法买了张栓的地，结果吃了大亏，受到教育，认识到回头路是不能走的。小说通过一个个生动的细节完成了人物塑造。

《不能走这条路》受到重视，与李凖的选材有关。在当时，作家选择什么题材，在作品中表现哪些方面的生活内容，写哪一类型的人物，被认为与作家的世界观、政治立场和艺术思想密切相关。题材的优势几乎先验性地决定了作品的重要性，当时开展土改，走合作化运动，使这类题材受到重视。选材好，加上李凖扎根农村的热情是真挚的，他对新中国、新农村怀有激情和冲动，这是《不能走这条路》受到"党中央和毛泽东同志支持"的根本原因。

李凖积极反映土地变革的文学创作，从一个侧面成为我们了解那个时期农村生活状态的参照。这或许已超越了文学。当时李凖过分地配合政策和形势的需要，其作品也因此受到影响。他最好的作品，存在真实的、有生活气息和深度的描写，却是以某一时期规定的农村政策作为框架构架，这两者在作品中必然产生冲突。

《李双双小传》是李凖另一篇有影响的小说，李双双被称为"历史语境中的'农民新女性'"。《李双双小传》表现了农村土地的变革给农村妇女带来了新的精神面貌，通过劳动妇女李双双和丈夫孙喜旺的家庭冲突，特别是与生产队里各色人等的幽默、风趣的冲突，折射出李双双在生活中做了主人，在思想感情、人格上都获得了新生，从而展现了新农村的巨大变化。

李双双这一人物，成了"十七年文学"中，性格被刻画得最为鲜明突出的大公无私的农村新妇女的典型形象（《中华文学通史》）。李凖也凭此成为"十七年文学"中极具影响力的短篇小说家之一。当然，真正标志李凖创作高峰的，是他在20世纪80年代创作的获第二届茅盾文学奖的长篇小说《黄河东流去》。

小说《李双双小传》，以及被改编的电影《李双双》，让李双双成为当时家喻户晓的人物。李双双在很大程度上成为新农村妇女的代表，新农民的典型乃至劳动大众的偶像。小说《李双双小传》在"文化大革命"中，蒙受不白之冤，被淹没。进入新时期，在一系列经典受到质疑的时候，《李双双小传》被视为陈旧、老套，不合潮流，仍然寂寞无声地被湮没。

人们冷淡《李双双小传》，由于它过于贴近现实生活，难免带有那个时代的思想局限。李双双显然被过度政治化、理想化了。李凖讲的是人民公社化的故事，到了国家调整经济，取消了"大跃进""人民公社化"的时候，这位风光一时的农村新妇女，已失去了过去的舞台，李双双已成为明日黄花，广大读者还能产生共鸣吗？

李双双可以被遗忘，但李凖的文学才华没有被淹没。20世纪80年代，李凖重返文学舞台，宝刀不老，写了一部《黄河东流去》，他在卷首语中写道：

> 《黄河东流去》不是为逝去的岁月唱挽歌，她是想在时代的天平上，重新估量一下我们这个民族赖以生存和延续的生命力量。

《黄河东流去》"用精心挑选的活生生的人民语言描画人物"，"只要精选若干句最富于个性色彩的对话，通过两三个富于动作性的独特性的细节，就能使一个个独特的人物形神兼备地跃然纸上"（张光年《重读〈黄河东流去〉》）。

"重新估量一下我们这个民族赖以生存和延续的生命力量"，即李凖对过去的反思和告别，也是他对改革开放后新生活的期待和渴望。读读《黄河东流去》，才能读懂中国乡土小说大师李凖。

第三十二章

"山药蛋派"中坚作家马烽和西戎

乡村四月闲人少，

才了蚕桑又插田。

——翁卷《乡村四月》

中国作为农业大国，文学的乡土意义变得越来越丰富，各种各样的观念，各种风格流派，都被注解到对乡土的阐释中。

大约在20世纪50年代，受赵树理文学创作的直接影响，形成了以他为代表，以土生土长的山西人马烽、西戎、孙谦、束为、胡正等为主要阵容，凭借当地文学月刊《火花》为主要阵地的作家群，号称"山药蛋派"。

"山药蛋派"作家群，有着大体相似的生活经历，创作上各有自己的个性特点，但他们的文学创作都有共同的追求：在创作上大多取材于当地农村生活，并把农民作为主要读者对象；在艺术上崇尚民族化、群众化，具有浓郁的地方特色和乡土气息，诙谐风趣，通俗易懂，就像山西盛产的"山药蛋"（马铃薯），于土里土气中见实实在在的思想价值和纯朴自然之美。故这群作家被谐称"山药蛋派"。但到改革开放之后，20世纪80年代初，"山药蛋派"这一对中国当代文学有过影响的文学流派，才被提到文学史和文学批评范畴之中，被加以论述和给予肯定。

"山药蛋派"作家群中，成绩高、影响大，可称中坚力量的作家马烽和西戎，在1946年共同创作了反映抗日战争的章回体长篇小说《吕梁英雄传》。

马烽的《三年早知道》、西戎的《赖大嫂》是"十七年文学"里短篇小说中的佳作。

中华人民共和国成立后的作家队伍中，解放区的作家群，是一个在"十七年文学"中居于小说创作主导地位并取得丰硕成果、影响深远的群体。他们大致由三部分人组成：其一，从延安和其他革命根据地的斗争生活中涌现出来，其作品已产生广泛影响的作家，如赵树理、孙犁、柳青、马烽、西戎等；其二，20世纪二三十年代已投身新文学运动，于抗日战争爆发前后，从上海、北平、广州等大城市的"亭子间"，奔向延安解放区，并在精神和艺术上实现了自我超越的作家，如丁玲、周立波、周而复、欧阳山、草明等；其三，在战争中从事文化宣传工作，积累丰富创作素材，有过一些作品，中华人民共和国成立后创作了更多优秀作品而成名者，如梁斌、吴强、曲波、峻青、刘知侠、杜鹏程、李英儒、徐光耀、王愿坚、萧也牧等。

这一小说家群体的特色十分鲜明。他们创作了一批感人的工农兵艺术形象，从他们的作品中，可以发现和感受到在革命战争年代炼就的那种工农兵"化"了的思想情怀。同时，他们对"五四"以来现代小说的结构、语言形态进行了民族化、群众化的改造。

当时，在坚持为政治服务的原则下，这些作家在创作上形成了共同的艺术范式。"这是特定历史条件下的产物，它反映了'五四'以来中国现代小说发展的一个新阶段"，其突破性的进展，不可低估。"然而，这种进

展中确实也包含着毋庸讳言的局限和缺陷。"(《中华文学通史》)

马烽和西戎，是解放区作家中实践毛泽东工农兵文艺方向的有成就的代表人物中的两位，下面分别介绍。

马烽与《三年早知道》

马烽生于1922年，原籍山西省孝义县（今孝义市）居义村。他幼年丧父，家境困难，七岁时与其母、姐、妹搬至汾阳县（今汾阳市）东大王村娘舅家寄住。典了仅有的七亩地，除了收些租米，主要靠其母做针线活养家糊口。马烽从小在村小学读书，课余时间参加劳动，给养牲口人家割草，给本村药铺糊仁丹袋，赚钱补贴家中用度。十三岁时，他考入孝义县立高小，学了一年半，由于1937年日寇入侵，学校关闭，他回家劳动。有空就看章回体旧小说。

1938年春，马烽参加革命队伍，先在连里当战士，后调到宣传队当宣传员，写标语，办街头壁报，偶尔当群众演员演戏，有战争就到连队去战斗。1940年冬，马烽到延安鲁艺附设的部队干部训练班学习，半年后编入部队艺术学校美术队学习。因对美术没兴趣，长进不大，更多时间看"五四"以来的新小说及苏联初期的小说，文化上有所提高，自己偷偷练习写作，特别是坚持写日记练笔。

1942年春，马烽写了一篇战斗小故事《第一次侦察》，竟在延安《解放日报》上发表了，他坚定了写作的决心和信心。次年，马烽又到晋绥边区，分配到文联文艺工作队，到农村、工厂深入生活，改造世界观，同时给报纸当通讯员。后又派到晋西总工会，在公营工厂做宣传工作。年底，马烽参加了边区劳模大会的宣传报道活动。这年，他写了六七篇通讯、特写，发表在《解放日报》和《晋绥日报》。

1944年，马烽回到文联，参加整风学习。边区文艺界发起"七七七"（"七七"抗战七周年）文艺奖金征文活动。他以边区特等劳动模范张初元"劳动结合"的事迹，编写了通俗读本《张初元的故事》，获小说散文乙等奖。同年秋，他被调到《晋绥大众报》工作。这报纸是通俗报纸，为粗通文字的干部、工人、农民服务。报社社长由晋绥分局宣传部秘书长周文兼任。周文写过长短篇小说，还在鲁迅的指导下把苏俄文学《铁流》《毁灭》等译本改编成普及本。他常常带马烽将编好的稿件征询当地农民的意见，让老百姓喜闻乐见。他和西戎合作的《吕梁英雄传》，主要是在周文的鼓励指导下写成的。

抗战胜利后，边区创办了综合性月刊《人民时代》，马烽任编委，写过一些时事述评，也写过小说。1947年，土地改革运动展开，《人民时代》休刊，全体工作人员参加土改。其间，马烽写了一些相关的通讯。1948年，马烽回到边区，与西戎负责编《晋绥日报》。次年，晋绥出版社成立，他任总编辑。当年，他被选为青年代表，赴北京参加全国第一次青代会，接着参加第一届中华全国文艺工作者代表大会，被选为全国青联委员、文协（后改作协）理事，留在北京文协工作，兼北京市大众创作研究会创办、赵树理任主编的《说说唱唱》月刊编委。

1951年，全国文协为了培养青年作家，在丁玲的主持下举办中央文学讲习所，马烽是第一批学员，兼任副秘书长和党支部书记。1953年，马烽调作协创作组，后又调任青年部副部长。

在京工作七年，1956年，在马烽的再三要求下，他回到山西，任作协山西分会主席，但主要是为下乡和写作。1958年至1959年，马烽到汾阳县任书记处书记，后又分别到文水、洪洞、应县、河曲等地下乡，并于1964年到原平县搞"四清"。其间，他写了《结婚》《一架弹花机》《饲养员赵大叔》《韩梅梅》等。从这些作品中，不仅可以看到中国农村从土改到互助组，再到公社的曲折坎坷的历史进程，又可看到马烽在不同历史阶段对中国农村生活的理解和憧憬，看到一个富有时代责任感和使命感的作家，对中国农民所怀有的诚挚的情感。

以马烽、西戎为代表的"山药蛋派"的小说，主要讴歌农村的新人、新事、新风尚。20世纪50年代后期至60年代前期，马烽的小说又着力于人物性格的刻画，在艺术上更臻成熟。

其《三年早知道》塑造了一个自私、狡黠的中农赵满囤，在集体劳动和乡亲的帮忙影响下，改造成为一位灵魂健康的新人。

其短篇小说《我的第一个上级》，把笔触转向一个干部田局长，他平时吊儿郎当，疲沓迟钝，毫无生气，然而，小说将他置于关键时刻，将他蕴蓄的能量突然激发出来，一个发扬蹈厉的干部也兀地挺立起来了。

其《老社员》里的贺老三，做事一丝不苟，不搞冒进浮夸，敢于坚持原则，不怕得罪人，因此当不上干部，他也挺起正直的腰板，让人敬畏。

赵满囤、田局长、贺老三，这些来自生活，又在现实主义的创作原则下塑造的人物，没有被净化，依然葆有原生态的鲜活的生命，这在"十七年文学"的人物画廊里，并不多见。

空洞辞藻充斥的喧哗与动荡的年代，仍有作家坚持现实主义创作，马烽便是其中的一个。

西戎与《赖大嫂》

西戎的才华显现在多方面，他与马烽共同创作了《吕梁英雄传》。中华人民共和国成立后，他在小说创作上也取得了较突出的成就，出版了短篇小说集《谁害的》《麦收》《终身大事》《姑娘的秘密》《丰产记》等。他在电影剧本创作方面也颇有造诣。

西戎，原名席诚正，山西蒲县西坡村人，与马烽都是壬戌年（1922）出生。1938年，西戎小学毕业后，参加革命工作。西戎与马烽一样，干宣传，在本县牺盟会宣传队，两年后入新军决死队二纵队吕梁剧社，十八岁入党。他同样是从晋西北抗日根据地到延安，先在鲁艺文学院附设部队干部班学习，后又转入八路军留守兵团艺术学院戏剧班学习，一年后成为该校戏剧创作组组员。

1943年春，西戎回晋西北抗日根据地，到晋西北第二军分区保德县第四区抗联任文化部长，深入基层生活，次年调到《晋绥大众报》，与马烽同为编辑。1949年，西戎随军南下，参加解放大西北、大西南战役，进入四川成都，历任《川西日报》编委、《川西农民报》编辑部主任。

1953年，西戎调任四川省文联创作部部长兼《四川文艺》主编、《说唱报》社长等。同年冬，西戎调北京中央文学研究所创作辅导组任副组长，后成马烽同事。为深入生活，西戎次年到山西汾阳县下乡，任县委副书记，蹲点搞合作化扩社试点。1956年，西戎调山西省文联、作协，与马烽搭档，任《火花》主编。

西戎在抗日战争年代就学习写作，曾在《解放日报》发过几篇小故事。回山西后，除了发表小说和文艺通讯，西戎还与别人合写大型秧歌剧《王德锁减租》。1944年，西戎与马烽同获"七七七"文艺奖，马烽获乙等，西戎获甲等。

西戎调到《晋绥大众报》后，深入生活，积累材料，写了《喜事》《谁害的》等小说。新中国成立初期，西戎创作了短篇小说《纠纷》《宋老大进城》《有这样一个年轻人》等。20世纪50年代后期，西戎陆续创作了《灯芯绒》《冬日的夜晚》《姑娘的秘密》《女婿》《两涧之间》《平凡的岗位》等作品。

西戎的小说，通过农民的日常生活反映新旧思想的矛盾。他不是在残酷的阶级斗争中揭示主题，而是在诙谐风趣的氛围中，从日常生活中提炼出严肃的题旨，既重视外部矛盾的描写，又注意人物内心世界的探究。

西戎写于1962年的短篇小说《赖大嫂》，是他的代表作。小说写出了农民妇女赖大嫂，对政府的养猪政策，从怀疑抵触，再到观望，最后信任受益之复杂的转变过程。小说既写出了党的政策为民造福，又写出了农民思想转变的过程。这一过程源于生活，写得真实可信，赖大嫂这一人物既非落后又非革命的性格，写得活灵活现。

赖大嫂作为艺术典型，引起了广泛重视，让小说成为当时毁誉参半的作品。称誉者认为把生活中广大的普通人写活了，诋毁者指出小说背离了写英雄的文学原则，但大家一致称其为"中间人物"。

实际上，就文学的表现而言，人物刻画无所谓区分正面和反面，无所谓"中间人物"或"转变中的人物"。人物塑造只是一种途径、一种过程，而不是审美的终极目标。文学创作中的人物形象的艺术力量，产生于性格刻画的可能性，即形象自身的描写与表现，而绝不取决于被刻画的人物的身份、阶级属性、社会地位，无所谓"好人"或"坏人"、先进或落后。

"中间人物"，是在小说创作只重视"新英雄人物"的塑造，文学形象单一化、概念化、公式化的创作现象一统天下的语境下的无奈之举。毕竟，这是利用文学生存夹缝亮相的一种文学必然。如今，"中间人物"完成了使命而载入史册，但对马烽的赵满囤、西戎的赖大嫂两个文学形象的创造而言，何尝不是一种文学智慧。

第三十三章

陈登科与《风雷》

不念英雄江左老，
用之可以尊中国。

——辛弃疾《满江红》

新中国成立之初，活跃在文坛的小说家，主要由三部分组成：成名于民国时期的进步作家，如茅盾、叶圣陶、巴金、老舍、沙汀、艾芜、李劼人、施蛰存等；来自延安等解放区的小说家，如丁玲、周立波、赵树理、欧阳山、草明、梁斌、孙犁、柳青、杜鹏程、马烽、吴强、刘知侠、曲波、峻青、陈登科等；新中国成立后涌现的年轻作家，如李準、王蒙、李国文、王愿坚、刘绍棠、浩然、林斤澜、从维熙、邓友梅、茹志鹃等。其中，力量最雄厚的当数来自延安等地的小说家，其创作的小说构成了20世纪五六十年代小说辉煌的景观。

陈登科很早就参加革命，做过侦察兵、警卫员、通讯员，活跃在新四军开创的苏皖边区。他在解放战争后期，作为新华社支前分社记者，赴淮海战役前线采访，后随军南下。1950年，他进入当时的作家最高学府——文学研究所，有幸受教于丁玲、赵树理等作家。

中篇小说《杜大嫂》（1948）、《活人塘》（1951）和长篇小说《淮河边上的儿女》（1954），是陈登科登上文坛的最初收获，出手不凡。后来，他又创作了《移山记》（1958）、《风雷）（1964），内容厚重，艺术渐臻成熟。

《风雷》是陈登科的成名作，当时大讲阶级斗争，《风雷》自然逃不脱这一思想框架。但陈登科不是完全不顾生活的真实，热衷于演绎阶级斗争概念，而是凭借良心和道义，力所能及地在作品中写出社会历史的真相和自己对生活的真实感受。改革开放后，陈登科又出版了《赤龙与丹凤》，与肖马合著《破壁记》。

认识陈登科，是在20世纪80年代后期。福建《中篇小说选刊》的副主编章士添，在北京举行一次答谢作家的酒会，笔者与严文井受邀作陪。到会的有在《当代》发表《钢铁将军》的肖马。肖马带来安徽作协主席、小说家陈登科。笔者告诉陈登科，1964年在读大学四年级时，读过他的小说《风雷》，很欣赏，印象深刻，但更喜欢读他和肖马合著的《破壁记》(第一部)。比笔者年长二十二岁的陈登科笑着，握了握笔者的手。那手很温润柔软，略显富态的脸庞红润而有光泽，笑起来亲切而儒雅，说话也很随和。

20世纪80年代末，《当代》组织一次淮北黄山笔会，由人民文学出版社总编辑屠岸率队，笔者负责带领蒋子龙、邓贤、柯云路等作家，在淮北开完会后到黄山游览。陈登科得知，到黄山看我们，因到黄山已是深夜，没再惊动十分疲惫的作家们。陈登科与屠岸、笔者一直聊到子夜时分。他乘车返回合肥，因第二天早上有会。此次黄山一别，到他1998年秋去世，笔者再无机会与陈登科谋面。但他儒雅的谈吐仍清晰浮现在笔者眼前，他和肖马联手签名的《破壁记》，笔者至今珍藏。

1919年，阴历三月初三，陈登科出生在江苏涟水县上营村。母亲前两胎皆是闺女，第三胎得了儿子，便给他取个名号叫公丫头。到十二岁上私塾，才由先生给他改名陈登科，有登科做官的期盼。上营村在黄河北岸，他家住的庄子只有九户人家，名小新庄，包括他家在内的村民，无不靠出外讨饭度日。他十二岁上私塾，读了两年，先生对他父亲说，他太笨，登不了科，只能放猪，从此辍学。十五岁时，其父推车受重伤致死，他接过车，维持一家生计。十九岁，其母亲病故，两个姐姐又都出嫁。

二十一岁时，陈登科参加革命，活跃在新四军开创的苏皖边区，做过侦察员、警卫员、通讯员，开始学习文化，并每日写日记，练习写墙报稿子，开始给苏北《盐阜大众》投稿，只写些小新闻、小故事、快板小调这类。1945年春，陈登科获盐阜区特等模范通讯员荣誉，同年5月调到《盐阜大众》任工农记者。

陈登科第一篇算得上文学作品的是《孩子们》，发表在1946年华中《新华日报》副刊上。陈登科作为工农记者，到黄泛区采访，路过板闸镇，见新安旅行团一位女同志在那里办起了幼儿园，联想到自己的童年伙伴，遂写下这篇散文。文章在大报《新华日报》副刊上发表，对他是个激励，那年他二十七岁。

同年，国民党七十四师进攻解放区天长一带，淮南新四军奉命北撤，他到洪泽湖采访，随工作队到老子山，发动群众，组织民兵，保卫土地，展开游击斗争。敌人向淮阴城进攻，他又奉调以随军记者身份到两淮前线，参加涟水保卫战和通榆路反击战。他写的报告文学《铁骨头》，就是叙述了在老子山坚持斗争的事迹，1947年发表在《苏北日报》副刊上。

1948年，淮海战役期间，陈登科调任新华社淮海前线支前支社记者。这一年，陈登科创作了第一部小说《杜大嫂》，是根据他在洪泽湖坚持斗争的生活写出来的。作品出版后，受到读者的欢迎、领导的鼓励。接着，他又创作了小说《活人塘》。小说以涟水保卫战为背景，讲的是解放战争中，苏北人民在党的领导下坚持与敌斗争，与人民子弟兵血肉相连的故事。该年秋天，小说初稿完成，他背着书稿到了淮海前线，又背到合肥，足足背了一整年。直到1950年底，陈登科被调到北京中央文学研究所学习，受教于名作家丁玲、赵树理，才把背了一年多的《活人塘》书稿交给老师赵树理。那时，赵树理任《说说唱唱》主编，在赵树理的支持下，《活人塘》发表在当时名气很大的《说说唱唱》上。

1951年，陈登科利用在中央文学研究所学习的机会，开始架构小说《淮河边上的儿女》。完成之后，他一直说："这是我在文学研究所学习的成果，也是在好多同志的帮助下写成的。"（《我的小传》）

《淮河边上的儿女》以作者亲历的抗日战争胜利后苏皖边区革命根据地人民为了保卫革命果实，与国民党军队及地主还乡团武装进行殊死斗争并不断取得胜利为背景，表现淮河边上的儿女在缔造新中国的伟大斗争中付出巨大牺牲的英雄气概。小说在艺术上有明显不够圆熟的毛病，但叙述的故事和描写的人物都极富生活实感，真实可信，读来令人感动难忘。

1953年，结束了中央文学研究所的学习，陈登科又到治淮工地，在佛子岭第六工程队任教导员。其间，他创作中篇小说《黑姑娘》。令陈登科没想到的是，他的老师、中央文学研究所所长丁玲，1954年6月在黄山开笔长篇小说《在严寒的日子里》，出于众所周知的原因，开始了"严寒的日子"。陈登科闻之，惊愕不已。作为丁玲的门生，陈登科也受到牵连。

1958年，根据深入佛子岭治理淮河工地的生活，陈登科出版了反映新中国水利建设的长篇小说《移山论》，开了中国小说写水利建设之先河。

20世纪60年代初，陈登科又有长篇小说《风雷》问世。该小说以1954年冬至1955年春，我国开展的轰轰烈烈的农业合作化运动为背景，写黄泥乡农民抗灾自救，坚决走合作化道路的故事。复原军人、区委第二书记祝永康，来到淮北贫困的黄泥乡，带领贫下中农走社会主义合作化道路。

小说一改这类题材小说如《红旗谱》《创业史》《山乡巨变》中革命者或党代表为推动合作化运动，一律与资本主义倾向的地主、富裕中农及思想退化的村干部进行阶级斗争，取得胜利的老套路，让代表革命的祝永康带领革命群众与一个上有线，下有根，诡计多端，运筹帷幄，对党和社会主义怀有仇恨，妄图变天的反动富农黄龙飞进行殊死的斗争。黄龙飞上靠党内蜕化变质的区委书记熊彬的庇护，下有推行错误路线的乡干部朱钖坤做屏障，周围又有投机倒把分子黄三、杜三春和羊秀英之流的落后分子可指使利用，可谓呼风唤雨，兴风作浪了。黄龙飞果然有好手段，他目标明确，先把革命干部任为群赶下台，再把祝永康撵走。祝永康自有更高的斗争策略，他得到县委书记方旭东，以及任为群、陆素云等一干基层干部的支持，又有贫下中农的拥护，自身思想坚定，一身正气，方向明确，坚韧不拔。两军对垒，一场由上而下的惊心动魄、错综复杂的两个阶级、两条道路的严重斗争，便紧锣密鼓而没有硝烟地拉开了序幕。结局当然只有一个，祝永康一方干净利落地击垮黄龙飞一伙，凯歌高奏。

小说描写的是1954年冬至1955年春黄泥乡的合作化运动图景，胡绳主编的《中国共产党的七十年》一书中，有这样一段文字：

> 1955年春，全国初级农业社发展到六十七个，中央决定对农业生产合作社进行一次整顿，这是因为在合作社大发展的过程中新社工作不免粗糙，再加上1954年粮食统购多购了七十亿斤，农民有意见。一些地方出现非正常的杀猪宰牛，不热心积肥和备耕这类应当引起严重注意的现象。整顿的方针是：区别不同地区情况，或者暂时停止发展，全力巩固，或在适当收缩，或者巩固中适当发展，即所谓："停、缩、发。"

应该说合作化运动中，因工作"粗糙"，在农民中产生了不良反应，政府不得不"停、缩、发"。《风雷》没有像柳青写《创业史》、周立波写《山乡巨变》那样重在表现合作化的重大成果，而是另辟蹊径，写阶级斗争，是无奈之举。

　　小说开头写黄泥乡笼罩在缺粮少食、烧草困难、人心涣散的氛围里，作家的描写与胡绳《中国共产党的七十年》陈述的合作社状况是一致的，并非独独把黄泥乡写成一种典型。作家力求对当时的农村状况和农民心态做真实的反映，其现实主义精神和艺术勇气让人感佩，这种呈现生活真实的小说，也就具有了真正的艺术生命。

　　武装革命和土地革命，是新中国文学特别是小说的主阵地。中国社会现实要求小说家在作品中完成对新中国农村和农民的叙述。新的生活、新的面貌、新的人物、新的状态，是新中国文学对农民的总体描述。但这新与旧、先进与落后，在新形势下怎么表现，要看作家处理这类问题的分寸感和价值取向了。文学的完全政治化，掩盖了对作家艺术修养和作品艺术性的基本问题，故那时的小说包括《风雷》在内，普遍存在观念化的形态。作品不是作家对生活的独立发现，而是一种逃不脱的政治指归，这是那个时期所有小说共同的思想框架。

　　我们必须承认，《风雷》当然难以超越这一时代局限，但必须看到陈登科并没有不顾生活的真实。陈登科本着作家的良知，在力所能及的范围内，写出自己对现实生活的真实感受，对当时的农村状况及农民心态都做了真实的反映。小说中，从性格复杂的羊秀英身上，可以感受到农民生活的艰辛和苦涩。老积极分子何老九说："做个老百姓，一能不受地主富农压迫，二能不受地主富农剥削，三能有个太太平平的安定日子过，就是天堂的生活了。"

　　陈登科一直保持着创作的热情，"文化大革命"中，他一边被批斗，一边构思着小说。身陷囹圄，他硬是在铁窗之下打长篇小说《赤龙与丹凤》的腹稿。他在狱中完成了小说的创作，获得自由后将小说出版。

　　《赤龙与丹凤》写的是20世纪20年代，苏北黄河故道上纪家庄农民在共产党领导下发动的一次武装暴动失败的悲剧，描写了农民不堪土豪劣绅、军阀的残酷压迫和剥削，揭竿而起，英勇抗争的可歌可泣的故事。

1980年出版的《破壁记》(第一部)，是陈登科与老朋友肖马合作的。小说通过叙述在"文化大革命"中被关押七年，后复职的老干部安东的行踪和思绪，揭露不同阶层的人物在"文化大革命"中的际遇，既反思"大跃进"运动、反右派斗争，又写自己的过错和失误，文笔犀利。《破壁记》是较早反映"文化大革命"浩劫的长篇小说之一。

陈登科的小说，有长、中、短，题材广泛，意蕴深浅不一，艺术也粗精互见，结构曲折生动，人物虽少"这一个"，但不搞净化，不拔高，活泼生动。语言谈不上个性化，尚有声有色。尽管《风雷》难以超越时代的局限，但陈登科一贯坚持现实主义的创作精神，力所能及地写出自己对生活的真实感受，使《风雷》一直具有艺术生命力。

第三十四章

周而复与《上海的早晨》

绿遍山原白满川，

子规声里雨如烟。

——翁卷《乡村四月》

"十七年文学"中，大多数作家热衷于乡土小说和战争小说的写作时，萧也牧的小说《我们夫妇之间》、周而复的长篇小说《上海的早晨》的问世，具有不容忽视的象征意义。

　　中国传统上是一个农业社会，城市文学发育不充分，速度也迟缓。到了20世纪二三十年代，以近代资本主义引入为背景，中国才有了一次真正的城市文学浪潮，但主要集中在上海，代表作家是丁玲、张资平、叶灵凤、刘呐鸥、穆时英、张爱玲和茅盾。中国城市近代化水平不高，没有丰厚的城市文学土壤，战乱不断，经济发展很慢，城市文学只能借助上海这"十里洋场"开出几朵文学之花罢了。

　　中华人民共和国成立后，非常重视工业化，重视以城市为中心的工业建设，但反对资本主义的意识形态，反对资本主义的经济制度，但共和国的城市化还是稳步向前的。

　　20世纪80年代，改革开放中的中国城市，由素来平静且乏味的状态，一下子如万花筒般旋转起来，城市进入一个被物欲驱使的疯狂而又充满无限希望的新时代。

　　中国的城市文学，在蒋子龙等作家的笔下，拉开了宏阔的序幕。周而复的《上海的早晨》为中国民族资本家唱了一曲挽歌。《上海的早晨》描写解放初那些在茅盾《子夜》里强势出现，在"十里洋场"呼风唤雨，控制上海金融和经济的资本家，不得不放弃抵抗，黯然退出历史舞台的结局时，给中国旧城市文学也画上了休止符号。

　　笔者与周而复相识在20世纪80年代，那时，他任中国人民对外友好协会副会长，经常有活动，有时请我们参加，常见面，就熟了。他的长篇小说《长城万里图》，由人民文学出版社出版。其中一部分发表在笔者工作的《当代》上，笔者参与了审读及编辑工作，有两次与周而复先生谈修改意见。周而复先生主动送笔者一幅裱好的中堂，令人惊喜。周而复是一位书法家，郭沫若称其书法"逼近二王"。启功先生也很推崇周而复的书法，有诗曰："神清骨秀柳当风，实大声洪雷绕殿。初疑笔阵出明贤，吴下华亭非所见。"笔者将之挂在书房，友人见之，赞叹不已。

　　周而复在1985年10月，率对外友协代表团参加日本的一次文化活动。回国后，周而复受到处分，多次申诉无果。笔者曾去看望他，那时门庭若市的场面不再，变得门可罗雀。他很感动，告诉笔者他正在创作《长城万里图》。

　　1914年1月3日，周而复生于南京，祖籍安徽旌德。他原名周祖武，周而复是笔名。因父亲是旧政府小职员，幼时家境贫寒，无钱上正式学校，受业于私塾先生五年，读"四书五经"。20世纪30年代，周而复到上海光华大学英国文学系读书，参加左翼文艺活动和抗日救亡运动。

　　1936年，周而复在上海参加编辑《文学丛报》(出版五期，被查封)、《人民文学》(出一期，被查封)和由欧阳山主编的《小说家》月刊。同年，周而复在鲁迅、茅盾等人发起的《中国文艺工作者宣言》上签名。

1938年夏，时年二十四岁的周而复赴延安，担任陕甘宁文化协会文学顾问委员会主任，同年担任延安《文艺突击》月刊编辑。次年秋，周而复参加十八集团军总政治部文化小组，赴敌后晋察冀民主抗日根据地，搞文艺宣传工作。1942年冬，周而复返延安，一年后入中共中央党校学习。

1944年冬，周而复由延安至重庆，担任中共机关杂志《群众》半月编辑，并成为新华社和《新华日报》特派员，参加军调处执行部新闻工作。其间曾去东北、华北、华南和中南等地采访，并随周恩来、马歇尔、张治中三人小组赴各地，执行小组巡视工作和会谈。

1946年夏至1949年春，在党的领导下，周而复在香港从事文化工作，团结各界进步人士。1947年，周而复编辑茅盾主编的《小说》月刊，主编"北方文丛"介绍解放区文艺作品，由香港海洋书屋出版。

1949年5月，周而复随解放大军进上海，担任中共中央华东局统战部秘书长，后又任上海市委统战部和宣传部副部长，中共上海市政治协商会议党组书记，中国作协理事，中国作协上海会分会副主席、秘书长等职。1950年，周而复参加上海《群众文艺》编辑工作，1957年参与由巴金、靳以主编的《收获》双月刊的组建工作。

1954年至1955年，周而复和郑振铎一同率中国文化代表团赴印度、缅甸、印度尼西亚访问并演出。1958年至1959年，周而复率中国杂技艺术团赴阿根廷、巴西、乌拉圭和捷克访问并演出，顺道访问苏联和瑞士等国，1959年，周而复与赵毅敏一同出席捷克全国文化工作大会。

1959年，周而复调到北京，担任中共对外文化联络委员会党组组员、中国人民对外文化友好协会副会长、中国拉丁美洲友好协会副会长和中日友好协会副会长等职。1961年，周而复代表中国参加在墨西哥举行的拉丁美洲争取经济解放与和平大会，并访问墨西哥和古巴。1963年，周而复率中国人民对外文化协会代表团参加日中友好年会，访问日本。

1958年和1962年，人民文学出版社出版周而复创作的长篇小说《上海的早晨》第一卷、第二卷。

"文化大革命"中，周而复失去自由七年，1975年获平反，后历任全国政协第三届副秘书长、文史资料委员会副主任、文化部副部长等职。周而复一直坚持写作，1980年完成《上海的早晨》第三卷、第四卷，由人民文学出版社出版。1994年，其六卷本，三百七十万字的巨著，全景式反映抗日战争历史的《长城万里图》，由人民文学出版社出版。

2004年1月8日，周而复去世，笔者参加了他的葬礼。周而复住院期间，笔者前往看望两次，向他汇报笔者退休后，为撰写七卷本"民国清流系列"做准备，并表示一定向《长城万里图》学习。他躺在床上，开玩笑说："竖子可教也！"笔者也笑了，笔者当时已是六十岁出头的人了，但在九十岁的人面前，还不老。他的鼓励让笔者的晚年充满幻想。临告别，他送笔者八字真言："高处着眼，细处着手。"

中华人民共和国成立之初，周而复曾任中共上海市委统战部、宣传部副部长，有参加国家对上海资本主义工商业实行社会主义改造全过程的经历和深刻体验。其作品《上海的早晨》，反映的是我党对中国资本主义工商业进行社会主义改造的图景。党对资产阶级的政策，是通过团结、利用、限制、改造的和平手段，逐步收回他们的生产资料及厂矿，把他们从剥削者改造成自食其力的劳动者。《上海的早晨》是文学艺术中最早、质量最高地反映这方面生活和斗争的作品，在城市小说中具有特殊的地位。

《上海的早晨》以1949年至1956年上海的社会主义革命和建设，特别是资本主义工商业社会主义改造为背景，描写民族资产阶级与工人阶级之间的冲突，以及党对民族资产阶级进行团结、利用、限制，最后将其生产资料以公私合营的形式完成改造的胜利。

《上海的早晨》分四卷：第一卷写上海解放到"三反""五反"运动前夕，资本家种种违法活动及其唯利是图、贪婪狡诈的本性；第二卷写党领导下的工人阶级反击资产阶级进攻的"五反"运动；第三卷写"五反"运动后工厂的民主改革和党对资本家的团结、教育工作；第四卷写公私合营运动和各类资本家在运动中的微妙心理。这里重点谈谈第二卷。

　　《上海的早晨》第一卷出版，便有一股清新之气扑面而来，第二卷问世，更让读者的耳目为之一新。众多人物新鲜出炉，故事跌宕起伏，让人刮目相看。

　　第一卷中，"三反""五反"运动前夕，不法资本家徐义德、朱延年等粉墨登场，大搞破坏运动，对资本主义商业的社会主义改造大幕就要在激烈的斗争中展开。

　　第二卷正面反映了工人阶级和资产阶级斗争的"五反"运动。虽然在无产阶级专政的政权形式下，党对资产阶级采取的是和平改造的政策，不像土改尖锐，但并不意味着无产阶级与资产阶级两个对立阶级的矛盾斗争就是和风细雨的。因为"谁战胜谁"的问题尚未解决，和平改造比与阶级敌人刀兵相见的流血斗争，显得更复杂和艰巨。《上海的早晨》第二卷形象地告诉了我们这一切。

　　小说中，徐义德、朱延年等不法资本家，疯狂地破坏社会主义改造运动，偷税漏税，盗窃国家财产，扰乱市场，腐蚀拉拢政治干部，把过期失效甚至假的药卖给国家，毒害志愿军战士。他们甚至以自己的老婆为钓饵，诈骗进步店员为他们隐瞒罪恶，甚至谋财害命。他们气势汹汹，无恶不作，直接向社会主义政权和社会主义经济发动进攻。

　　不法商人徐义德是众多矛盾的焦点，通过他，小说勾连了众多人物，推演了故事的发展。徐义德是江沪纱厂的老板，实力雄厚，老奸巨猾。上海解放已成定局，他将大量资财转移到香港等地，为自己留下后路。解放后，他玩弄险恶的政治阴谋。例如，他用劣质棉花偷换纱布公司供应的好棉花，给工人操作带来困难，然后乘机诬陷工人不细心操作，制造工人间的不和，诋毁国家声誉。他以敌对的态度对待"五反"运动，与人订立攻守同盟，拒不交代问题，在工人间挑拨离间，收买工贼。他抗拒"坦白"，"我徐义德有什么好坦白的，将本求利，凭本事赚钱，人不为己，天诛地灭。损人利己吗？愿者上钩，怪不得徐义德"，怀有"想让我坦白吗？我徐义德不上那个当"等阴暗心理，即使在确凿的证据面前，仍负隅顽抗，想蒙混过关。

徐义德诡计多端地使着花样，对抗"五反"运动，成为工人阶级的疯狂狡猾的对手。当然，是个必须打垮的对手。党充分发动群众工作，也包括对他宠爱的三姨太林宛芝做细心的思想工作。齐头并举，工人群众提供了其五毒线索，幡然悔过的韩工程师帮助攻破堡垒缺口。通过工作，另一资本家马慕韩转变立场，现身说法，加上家属亲友的好心规劝，巨大的合力之下，诡计多端的徐义德无计可施，难作困兽之斗，在估计没有生命危险的时候，不得不勉强低头认罪。因他保证今后爱国守法，有了个善终。而坏事做绝、祸国殃民、抗拒到底的资本家朱延年，最终落得逮捕法办的下场。

无产阶级对资本主义工商业的社会主义改造运动，是两个基本对立的阶级"谁战胜谁"的斗争中规模大、影响深远的你死我活的较量。虽然"五反"取得胜利，但两条道路的斗争特别是思想斗争，远没有结束。以徐义德为例，人民政府给予他宽大处理，他也有一定的进步。但是，他回到家里，大老婆问他："还政府的都要现款吗？"他直率地回答："政府别想从我家里拿到一块现钱。"仅这么一笔，就揭示了无产阶级与资产阶级在政治、意识形态乃至经济上的斗争远没结束。

小说的成功，与塑造徐义德这一真实生动、富于生活气息的人物形象有直接关系。这个人物身上能看到一些资本家的本质特征，显示了周而复的创作才能。《上海的早晨》的主人公是一个不法资本家，而不是工农兵英雄形象，这已是一大创造，是小说艺术的一大突破。徐义德形象塑造的成功，让我们看到，资本家站在十字路口如何掌握自己的命运，看到更多时代的东西。

小说的深刻，在于写在和平改造运动中资产阶级的内部矛盾和分化，没有把资产阶级都写成徐义德、朱延年式的反动资本家。如果那样写，就全面否定民族资产阶级在革命中的作用，和平改造也就失去依据。小说写刚刚解放后的工人阶级还存在教育和成长的问题，这场工人阶级与资产阶级的斗争显得异常复杂。为了揭示工人阶级与资产阶级斗争的复杂性，小说还将笔触伸展到农村的合作化斗争，构成了中国社会主义革命的宏大和艰巨气象。

《上海的早晨》是全面深入地反映民族资产阶级接受社会主义改造的作品，其题材和主题都具有其他作品不能替代的思想和艺术价值。当然，以历史和美学的观点看，作品也存在简单和幼稚的缺憾，未能赋原本属于"有思想和幻想、形式和内容的广阔天地"的文学以真正的、活跃的、新的生命，塑造出属于人学的复杂丰富的文学人物。徐义德这一资本家的形象，刻画就有些概念化，还算丰满，但与之对立的工人形象过于简单。当然，当时能写出这么好的作品，实属不易。

《长城万里图》是改革开放后，周而复继《上海的早晨》之后，奉献给中国当代文学的又一鸿篇巨制。小说由《南京的陷落》（1987）、《长江还在奔腾》（1988）、《逆流与暗流》（1991）、《太平洋的拂晓》（1991）、《黎明前的夜色》（1993）、《雾重庆》（1994）六卷构成，皆由人民文学出版社出版。整个作品以卢沟桥事变，蒋介石在庐山召开国民党政府商讨对待日本侵略的国策，并与周恩来率领的中共代表团会谈国共联合抗日问题为叙事开端。小说以抗战的历史进程为背景，"以人物形象刻画为契机，或正面、直接，或侧面、间接地叙写国内外发生的一系列重大政治、军事事件，揭示民族矛盾是如何在其他各种矛盾的牵制、夹缠下，以极其复杂的形态演变的；最后，以日本投降，国共两党矛盾重新趋于激化，毛泽东应蒋介石之邀赴重庆谈判，结束全书"（《中华文学通史》）。在众多反映抗日战争的小说中，《长城万里图》算得上是叙事规模宏大，内容丰富，文气沛然，具有史诗品格的卓越长篇。

在《上海的早晨》中，周而复把资本家徐义德作为小说的主人公叙事，有点标新立异。而《长城万里图》把蒋介石当成各种矛盾的交汇点，用较多笔墨刻画的主要人物，蒋介石在小说中呼风唤雨，驾驭复杂的形势。作者以现实主义的思想和艺术深度，把他当作中国当时历史条件和国际背景下的领袖来写，殊为不易。

一次，周而复到出版社，在笔者的办公室喝茶聊天。谈到《长城万里图》，笔者说，如果您在写蒋介石时，少些政治意识支配，多从人文关怀、个体命运的关照出发，或许会写得更鲜活真实。周而复沉思了一下，说：我是一个共产党员，我搞小说不能不体现我党所建构的伟大理想和宏伟蓝图，表现对革命历史的讴歌和对现在民族国家的想象，蒋介石只是我叙事中的一个人物，而不可能成为民族命运的主宰者。

《长城万里图》中的蒋介石形象，是迄今各家作品中刻画最成功的，虽有些漫画化、既定化，但作为小说中的人物，算是鲜活生动。原中共中央宣传部部长、中共中央顾问委员会副主任陆定一，对《长城万里图》的评价是："看了外国知名小说和中国知名小说，能和此书相比的不多。这部小说的出版是中国文学史上的一件大事。"（《致周而复》）

第三十五章

欧阳山与《三家巷》《苦斗》

飒飒东风细雨来，

芙蓉塘外有轻雷。

——李商隐《无题四首》

和平年代到来，大批文学新人涌现，他们本身就是革命战士，在战斗中锤炼的同时，又受到革命文艺思想的熏陶，文艺为政治服务，为工农兵服务，在他们看来，是天经地义且是发自内心的。当作家主体与时代生活的方向性达到一致，又与民众在审美倾向上融为一体，其作品必然是一首首赞歌，洋溢着朝阳气息，高亢豪迈。杜鹏程的《保卫延安》、峻青的《黎明的河边》，王愿坚的《党费》，罗广斌、杨益言的《红岩》，吴强的《红日》，曲波的《林海雪原》，以及欧阳山的《三家巷》《苦斗》等作品，都是以宏大视角，以旧中国历史风云变幻、革命烽火为背景，以无产阶级的英雄主义精神为总主题，以时代风貌为对象，描绘革命的曲折残酷，赞扬革命者忠贞不渝的精神。

欧阳山在《自传》中说，"从1957年开始我动手创作酝酿已达十五年，反映我国三十年（代以）来，无产阶级斗争的艰苦历程的长篇小说《一代风流》，它的第一卷《三家巷》，第二卷《苦斗》"，就是对自己经历的革命过程本能的追忆与反思。作品经他多年准备与酝酿，以一种较为通俗直白的文学讲述方式，满足了当时普通读者的欣赏水平和巨大的阅读欲求。

《一代风流》共五卷。《三家巷》《苦斗》写于20世纪50年代后期和60年代初。后三卷，则完成于改革开放之后：第三卷是《柳暗花明》（1981），第四卷是《圣地》（1983），第五卷《万年春》（1985）。其中《三家巷》《苦斗》艺术思想性较为突出，故在新中国七十年大庆时，被评为"中学红色文学经典阅读丛书"。

　　欧阳山原名杨凤岐，笔名凡鸟、罗西、龙贡公等，1908年生于湖北荆州一个平民家庭。欧阳山早慧多才，1924年就开始文学创作，用笔名写了不少长篇、短篇小说。其长篇小说如《玫瑰残了》，短篇小说如《那一夜》，"反映了过去那个动荡黑暗的社会，诉说了知识分子的忧郁与苦闷，描写了小资产阶级的革命幻想，并表现了对下层人民的同情和对旧社会的憎恨"（《自传》）。这概括了他文学作品的全貌。

　　十六七岁时，欧阳山开始文学写作，还积极参加当时广东的进步文化活动。在文界，他组织广州文学会，自任主编，编辑《广州文学》周刊；于军界，他深入北伐军中做政治宣传工作。可谓文武并举。

　　1926年，得郭沫若扶掖，十八岁的欧阳山进中山大学做旁听生。他自己说，次年他组建"南中国文学会"，"得到了鲁迅的帮助和指导"。查《鲁迅全集》第十五集中"欧阳山"名下注释可知："一九二七年在广州中山大学听课时认识鲁迅，广州起义失败后去沪，向《奔流》投稿，1929年后返广州从事文学活动，被通缉，1933年8月重返上海，常请鲁迅阅稿，他被禁的小说《杰老叔》经鲁迅介绍在《申报月刊》发表。1935年的四五月间，为聘请律师营救被捕草明，鲁迅曾借与款项。1936年为召开小说家座谈会给鲁迅写信。"

　　鲁迅于1936年3月18日致信欧阳山、草明：

　　　　谢谢你们的来信。

其实我的生活，也不算辛苦。数十年来，不肯给手和眼睛闲空，是真的，但早已成为习惯，不觉得什么了。

这回因为天气骤冷，而自己不小心，受了烈寒，以致气管痉挛，突然剧烈气喘，幸而医生恰在身边，立刻注射，平复下去了，大约躺了三天，此后逐渐恢复，现在好了不少，每天可以写几百字了，药也已经停止。

中国做的事很多，而我做得很有限，真是不值得说的。不过中国正需要肯做苦工的人，而这种工人很少，我又年纪渐老，体力不济起来，却是一件憾事。这以前，我是不会受大寒或大热影响的。不料现在不行了，此后会不会复发，也是个疑问，然而气喘并非死症，发也无妨，只要送给它半个月的时间就够了。

我的娱乐只有看电影，而可惜很少有好的。此外看看"第三种人"之流，一个个的拖出尾巴来，也是一种大娱乐，其实我在作家中，一直没有失败，要算是幸福的，没有可说的了，气喘一下，其实也不要紧。

但是，现在是想每天的劳作，有一个限制，不过能否实行，还是说不定，因为作文不比手艺，可以随时开手，随时放下来的。

今天译了二千字（《死魂灵》第二部第二章——引者），这信是夜里写的，你看，不是已经恢复了吗？请放心罢。

专此布复，并颂

〔三月十八日〕

鲁迅的信件，不仅证明阳欧山与鲁迅关系密切，也可以看出鲁迅生命尽头的状态，病情好转，当夜除给欧阳山、草明写信，还给许光希写了信，但10月便乘鹤西去。在给欧阳山、草明的信中，鲁迅说"其实我在作家中，一直没有失败，要算是幸福的"，这样的自信文字，在鲁迅一生的文字中，第一次出现。鲁迅这种乐观的人生态度，对欧阳山是个精神激励和鼓舞。

1928年初，在上海，欧阳山写了七八部长篇和短篇小说，算是职业小说家了。他开始接受当时马克思主义文学启蒙运动的影响，他写的长篇小说《竹尺和铁锤》就是描写工人斗争生活的。

1932年，欧阳山回到广州并组织普罗作家同盟，在其主编的《广州文艺》周刊上发表中篇小说《单眼虎》。因受通缉，欧阳山与草明再到上海，参加中国左翼作家同盟和中国左翼文化总同盟。在这段时间里，受左联的影响，欧阳山创作了中篇小说《青年男女》《崩决》，出版短篇小说集《七年忌》《生的烦扰》《鬼巢》等，其间参加小说研究会。1936年，欧阳山二十八岁，用龙贡公之名发表文章，拥护鲁迅所提出的"民族革命战争的大众文学"的口号。

欧阳山积极投入抗日救亡运动，后被周恩来派到湘西沅陵办《抗战报》，同去的有草明、周立波、廖沫沙等。1940年，欧阳山在重庆加入中国共产党。次年，欧阳山来到革命圣地延安，参加了毛泽东同志召开的延安文艺座谈会和整风运动。他关注工农兵群众，创作了长篇小说《战果》，描写农民在抗战期间所受的压迫和他们的抗日要求。不久，他又创作了长篇小说《高干大》，反映解放区农民积极劳动生产，反对迷信，刻画了一位走群众路线的实事求是的干部形象。

1949年，欧阳山以平津代表身份参加第一届中华全国文学艺术工作者代表大会。解放后，欧阳山历任中国文学艺术界联合会全国委员会委员、中国作协理事、广东省文学艺术界联合会主席、中国作协广东分会主席等职。1952年，他先后写了反映海南岛人民斗争生活的小说《英雄三生》，表现广州起义的历史特写《红花岗畔》以及一些小说。

从1957年，受"双百方针"的鼓舞，在进行繁重工作的同时，欧阳山开始动手创作酝酿已达十五年，反映我国几十年来无产阶级革命斗争的艰苦历程之五卷本长篇小说《一代风流》。到1985年，一百五十万字的《一代风流》全部完成出版：《三家巷》（1959）、《苦斗》（1962）、《柳暗花明》（1981）、《圣地》（1983）、《万年春》（1985）。

《一代风流》长卷，以男主人公周炳的半生经历和成长过程为线索，将其个人命运、情感纠葛置于历史剧烈变动、时代风云涌动的大背景下，呈现了中国共产党领导的艰苦卓绝的新民主主义革命不断走向胜利的壮烈广阔图景，赋予革命者忠贞不渝的共产主义理想和乐观主义精神，既具史诗气派，又兼有委婉俊逸的南国风情。

《一代风流》为中国当代小说人物画廊奉献了一个性格复杂、丰富的艺术典型周炳，至今光芒不褪。欧阳山在《谈〈三家巷〉》（1959年12月5日《羊城晚报》）时，说："周炳就是这样一种人，他一方面有手工业工人的思想意识和感情，因此生活上与各行各业的工人接近，但是他又有知识分子的气味，例如要求个性解放，想通过读书向上爬等，周炳就是那样有两种内在因素在矛盾斗争中发展着的人物。"

《一代风流》的前两卷《三家巷》《苦斗》，叙述的是"有手工业工人思想意识和感情""又有知识分子的气味"的周炳在20世纪二三十年代的生存状态。他生活在"三家巷"里，该巷有三家：陈家是买办资产阶级，何家属于地主阶级，周炳家则是手工业工人家庭。陈、何、周三姓人家比邻而居，人际关系是邻里亲戚，三家在阶级关系上又彼此对立。小说把青少年的周炳安排在这样一个复杂的环境里，使之养成了一种复杂的性格。而周炳的革命性格，是在省港大罢工、沙基惨案、广州起义、北伐战争、四一二反革命政变、苏区反"围剿"斗争等时代风暴、革命烈火中锤炼塑造而逐渐形成的。

周炳有革命激情，有工人阶级子弟的强烈爱憎。但他在革命斗争中遇到挫折时，会受到非无产阶级思想的影响，产生"空虚""寂寞"之感。他与买办资本家的千金陈文婷产生爱情纠葛时，无意间泄露革命秘密，造成革命者周金被敌人杀害的严重错误。"两种内在因素在矛盾斗争中发展着"，小说真实、深刻地刻画出了周炳这一赤诚、憨直的革命者形象。

在《三家巷》和《苦斗》两卷中，周炳既不是革命的知识分子形象，也不是工人阶级的形象，而是一个性格复杂的人物形象。这也是欧阳山这代在革命中成长起来的作家自我塑造的形象。欧阳山不是根据教条主义的公式，不是从概念出发，而是根据亲身经历的生活，塑造人物形象。

文学发展及每个历史时期的文学格局中，如何塑造新的人物形象，一直是一个处于焦点的问题，也是一个敏感的文学区域。为塑造新的人物形象，整个文学界付出了不小的代价。比如，"十七年文学"塑造新的人物形象，总是把审美的目光集中投向"工农兵"，就文学的特质或健康的文学功利而言，本身并无过错。塑造新的人物形象的症结在于，文学长期无视生存在现实中人的本相，把本是复杂性格的人，拼命地"净化"成"一个阶级，一个典型"。将人物形象简单化、模式化，大大地折损了文学创作，于是，现实感被淡化，"时代精神"被模糊了。《三家巷》《苦斗》中的周炳及其他人物，冲破了"净化"魔咒，尽力恢复了人的些许本相。这是欧阳山对20世纪50年代文学的特殊贡献。

《一代风流》的三卷、四卷、五卷，叙述周炳经历了抗日战争的洗礼，在延安文艺座谈会和整风运动中，精神得到升华，在晋冀鲁豫的土改斗争和解放战争中得到锻炼，成为无产阶级先锋战士。他是以自己的独特方式，不断提高革命的精神境界，在改造客观世界的同时，也自觉地改造了自己的主观世界。

小说在写周炳参加革命斗争这一主线时，还贯穿了他的爱情生活经历。其间依次写他与区桃的初恋，与陈文婷的情感纠葛，与陈文英、胡柳的情感关系，最后写他与何守礼、胡杏的关系。小说通过描写周炳曲折的情感经历，呈现他作为一个有七情六欲的活生生的人的本相，赞美了世间真挚、高尚的情爱。小说这种具有原生态风貌的情感生活，蕴含了丰富的人性的东西。这在当时清一色刻板的"爱情"小说中，无疑是一个异类。

　　相较而言，"在笔力、文采上，后三卷与前两卷显得不够均衡"，笔者认为，《三家巷》《苦斗》写得相对精彩。

　　改革开放后，思想解放，文学也获解放，很多文学的清规戒律和藩篱被拆除，作家获得很大的自由，文学向人学转化的时候，但一些作家反而无所适从，只能在文学旧轨道前行。

第三十六章

工业文学"第一人"草明与《火车头》

云山一一看皆美，

竹树萧萧画不成。

——苏颋《扈从鄠杜间》

草明，在中国当代文学史上，算不上声名显赫的大师级作家，她的作品没有一部产生过轰动效应，但是，草明创造性地把工厂、企业、生产等工业物象比较大规模地引入工业小说，构成中国现当代文学史上的独特风景。她被誉为工业文学创作的"第一人"或"拓荒者"。

魏巍这样评价草明：

> 她以女性的执着和坚韧，使得现实主义的传统，在中国工业题材创作得以发扬光大，从而为共和国的社会主义革命和建设留下了一段真实可信的历史轨迹，并且在中国现当代文学史上形成了一个令人瞩目的"草明现象"。

草明在中华人民共和国成立前夕创作了长篇小说《原动力》，在1950年创作了长篇小说《火车头》，在1959年出版了长篇小说《乘风破浪》。

草明把工厂里的生活和斗争，置于中国革命和建设的大背景上，加以观照，以阶级斗争、路线斗争作为衡量生活、人性是非曲直的尺度，表现工人阶级的先进思想和优秀品质，追求一种宏大的艺术境界。

中国现当代文学史中，战争和土地一直是文学的重镇。如果说共和国文学初期的成就称得上是一部伟大叙事，那么主流便是战争和土地主题的文学。此时的文学所塑造的形象，多是战斗英雄、先进的农民。毛泽东同志的《在延安文艺座谈会上的讲话》提出文艺要"为工农兵服务"，但文学中，"工"一直缺席，直到"工业题材文学的开拓者"草明出现，特别是其长篇小说《原动力》出现，我们才看到工人阶级作为历史的创造者、推动者，雄伟地登上了中国的历史舞台，成为历史的主宰，我们才看到工人阶级具体的文学形象。郭沫若认为草明第一部写工人的《原动力》，是"很成功的作品"，开拓了当代文学新的表现空间和话语形式。

草明，原名吴绚文，1913年出生于养蚕缫丝发达的广东顺德桂洲乡。其父曾随祖父务农，后考了秀才，当了举人，在晚清成了官吏，辛亥革命后丢了官，潦倒贫困，靠典当首饰、衣服、字画度日，后到城里当幕僚混口了，养家糊口。母亲鼓励草明读书，在读私塾的哥哥教她识字，后她能读《笔生花》《西游记》。十三岁时，母亲病逝，其父意外得到一笔钱款，接她到广州读书。父亲病故后，兄长供她读书。

"九一八"的炮声惊醒国人，爱国浪潮席卷全国。草明参加学生下乡宣传抗日救国活动。读高中时，草明受进步老师的影响，看报纸，读进步书籍，思考国事和个人前途。

1932年，草明动笔写些小品、小说，由老师介绍认识了进步作家欧阳山，此时他在编《广州文艺》。草明的作品在《广州文艺》发表，她也参与编辑和发行工作。不久，草明参加了广州普罗作家同盟。

1933年9月，草明因被国民党通缉，与欧阳山逃亡到上海。同年10月，草明加入中国左翼作家联盟，创作以缫丝女工反抗黑暗压迫为题材的小说。草明的第一篇短篇小说《倾跌》在左联办的《文艺》上发表，从此一发而不可收，相继发表《没有了牙齿的》《小玲妹》《私塾教师》《阅历》《和平的果园》等，分别发表在较有影响的《文学》《作家》《文学月刊》等进步刊物上。另外，草明在《申报》副刊《自由说》上，发表《汶澜桥畔》《魅惑》《水鬼》等特写和小小说。1936年，她写的中篇小说《绝地》发表在《良友丛书》上。

当时上海左联有三个研究会，小说研究会、诗歌研究会和理论研究会。已小有名气的草明参加了小说研究会。小说研究会办过刊物《作品》。参加该会的有沙汀、叶紫、欧阳山、艾芜等小说家。

1936年，草明参加左联机关杂志《现实文学》的编辑工作，有幸发表鲁迅写的《答托洛斯基派的信》。她自己则创作了《大冲围的农妇》《缫丝女工失身记》等作品。

其间，草明一度被捕入狱，狱友有罗晓红、蔡楚云等，经受了严酷考验。出狱后，草明身体虚弱。据草明自己说，鲁迅得知后，曾把给自己看病的医生请去给她看病。笔者查阅此间的鲁迅日记，并无与此相关的记载，且鲁迅在上海从不请中国医生诊治，皆是日本医生或德国医生。此时鲁迅已重病缠身，即使愿意帮助草明，怕已无精力。

七七事变后，草明在上海沦陷前离开上海，回到了广州。当时的进步人士如廖承志、郭沫若、茅盾、夏衍，皆云集广州。那时，郭沫若在穗办了《救亡日报》，夏衍主持，草明曾在该报当了一段时间的记者，并参加"广东文学界抗敌协会"，从事抗日救亡宣传活动，创作小说《阿衍伯姆》

《梁五的烦恼》《饶恕》等。

1938年，广州失守之前，草明想到武汉去找八路军办事处，介绍自己去延安。谁料她刚到长沙，武汉也失守了，后接受周恩来指派，到湘西沅陵办《挑战报》，与欧阳山、周立波、廖沫沙一同到苗族聚居的沅陵，宣传抗日救国。

1939年，草明到了重庆，参加"中华全国文学艺术界抗敌协会"，其间创作了《秦垄的老夫人》《诚实的孩子》《追悼》《受辱者》《新嫁娘》等短篇小说及一些散文、杂文。

在重庆八路军办事处，草明参加了中国共产党。1941年，周恩来派一部分作家、文化人到延安。草明、白朗等乘军车到了延安，她来到中央研究院文艺研究所做研究工作，其间创作了《陈念慈》《垫脚石》等作品。

草明是幸运的，到延安不久，就有机会亲临并聆听了具有历史意义的《在延安文艺座谈会上的讲话》。草明和很多文艺工作者受到毛泽东的接见，一道讨论文艺问题。1945年冬，草明离开延安，积极报名到东北新区工作，途中在张家口停留了六个月，到龙烟炼铁厂帮助工人制办油印机，创作了小说《他没有死》《解放了的虎列拉》，散文《龙烟的三月》等。

1946年夏，草明经山西、热河、张家口，一路东行，最终来到黑龙江大都会哈尔滨。为了解放全中国，那里正轰轰烈烈地大搞土改，大批从老解放区来的干部都参加了土改运动，草明也不例外。但是，领导林枫对她说，因革命形势发生变化，今后将由城市领导农村，工人阶级将成为革命的领导力量，我们的作家应该熟悉城市和工人阶级，更应该表现城市和工人阶级。草明受到启发，一头扎到工人中去。她参加接收哈尔滨邮政局，并创办新邮电局，又到镜泊湖水电站当教员，其间创作了《沙漠之夜》《延安人》《女区长》《今天》《婚事》《新夫妇》等作品。

草明用一颗赤子之心，拥抱新中国工业生活和工人阶级，把工厂里的生活和斗争放到中国革命和建设的大背景下，加以观照，努力表现工人阶级的先进思想和优秀品质。别的作家醉心表现战争和土改革命主题的当儿，一个柔弱的女作家，用纤细的肩头扛起表现城市、表现工业和工人阶级的大旗，给中国文学打开了一个广阔的新世界。

新中国成立前夕，草明的中篇小说《原动力》诞生，作为"中华全国第六次劳动大会"的献礼。

《原动力》是共产党领导的根据地和解放区最早出现的工业题材文学，也是中国文学史上罕见的，是以一个企业的工人的生产和劳动为主题的工业小说。小说写的是，伪满解体，国民党接收大员欲破坏企业设备之际，工人勇敢机智地保卫了工厂设备，并在新政权到来之后，献出自己所存的零部件，发挥了主人翁意识和精神，以实力和技术为企业恢复生产，支援解放大军消灭反动派做出了辉煌的贡献。小说历史性地呈现了"咱们工人有力量"的宏大主题，使小说有一种壮美、宏大、雄阔的审美形态，一种新的审美风格。

沈阳解放第三天，草明便进入冷枪横飞的工业城市，一头扎进皇姑屯铁路工厂，深入生活，参加那里的生产劳动，发动群众工作，发放救济粮，登记反动党派人员，修复伪满废弃的火车头，并组织乐队、创作组等。生活出现红红火火的局面，她以此生活为题材，创作了长篇小说《火车头》。

《火车头》讲的是，到马家湾铁路工厂上任的副厂长刘国梁，忘记了党的七届二中全会会议精神，不理解革命在全国范围内取得胜利之后，党的工作重心由农村转向城市，党的干部必须全心全意依靠工人阶级，学会管理城市这一新的任务，他还是囿于农村经验，坚持小农经济，热衷搞副业生产，忽视工人群众的创造热情和先进性，一直打不开铁路工厂的局面。在具有工人阶级觉悟、思想敏锐、富有创造精神的铆工李学人等工人的努力下，工厂正向好的方向转化。小说突出表现了"工人阶级是时代的主人，历史的'火车头'"，是历史的创造者和推动者的宏大主题。

草明曾说："工业文学……还是要写人，写人的命运、人的思想、人的感情，这才是文学创作的中心内容。为写工人而写工人，社会意义就不深刻，思路也越来越狭窄。因为工人也不是孤立的，他和整个社会、国家、民族，和历史都是紧密相关的。"草明的话是对的，但《火车头》最大的不足，恰恰在于工人形象不够丰满，未能写出呼之欲出的"这一个"。所以有人说："草明，与中国工人阶级是同步成长的。"工人的"社会性"，应首先是人。把人看成"特殊材料做成"的英雄，这个英雄就没有社会属性了。文学是人学，不是政治学，也不是神学。当然，指出其缺点，并无意抹杀草明作为中国工业题材小说创作的第一只春燕的弥足珍贵。

1954年，草明去朝鲜慰问抗美援朝的志愿军，回国后写了不少志愿军的英雄故事。她又到当时的钢铁基地鞍山落户。为了深入生活，她在鞍钢第一炼钢厂当了三年副书记，扎根钢厂十年，创作了长篇小说《乘风破浪》、中篇小说《小加的经历》等。

《乘风破浪》的大背景是1958年的"大跃进"运动。当时未按经济规律发展工农业，不切实际地提出短时间经济要超英赶美，结果经济遭到重创。草明动笔写《乘风破浪》之际，正是"敢想、敢干"的岁月。小说写的是，兴隆钢铁公司为响应"大跃进"的号召，为能否增产二十五万吨钢材展开两条路线斗争的故事。一个炼钢厂在未增设必要设备、资金和人员的前提下，突然要增产，原本就是痴人说梦，但作者为了突显"大跃进"的气氛，生生地写了个年轻的炉长李少群，带领工厂群众敢想敢干，与背离"大跃进"方针，重科学，懂业务，工作又扎实的"右倾"代表人物宋紫峰展开斗争，在生产上创造一个个的奇迹。

《乘风破浪》发表不久，实践证明党在当时的方针路线上发生了"左"的偏差，"大跃进"给国计民生带来了严重的后果。当然，这在当时"一个阶级，一个典型"作品选出的年代里，草明创作出现错误也在所难免。

一位研究草明的学者，说了下面一番话：

> 草明的文学观虽然有着明显的政治功利性，但她同时又是一个敢于沉潜的人，文学创作的政治功利性没有让她的"深入生活"变得浮躁，变得走马观花，反而让她勇于去挑战那些自己不熟悉的领域，乐于与工人打成一片，安于去群众中落户，潜入其中，默默耕耘，终有收获。

谈作家作品的政治功利性给文学带来的伤害，与作家"深入生活"是两码事儿。《乘风破浪》正是草明"深入生活"的作品。《乘风破浪》的失败，当然不能否定草明是一位革命现实主义者。草明的身上，充满个人性的体验生活与服务政治的总原则自然地融合到一起。为政治服务的宗旨，促使草明深入工厂，与工人阶级打成一片，文坛才出现了"草明现象"。

第三十七章

"史官"姚雪垠与《李自成》

秋风萧瑟天气凉，
草木摇落露为霜。

——曹丕《燕歌行》

历史小说在中国文学史中，占有重要地位。仅明代的历史小说，便有冯梦龙的《新列国志》，历史演义《隋史遗文》《英烈传》《北宋志传》等，元末明初的长篇章回历史小说《三国演义》和《水浒传》，在思想、艺术上皆有很高成就。

中华人民共和国成立后，以1963年出版的姚雪垠《李自成》第一卷，与陈翔鹤发表于1961年的《陶渊明写〈挽歌〉》及发表于1962年的《广陵散》为引人注目的历史小说。《陶渊明写〈挽歌〉》及《广陵散》颇受欢迎，而把历史写成现实生活的《李自成》第一部，反响平平。

1976年，《李自成》完成前三卷，于1981年出版，引起文坛重视。

茅盾认为，《李自成》"用历史唯物主义和辩证唯物主义来解剖这个封建社会，并再现其复杂变幻的矛盾本相，五四以后也没有人尝试过，作者是填补空白的第一人"（《关于长篇历史小说〈李自成〉》）。《李自成》第二卷获第一届茅盾文学奖。

与茅盾的评价相对立的评价，是《李自成》把李自成及其农民起义拔得太高违背了历史真实，戏曰："高夫人太高"，"红娘子太红"，"李自成则像无产阶级革命家"。姚雪垠辩称，自己致力于"革命现实主义"和"革命浪漫主义"相结合，有意使人物形象的刻画既源于现实又高于现实。

从美学的观点看，"革命现实主义"和"革命浪漫主义"的提出和倡导，从概念的完整性到实践的科学性，"满负豪情"的同时，也存在简单和幼稚的缺憾。从理论上讲，它将"革命现实主义"文学视作同以往一切文学的历史分界点，客观上导致与远传统（古典文学）、近传统（"五四"文学）的疏离与对立。它将"革命现实主义""革命浪漫主义"视为唯一的创作方法和创作道路，客观上影响了"百花齐放、百家齐鸣"的认真实施。

李陀在《也谈"伪现代派"及其批评》(《北京文学》1988年第四期)一文中，对《李自成》进行了尖锐的批评，"姚雪垠写的不是一群农民起义的领袖，而是一群神。《李自成》是'三突出'这个产婆催生出来的畸形儿"。

围绕《李自成》的争论，一直延续到当下。《最后的"史官"——姚雪垠论》一文说，"《李自成》(五卷本)是一部被文学史严重低估的巨著"。尽管文章篇幅很长，但似乎并无法回答李陀等人的批评，文章最后不得不承认，"《李自成》今日的惨淡光景，与此有不可分的联系。在当下通行的高校文学史教材中，姚雪垠与《李自成》的名字难得一见。'史官'（文学）被排挤出了历史"。

在新中国成立初期，在中国文学史中占有相当地位的历史小说，其创作出版可用"艰难萧条"来概括。姚雪垠的长篇历史小说《李自成》第一部在1963年问世，评论界反应冷淡。无人评说实际上就是一种沉默的批评。作者自己说："但是它自己长了腿，在广大的读者中间默默地向前走，受到欢迎和重视。"实际情况是，1999年，《李自成》五卷出齐，获得首届茅盾文学奖，读者仍寥寥。用《最后的"史官"》一文中的话说，便是"迄今几无正面、具体的论述。这种集体一致的评论沉默，忽略"。实属罕见。

　　正面肯定的评论不多，而严肃批评者不少。1963年，《李自成》第一卷出版后，社会反应极冷淡。彼时，笔者正在大学读中文系三年级，教师无人提及《李自成》，学子也不感兴趣，有的人翻阅后失望地表示，把农民起义和李自成写得太理想化，历史和人物都欠真实。那时正逢经济困难恢复期，教师在讲农民起义时，敢于指出其对经济的破坏，对社会发展的阻碍，不过是改朝换代，彼此做皇帝的本质。《李自成》受到冷淡，也合乎逻辑。

　　《李自成》第一卷出版后，冯雪峰给毛泽东寄了一部。1966年，毛泽东指示中南代理书记王任重，要保护姚雪垠把《李自成》写完。姚雪垠在《毛泽东、邓小平同志对〈李自成〉一书的关怀与支持》一文中说："十年混乱中毛泽东明确肯定的文学作品只有一部《李自成》，他关心保护的只有我一个作家……请恕我说一句实话，《李自成》第一卷能够得到他的肯定，是我运用'历史现实主义'创作方法的胜利，也是《李自成》艺术魅力征服了伟大诗人的心灵。"

姚雪垠说这话时，是1993年，中国已进入改革开放多年，思想解放，文学解放，已营造了一个开放活泼的社会局面。姚雪垠自诩清狂的个性再次表现出来，他自己很得意地说"在我思想性格中狂妄占着很重要的一面，我不是轻狂、清狂、癫狂、疏狂，而是一种进取狂"。

一个作家与一位伟人彼此欣赏，这很正常。毛泽东与章士钊、柳亚子、萧军等人的友谊，一直传为美谈。毛泽东的确在"文化大革命"动乱之时，让王任重保护过姚雪垠。20世纪80年代，改革开放之后，王任重曾任中共中央宣传部部长。他的女儿王晓黎是笔者的同事。笔者经常到东交民巷的王任重寓所去汇报工作，或去聚会吃饭。笔者就毛泽东保护姚雪垠事，向他求证。王任重肯定地说，是他按主席的意思，保护了在武汉的姚雪垠，但他并不赞同姚雪垠竭力张扬他与毛泽东间宛若君臣的关系。他认为把毛泽东君王化，是对革命领袖的亵渎。

《李自成》出版之后，评论界并没有集体沉默。

茅盾在1978年《文学评论》第二期，发表《关于长篇历史小说〈李自成〉》，一文高度评价《李自成》，认为"用历史唯物主义和辩证唯物主义来解剖这个封建社会，并再观其复杂变幻的矛盾的本相"。正是由于茅盾的推荐，《李自成》第二卷获得茅盾文学奖。

北大教授严家炎在《中国大百科全书·文学卷〈姚雪垠〉》中，充分肯定了《李自成》保证主线，兼写各方、多线索复式发展的蛛网式纵横交错、具体归结为若干单元的结构方法，认为"这种结构既宏大复杂，又舒卷自如，吸收了《战争与和平》等外国长篇小说的创作经验而有新的创造。同时，《李自成》又注意吸收中国古典小说在结构上有张有弛，讲究节奏、笔墨多变的长处，时而金戈铁马，愁云惨雾，紧张得透不过气来，时而小桥流水，风和日丽，令人心旷神怡"，"这是继《子夜》之后，又一次大大提高了长篇小说结构艺术的水平"。

胡绳把《李自成》誉为"中国封建社会'百科全书'"。秦牧为姚雪垠题诗，赞《李自成》："膏腴大地生花笔，三百万言写史诗。"朱光潜断言《李自成》是"《红楼梦》以来，还少见这样好的长篇历史小说"。雷达也为《李自成》唱赞歌⋯⋯

这些文章大都发在《人民日报》和《红旗》上，多是在政治上高谈阔论，很少从艺术层面认真探究。评论界批评者不多，显得有些势单力薄，但是说出真相，足以振聋发聩。

评论家李陀1988年在《北京文学》第四期发表了《也谈"伪现代派"及其他》一文，文中说："姚雪垠写的不是一群农民起义的领袖，而是一群神。《李自成》是'三突出'这个产婆催生出来的畸形儿。""如果李自成尚有白璧微瑕（如他对慧梅婚事的态度），那么高桂英则通体澄澈，没有丝毫缺憾，这大概叫作'在中心人物中突出女中心人物——《李自成》不仅仅是三突出，已经是'四突出'了！然而它不能不逼人顿生联想——一个女人所操纵的'样板戏'中的女主角⋯⋯这真的是某种偶然的巧合？""正是由于充分体现了绝对化、简单化的阶级斗争精神，《李自成》才能如样板戏一样⋯⋯"

不久，时在社科院任文研所所长之刘再复和刘绪源，在《文汇月刊》1988年第六期上，联合发表《刘再复谈文学研究与文学论争》一文。文中说："姚雪垠以自己创作时的心得体会来代替普遍的创作论。这就显得片面，缺乏说服力⋯⋯他用自己创作的《李自成》证明他的观点是'马克思主义'的，又用他的理论即自我先验鉴定的'马克思主义'，来证明《李自成》是'伟大'的，这种从自身到自身的循环证明，这种'我证我'的滑稽方式，使他陷入'怪圈'而不能自拔，使他的推理和论证充满了悖论，充满无休止的自我纠缠。"

姚雪垠"表现手足无措，方寸大乱，先是声称要诉诸法律，控告刘再复的侮辱与诽谤，随后又长篇累牍地逐条申辩，我没'三突出'，我没'自证自'……完全陷落在对方逻辑的圈套里，愈辩愈污，一副老朽无能的样子"（《最后的"史官"》）。与刘再复就《李自成》的论辩，让姚雪垠在新一代学人和广大读者心目中的形象一落千丈。

《李自成》通过李自成领导的农民起义，反映明清之际我国封建社会广阔的社会生活中各种矛盾冲突、激化的图景。小说共分五卷。

第一卷写崇祯十一年（1639）十月，清军进逼京畿，明官军与李自成激战于潼关，崇祯帝在和与战的问题上举棋不定，在京城醉生梦死。帝国已病入膏肓，在起义军和清军的夹击下风雨飘摇。

第二卷写李自成起义军在潼关南原与明军交战，几乎全军覆没，遂率残部逃到商洛山中，又受土豪和叛军威胁，顽强平息叛乱哗变，突出重围，率部入豫，又联合张献忠，接纳起义军李信。起义军于崇祯十四年攻破洛阳，杀福王，再克开封，起义军不断壮大。

第三卷写起义军攻下洛阳后，急于迁都称王，暴露农民起义军领袖在战略上的失误，以及性格上的弱点。

因原定第四卷内容空缺，后便把本属第五卷之九十余万字，分为两部，前部为第四卷，后部第为五卷。

第四卷写李自成鼎盛时期，高举义旗，天下无敌，取太原，克大同，夺居庸关，所向披靡，正是"海岸归一，传檄而定"。而大明皇帝崇祯凭城高池深，也难以自保，自缢煤山。李自成率起义军涌入京都，其事业走向巅峰。

第五卷写李自成和起义军开始走下坡路，山海关一战，李自成之败局已定，一路逃窜，单枪独骑，躲进深山老林，最后死于乡勇程九百之手。

再加一个《尾声》，李自成和农民义军之悲剧谢幕。

笔者的同事胡德培，大学同学、中国青年出版社编辑李向晨，好友、中国青年出版社总编陈浩曾等，都是参与审阅、编辑《李自成》第四卷、第五卷的重要人物。他们对梳理、修改小说都付出了各自的才智和心血。《李自成》第四卷、第五卷的责编李向晨、吴晓梅，对小说的修改都提过具体意见。吴晓梅提出，"有些章节语言粗糙的问题比较突出"，"有些人物的称呼、官称、名衔混乱，还有时间、日期等前后不一致或矛盾，需要统一处理；有些描写性文字磕磕绊绊，阅读不畅，也需要作进一步梳理才好……有些情节、情景描写比较重复、拖沓，而且表现手法上也有重复单一的地方……如李自成决策是否东征吴三桂，决定招降吴三桂，多尔衮对福临之母圣母皇太后的暗自揣想等类似的问题"（《李自成》第四卷、第五卷审读报告》）。不敢说姚雪垠的《李自成》在思想和艺术上存在不少问题，但说它瑕不掩瑜，有缺欠、有瑕疵，总不算错吧。在艺术上，第一卷《李自成》相对有大气象的艺术魅力，但姚雪垠自称"《李自成》的艺术魅力征服了伟大的诗人的心灵"，就有点孤芳自赏了。

据姚雪垠《我的道路》，可了解其人一生。

1910年10月10日，姚雪垠生于河南邓县（今邓州市）西乡姚营寨的一个破落地主家庭。九岁时，姚雪垠由父亲教认字，后入私塾读书。一年半后，姚雪垠考入教会鸿文高等小学，三年后到信阳一教会中学插入初二读书。直奉战争爆发，学校放假，姚雪垠与二哥返家途中，被土匪抓去，二哥成"肉票"，他成了土匪头的义子。后来，土匪被红枪会打散，姚雪垠回到家中。1947年，姚雪垠根据这段经历，写了反映20世纪20年代北方农村一个重要侧面的小说《长夜》，曾热销法国，被称为"是一部历史性、真实性很强的书"，"一部最写实而惊险的小说"。

1929年春，姚雪垠到开封谋生，由一同学造假文凭，考入河南大学预科，入学便参加共产党领导的地下政治活动。第二年暑假，姚雪垠被捕，释放后继续读大学一年级。1931年，姚雪垠因"思想错误，言行荒谬"被开除学籍，乘火车逃至北平，从此断绝了求学念头。

姚雪垠在北平的日子过得苦，但他坚持到北平图书馆看书。九一八事变后，姚雪垠回河南，到豫北内黄、信阳等中学教书。后与朋友在开封办了个小书店，办一个小刊物《今日》，因其有进步倾向，当局欲抓人，他遂又逃离开封。自此，姚雪垠往来于北平、河南，其间患肺病，病愈后到原老师办的杞县大同中学居住，受到那里的中共地下党革命的影响。

1937年，姚雪垠到北平，在上海、天津等地的报刊发表小说、散文、杂感等，以稿费勉强维持生活。8月，姚雪垠回开封，想前往延安，被友人相劝，便留下办一宣传抗日救亡的刊物《风雨》，取"风雨同舟"之义。不久，此刊由中共河南地下省委领导。

1938年春，姚雪垠到武汉。后来，他以《风雨》主编和全民通讯社特约记者之名，到台儿庄战役旧地，与几位在山东搞抗日武装斗争的同志交谈，得到许多战斗生活资料，写了《战地书简》。他还创作了两个短篇小说，其中《差半车麦秸》投给由茅盾在香港主办的《文艺阵地》。发表后，由叶君健译成英文，在国外发表。

武汉沦陷之后，中共地下党与李宗仁合作，成立由胡绳等人为领导的第五战区文化工作委员会，姚雪垠参加文化工作委员会的工作。1939年春，第五战区文化工作委员会被国民党教育部裁撤。姚雪垠留下，在长官司令部挂一秘书衔，开始写反映内地男女青年在抗战初参加抗日救国活动的长篇小说《春暖花开的时候》（未完稿），在胡绳主编的重庆《读书月报》连载。他还写了一中篇小说《牛全德和红萝卜》以及一些散文，发表在重庆《全民抗战》《群众》《大公报》上。敌机经常轰炸第五战区司令长官部驻地老河口，姚雪垠经常坐在地上写小说，因为不能让连载中断。

1940年，"皖南事变"爆发，李宗仁下"逐客令"，姚雪垠便利用李宗仁和五路军的内部矛盾和私人关系，来到大别山，主编《中原文化》。他创作了长篇小说《戎马恋》和一些通俗的文学论文，由商务印书馆出版。

1943年初，姚雪垠到重庆，任教于东北大学，其《春暖花开的时候》被胡风批判为"色情文学"，形成舆论压力。

1945年，姚雪垠到了成都，开始创作反映北伐时河南农村生活的长篇小说《长夜》，1947年由上海《联合晚报》连载大部分，后由刘以鬯办的怀正文化社出版。

解放前夕，据姚雪垠说："胡风的干将，笔名叫阿垅的人，据说姓陈，在报纸上写文章说我住在一个特务机关中。"该文发在苏联人办的《时代日报》上，影响甚广，他写了真实情况，由叶以群交地下党。

1948年，他到浦东，在一农业学校教语文，开始为写《李自成》做准备工作，并发表与其相关的历史论文。《论石敬瑭式的政权》《明代锦衣卫》发表在左翼学术期刊《建设》上，不久被查禁。后又写《崇祯皇帝》，在《幸福》杂志连载。

上海解放后，姚雪垠一边在私立大夏大学教书，一边下工厂。

1953年，中南作协成立，他转到中南作协，回到河南。在那里，他创作了长篇小说《捕虎记》。小说写的是一个面粉厂的老工人，技术好，但思想保守，他的徒弟有革新精神，技术较差。这一矛盾被敌人利用，影响生产，后敌人被揭露，师徒携手搞革新，做出了成绩。作家出版社即将出版，反右派斗争开始，无法出版，姚雪垠一怒之下将其化为灰烬。

1957年10月，姚雪垠开始写《李自成》。1960年，姚雪垠摘掉右派帽子，被分配到武汉市文联。1961年，《李自成》第一卷完成，两年后由中国青年出版社出版。

1966年，毛泽东指示王任重对姚雪垠加以保护，让姚雪垠继续写《李自成》，他写信给毛泽东，由胡乔木交邓小平，再由邓小平送到毛泽东手里。毛主席很快批示，"大意是同意他的创作计划，给他提供条件，让他把书写完"（《我的道路》）。

1977年，《李自成》第一卷、第二卷修订本相继出版。1999年，《李自成》第四卷、第五卷出版。这部由1948年开始准备，历经五十一年才出齐的《李自成》，又经历了二十一年的争论，仍无定评。

第三十八章

陈翔鹤与《陶渊明写〈挽歌〉》《广陵散》

高标逸韵君知否？

正在层冰积雪时。

——陆游《梅花绝句》

新中国成立之后，历史题材的小说创作艰难萧条，远远落后于现实题材和革命题材小说的热闹和红火。文学史家把1963年出版的《李自成》视为历史题材小说的重要收获。其实，在《李自成》出现前，历史题材小说尚有陈翔鹤和黄秋耘的作品。陈翔鹤于1961年和1962年在《人民文学》上发表的《陶渊明写〈挽歌〉》和《广陵散》，在艺术上并不输于姚雪垠的《李自成》，受到读者和评家的好评，冰心、冯至等人都撰文称赞，并曾引发中国文坛上一股历史小说创作的小潮流。

历史题材小说能在"十七年文学"百花园中获一席之地，与毛泽东1956年5月在最高国务会议上提出"百花齐放、百家争鸣"作为促进艺术发展和科学进步，促进我国社会主义文化繁荣的基本方针有关。"双百方针"的提出和贯彻，在文艺界引起巨大反响。春风化雨，文坛出现大好局面，创作一派繁荣，《陶渊明写〈挽歌〉》《广陵散》《李自成》等优秀作品破壳出土。

不过，评论界对陈翔鹤的作品热烈赞誉，对姚雪垠《李自成》的谨慎态度乃至冷落，怕与作品的思想性和艺术性的差异有关，也与对作家的文化人格的评价相关。

　　笔者1960年至1964年在大学读中文系，一直有当作家之梦，读过大量中外文学经典，而且早就与严文井、王愿坚等作家有密切的关系，所以对文学特别关注。20世纪60年代，大学学术气氛高涨，中文系各种文学活动非常活跃。笔者作为中文系办的文学期刊《无名花》的成员，也经常参加各种文学讨论。大约是1961年底，中央制定纠正"左"的文艺指导思想之《文艺八条》，于1962年正式公布，在各大院校传达，指出：一、过去没正确理解和认真执行"百花齐放、百家争鸣"的方针；二、没有很好贯彻执行党的知识分子政策；三、对文化艺术事业的发展和群众文化活动提出了一些错误的要求，片面地追求数量；四、有些领导文艺工作的党员干部在处理文学艺术的问题上，既不尊重群众意见，又不同作家、艺术家商量，独断专行，自以为是，使党对文艺工作的领导受到了不应有的损害……（《中国当代文学思潮史》）

　　与此同时，《人民日报》发表纪念《在延安文艺座谈会上的讲话》二十周年社论，旗帜鲜明地提出了文艺"为最广大的人民群众服务"的口号，鼓舞人心。陈毅在新侨会议和广州会议上的精彩讲话，提倡艺术民主、尊重艺术规律，复苏了文学艺术上的"百花齐放、百家争鸣"。知识界、教育界为之欢欣鼓舞。

　　在这样的环境下，王蒙被调到北京师范学院，做现代文学教授王景山的助教，成为笔者的老师。学校给他解决房子，"向阳房舍，阳光灿烂"，也"使我们大为兴奋"，"吃着大学食堂两面焦的火烧鲜脆金黄"，到校外

"吃到狮子头、木须肉什么的，也吃过裹着鸡蛋的炸油饼"，"体会到了过小日子的快乐"（《王蒙自传·半生多难》）。

文艺领导部门号召作家开拓历史，在历史剧络绎出现在舞台的推动下，中国历史题材的小说出现了一股蓬勃的生机，连并非专业的小说家陈翔鹤也按捺不住，开始动笔写历史小说。

1961年至1962年，时任光明日报副刊《文学遗产》主编的陈翔鹤，竟然在《人民文学》上先后发表两个短篇历史小说——《陶渊明写〈挽歌〉》和《广陵散》，引起对历史小说创作的热议，还引出三四十篇历史小说。姚雪垠长篇小说《李自成》从1958年动笔，但真正书写也是在这股潮流的推动下，渐入佳境的。

陈翔鹤与姚雪垠都热衷于中国古典文学研究。陈翔鹤主编的《文学遗产》，1958年至1960年发动过一场"陶渊明讨论"，从姚雪垠的自传《我的道路》可知，他教过历史课，一直重视对历史的研究，发表过许多关于历史研究的文章。二人对历史和古典文学的研究，与其历史题材小说的创作，形成"互文"关系，打破学科边界，在学术与文学创作的交叉与融合中，表现出某些共性，又呈现了各自的个性。共性是都写历史，个性是一个写高洁的文人雅士，一个塑造了农民起义军领袖，为中国历史小说研究提供了不同的文本。

《陶渊明写〈挽歌〉》发表于1961年《人民文学》第十一期，写的是东晋诗人陶渊明从出仕到归隐的纷纷扰扰的政治经历。陶渊明晚年逢晋宋易代的变迁，一生坎坷，但他泰然对待荣辱生死，"托体同山阿"，回归田园。小说着重写诗人暮年清贫自守，不为五斗米折腰的豁达精神境界。

作家创作小说，总要有动因，陈翔鹤作《陶渊明写〈挽歌〉》，缘于学术界于1958年至1960年在古典文学研究领域进行的"陶渊明讨论"。主阵地就在陈翔鹤领导的《光明日服》副刊《文学遗产》。

新中国成立以来，对陶渊明的研究一直存在分歧。李长之在1953年出版的专著《陶渊明传论》中，用血统论的方法说明陶渊明受祖先影响，不忠于晋王朝，并以陶渊明对农民鄙视的态度，认为其思想"反映了没落的士族意识"，其诗作"保留了没落的情调"。而阎简弼在《读〈陶渊明传论〉》一文中，批驳了李长之的观点，认为李长之对陶渊明的指责"无中生有"，基本肯定陶渊明是倾向人民的，与劳动人民在社会动乱中的生活愿望是一致的。讨论中，大多数人都肯定陶渊明积极的一面，认为他在老庄思想和隐逸风气盛行的晋代，能亲自参加劳动，"不能为五斗米折腰，拳拳事乡里小人"，解职归田，对农民产生感情，表明对腐朽的现实以及统治者充满憎恶并决裂的决心和积极的人生态度。这次"陶渊明讨论"，为陶渊明正了名。

在这样的大背景下，茅盾在谈"社会主义现实主义"创作方法的《夜读偶记》扉页上说："自己读书不多，观点也常有错误；此文所谈，中外古今，包罗既广，错误自必更多，不揣浅陋，拿出来见人，聊以'引玉'而已。"但《夜读偶记》还是不点名地批评了动辄便"现实主义与反现实主义斗争"的错误方式。1963年人民文学出版社出版的游国恩等人主编的《中国文学史》、复旦大学等高校学生集体编写的《中国文学史》等，都采纳了茅盾《夜读偶记》的相关观点。

1961年，《文学遗产》将长达两年的"陶渊明讨论"文章结集，出版了《陶渊明讨论集》，为被冤枉的陶渊明翻了案，恢复了历史真相。陈翔鹤功莫大焉。

在整个《文学遗产》讨论的过程中，对陶渊明研究甚深的陈翔鹤"本想写篇关于陶渊明的思想和风格的文章，参加讨论，却又觉得那时候在自己主编的刊物上发表文章参加讨论不大合适，就作罢了"。作罢是不可能的，陈翔鹤可以不写理论文章参加讨论，却可以选择写小说，表达自己对陶渊明的认知和崇敬，以感性的形象参与理性的讨论。1961年，陈翔鹤在休假期间创作了为陶渊明"还原"真相的短篇小说《陶渊明写〈挽歌〉》。

陈翔鹤的另一篇历史小说《广陵散》，发表在1962年《人民文学》第十期，晚于黄秋耘写的历史小说《杜子美还家》（《北京文学》1962年4月）六个月。这证明历史小说尚较活跃。

《广陵散》叙述建安文学之后正史文学的代表作家嵇康被杀的经历。嵇康崇尚老庄，恬静寡欲，好服食，求长生，又尚奇任侠，刚肠嫉恶，锋芒毕露。他与司马氏政权对抗，揭露其黑暗残暴。其诗峻急刚烈，继承了"建安风骨"的传统。他因"非汤武而薄周孔"的牢骚话，受奸人钟会构陷，与吕安一起无辜被杀。陈翔鹤在小说的"附记"中写下这样意味深长的话："要在作家协会或音乐家协会的负责同志中才能找到他们。"

没多久，这两篇表现中国传统士人愤世嫉俗，不与权贵同流合污，富有正义进步精神的历史小说，遭到严厉的批判。《陶渊明写〈挽歌〉》被指宣传消极颓废思想，《广陵散》联系"附记"，分明是影射现实。

陈翔鹤，1901年出生于重庆。1922年，陈翔鹤与林如稷、陈炜谟、冯至等人成立了文学团体浅草社。浅草社成员以在北京大学就读的四川籍青年为主。1923年3月，《浅草》文学季刊出版，陈翔鹤在《卷头小语》中写道："荒土里的浅草啊，我们郑重的颂扬你，你们是幸福的，是慈曦的自然的骄儿"，"我愿做农人，虽是力量太小了，愿你不遭到半点蹂躏，使你每一枝叶里，都充满着——充满伟大的使命"。后来，出版经费难以为继，社员分散到各地，社团便停止活动。浅草社存在时间短，却是有成就、有特色的文学社团。鲁迅认为"'浅草社'其实也是'为艺术而艺术'的作家团体，但他们的季刊，每一期都显示着努力；向外在摄取异域的营养，向内在挖掘自己的魂灵，要发见心里的眼睛和喉舌，来凝视这世界，将真和美歌唱给寂寞的人们"。

沈从文在《忆翔鹤》一文中，曾提到1925年至1926年，在香山与陈翔鹤相遇相识及陈骑毛驴上香山寻幽览胜的趣闻。后来"翔鹤调到北京工作"，彼此相见，"提起香山旧事，他还记得我曾在大树前，抱了一面琵琶，为他弹过'梵天宫'曲子"。足见二人关系的亲密，也见其文人的雅趣和天真的个性。

浅草社消散后，在北京的陈翔鹤、陈炜谟、冯至等人，又酝酿出版新的期刊，便于发表文学作品和译介外国文学。这便是《沉钟》，"沉钟"之名，意在把沉入湖底的钟敲响。1925年10月，《沉钟》周刊出版，沉钟文学社也同时诞生。沉钟社于1934年终止。鲁迅说："沉钟社确是中国最坚韧、最诚实、挣扎得最久的团体。"（《〈中国新文学大系〉小说二集·序》）

陈翔鹤是沉钟社写小说的主力。他写出《悼——》《不安定的灵魂》等，收入小说集《不安定的灵魂》。其小说大多是一些忧郁悲观而又苦苦挣扎的知识青年，他们受环境冷遇，便与环境对立，这些人物都带有陈翔鹤自身的投影。小说提炼不够，写得粗糙，但还是塑造了几个真实可信的青年知识分子的形象。

陈翔鹤一面参加文学活动，一面在山东、河北、吉林等地教书。

1938年，陈翔鹤加入中国共产党。1953年，陈翔鹤调到北京，任中国作家协会理事、古典文学部副部长，后又任中国科学院哲学社会科学部文学研究所研究员，《光明日报》副刊《文学遗产》主编，《文学研究季刊》主编和《文学评论》常务编委等职。

陈翔鹤对庄子、屈原、韩非、贾谊、司马迁、曹植、阮籍、李商隐等中国文化巨人都做过研究，准备得便时将他们写进历史小说里，得到老友冯至、张天翼等人的支持。

"文化大革命"中，陈翔鹤受到批判斗争。"士可杀不可辱"，陈翔鹤最后用生命索琴奏曲，为自己奏响了千古绝唱《广陵散》。

　　陈翔鹤曾对老友杨晦说："我总觉得我人比文章好些，内心又比本人好些。"

　　陈白尘说：

　　　　一般作家是用纸和笔写作的，翔鹤是用他整个生命来写作的，所以我称他为真正的作家。因为，他首先是一个真正的人！

　　权且将陈白尘的话，视为陈翔鹤的墓志铭。

第三十九章

宗璞与《红豆》

何当共剪西窗烛，

却话巴山夜雨时。

——李商隐《夜雨寄北》

"双百方针"的提出和贯彻，在全国知识界特别是文学艺术界，引起很大反响，受到了热烈的欢迎和拥护，解除了他们思想上的束缚，提高了他们探索、创作、批评、争论的勇气和积极性，给文学艺术园地带来了新气象、新面貌。创作上涌现了一批敢于直面现实，真实地反映现实生活、人民内部矛盾的作品。

　　突破流行观念束缚，大胆揭示人物丰富多彩的感情世界，细腻地描绘真实感情和道德情操，展现出婚姻爱情所特有的内容的宗璞小说《红豆》，被誉为"社会主义文学创作中的鲜花"（《中国当代文学思潮史》）。

　　《红豆》的主角是知识分子，小说展示了他们高洁的情感和道德，与主流文学有点唱对台戏的味道。在反右斗争中，很多作家被错划成右派，成为"另类"，而宗璞并未蒙难。1979年，在全国第四届文代会上，周扬说："1957年文艺界的反右斗争，混淆了两种矛盾的情况更为严重，使很多同志遭到了不应有的打击，错误地批判了一些正确或基本正确的文艺观点和文艺作品，伤害了一大批文艺工作者，其中包括一些有才华、有作为、勇于探索的文艺工作者，使'百花齐放、百家争鸣'提出后，文艺领域出现的生机勃勃的景象遭到挫折。""1985年初召开的中国作协第四次会员代表大会上，就把'创作自由'鲜明地写在社会主义文艺旗帜上，这是对长期蒙上灰尘的这一口号的洗刷，也是对长期争论的一个结论。"（《中国当代文学思潮史》）

　　重新认识《红豆》，并给它以公平的评价，很有必要。

开篇之前，先讲几句题外话。

宗璞，原名冯钟璞，是哲学家冯友兰的女儿。1938年，十岁的宗璞，随父到昆明，其父在西南联大执教，她入联大附中读书。冯友兰教授总是身着长袍，胸前一尺白髯飘飞，有仙风道骨气象，冯先生在中国哲学界享有大名，但其学问和人品一直都存争议。拙作"民国清流系列"第四卷《大师们的抗战时代》中，专门有一章写冯友兰，名曰："君看白发诵经者，半是宫中歌舞人——尺长白髯飘飞的冯友兰。"笔者借用唐代卢伦《过玉真公主影殿》诗中的两句，评价并痛惜这位哲学大师。

笔者研究并评述冯友兰时，并未想到有一天会评述其爱女宗璞的小说，心情有些敬畏、兴奋。

2001年，笔者读到人民文学出版社出版的宗璞长篇小说《东藏记》，因书中涉及西南联大的生活，特别感兴趣，那时笔者正在为撰写"民国清流系列"做艰苦的准备。抗战期间，民国大师会聚西南联大，或执教鞭，或闭门研究著述，或进行文学创作。研究文学史，要遵循《左传》"其言直，其事核，不虚美，不掩恶"十二字箴言。阅读《东藏记》，我特别警惕作者因纠缠私人恩怨而对真相的偏离。即便是小说，指桑骂槐，含沙射影，也伤害小说的艺术真实。比如沈从文的《八骏图》、冰心的《太太的客厅》，多被人诟病。

《东藏记》出版后，引起钱锺书夫人杨绛先生的不满，彼此伤了感情。笔者去杨绛家，老人就感慨良多，说1979年，钱锺书随中国社科院代表团访美，在斯坦福大学参加了该校亚洲语文系的座谈会，应邀发言，谈他的访美印象，后有《钱锺书印象》一书说钱曾在发言中大骂冯友兰云云。1998年，宗璞撰文，说钱锺书在美骂冯友兰在政治运动中出卖朋友等纯属污蔑、不实之词，杨绛不得不写文澄清钱锺书在美没有说过这类话。冯友兰乃钱锺书之父钱基博之友，又是钱锺书的老师，杨绛为钱锺书之妻，也是宗璞的老师，这样的关系本不该有这样的尴尬。据说，冯友兰、钱锺书相继仙逝后，此公案最后由出《钱锺书印象》的出版社向宗璞公开道歉而了结。但从2001年宗璞出版的长篇小说《东藏记》来看，宗璞的心结似并未了结。女儿为捍卫父亲的形象和声誉而战，是很有韧性的，这不奇怪。

宗璞，原名冯钟璞，1928年生于北京，祖籍河南唐河。宗璞小时在北京南菁小学就读，抗战时期随父到云南昆明。其父冯友兰在西南联大教书，她在西南联大附中就读。抗战胜利后，她返回北平，1946年考入天津南开大学外文系，两年后转入其父执教鞭的清华大学外文系。1951年毕业后，她先到政务院宗教事务委员会工作，又到中国文联上班，再调到中国作协《文艺报》《外国文学》编辑部当编辑，后转到中国社会科学院外国文学研究所任副研究员，曾任中国作家协会理事和主席团委员。

宗璞在大学时开始发表作品，但工作后一直忙于工作。1956年，毛泽东提出"百花齐放、百家争鸣"，广大文艺工作者解除了思想上的束缚，提高了探索、创造、批评、争论的勇气和积极性。在这样的大背景下，宗璞以1957年发表的短篇小说《红豆》真正踏上文坛，成为一朵"双百方针"催生的艳丽之花。

《红豆》用回首往事的手法，叙述了解放前夕，一对大学生产生了真挚而热烈的爱情，却因各自选择了不同的人生道路，而产生了无法弥合的决裂的故事。作品以极其细腻的艺术描写，表现女主人公江玫在爱情与革命的选择上，经历犹豫和觉醒，最后走向革命的过程。

江玫从小在温暖的生活中长大，"生活就像那粉红色的夹竹桃一样与世隔绝"。进步女友肖素的影响、父亲精神的感召及革命形势的迅速发展，使江玫从不问政治到向往并倾向革命，从主持正义到投身火热的斗争，勇敢地奔赴解放战争的战场。男主人公齐虹，是银行家的公子，他并不是一个纨绔子弟，他爱江玫是真心真意，全心投入，才使他们的爱情缠绵悱恻，矛盾苦涩，"正像鸦片烟一样，使人不幸，而又断绝不了"。小说真切地写出了青年男女彼此相恋时刻骨铭心的甜蜜和伤痛。

《红豆》受到广大读者特别是知识青年的喜爱，绝不是因为它写爱情，也不完全是因为小说的艺术性打动人心，"而是那种知识分子的个人情感在广大知识分子读者心中所产生的共鸣"。知识分子读者感到一种浓郁的属于自己的气息又回来了。其实，"未必有人希望强化感情上的留恋而否定两个恋人之间为政治方向不同而做出的选择"（李新宇《"早春天气"里的突围之想——五十年代中国文学的知识分子话语》）。

不管怎么解读，《红豆》从思想性、艺术性来看，续接了五四时代知识分子女性如何选择人生道路的主题，独树一帜。宗璞在语言方面的深厚功底与江玫追求人生理想的精神气质融为一体，有一种独具个性的清新高雅的格调。

19世纪以来，知识分子成为世界名著的描写对象。20世纪50年代初，中国文学的主要对象成了工农兵，错失了知识分子这一充满文学可能性的题材领域。萧也牧的《我们夫妇之间》、方纪的《来访者》，特别是宗璞的《红豆》，以知识分子为主角的小说的出现，给当时的文坛送来一股清新之风，有一种叛逆的味道。以讴歌革命为宗旨，写大学生投身革命的《青春之歌》，被指责"充满了小资产阶级情调，作者站在小资产阶级的立场上，把自己的作品当作小资产阶级的自我表现来进行创作的"（《略谈对林道静的描写中的缺点》)。"十七年文学"中，"知识分子形象"的塑造越来越敏感，作家越来越难以按照生活的本相及文学原则来塑造自己心目中的"知识分子形象"。回顾"十七年文学"，确实没发现几个可信的真实的知识分子形象，《红豆》是个例外。

宗璞是一位有深厚的学养，有文学创作潜力，有理想，有追求，有个性的女作家。1959年，她到人民公社与社员同吃、同住、同劳动，创作了反映公社社员生活的短篇小说《桃园女儿嫁窝谷》。因人民公社本身就是违背经济规律的，宗璞没有多少在农村生活的经历，当时全国经济失调，全国性大饥荒已见端倪，在这样特殊的历史时期，怎么能写出好作品呢？

20世纪60年代伊始，宗璞不得不回归书写她熟悉的知识分子生活。她当然知道，写知识分子越来越敏感。她创作的《知音》《后门》《不沉的湖》这些带有新中国成立初期时代印记，表现知识分子的思想变化和人生选择主题的作品，把知识分子都写成经过彷徨，最后走向光明大道者，无甚新意，那是时代的局限。纵是满腹经纶，手有生花妙笔，她也只能收敛了锋芒。正是"自是不开开便好，清高从未合时宜"（张问陶《梅花》）。

新时期是作家真正的春天。20世纪50年代中期，"双百方针"给中国当代文学带来了生气，但当时的知识分子都是改造团结的对象。"文化大革命"中，文学只有八个样板戏。改革开放推动了思想解放，文学也得到解放。此时，蓄力而发的宗璞们，成为文坛最为活跃的作家。

1979年，宗璞以短篇小说《弦上的梦》强势出现在文坛，摘下当年全国优秀短篇小说奖桂冠。接着，宗璞推出中篇小说《三生石》，又荣获第一届全国优秀中篇小说奖。乘势而发，其《心祭》《鲁鲁》《米家山水》《熊掌》《核桃树的悲剧》《我是谁》《泥淖中的头颅》等小说纷纷亮相，可谓"落日千帆低不度，惊涛一片雪山来"（李攀龙《送子相归广陵》）。

其《弦上的梦》，写知识分子乐珺、梁遐等人，他们即使在逆境生活中被撞得遍体鳞伤，也绝不放弃作为知识分子的人格理想，即便饱经命运忧患、生活折磨，仍执着于美好的人生信念。

其《三生石》里的梅菩提和她"三生相知"的恋人方知，不管在怎样的逆境中，仍具有屈原式虽九死而无悔的"兰气息，玉精神"。

其《我是谁》描写从海外归国，投身新中国建设的学者韦弥，在"文化大革命"中经受无数次残酷斗争，在生命弥留之际，精神恍惚，仍然不愿变成不齿于人类的虫。

这种对知识分子精神的坚守，给读者留下太多思考的东西。上述小说有诗的意绪、情感，将老庄、现代白描与象征融为一体。

纵观新时期摆脱文化专制禁锢的作家可见，宗璞不像卢新华的小说《伤痕》那样，而是重视呈现原生态的血泪悲剧，真正塑造人物形象的悲剧命运和灵魂创伤，深层次地揭示文化专制的问题。宗璞新时期的小说在精神和文化层面上与"五四"文学传统衔接和契合，是将世界文化精髓与中国文化传统有机结合的文化景观。

这与宗璞出身文化世家有关。其父冯友兰乃中国哲学家，称得上新儒学的代表人物之一。其姑母冯沅君也是一位作家，在"五四"新文化运动时期创作了小说《隔绝》《隔绝之后》，还是一位研究古典文学的学者。文化世家家学的濡染和继承，加上又专修过外国文学，兼收并蓄，为宗璞创作独特艺术风格的文学作品创造了条件。所以，宗璞的小说继承了中国古典美学的蕴藉，又汲取了西方文学作为"人学"的精神。孙犁先生在《宗璞小说散文选·代序》中评价宗璞的文字：

> 明朗而又含蓄，流畅而有余韵，于细腻之中注意细节。每一句的组织，无文法的疏略；每一段的组织，无浪费或蔓枝。可以说字字锤炼，句句经营。

除了小说，宗璞的散文也写得精彩，比如20世纪60年代写的《西湖漫笔》，80年代发表的《废墟的召唤》《哭·小弟》《霞落燕园》等，后皆结集为《宗璞小说散文选》。1996年，华艺出版社出版四卷本《宗璞文集》时，将《三生石》《风庐童话》《丁香结》《熊掌》收入。

　　1985年以后，宗璞开始创作长篇小说《野葫芦引》。1988年，其第一部《南渡论》由人民文学出版社出版。小说叙述了北平沦陷时期一批文化大师及青年知识分子的人生际遇，概括了那一代知识分子为国救亡而牺牲一切的浩然正气。

　　前文提到的《东藏记》，系《野葫芦引》第二卷，于2001年由人民文学出版社出版。

跋：红色经典　英雄史诗

　　新中国土壤孕育的文学生命之树，几经风吹雨打，毕竟茁壮生长起来了。1949年至1966年这十七年，在历史长河中，只是弹指一瞬，但"十七年文学"写就的宏大叙事，给中国当代文学史留下了辉煌的一页，在民族精神谱上烙下不可磨灭的痕迹。

　　中国作家自觉地将壮丽斗争的历史记忆和人民创造新生活的现实记忆，铸成文学的情感与经验，内化于心性血脉，以清醒保持中国传统文化的身份、发挥自己的民族特色，以其品种、颜色和香气竞相争妍于家国的姿态，显示了文学的繁荣与力量。

　　我们把那些经历了时间的确认与岁月的淘洗，显示革命现实主义主流精神，能鼓舞斗志，蓬勃激昂，能展现出一段段殷红的革命画卷，一幅幅社会主义革命和经济建设图景，爱国主义、革命英雄主义精神流贯于其中，给人民以信心和向上力量的小说，称为红色经典。

　　长期参加地方抗日民主政府的工作，结合家乡胶东半岛革命根据地许多可歌可泣的动人故事，峻青以极大的创作热情写就了小说《黎明的河边》。

早在抗日战争时期就开始酝酿，取材于家乡河北高蠡地区斗争的亲身经历，梁斌以大手笔谱写出多卷本巨著《红旗谱》，既塑造了一批个性鲜明的农民形象，又概括了农民的苦难史、斗争史和革命史。长期任战地记者，在宏伟的解放战争中积累了数百万字素材，杜鹏程完成了具有史诗性的《保卫延安》。解放前曾被囚禁于重庆"中美合作所"集中营的罗广斌、杨益言等，将他们在集中营经历和目睹的与敌斗争的革命英雄形象化为文字，出版了长篇小说《红岩》。曾在东北牡丹江一带带领一支小分队剿匪的曲波，以剿匪战斗中的真人真事为原型，完成了充满传奇色彩的通俗长篇小说《林海雪原》。第二次国内战争期间，深入革命根据地，不时被革命前辈的崇高精神感动、鼓舞，王愿坚写出了短篇小说《七根火柴》。周而复的《上海的早晨》、欧阳山的《三家巷》等长篇小说，以宏大的视角，于风云变幻之中，表现中国革命的伟大征程。写出《山乡巨变》的周立波，写出《创业史》的柳青，写出《李双双》的李准，写出《火车头》的草明，以及"山药蛋派""荷花淀派"的作家马烽、西戎、管桦等，把目光投注于社会主义改造、合作化运动等关系到社会主义国家的发展和未来的重大问题。

姚雪垠的历史小说《李自成》、陈翔鹤的历史题材作品《陶渊明写〈挽歌〉》，都是"用历史唯物主义和辩证唯物主义来解剖这个封建社会并再现复杂变幻的矛盾的本相"（茅盾《关于长篇历史小说〈李自成〉》），在我国历史小说相对萧条的背景下，殊为难得。在知识分子中引起共鸣，极具艺术感染力的小说《红豆》，是宗璞所作，表现了解放前夕一对大学生无可怀疑的爱情，他们因选择生活道路而决裂，作品写出了他们的矛盾、犹豫和觉悟。

新中国"十七年文学"的历史，几乎是一部努力塑造英雄典型的历史。没有自己英雄的时代，是不可思议的时代，没有英雄的民族和国家，是没有希望和未来的民族和国家。每个民族和国家的文学，都在讴歌和铸就英雄。红色经典，就是一曲曲无产阶级英雄的赞歌，一座座无产阶级利益捍卫者的英雄铜像。作家塑造"英雄典型"，是"人的过程"及人性、人情的过程，使英雄成为英雄的过程。其目的，是表现英雄主义。英雄主义是实现伟大民族复兴的基石。我们必须承认，"十七年文学"中塑造"英雄典型"的小说，贯穿其中的英雄主义，十分明显地渗透着"中国特色"的民族品格。

红色经典小说，对不同时期的"英雄典型"的塑造，是相对成功的。《小英雄雨来》中的雨来，《小兵张嘎》中的张嘎、《黎明的河边》中的姚光中，《保卫延安》中的周大勇，《红岩》中的江姐，《红日》中的沈振新，《铁道游击队》中的李正，《林海雪原》中的杨子荣，《红旗谱》中的朱老巩，《创业史》中的梁生宝，《山乡巨变》中的刘雨生，《三家巷》中的周炳……正是这些个性鲜明、栩栩如生的无产阶级英雄人物，支撑起"十七年文学"的辉煌景观。

红色经典的题材主要是人民革命战争和土地革命经济建设，本身就存在很强的政治性，为政治服务的要求，在某种意义上强化了革命现实主义的艺术力量。同时，这些作品包含着剧烈的人与人之间的矛盾冲突，违反创作规律的要求，限制了它们在广阔的层面上揭示人性的复杂，人的一些真实层面被剔除、掩盖了，故而出现了"三突出"、单一化、平面化、概念化的致命问题。

在"新时期文学"阶段，文学创作总的趋势是"淡化"了"英雄典型"的文学概念。目的不是瓦解"英雄典型"的塑造，而是更接近文学，更加体现生存本相——身份的影响依然存在，为的是传达一种与生存本相吻合的精神状态，其中自然包括英雄精神。即使是"非英雄化"的思路，很大程度上也是为了反驳传统对于"英雄典型"的误解和歪曲，甚至是为了对抗"三突出"创作原则造成的危害，或为了真正创作新的具有英雄主义精神的典型（评论家周政保）。

红色经典，是"十七年文学"结出的硕果，这些作品以无产阶级的英雄主义精神为主旋律，讴歌了革命的光荣历程、革命英雄忠贞不渝的共产主义理想、革命乐观主义精神及其丰功伟业。红色经典，是一部伟大的文学叙事，是一座雄伟而悲壮的英雄主义精神博物馆，愿它继续伴着我们走在民族伟大的复兴之路上。